Charley Boorman

Off the Road

Von Sydney nach Tokio
auf die harte Tour

Unter Mitarbeit von Jeff Gulvin

Aus dem Englischen von
Violeta Topalova, Karin Miedler
und Klaus Pemsel

Mit 32 Seiten Farbbildteil
und 17 Karten

MALIK NATIONAL GEOGRAPHIC

Mehr über unsere Autoren und Bücher:
www.malik.de

Bibliografische Information der Deutschen Nationalbibliothek
Die Deutsche Nationalbibliothek verzeichnet diese Publikation in der Deutschen Nationalbibliografie; detaillierte bibliografische Daten sind im Internet über http://dnb.d-nb.de abrufbar.

MALIK NATIONAL GEOGRAPHIC

Deutsche Erstausgabe
Januar 2012

Titel der englischen Originalausgabe: »Right to the Edge«,
erschienen 2009 bei Sphere / Little, Brown Book Group, London

Umschlaggestaltung: Dorkenwald Grafik-Design, München
Umschlagfotos: Big Earth (vorne), Claudio von Planta (hinten links), Sam Simon (hinten rechts und Autorenfoto)
Innenteilfotos: Oliver Blackwell (Tafel 12), Sunny Han (Tafel 26 u.), Brad Kennedy (Tafel 2 u.), Claudio von Planta (Tafeln 5 o., 10 u., 11 o.), Robin Shek (Tafeln 1 u., 4, 5 u., 8 o., 13 u., 15 o./m., 16 u., 19 o., 24 u., 29 m., 31 o.), Sam Simon (Tafeln 1 o., 2 o., 3, 6, 7, 8 o., 9, 10 o., 11 u., 13 o., 14, 15 u., 16 o., 17, 18, 19 o., 20-23, 24 o., 25, 26 o., 27, 28, 29 o./u., 30, 31 u., 32 u.), Masato Yamada (32 o.)
Redaktion: Florian Oppermann, München
Satz: Sieveking print & digital, München
Papier: Naturoffset ECF
Druck und Bindung: CPI – Clausen & Bosse, Leck
Printed in Germany ISBN 978-3-492-40426-6

Das Papier wurde aus chlorfrei gebleichtem Zellstoff hergestellt.

Charley Boorman

Off the Road

Für Olivia, Doone und Kinvara, die immer für mich da sind.
Und für Ewan – danke für alles.

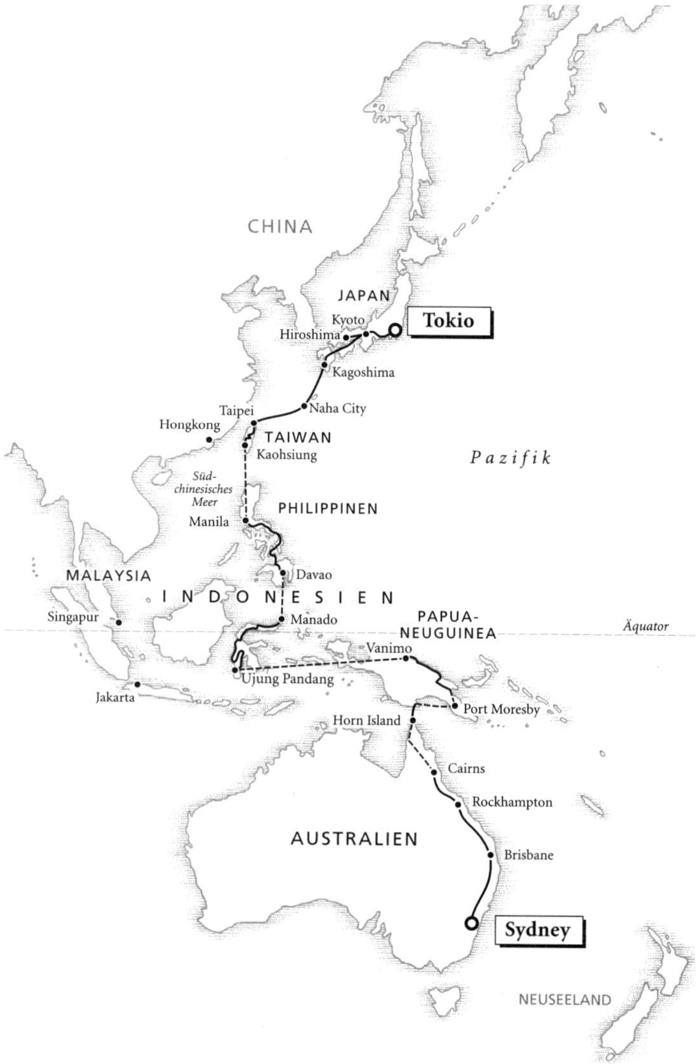
CHINA
JAPAN
Tokio
Kyoto
Hiroshima
Kagoshima
Naha City
Taipei
Hongkong
TAIWAN
Kaohsiung
Pazifik
Süd-
chinesisches
Meer
PHILIPPINEN
Manila
Davao
MALAYSIA
INDONESIEN
Singapur
Manado
PAPUA-
NEUGUINEA
Äquator
Vanimo
Ujung Pandang
Jakarta
Port Moresby
Horn Island
Cairns
Rockhampton
AUSTRALIEN
Brisbane
Sydney
NEUSEELAND

Inhalt

1 Der Saft 9
2 Feuerspucken im Regen 27
3 Mittagessen im Loco Lobo 43
4 Keine Angst (na ja, vielleicht ein bisschen) 64
5 Von Fischschwänzen und Heckrudern 82
6 Improvisieren, anpassen und überwinden 94
7 Bis das Baby lacht 114
8 Omas Haar 138
9 Das Quieken der Schweine 157
10 Batman und Robin 174
11 Vom Kloster zum Kanonenboot 188
12 Warnstufe 1 207
13 Mit Ziegen, aber ohne Züge 230
14 Mad Dogs und ein paar Engländer 244
15 Der Weg zur Erleuchtung 258
16 Betelnüsse und Schönheiten 283
17 Chaos, Verrücktes und M13 301
18 Im Land der aufgehenden Sonne 312

Eine Botschaft von Charley 340

Leseprobe aus
Ewan McGregor/Charley Boorman
LONG WAY ROUND 342

1

Der Saft

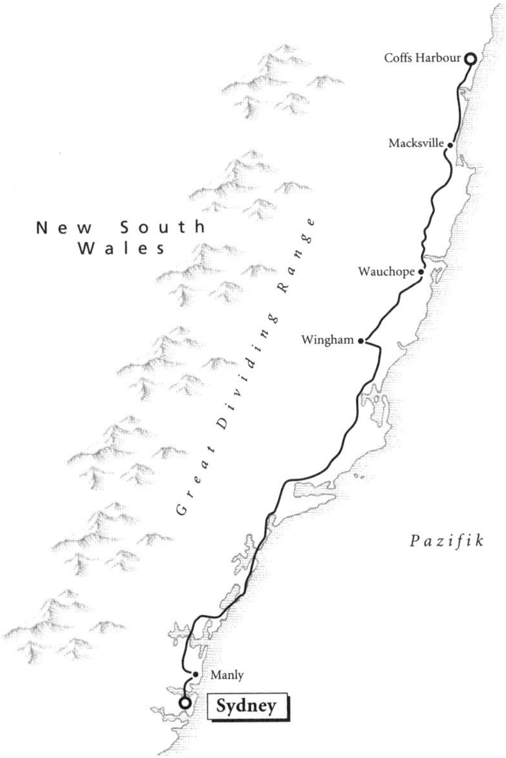

Das Fahrwerk unseres Flugzeugs setzte auf der Rollbahn des Flughafens von Sydney auf; es war der 13. Mai 2009, und wir waren angekommen. Eine Mischung aus Vorfreude und Erleichterung durchströmte mich. Wir hatten monatelang geträumt und geplant, und jetzt würde es endlich losgehen. Aber gleich hinter der Vorfreude spürte ich die Anspannung, die sich schon lange vor unserer Abreise aus London vierundzwanzig Stunden zuvor in mir aufgebaut hatte. Ich lehnte mich in meinem Sitz zurück und versuchte, mich zu entspannen. Lieber nicht darüber nachdenken, welche Herausforderungen vor mir lagen. Meine Gedanken wanderten zu meinem letzten Aufenthalt in Sydney zurück – und dem Ende meines letzten Abenteuers.

Vor gerade mal zehn Monaten war ich durch den Sydney-Harbour-Tunnel gefahren und hatte damit meine letzte Mammuttour beendet. Sie hatte beim Haus meines Vaters im irischen County Wicklow begonnen und mich dann durch Osteuropa und den gesamten Iran geführt, und zwar mit allen nur möglichen Transportmitteln, die sich vor Ort jeweils auftreiben ließen. Danach war ich durch Indien, Nepal und China gereist und in Indonesien von Insel zu Insel geschippert. Zu guter Letzt musste ich noch eine dramatische Seefahrt von Timor nach Darwin auf einem Boot aus Borneo-Eisenholz überstehen. Als wir endlich wieder festen Boden unter den Füßen hatten, küsste ich voller Dankbarkeit die Hafenmauer.

Aber das war nur die halbe Strecke gewesen. Ich träumte schon lange davon, meine Reise weiterzuführen – durch ganz Australien bis nach Japan. Und jetzt sollte dieser Traum endlich wahr werden.

Zuerst würden wir bis Brisbane die australische Ostküste entlangfahren, danach in den Norden nach Cairns. Von dort aus ging es dann weiter nach Papua-Neuguinea, wo es vor Kurzem politische Unruhen gegeben hatte. Weiter wollte ich im Augenblick nicht denken.

In der Woche vor meiner Abreise, als mir allmählich klar wurde, dass ich mich bald von meiner Frau Olly und den Kindern verabschieden musste, wurde mir noch etwas anderes klar: Ich hatte zwar eine ganze Menge Reisen hinter mir, aber übers Abreisen hatte ich dabei nichts gelernt. Seit 2004 war ich mit dem Motorrad von London über Russland nach New York gefahren; ich hatte an der Rallye Dakar teilgenommen und war kurz danach von John O'Groats in Nordschottland nach Kapstadt getourt. Und meine Reise von Irland nach Sydney letztes Jahr hatte ich mit allen nur erdenklichen Transportmitteln bestritten. Aber wie üblich stand die Abreise kurz bevor, und nichts war fertig.

Es war nicht leicht gewesen, diese Reise vorzubereiten, nicht zuletzt aufgrund der globalen Rezession, in der wir plötzlich steckten. Wir hatten ein *mehr oder weniger* ausreichendes Budget, und mein Rucksack war *mehr oder weniger* fertig gepackt, und das war's auch schon. Außerdem stand ich diesmal unter besonderem Druck, zumindest kam es *mir* so vor. Auf meinen bisherigen Reisen hatte ich entweder meinen Freund Ewan McGregor oder unseren Produzenten Russ Malkin an meiner Seite gehabt. Aber Ewan drehte gerade sehr viel, und Russ wurde diesmal in London gebraucht, wo er die Fernsehserie koordinieren musste. Der Produzent Sam Simons und der Kameramann Robin Shek saßen zwar mit mir im Flieger, und Claudio von Planta – der mich und Ewan auf unseren *Long-Way*-Trips begleitet hatte und auch mein Dakar-Abenteuer gefilmt hatte – würde bald zu uns stoßen, was mich sehr freute. Aber es ließ sich nun mal nicht leugnen, dass ich bei dieser Reise viel mehr Verantwortung trug als bei den früheren. Sollte irgendetwas schiefgehen, würde ich es in Ordnung bringen müssen. Und das war zwar irgendwie aufregend, aber vor allem verdammt beängstigend. Als ich meinen Vater, John Boorman, zum letzten Mal vor der Reise traf, hatte ich ihm von meinen Befürchtungen erzählt. Seine Schwester, meine Tante Wendy, war vor Kurzem verstorben, und meine Schwestern und ich waren für die Beerdigung nach Cornwall gefahren. Dort konnte ich ein bisschen Zeit mit meinem Vater verbringen, und ich sprach von meiner Angst davor, dieses Projekt alleine anzugehen. Dad erzählte mir, er habe ebenfalls ein großes Projekt vor sich, und trotz all seiner Jahre im Filmgeschäft müsse er immer noch gegen dieselben Ängste kämpfen.

Ich hatte großes Glück, dass Sam und Robin mit an Bord waren, das war mir klar. Sam ist ein passionierter Produzent und Regisseur, der bei vielen qualitativ hochwertigen Dokumentarfilmen mitgearbeitet hat, und Robin hatte bei *Long Way Down, Race to Dakar* und *By Any Means* unermüdlich gefilmt. Und Claudio war natürlich der heimliche Held der beiden *Long-Way*-Trips gewesen, ein großartiger Kameramann mit einem enormen Wissen über die Länder, die wir durchquerten. Der gute Claudio ist ein sehr ernsthafter Mensch, und da mir – nicht ganz zu Unrecht – der Ruf vorauseilt, eine Menge Bullshit zu verzapfen, ist er der ideale Gegenpart für mich. Es war schön, ihn wieder dabeizuhaben. Bei unserem Aufbruch hatte ich Claudio noch beneidet, denn da er später flog als wir anderen, musste er nicht miterleben, dass seine Ausrüstung in Heathrow positiv auf Sprengstoff getestet wurde. Ich konnte es kaum glauben – wir mussten jedes einzelne Gerät herausnehmen und untersuchen lassen und durften dann alles selber wieder einpacken, was eine Heidenarbeit war. Aber wenigstens durften wir abfliegen – zu meiner nie verblassenden Schmach war ich zu Beginn von *Long Way Down* nicht an Bord unserer Maschine gelassen worden. Noch einmal hätte ich eine so peinliche Aktion nicht überstanden.

Aber mein Neid legte sich schnell, als Claudio ein paar Tage später völlig übernächtigt in unserem Hotel eintraf und mir erzählte, er habe auf dem Flug kaum geschlafen. Zeit, sich zu erholen, hatte er nicht – wir mussten sofort aufbrechen. Zu meiner großen Freude wollten wir die erste Etappe auf Motorrädern zurücklegen, und Claudio durfte seinen ersten Tag damit verbringen, vom Soziussitz einer BMW aus zu filmen.

By Any Means war eine phantastische Expedition gewesen. Mit 112 Transportmitteln hatten wir in 102 Tagen 25 Länder bereist. Ich fand nur schade, dass wir so selten auf Bikes unterwegs gewesen waren. Auch diesmal würde ich die unterschiedlichsten Transportmittel nutzen, aber noch wichtiger waren mir die Menschen, denen ich auf der Reise zu begegnen hoffte.

Plötzlich standen alle Ampeln auf Grün, und jetzt bekam ich richtig Angst. Mir wurden die Knie weich, und ich bekam dasselbe Lampenfieber wie bei jedem Reiseantritt bisher. Ich glaube, es wird nie einfacher werden. Jedes Mal plagen mich dieselben Träume, dieselben Sorgen. Werden die Menschen uns freundlich aufnehmen? Wird irgendetwas schiefgehen? Und falls ja, werde ich es wieder einrenken können? Eigentlich hatten wir vorgehabt, ohne viel Trara auf unseren Maschinen nach Norden aufzubrechen, aber auf unserer Website hatten eine Menge Biker vorgeschlagen, einen Konvoi zu bilden. Mich verbindet eine echte Hassliebe mit Konvois – ich liebe das Gefühl, in einem großen Pulk zu fahren, aber ich habe immer Angst, dass keiner kommt. Jedes Mal, wenn ich einen Konvoi organisiere, bete ich darum, dass wenigstens ein paar Motorräder zu uns stoßen. Bislang hat das gut funktioniert, und diesmal hatten wir das Glück, dass wir in der australischen Frühstücksfernsehsendung *Today* interviewt wurden, wo ich verriet, dass wir vom Freshwater Reserve in Manly, einem künstlich angelegten See, aus starten würden.

Ich sollte eine umgebaute Flat-Track-Maschine von Deus Ex Machina fahren, einer Motorradwerkstatt an der Parramatta Road. Ein unglaublich cooler, einzigartiger Laden, ein großer Showroom mit angeschlossener Werkstatt, die sich darauf spezialisiert hat, Kawasaki W650 zu Street Track Bikes umzubauen – eine Hommage an die Rennmaschinen, die in den 1950er- und 1960er-Jahren gefahren wurden. Die Firma wird von Dare Jennings geleitet, einem großen, extrem entspannten Mann mit breitem Lächeln und staubtrockenem Humor. Dare ist ein besessener Biker und war früher Big-Wave-Surfer.

Ich habe noch nie zuvor eine Werkstatt wie die von Dare gesehen. Dort steht eine erstaunliche Maschine neben der anderen, nicht nur Deus-Kreationen, sondern auch uralte Harleys, eine Original-Indian, eine komplett restaurierte Indian ... Man sieht, mit wie viel Phantasie sein Team den Laden gestaltet hat. Alle dort lieben ihre Arbeit wirklich, und sie produzieren verdammt beeindruckende Bikes. Für mich hatten sie eine Kawasaki ausgewählt, die auf einer alten BSA basierte. Ihr japanischer Designer war ein glühender Verehrer britischer Motorräder, hatte das Patent gekauft und den Stil kopiert – die W650 hätte auch eine unter einem anderen Markennamen verkaufte BSA sein können, bis hin zu den Jampot-Zylinderköpfen. Ein Mechaniker erklärte mir das Arbeitsprinzip von Deus: Sie vereinfachen das Bike, das Kawasaki produziert, indem sie ein bisschen Gewicht rausnehmen und das Hinterteil höherlegen, damit das Bike sich schön in die Kurven legt. Sie bearbeiten die Aufhängung – es ist immer ein gluckernder 2-in-1-Auspuff dabei –, und das hintere Schutzblech war gekürzt und nach außen geschwungen worden, was der Maschine einen »Bobber«-Look verlieh. Mein Bike war rot und hellblau lackiert, und der Sitz war aus Fiberglas, gepolstert und mit geknöpftem Leder überzogen. Ich hatte gerade vierundzwanzig Stunden in einem engen Flieger verbracht und wurde immer nervöser. Am liebsten wäre ich sofort in den Sattel gestiegen und losgedüst.

Dare ist ein echt netter Typ. Wenn er sich mit Leuten unterhält, dann kümmert er sich immer darum, dass alle miteinbezogen werden, was ich sehr sympathisch finde. Früher betrieb er einen

Surfladen namens Mambo, aber in den 1990er Jahren verkaufte er das Geschäft. Eine Wand im Showroom von Deus wird von einem riesigen Schwarz-Weiß-Foto dominiert, das einen Typ zeigt, der auf einem Bike mit einem Seitenträger für ein Surfbrett sitzt. Dare erzählte uns, dass er und seine Leute vor ein paar Jahren Bikes für ein paar Typen gebaut hatten, die mit ihren Boards die Küste entlangfahren wollten, aber keinen Bock hatten, einen Transporter mitzunehmen. Für Dare war das die perfekte Herausforderung gewesen, und diese Romanze zwischen Bike und Board war auch der Öffentlichkeit nicht verborgen geblieben.

Wörtlich übersetzt heißt Deus Ex Machina »Gott aus der Maschine«. In Büchern und Filmen bezeichnet das einen Punkt in der Handlung, an dem etwas in der Geschichte auftaucht, was einer Figur hilft, ein sonst unlösbares Problem zu überwinden. Genau so ist Dare: Er hat Spaß daran, das Unmögliche möglich zu machen, und nichts verkörpert das besser als ein Bike, mit dem man ein Surfbrett transportieren kann. Dares großes Vorbild ist der australische Motorradrennfahrer Herbie Jefferson, der außerdem noch Big-Wave-Surfer war. »Ist alles derselbe Saft«, hatte Herbie immer gesagt.

Am Morgen des 18. Mai wachten wir alle früh auf und beteten darum, dass wenigstens ein paar Leute zu unserer Verabschiedung auftauchen würden. Diesmal wusste ich aber, dass wir auf keinen Fall allein losfahren würden. Wir hatten Terry, Chris, Steve und Jack letztes Jahr auf der *By-Any-Means*-Tour in einer winzigen Stadt namens Daly Waters kennengelernt. Sie kannten sich seit der Schulzeit, waren inzwischen pensioniert und gerade auf einer Mammuttour. Sie hatten immer voller Zuneigung über den fünften Mann ihrer Clique geredet, der eigentlich bei ihnen sein sollte. Er hieß ebenfalls Chris und litt an Leukämie. Als wir die Jungs trafen, war

Chris zu Hause in Canberra und wartete auf eine Knochenmarkspende. Damals hatte ich mit ihm telefoniert. Inzwischen war er erfolgreich behandelt worden, und heute würde ich ihn endlich persönlich kennenlernen.

Diese fünf würden also auf jeden Fall auftauchen. Außerdem noch mein Kumpel Wayne Gardner, ein ehemaliger Rennfahrer, der 1987 auf einer Honda die Motorrad-WM in der Klasse bis 500 cm^3 gewonnen hatte. Wayne ist eine Legende, ein phantastischer Biker aus der Zeit der Zweitakter: keine Antischlupfregelung, keine Motorbremse. In der Saison, in der er Weltmeister wurde, gewann er sieben Rennen. 1982 war er Formula-TT-Weltmeister gewesen, 1985 und 1986 hatte er das Acht-Stunden-Rennen von Suzuka gewonnen. Sechs Biker also, neben Claudio und mir. Das würde reichen.

Aber ich wachte trotzdem extrem nervös auf. Wir trafen uns unten und stiegen in das Taxi, das uns zurück zur Parramatta Road bringen würde. Claudio sah blass und müde aus.

»Clouds«, sagte ich. »Das ist mein fünftes Projekt in sechs Jahren, wusstest du das?«

Er warf mir wie so oft einen vielsagenden Seitenblick zu. »Da muss ja viel schiefgegangen sein, dass du mich schon wieder engagiert hast.«

»Na ja, außer dir wollte den Job niemand.«

Ich war wirklich froh darüber, dass er bei uns war. Egal, wie hundemüde er ist, auf Claudio kann man sich hundertprozentig verlassen. Er hat einen untrüglichen Instinkt für das richtige Bild, die Kamera ist sein drittes Auge. Ich weiß noch, wie er in der Marktstadt Bati in Äthiopien plötzlich mit seinem Stativ auf einem verfallenen Gebäude stand, bevor Ewan und ich überhaupt auf den Gedanken kamen, dass das eine gute Idee sein könnte. Damit möchte ich auf keinen Fall meine anderen Begleiter abwerten – Mungo war auf meiner letzten Reise großartig –, aber diesmal brauchte ich die Erfahrung, die Claudio schon allein deshalb mit sich bringt, weil er schon so oft mit mir zusammengearbeitet hat. Außerdem ist er natürlich eine Kultfigur, auch wenn ihm das selbst gar nicht bewusst ist.

Ich hatte erst vor ein paar Tagen mit Ewan gesprochen, und er hatte mir viel Glück für die Reise gewünscht. Er lebt zurzeit in L. A., deshalb sehen wir uns nicht sehr oft, aber wir halten Kontakt und reden häufig über potenzielle Motorradprojekte. Er ist ein sehr guter Freund, und ich denke immer daran, dass ich ohne ihn wahrscheinlich nicht die Möglichkeit gehabt hätte, das zu tun, was ich jetzt mache.

Um zehn Uhr morgens – meine Nerven lagen ziemlich blank –, saßen wir auf den Bikes und fuhren durch die Straßen von Sydney. Der Regen hatte eine Pause eingelegt, und überall winkten uns die Leute zu, als wir vorbeifuhren. Jetzt hatte ich wirklich Schmetterlinge im Bauch, genau wie vor einem Jahr in England, als wir in Coventry aufgebrochen waren. Dieselben Worte gingen mir durch den Kopf: Lass Bikes da sein. Lieber Gott, lass Bikes da sein.

Bikes. Mein Gott, es waren Hunderte! Es war Montagmorgen, und die Wettervorhersage war schlecht, aber beim Freshwater Reserve hatten sich mindestens dreihundert, wenn nicht sogar vierhundert Motorradfahrer versammelt. Ich fuhr auf den Parkplatz, winkte allen zu und hörte ein paar Leute jubeln. Einen Moment später fuhr Claudio mit laufender Kamera ein, und als er seinen Helm abnahm, brachen alle in Gejohle aus. Sie hatten sofort den Meister des kleinen roten Bikes erkannt; den Mann, der die Straße der Knochen und Charleys Drängeln in Südafrika überlebt hatte. Bevor er sich's versah, umringten ihn seine Fans und baten ihn um Autogramme.

Ich freute mich für ihn. Weil er ein so bescheidener Mensch ist, war er total überrumpelt, aber mir machte das wieder einmal bewusst, dass sich die Zuschauer vor allem mit der Kameradschaft identifizieren, die auf unseren Reisen herrscht. Bei *Long Way Round* und *Long Way Down* waren wir zu dritt gefahren, und ohne Claudio wären Ewan und ich rettungslos verloren gewesen.

Es waren nicht nur Biker gekommen, um uns zu verabschieden, sondern auch eine Menge Leute, die keine Motorräder dabeihatten. Ich ließ mich fotografieren, signierte Bücher und DVDs – und musste sogar Babys im Arm halten. Claudio versuchte zu filmen, aber schon bald wurde er von seinen Fans, von denen er nichts geahnt hatte, überwältigt und war dann damit beschäftigt, Benzintanks, Körperteile und alles andere zu signieren, worauf sich schreiben ließ.

Wayne Gardner war natürlich auch da: Er lebt ganz in der Nähe und fuhr eine Honda Fireblade. Und auch die Jungs aus Daly Waters waren gekommen, und ich hatte endlich die Gelegenheit, Chris die Hand zu schütteln.

Nachdem wir uns alle miteinander bekannt gemacht hatten, stiegen wir wieder auf die Bikes – alle dreihundert bis vierhundert Leute – und fuhren von Manly nordwärts nach Fraser Beach. Es war ein riesiger Schwarm Motorräder, und als ich auf einer Hügelkuppe angekommen war und einen Blick zurück auf den Parkplatz warf, lösten sich meine Ängste in Luft auf. Sie wurden durch reine, wilde Vorfreude ersetzt. Wir waren so viele, dass es zwanzig Minuten dauerte, bis die Letzten den Parkplatz verlassen hatten. Es war schlichtweg phantastisch und übertraf meine kühnsten Hoffnungen bei Weitem. Neben mir fuhr ein Typ auf einem gelben Bike. Er konnte seine linke Hand nicht benutzen und hatte sie in die Jackentasche gesteckt. Seine Maschine hatte Daumenbremsen, die Kupplung war an den rechten Lenker versetzt worden, und er legte im zweiten Gang einen Wheelie nach dem anderen hin.

Die australischen Polizisten allerdings können manchmal ziemlich nerven. Ich will euch ja nicht zu nahetreten, Jungs, aber ihr habt uns wirklich bewacht wie Schwerverbrecher! Einmal mussten wir sogar anhalten, weil der Konvoi ihnen nicht ordentlich genug war (sie wollten, dass wir in zwei sauberen Reihen hintereinander fuhren). Wie Wayne später sagte, war es eine nette Fahrt – nur ein bisschen zu langsam.

Nach anderthalb Stunden kamen wir schließlich am Fraser Beach nördlich von Sydney an. Claudio, der mit einem Typen aus der Gegend namens Matt mitfuhr, schaffte es, sich zu verirren – Matt musste tanken, sie verloren den Anschluss an die anderen Bikes und bogen dann irgendwo falsch ab. Irgendwann tauchten sie schließlich doch noch auf. Claudio saß auf dem Sozius und versuchte, besonders professionell auszusehen. Matt sah besonders verlegen aus.

»Nein, wir haben uns nicht verfahren«, beharrte Claudio. »Wir wollten uns nur ein bisschen Australien anschauen.«

Kein Wunder, dass der arme Kerl sich verfahren hatte: Er war immer noch völlig erschöpft von dem Flug und hatte den ganzen Morgen auf einem Motorrad gesessen und versucht, mich dabei zu filmen, wie ich durch die Straßen von Sydney peste. Als Olly und ich Mitte zwanzig waren, hatten wir eine Zeit lang in Sydney gelebt. Wir hatten eine Wohnung in Five Ways, Paddington; Olly arbeitete als PA und Kellnerin, ich war Barkeeper und arbeitete als Bauarbeiter an der Harbour Bridge. Wir hatten eine Menge schöne Erinnerungen an diese Zeit, und nun war ich wieder hier. Trotz all meiner Ängste hatten wir den perfekten Start hingelegt, und als ich später mit Olly sprach, war ich voller Begeisterung.

Aber es regnete. Es regnete heftig, und es war dunkel, als wir in Wingham ankamen, einer kleinen Stadt in der Nähe von Taree. Inzwischen waren nur noch Dare und ich übrig, und Robin filmte uns von Matts Soziussitz aus. Claudio war fertig mit der Welt. Als ihm die Augen zugefallen waren, hatte er sich im Laderaum des Begleitfahrzeugs zusammengerollt und war sofort eingeschlafen.

Die Jungs aus Daly Waters erwarteten uns im örtlichen Pub. Steve und Chris, Jack und Terry und natürlich der andere Chris, mit dem ich mich jetzt ausführlicher unterhalten konnte. Ein Supertyp, unbeschwert und fröhlich – was er auf die Steroide schob. Aber Spaß beiseite, er erzählte mir, dass er verzweifelt nach einem Knochenmarkspender gesucht hatte, als ich vor einem Jahr mit ihm telefoniert hatte. Glücklicherweise bekam er das Mark, das ihm das Leben rettete, schließlich von einer achtunddreißigjährigen Frau aus Großbritannien. Er war ihr enorm dankbar.

Wir standen vor dem Pub und tranken Bier. Kennengelernt hatte ich diese Jungs in ihrer wunderbaren, leicht zu übersehenden Kleinstadt zwischen Darwin und Alice Springs. Ich betrachtete gerade eine baufällige Werkstatt, auf deren Dach ein Helikopter gestürzt war, als ein Bike neben mir hielt und der ältere Herr darauf mich ansprach.

»Charley«, sagte er. »Was machst du denn hier? Deine Serie war klasse, Mann. Ist Ewan auch hier?«

Das war Steve McGrath, und hier saßen wir nun fast ein Jahr später und quatschten munter weiter.

»Es ist toll, euch zu sehen, Jungs«, sagte ich. »Es ist immer schön, wenn sich ein Kreis schließt.«

»Kreis finde ich gut«, meldete sich Chris zu Wort. »Für mich wär's beinahe eine Sackgasse geworden.«

Wir lachten uns schlapp.

»Ich sag's euch«, fuhr er fort. »Als ich dich letztes Jahr am Telefon hatte, kapierte ich überhaupt nicht, was da lief. Chris sagte: ›Da will jemand mit dir reden‹, und dann höre ich da plötzlich einen Engländer näseln und frage mich, ob meine Kumpel einen Rucksacktouristen entführt haben.«

Er grinste breit. »Das war ein besonderer Moment, ein kleiner Ansporn weiterzumachen. Das habe ich damals sehr dringend gebraucht.« Er erhob sein Glas, und wir tranken. »Ich sage euch, ich bin einfach froh, dass ich noch lebe. Jeder Tag ist ein Geschenk, Kumpel. Jeder gesunde Tag.«

Wir verbrachten die Nacht im Australia Inn in Wingham. Ich war hundemüde, aber ich hatte in der Zeitung gelesen, dass es in Lae in Papua-Neuguinea Unruhen gegeben hatte, was mir ein bisschen Angst machte. Wir würden dort durchkommen, und allmählich fragte ich mich, ob wir ein Magnet für Straßenschlachten waren. Letztes Mal hatten in Istanbul Fußballfans randaliert, dann waren die Russen in Georgien einmarschiert, und China hatte die Grenze zu Tibet geschlossen. Na ja, wir mussten einfach abwarten und die Lage dann vor Ort beurteilen. Auf jeden Fall war es ein berauschender erster Tag gewesen, und jetzt wollte ich nur noch duschen, essen und dann schlafen.

Es war noch dunkel draußen, als ich durch den Regen geweckt wurde, der auf die Blechdächer prasselte. Ich ging ans Fenster und starrte in die Düsternis hinaus. Hier und dort sah ich ein paar erleuchtete Fenster, aber das Glas war ziemlich trüb und der Balkon regennass. Mir wurde mulmig. Heute Morgen würde ich mit Dare fahren, und so ein Wetter konnten wir nun wirklich nicht gebrauchen. Blöde Sache, aber das gehört wohl zum Abenteuer dazu, und schließlich kann ich ja auch im Regen fahren. Letztes Jahr hatte es jedes Mal wie aus Kübeln geschüttet, sobald ich in den Sattel eines Motorrads gestiegen war. Wir mussten erst in ein paar Stunden starten, und ich unverbesserlicher Optimist dachte, bis dahin würde es sicher aufklaren.

Pustekuchen. Es schüttete immer noch, als wir uns von den Jungs aus Daly Waters verabschiedeten, die nach Süden in Richtung Canberra fuhren. Es hatte mich gefreut, Chris endlich treffen zu können. Er sagte mir, er verdanke der Leukaemia Foundation sehr viel und wolle nach England reisen und die Frau aufsuchen, die das Knochenmark gespendet und ihm so das Leben gerettet hatte; wenn alles klappen würde, werde er sich bei mir melden, aber um ehrlich zu sein, glaube ich, er wollte hauptsächlich meine Frau kennenlernen. Offenbar bin ich ein netter Kerl, aber Chris war der Meinung, das sei allein Ollys Verdienst.

Dare und ich stiegen wieder in den Sattel, und diesmal fuhr er den Flat Tracker und ich die Triumph Thruxton im Ratten-Stil, die er gestern gefahren war. Das Bike ist ein Café Racer, den er eigenhändig umgebaut hat, und eine echte Höllenmaschine. Ich hatte schon gestern ein paar Kilometer auf dem Gerät zurückgelegt und freute mich auf einen guten Fahrtag, trotz des strömenden Regens. Allerdings trug ich einen Helm ohne Visier, und als wir auf dem Highway fuhren, peitschte mir der Wind um die Ohren. Ich ahnte noch nicht, dass ich stocktaub sein würde, als wir unser abendliches Ziel erreicht hatten.

Wingham war schön, wenn auch ein bisschen zu nass. Der Ort war unglaublich grün, von den Palmen, die wir auf unserem Weg in den Norden passierten, tropfte das Wasser. Anfangs fuhren wir auf gutem Straßenbelag – zweispurigem Asphalt –, und die Straße wurde von Bäumen und Feldern gesäumt, zwischen denen gelegentlich einstöckige Häuser mit roten Ziegeldächern auftauchten. Danach befuhren wir einen Schotterweg, was mit dem richtigen Bike hervorragend gewesen wäre, aber auf der Ratte war ich lieber ein bisschen vorsichtig. Danach folgte wieder Asphalt, und nach gut siebzig Kilometern bogen wir in die Einfahrt von Mark Johnsons Haus in Wauchope ein, wo uns ein riesiger »Bull-Nose«-Truck erwartete. Er war wunderschön, leuchtend blau, der Kühlergrill und die Stoßstange verchromt, genau wie die beiden Auspuffrohre, die hinter den Türen aufstiegen. Er erinnerte mich an mein Lieblingsbuch aus meiner Kindheit. Es hatte keinen Text, nur Bilder von einem riesigen Mack-Truck, mit ausklappbaren Zeichnungen des Motors. Ich liebte es.

Aber dies hier war kein Mack, sondern ein Diamond T, der bis vor dreizehn Jahren Baumwollmaschinen durch Westaustralien transportiert hatte. Mark, der sein Geld als Karosseriespengler verdiente, kam heraus und begrüßte uns. Er trug nur Shorts und eine Bomberjacke, um den Regen abzuhalten. Wir gaben uns die Hand, und er sagte mir, der Truck gehöre einem Freund und er habe ihn ein paar Jahre lang mit ihm zusammen restauriert. Es war Zeit, Abschied von Dare zu nehmen, was mir leidtat. Er war ein großartiger Typ, und wir lagen auf der gleichen Wellenlänge. Ich versuchte, ihn dazu zu überreden, nach meiner Tour mit mir und meiner Familie zusammen Urlaub zu machen. »Mal sehen, was sich machen lässt, Charley«, sagte er. »Und vielen Dank dafür, dass ich dabei sein durfte.« Er deutete auf Mark, der bereits im Truck saß und auf die Hupe drückte. »Du solltest los«, sagte er. »Dein Streitwagen wartet.«

Als ich in die Passagierkabine kletterte, schaute mich Mark mit einem schelmischen Grinsen an, und wir rollten schon, bevor ich die Tür geschlossen hatte. Er war Ende fünfzig oder Anfang sechzig, sein Alter war schwer einzuschätzen. Er hatte kurzes graues Haar, und seine riesige Sonnenbrille ließ ihn ein bisschen bedrohlich wirken. Die Gangschaltung knirschte, als wir aus seiner Einfahrt bogen.

»Wann hast du dieses Ding zum letzten Mal gefahren?«, fragte ich.

Er zeigte mir die Zähne. »Vor dreizehn Jahren.«

Der Truck war das lauteste Fahrzeug, in dem ich je gesessen hatte. Wir fuhren von Marks Haus in Wauchope hundert Kilometer die Küste entlang, während mir der Zweitaktmotor in den Ohren dröhnte. Unser Truck war das amerikanische Modell 653 mit dem

GM-Motor, nicht die in Australien unter Lizenz hergestellte Variante. Der Hauptunterschied sind die beiden Luftfilter, die bei unserem Modell wie zwei blaue Milchkannen an den Kotflügeln hingen. Offenbar wurde die Luft durch die Karosserie geleitet und nicht wie bei der australischen Version durch die Motorhaube. Ein phantastisches Vehikel, aber wie gesagt unfassbar laut: ein Sechszylinder-Diesel-Zweitaktmotor mit einem sogenannten 13-Gang-Ranger-Getriebe. Der Truck, Baujahr 1963, war als »Kreischer« bekannt – das Gekreisch war wirklich unerträglich, der Meinung war sogar Mark. Ich ziehe den Hut vor allen, die mit diesen Trucks ihren Lebensunterhalt verdient haben.

Wir fuhren also nach Norden und mussten uns anbrüllen, um ein Gespräch zu führen. Trotz des Höllenlärms vernahm ich, dass Mark ein mobiles Lackierunternehmen besaß und viele der Trucks beschriftet hatte, die uns auf dem Highway überholten. Er war mit einer Engländerin verheiratet, die er bei einer Reise durch Australien kennengelernt hatte.

Diamond T war das Aussehen ihrer Trucks immer genauso wichtig gewesen wie ihre Funktionalität, und hier gab es wirklich überall verchromte Teile – eine Art Harley-Davidson der Nutzfahrzeugwelt. Auf der vorderen Stoßstange dieses Exemplars stand »Dad's Pride«, der Innenraum war mit hellem, beschlagenem Polster ausgekleidet, der Schaltknopf war ein Kolbenboden, und das Lenkrad war weiß und hatte vier Speichen. Ich fand den Truck klasse, vom Lärm mal abgesehen. Als wir unseren nächsten Zwischenstopp bei Stans Haus in Macksville einlegten, war ich stocktaub.

Stan war ebenfalls ein australisches Original. Er war älter als Mark, groß und schlank, und er trug eine verblichene Baseballkappe. Seine große Leidenschaft waren Trucks – große, alte Trucks –, und er würde uns in einem Oshkosh bis nach Coffs Harbour bringen.

Ich hatte gedacht, der Diamond T sei groß, aber dieses Ding war ein Koloss. Ein knallgelbes Abschleppfahrzeug mit pulverbeschichtetem Abschleppkran. Stan sagte mir, das Ding wiege dreizehn Tonnen. Er hatte es restaurieren lassen, nachdem es ausgemustert worden war. Er gehörte zur Heritage Vehicle Association, und ohne Menschen wie ihn gäbe es auf den Straßen solche alten Trucks bald nicht mehr. Stans Frau leistete ebenfalls ihren Beitrag. Stan sagte, sie habe sich inzwischen an das Getriebe gewöhnt, und wenn er nicht da sei, bringe sie den Oshkosh für Autoshows auf Vordermann. Einmal jährlich fand eine Show in Alice Springs statt und eine richtig große alle fünf Jahre. Auch Stans Vater hatte schon immer ein Faible für Trucks gehabt. In den 1940er-Jahren hatte er Forstwirtschaftslaster gefahren, sich dann eine Busroute gekauft und ein Haus in Macksville. Im Laufe der Jahre hatte er viele Fahrzeuge restauriert, und Stan hatte diese Leidenschaft von ihm geerbt.

Oshkosh ist eine Stadt in Wisconsin. Alle Trucks dieses Namens werden dort hergestellt – nicht nur Abschleppfahrzeuge wie Stans, sondern auch Armeefahrzeuge. Dieser hier war ein importierter und umgebauter Linkslenker – Stan zeigte mir die Lenkachse, die unter dem Armaturenbrett von links nach rechts verlief. Oshkosh war ein Indianerhäuptling gewesen; das Wort bedeutet »Klaue« und wirkte bei der ungeheuren Kraft dieses Fahrzeugs irgendwie angemessen. Die zulässige Gesamtmasse lag bei hundertzwanzig Tonnen, was bedeutet, dass der Truck bis zu 107 Tonnen ziehen kann. Das Ding war also stark genug, um die riesigen Road Trains zu ziehen, die ich bei meinem letzten Trip durch Australien gefahren hatte.

Ich wollte unbedingt selbst mit dem Oshkosh fahren, also schlug ich Stan auf halbem Weg nach Coffs Harbour vor, die Plätze zu tauschen.

»Du hast einen Lastwagenführerschein, oder?«, fragte er, als ich mich hinters Steuer setzte.

»Ja, klar«, log ich. »Ich habe in Coober Pedy einen Truck von der International S Line gefahren.«

»Prima. Dann los.«

Ich versuchte unter einigem Knirschen, den Gang einzulegen, und die Synchronschaltung, die nicht synchron werden wollte, kreischte entsetzlich auf. Ich kniff die Augen zusammen und lächelte Sam an. »Was uns nicht umbringt, macht uns hart, stimmt's?«

Dann fuhren wir den Freeway entlang. Mir lief der Schweiß von der Stirn, und meine Handflächen waren tropfnass.

»Alles okay, Kumpel?«, fragte Stan. »Du schwitzt an den Händen.«

»Mir geht's gut.«

Und das stimmte tatsächlich. Obwohl der Truck riesig war, ließ er sich ganz gut manövrieren, obwohl die Steuerung aufgrund von Altersschwäche ein wenig schwammig war und ich anfangs zu stark gegenlenkte. Aber es machte mir großen Spaß, einen solchen Kraftprotz zu steuern, und es war toll, so hoch oben zu sitzen und auf die Miniaturautos herabzuschauen, die an uns vorbeifuhren. Wir waren unterwegs, ich war Bikes gefahren und saß in meinem zweiten Truck. Der Saft, von dem Herbie Jefferson gesprochen hatte, strömte auch durch meine Adern.

2

Feuerspucken im Regen

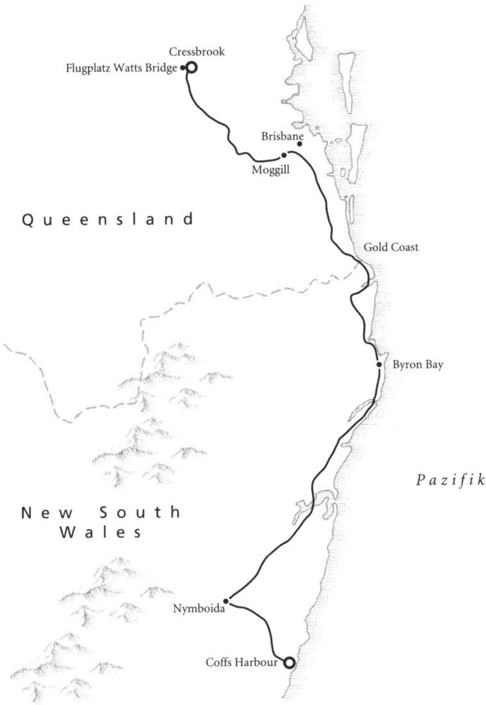

Wir verließen Stan südlich des Hafens und machten uns auf den Weg zum Coaching Station Inn in Nymboida. Draußen war es immer noch nass, aber im Kamin brannte ein Feuer, und es duftete nach frisch zubereitetem Essen. Ich ließ mich ziemlich erschöpft auf einen Stuhl fallen.

Außer uns waren offenbar nur noch zwei andere Gäste hier, ein junges Paar, das an einem Nebentisch saß, und ich begann eine Unterhaltung mit ihnen. Joel und seine Frau Tatum waren seit einem Jahr verheiratet und verbrachten ihren ersten Jahrestag in Coffs Harbour. Wir plauderten den ganzen Abend lang, und irgendwann schlug Joel vor, am nächsten Tag vor dem Frühstück im Fluss schwimmen zu gehen. Ich hatte eigentlich keine große Lust, aber weil ich für den nächsten Morgen noch eine Mitfahrgelegenheit brauchte, sagte ich zu.

»Ich bin dabei«, sagte ich. »Früher bin ich oft in dem Fluss geschwommen, der durch das Grundstück meines Vaters in Irland fließt. Hör mal, Joel: Ich muss morgen einen Typ mit einem Elektroauto an einer Tankstelle treffen, die ungefähr zwanzig Kilometer die Straße rauf liegt. Könntet ihr beide mich dorthin mitnehmen?«

»Klar«, sagte er. »Kein Problem.«

Als ich aufwachte, roch es nach Eukalyptus, es regnete, und ein grauer Nebel verhüllte die Hügel. Es war sehr schön hier, die Zimmer waren im Blockhüttenstil eingerichtet und boten eine wunderbare Aussicht auf ein immergrünes Tal, durch das der Fluss rauschte. Und ich meine *rauschte,* von meinem Fenster aus wirkte er ziemlich reißend und nicht gerade warm. Plötzlich war ich mir nicht mehr so sicher, ob es eine gute Idee war, heute Morgen darin ein »erfrischendes« Bad zu nehmen. Aber Joel klopfte an die Tür, und weil ich gestern Abend zugesagt hatte, folgte ich ihm ans Ufer. Das Wasser war verdammt kalt, und das Bad dauerte nicht besonders lang. Und für diejenigen, die sich das letzte Mal, als ich in einem Fluss schwamm, über den Zustand meiner Unterhosen beschwert haben, trug ich diesmal ein paar anständige Badeshorts, okay?

Das Wetter war immer noch ziemlich mies: Es war nicht kalt, aber es hatte sich eingeregnet. Eine dunkelgraue Decke schien über diesem Abschnitt der australischen Küste zu liegen, und es gab keine Möglichkeit, sich davon zu befreien. In ein paar Tagen sollten wir in einer Spitfire die Küste hinauffliegen, und ich hoffte sehr, dass mir das Wetter keinen Strich durch die Rechnung machen würde. Ich hatte ein paar Flugstunden auf dem Buckel – ich konnte starten und landen –, aber eine Spitfire ... das erinnerte mich an den Film *Hope and Glory – Der Krieg der Kinder,* bei dem mein Vater Regie geführt hatte. Ich hatte damals einen deutschen Piloten gespielt, der mit seinem Flugzeug abgestürzt war. Ich wollte diese Gelegenheit auf keinen Fall verpassen.

Das Wetter würde sowieso machen, was es wollte. Joel und Tatum nahmen mich in ihrem Holden mit.

»Was hältst du denn von Elektroautos?«, fragte ich Joel. »Hier sind alle ganz schön in ihre Achtzylinder verliebt, oder?«

Er warf mir einen Seitenblick zu. »Den Leuten ihre V8-Motoren wegnehmen und gegen Elektroautos tauschen? Hm, ich weiß nicht, ob das so gut ankommen würde.«

Das Elektroauto war knallgrün und sah aus wie ein kleiner Mazda. Ich weiß nicht, was genau ich erwartet hatte, aber bei meinem letzten Aufenthalt hier hatte ich ein ziemlich futuristisch wirkendes Solarauto gefahren, und dieses hier sah aus wie ein normaler Kleinwagen.

Es war auch ein normaler Kleinwagen, der auf einem Mazda basierte, aber statt eines Benzin- oder Dieselmotors Behälter und Computer unter der Motorhaube hatte. Das Auto hieß evMe, gebaut hatte es Phil Coop mit seiner Firma Energetique. Und alles in allem sah es genauso aus wie ein ganz normales Auto, und es fühlte sich auch so an. Es gab einen Zündschlüssel, aber keine Gänge, nur eine »Fahr«-Position und natürlich einen Rückwärtsgang. Es schaffte locker 130 Kilometer pro Stunde. Ich war verblüfft; der Motor war beinahe lautlos, und nach den Trucks gestern war das eine wahre Wohltat.

Phil ist ein engagierter Enthusiast, der nicht versucht, die Umweltprobleme der ganzen Welt zu lösen, sondern nur seinen Teil beizutragen. Er ist nicht nur an der Autofirma beteiligt, sondern besitzt außerdem noch eine Rinderfarm, die ökologisch und nachhaltig wirtschaftet. Das Elektroauto ist jedoch seine große Leidenschaft, und er erklärte mir, dass die Entwicklung eines alltagstauglichen Fahrzeugs dem Waten in Sirup gleichkam.

»Ich glaube nicht an Verschwörungstheorien«, sagte er, »aber in diesem Business wird selbst aus dem kleinsten Problem eine schier unüberwindliche Hürde. Früher haben uns Politiker und die Ölindustrie Steine in den Weg gelegt, heute sind es Computer- und Technologiefirmen. Zum Beispiel wollten wir letztes Jahr ein wichtiges Stück Equipment von einer amerikanischen Firma kaufen, und wir wurden total abgeblockt.« Er zuckte mit den Schultern. »Ich kann dir nicht sagen, warum. Vielleicht wollen diese Leute einfach nicht, dass wir weiterkommen, aber das Gerät, das wir bestellt hatten, war plötzlich nirgendwo mehr erhältlich.«

Aber langsam veränderten sich die Dinge, fügte er hinzu. Jahrelang war die Batterieentwicklung den anderen Gebieten der »Elektrifizierung der Gesellschaft«, wie er es nannte, hinterhergehinkt. Dann machte sie mit der Entwicklung von Nanotech-Batterien einen Riesensprung nach vorne. Die Batterie im evMe hatte eine Lebensdauer von zehn Jahren und arbeitete dann immer noch mit achtzig Prozent der ursprünglichen Leistung. Die nächste Batteriegeneration, die in ein paar Jahren erhältlich sein würde, sollte fünfzig Jahre lang halten und konnte auch anderweitig eingesetzt werden, wenn das Auto nicht mehr fahrtüchtig war.

Dieser Kleinwagen hatte eine Reichweite von zweihundert Kilometern; das Aufladen dauerte sieben Minuten und kostete vier Euro fünfzig. Es war nicht die einzige Lösung für Autos mit erneuerbaren Energien, aber es war definitiv eine gute.

Ich jedenfalls war beeindruckt. Das evMe ließ sich gut fahren, es beschleunigte kraftvoll, hatte eine Menge Zug und war im Nu in Byron Bay. Es war schlicht und unglaublich leise und in vielerlei Hinsicht einem konventionellen Auto weit überlegen.

Das evMe war das genaue Gegenstück zu unserem nächsten Gefährt. Brendan hatte seinen abgehalfterten Mitsubishi-Kombi von seinem Kumpel Declan übernommen, und die Karre war eindeutig weit weniger umweltfreundlich als Phils Auto. Wir lernten Brendan im Arts-Factory-Hostel in Byron Bay kennen, einer coolen Küstenstadt, die amerikanische Züge trägt. Autos parken diagonal, die Straßen sind breit und von Palmen gesäumt, die heute vom Wind und Regen allerdings beinahe in die Horizontale niedergedrückt waren. Es braute sich ein richtiger Sturm zusammen. Wir hielten kurz am Strand, die Wellen waren riesig, mit weißen Gischtkronen besetzt.

Eigentlich wäre ich am nächsten Tag gerne surfen gegangen, aber ein Anfänger wie ich hatte bei diesem Wetter nichts auf dem Meer verloren. Außerdem wurde es immer unwahrscheinlicher, dass wir mit der Spitfire fliegen würden. Sam rief die Jungs von der Firma an, und sie sagten ihm, das Wetter sei in Brisbane ebenfalls schlecht und im Moment gebe es nur eine vierzigprozentige Chance darauf, dass unser Flug stattfinden konnte.

Das waren miese Nachrichten, die nicht nur bedeuteten, dass ich eine einzigartige Erfahrung verpassen würde, sondern auch, dass unsere Reise länger dauern würde und wir einen anderen Weg die Küste hinauf finden mussten.

Und als wolle Petrus uns richtig ärgern, wurde der Regen bei unserer Fahrt durch die Stadt noch stärker. Unsere Scheibenwischer arbeiteten auf Hochtouren, und die Straßen waren ziemlich überschwemmt. Wir schafften es zur Arts Factory und gingen schnell ins Trockene. In diesem Backpacker-Hostel wollten wir übernachten. Es ist sehr berühmt, gehört zu den beliebtesten in Australien und hat dreihundertfünfzig Betten. Es gibt viele kleine Zimmerchen, die »Würfel« genannt werden, ein Zeltdorf und zahlreiche Gemeinschafts-Tipis unterschiedlicher Größe.

Die Hostel-Leiterin Peggy begrüßte uns. Sie humpelte auf Krücken um die Rezeption herum, ihr rechtes Bein war bis zum Knie eingegipst.

»Was ist dir denn passiert?«, fragte ich.

»Zu viele Tequila Slammers. Mein Absatz ist auf dem Tisch ausgerutscht, und schon lag ich unten.«

»Du hast dir den Fuß gebrochen, als du auf dem Tisch getanzt hast?«

»Ja.«

»Na, wenn es schon passieren muss, dann so.«

Peggy führte uns zu einem großen Tipi, in dem sechs oder sieben Metallbetten standen. Es sah aus wie ein Lazarett-Schlafsaal. Ich hörte den Regen auf die Zeltleinwand prasseln. Ein ziemlich cooler Schlafplatz, solange das Dach nicht undicht wurde.

»Hör mal, Peggy«, sagte ich. »Wir müssen morgen nach Brisbane, wo uns ein Typ in einer Spitfire mitnehmen wird. Ich weiß, es sind ein paar Hundert Kilometer bis dahin, aber glaubst du, hier gibt es jemanden, der uns dorthin fahren würde?«

»Da bin ich mir sicher«, nickte sie. »Frag einfach herum, Charley. Hier läuft alles über Mundpropaganda. Frag einfach ein paar Leute.«

Claudio und ich machten uns auf den Weg, um genau das zu tun, und ungefähr dreißig Sekunden später trafen wir auf Brendan, einen großen, barfüßigen, unrasierten Engländer, der seine Baseballkappe verkehrt herum trug.

»Klar, ich nehme euch mit«, sagte er. Dann zeigte er uns seinen Mitsubishi. »Na, was haltet ihr davon? Hat ein bisschen mehr Persönlichkeit als das Auto, in dem ihr hier angekommen seid, oder?« Er nickte in Richtung des knallgrünen evMe. »Aber ihr müsst vielleicht schieben.« Er machte eine Pause und fügte dann mit einem Grinsen hinzu: »Das war ein Witz. Solange wir auf einer Anhöhe parken, springt das Ding problemlos an.«

Brendans irischer Kumpel Declan hatte ihm das Auto vor ein paar Wochen vermacht. So war es in der Factory: Wenn Leute weiterzogen, ließen sie einen Teil ihrer Besitztümer zurück, und Declan hatte sein Auto hiergelassen. Brendan hatte ursprünglich eigentlich nur ein paar Tage bleiben wollen, war aber inzwischen seit dreieinhalb Monaten hier. Er lebte in einem Zelt, dessen Leinwand mit einer blauen Plane zusätzlich gegen den Regen geschützt war. Das ganze Zeltdorf war voller blauer Planen – im regnerischen Halbdunkel erinnerte es mich an einen südamerikanischen Slum.

Peggy erzählte uns, dass Brendan schon so lange hier lebte, sei nichts Ungewöhnliches. So war dieser Ort nun mal. Die »Dschungelhütte« – eine Mischung aus Barzelt und Aufenthaltsraum – verkörperte den Geist der Factory. Es wimmelte von Leuten, die tranken, Musik machten und die Besitztümer durchsahen, die abgereiste Backpacker hiergelassen hatten. Das Durchschnittsalter lag meiner Meinung nach bei neunzehn Jahren, und ich fühlte mich mit meinen zweiundvierzig wie ein Opa. In meiner Jugend hatten mich Rucksackreisen nicht gereizt, aber hier herrschte ein schönes Gemeinschaftsgefühl, und ich verstand, was daran so attraktiv war. Wir verbrachten einen schönen Abend damit, Bier zu trinken, Musik zu hören, ein bisschen Tischtennis zu spielen und darum zu beten, dass sich das Wetter besserte.

Später kam Peggy vorbei und eröffnete uns, dass es doch nicht sicher sei, im Tipi zu schlafen. Es hatte eine Sturmwarnung gegeben, und wenn es so stark regnete wie jetzt, konnte es sein, dass die Elektrik nass wurde. Das war schade, denn ich hatte mich auf die Nacht im Zelt gefreut, aber wir hatten keine Wahl, also entschieden wir uns für die Würfel und bekamen jeder ein Zimmer mit Holzwänden, die wackelten, wenn man sich dagegen lehnte. Peggys Meinung nach würde uns das Wetter mindestens noch morgen in Byron Bay festhalten, obwohl wir nicht surfen konnten. Das war okay. Wir hatten einen Tag Spielraum gewonnen, und am Freitag konnte das Wetter schon ganz anders aussehen. Ich wollte wirklich in diesem Flugzeug sitzen. Ich meine, es war schließlich eine Spitfire, ein Kultobjekt, selbst wenn es nur ein in Brisbane hergestellter Nachbau war.

Aber rund eine Stunde später machte ein leicht angeschickert wirkendes Mädchen mit wirrem Haar meine Hoffnungen vorerst zunichte, als sie uns sagte, die Straße nach Brisbane sei völlig überschwemmt.

Der Sturm in dieser Nacht gehörte zu den schlimmsten, die ich je erlebt habe. Es schüttete wie aus Kübeln, der Wind heulte, und morgens entdeckten wir, dass ein paar Backpacker mitsamt ihren Zelten weggeschwemmt worden waren. Auch sah es nicht so aus, als würde der Regen in naher Zukunft nachlassen, aber im Laufe der Nacht hatte ich beschlossen, dass ich unbedingt versuchen musste, zu der Spitfire-Firma zu gelangen. Sam rief frühmorgens bei ihnen an und fragte, wie die Lage sei. Sie sagten ihm, in Brisbane werde das Wetter allmählich besser. Es war so schlimm gewesen, dass man Abflussgräben rund um den Hangar hatte graben müssen, um eine Überschwemmung zu verhindern. Wegen der Korrosionsgefahr durfte auf keinen Fall Feuchtigkeit an die Legierung gelangen, aus der die Flugzeuge gebaut wurden. Wenn irgendein Bauteil auch nur im Geringsten feucht wurde, mussten sie es wegwerfen.

Das waren bessere Nachrichten als erhofft, und nach all den Katastrophengeschichten von gestern Abend beschlich mich das Gefühl, dass mein Flug doch noch klappen könnte. Hier unten regnete es immer noch in Strömen, und obwohl es warm genug für Shorts und Flipflops war, mussten wir bei Brendans Mitsubishi die Scheinwerfer anschalten, als wir die Arts Factory verließen. Das Auto hieß *Millennium-Taube.* Brendans Kumpel Declan war mit ein paar Leuten aus Melbourne hierhergefahren, und einer von ihnen hatte offenbar Han Solo bis aufs Haar geglichen. Laut Brendan hatte Declan eine so starke Körperbehaarung, dass er aussah wie Chewbacca, also ergab sich der Name des Autos von selber.

Das Wetter war genauso scheußlich wie gestern, und Brendan erzählte uns, dass sein Zelt beinahe weggeschwemmt worden wäre. Er nahm das aber ziemlich locker, so etwas gehörte zum Leben einfach dazu. Er war ein sehr angenehmer Reisebegleiter, und wir unterhielten uns ein paar Hundert Kilometer lang wie alte Freunde. Er erzählte mir, er sei seit ungefähr einem Jahr auf Reisen und habe Südamerika durchquert, bevor er nach Australien gekommen sei. Er war Fotograf, hatte vor sechs Jahren sein Studium beendet und dann als Artdirector für eine Firma gearbeitet, die Holzöfen herstellte. Er mochte den Job, beschloss aber eines Tages einfach zu kündigen. Er verließ sein gemietetes Haus und kaufte einen Wohnwagen, der auf einem Stück Land bei Exeter in Devon stand. Auf der Suche nach einem einfacheren Leben arbeitete er in verschiedenen Jobs und sparte Geld. Dann hatte er sich ein Flugticket gekauft und war schließlich hier gelandet. Er zog sein Ding durch, und ich bewunderte ihn dafür.

Je näher wir Brisbane kamen, desto besser wurde das Wetter. Als ich endlich ein Stück blauen Himmel erspähte, winselte ich beinahe vor Freude. Südlich von Brisbane mussten wir einen Umweg fahren, weil die Straße plötzlich in einer Schwemmlandschaft verschwand, die sich bis zum Horizont erstreckte. Das Wasser sank zwar allmählich wieder, aber es war bis zu einen Meter tief gewesen, und die einzigen Fahrzeuge, die das Terrain bewältigen konnten, waren riesige Trucks und aufgemotzte Utes, die australische Version unserer Pick-ups. Brendan war großartig: Er hatte eigentlich nicht geplant, nach Brisbane zu fahren, brachte uns aber dann bis zum Hangar. Wir mussten wegen der Überschwemmung noch ein paar Umwege fahren, aber schließlich bogen wir auf einen Feldweg ein, der an ein paar durchweichten Wohnwagen vorbei zur Supermarine Aircraft Company in Moggill führte.

»Brendan, vielen Dank, du warst spitze«, sagte ich.

»Kein Thema. Wenn du mich mal an der Straße den Daumen raushalten siehst, hältst du sicher an, stimmt's?«

»Nein«, sagte ich. »Wir fahren an dir vorbei.«

Der Hangar war offen, und ich konnte eine Spitfire sehen, auf deren Rumpf ein Känguru mit Boxhandschuhen gemalt war. Oh mein Gott, mein ganzer Körper kribbelte. Ich weiß, dass das offensichtlich ist, aber das Flugzeug sah wirklich aus wie eine richtige *Spitfire*. Die Sonne schien, und es war windstill – mit ein bisschen Glück würde ich morgen die Küste hinauf bis nach Maryborough fliegen.

Ein Typ Ende zwanzig saß im Büro an einem Schreibtisch, auf dem ein paar Baupläne ausgebreitet waren. Es war Clint, der mit uns telefoniert hatte. Er arbeitete für den Firmeninhaber Mike O'Sullivan, der inzwischen seit neun Jahren diese Flugzeuge baute.

»Clint«, sagte ich, deutete auf das Flugzeug und gab wieder einmal eine Perle der Weisheit von mir: »Das Ding sieht aus wie eine Spitfire.«

»So ist es.« Wir gaben uns die Hand. »Das ist die Mark 26B, Charley, neunzig Prozent des Originals.«

»Du meinst der Originalgröße?«

»Genau, neunzig Prozent der Originalgröße. Unser erstes Modell war die Mark 25, ein Einsitzer von siebzig Prozent der Originalgröße, aber eine Menge Kunden wollten einen Passagier mit in die Luft nehmen, also haben wir das Modell vergrößert und einen Zweisitzer draus gemacht.«

Ich schaute mir genauer an, wo ich morgen eingepfercht hocken würde: ein winziger Sitz hinter dem Piloten, der kaum Platz bot, um die Knie unterzubringen. Aufregung und Vorfreude durchströmten mich: Ich stand vor dem Nachbau einer Ikone des Zweiten Weltkriegs, des Flugzeugs, das Hitler aufgehalten hatte. Ich fuhr beinahe zärtlich über die Tragfläche. »Wie lange hat es gedauert, die Maschine zu bauen?«, fragte ich.

»Diese hier war, acht Monate nachdem Mike mit dem Bauplan aus dem Büro kam, in der Luft. Nach dem Jungfernflug hat er entschieden, das Design sei nicht mehr zu verbessern, und seitdem hat sich nichts daran verändert.«

Clint erklärte mir, dass die Firma diese Flugzeuge als Bausätze verkaufte, die den Rumpf, die Tragflächen, das Fahrgestell und so weiter umfassten; nur den Propeller, die Lackierung und die Bordinstrumente musste der Kunde selbst besorgen. Sie verschiffen die Bausätze an Bastler auf der ganzen Welt, die sie wie riesige Meccano-Flieger zusammenbauen. Alles ist vorgefertigt, bis hin zu den Schrauben und Muttern oder den Löchern für die Nieten. Alle Teile werden in einer riesigen Holzkiste zusammen mit dem Motor an den Kunden verschickt. Man kann zwischen drei verschiedenen Motoren wählen: einem Isuzu V6-Saugmotor, einem Isuzu V6-Kompressormotor oder einem V8-Motor mit gut 450 PS.

Clint zeigte mir einen Griffin-Motor der zweiten Generation, der gegen Ende des Krieges in den Spitfires eingesetzt wurde. Er wurde von Rolls-Royce gebaut und war ein riesiger 37-Liter-Zwölfzylinder mit einem Kompressor, der rund 1800 PS Leistung brachte. Natürlich waren die Originalflugzeuge wegen der Bewaffnung viel schwerer gewesen als das, in dem ich morgen sitzen würde, und der Isuzu V8 brachte relativ zu dem geringeren Gewicht die gleiche Leistung. Ein solcher Motor sollte gerade getestet werden, und Clint sagte mir, ich dürfe ihn anlassen.

»Die Geburt eines Motors«, schwärmte ich. »Ich kann nicht glauben, dass ich bei der Geburt eines Spitfire-Motors dabei sein darf.«

Keine Ahnung, was das Ding wog, aber es befand sich auf einem speziellen Gestell recht weit über dem Boden. Der Propeller war montiert und der Motor mit einer Schalttafel und einem Laptop verbunden. Clint gab mir Ohrenstöpsel. »Bitte sehr, Charley«, sagte er. »Die wirst du brauchen.« Ich überprüfte die Sicherungen, legte vier Schalter um, gab ein bisschen Gas und drückte den Startknopf. Der Motor ächzte ein paar Sekunden lang und fiel beinahe um.

»Okay«, sagte Clint. »Jetzt wissen wir wenigstens, dass die Testbatterie leer ist.«

Nachdem die Batterie ausgetauscht worden war, vergewisserte ich mich, dass der Propeller frei war, und versuchte es wieder. Diesmal erwachte der Motor hustend zum Leben, und der Wind, den der Propeller machte, riss mir beinahe die Haare vom Kopf.

»Im Leerlauf dreht er ungefähr 800 Umdrehungen pro Minute«, schrie Clint gegen den Lärm an. »Die Maximaldrehzahl liegt ungefähr bei 5000 Umdrehungen pro Minute, um zu starten, braucht man 4800.«

Die Firma überprüft jeden Motor auf Herz und Nieren, bevor sie ihn verschickt: Zündzeitpunkt, Öldruck, Wasserdruck, Temperatur usw. Wenn das Ergebnis in Ordnung ist, wird die Motorsteuerung eingebaut, und das war's. Wie Clint sagte, musste man den Motor dann nicht mehr anrühren.

»Wow«, sagte ich, als ich den Motor ausgeschaltet hatte. »Und ich dachte, ich hätte einen Traumjob.«

Es war inzwischen später Nachmittag, und wir mussten noch weitere hundert Kilometer bis nach Cressbrook nördlich von Brisbane zum Watts Bridge Airfield fahren. Ich würde heute Nacht dort im Hangar schlafen, denn wenn alles nach Plan lief, hatten wir morgen einen langen Tag vor uns und würden sehr früh aufbrechen.

Wir stiegen in Clints Ute und fuhren nach Norden. Als wir beim Flugplatz ankamen, ging vor einem düsteren Himmel gerade die Sonne unter, und ein Regenbogen spannte sich über uns. Wir fuhren über das Flugfeld zum Hangar, aus dessen geöffneten Toren Licht drang. Drinnen stand eine zweite Spitfire und grinste allen zu, die vorbeiliefen. Und das meine ich wörtlich: Die Schnauze war lackiert wie ein Haifischmaul mit vielen weißen Zähnen. Clint zeigte mir einen Mann Mitte vierzig, der im Cockpit saß und die Instrumente überprüfte. Das war Bruce, der auch zu Mike O'Sullivans Crew gehörte und das Haifischmaul gemalt hatte. Dieses Flugzeug raubte mir den Atem. Die Zähne am Rumpf wurden durch Zebrastreifen an den Tragflächen ergänzt, und die Maschine sah wirklich aus wie ein Kampfflieger aus dem Zweiten Weltkrieg.

»Ich finde es großartig, dass ihr die Maschinen weiterbaut«, sagte ich Bruce. »Das hält den Spitfire-Spirit am Leben.«

Es war gar nicht so einfach, ins Cockpit zu klettern. Alles war ziemlich knapp bemessen, und ich sah vom Pilotensitz aus nur die Propellerspitzen vor der Schnauze, die relativ steil nach oben ging. Ich fragte mich, wie zum Henker der Pilot beim Start eigentlich erkennen sollte, wo er hinmusste, aber vielleicht sollte ich besser nicht zu lange darüber nachdenken.

Im Rumpf war es extrem eng, kaum Ellbogenfreiheit, und als das Kabinendach geschlossen wurde, kam ich mir wirklich vor wie in einem Kampfflieger. Der Steuerknüppel war ein Original mit dem zentralen Feuermechanismus und dem Abzug mit drei Einstellungen. Die oberste Position war für das Maschinengewehr, die untere für das Geschütz, und wenn man beides gleichzeitig abfeuern wollte, wählte man die mittlere Position. Der Rückschlag musste die Maschine in der Luft zum Stillstand bringen.

»Jesus«, murmelte ich. »Das ist phantastisch.«

»Die Piloten hatten nur acht Sekunden Maschinengewehrzeit«, sagte Bruce mir. »Nach acht Sekunden war die Munition alle. Sie flogen also bis auf rund dreihundert Meter an die deutschen Flugzeuge ran und feuerten dann eine kleine Salve ab.«

Ich schaute ihn von der Seite an. »Im Film läuft das aber anders, Bruce.«

»Ach so.«

Wir fuhren nach Cressbrook, um etwas zu essen, und Claudio und ich vertraten uns kurz die Beine. Es war jetzt ziemlich schön geworden, die Luft war geradezu mild und die Temperatur angenehm. Die Stadt war relativ alt, und mir gefiel, wie die Straßen angelegt waren. Die Bürgersteige waren aus Holz, und die Balkons der oberen Stockwerke reichten bis über die Bordsteine, was ein wunderbares Ambiente schuf.

»Wie geht's dir?«, fragte Claudio.

»Ich bin ein bisschen nervös. Ich glaube, wir werden ein paar Fassrollen und Loopings fliegen, also sollte ich wohl besser eine Kotztüte mitnehmen. Ich habe das vor etlichen Jahren schon mal gemacht, Clouds, und zwar bei einem Filmdreh in Afrika. Ich bin in einer amerikanischen Trainingsmaschine mitgeflogen, und nach der Landung war ich aschfahl.«

Nach dem Abendessen gingen wir zurück zum Flugplatz, wo inzwischen auch Rick, der Typ, der morgen die Maschine fliegen würde, auf seiner BMW eingetroffen war.

»Es gibt wirklich viele Piloten, die Motorrad fahren«, sagte ich und gab ihm die Hand. »Aber wahrscheinlich ist das alles derselbe Saft.«

»Ich will, dass du mir beibringst, wie man Wheelies macht«, lachte er. »Deshalb bin ich mit dem Bike hier.«

Er war ungefähr fünfundsechzig (er sagte mir, er habe seinen Seniorenausweis seit einer Woche) und Brite, ein sanftmütiger Kerl, bei dem ich mich sofort sicher fühlte. Er sagte mir, er würde morgen Rücksicht darauf nehmen, was ich körperlich verkraften konnte. »Es gibt hinten leider keinen Steuerknüppel«, sagte er, »also muss ich alleine fliegen. Außer natürlich, du willst vorne sitzen.«

»Na ja, ich habe acht Flugstunden hinter mir. «

Rick testet die Flugzeuge für die Supermarine Aircraft Company. Er ist mit diesen Spitfires in England und bei Shows in Amerika geflogen, und er erzählte mir, dass sogar die Amerikaner zugeben, dass der Supermarine-Bausatz zu den besten der Welt gehört.

»Manchmal haben die Kunden ein bisschen Angst vor ihrem ersten Flug«, sagte er. »Vor allem wenn sie den Bausatz selbst zusammengebaut haben. Wenn sie mich darum bitten, fliege ich zu ihnen und setze mich auf den Passagiersitz. Aber diese Maschinen sind eigentlich ganz leicht zu fliegen, weich und sanft. Das Landen ist allerdings ein bisschen schwierig, weil die Schnauze so lang ist.«

»Wie lange fliegst du sie schon?«, fragte ich und versuchte, seine letzte Bemerkung auszublenden.

»Seit Mike sie baut. Er bat mich damals, die Mark 25 zu testen, und das habe ich auch für die Mark 26A und B gemacht. Diese hier«, er deutete auf den Haifisch, »ist phantastisch, die leistungsstärkste und größte, die Mike je gebaut hat. Sie steigt über tausend Meter pro Minute, Charley. Sie ist schnell und verdammt heiß.«

Rick war als Siebzehnjähriger in die Royal Air Force eingetreten und hatte bis 1981 Kampfjets geflogen. Dann verließ er die RAF, wanderte hierher aus und trat der Australian Air Force bei. Er flog Mirage-Jets, aber nach seiner Pensionierung schaltete er einen

Gang runter und wurde Heißluftballonpilot. Er wohnte ganz in der Nähe, und Mike O'Sullivan hatte von ihm gehört und ihn gefragt, ob er die Mark 25 testen wollte.

Rick ist Großvater, und sein Sohn und drei seiner Enkel haben eine Fabrik, die mehr als siebzig verschiedene Teile für die Spitfire produziert. Ich mochte ihn sehr: Er hatte das typische Selbstvertrauen eines Piloten, eine Gelassenheit, die ich auch bei Ewans Bruder Colin gesehen hatte, der im Persischen Golf Tornados flog.

Rick sagte, er werde mich gerne die Küste hinauf bis nach Maryborough fliegen, wo wir in unter zweihundert Meter Höhe über den Strand fliegen würden. Absetzen wollte er mich auf einem Flugplatz, von dem aus wir dann weiterreisen würden. Kurz darauf breitete ich meinen Schlafsack im Hangar aus. Es wurde jetzt recht kühl, also beschloss ich, in meinen Kleidern zu schlafen. Die anderen schlugen ebenfalls ihre Lager auf, und als das Licht ausging, lag ich einfach nur da und dachte an den folgenden Tag. Ich konnte kaum glauben, dass ich in einem von Mondlicht durchfluteten Hangar in Brisbane lag und auf die Silhouette einer Spitfire blickte.

3

Mittagessen im Loco Lobo

Ich glaube, Rick war ein bisschen enttäuscht von mir. Ich war schließlich ein Dakar-Veteran und hatte all diese Expeditionen auf dem Buckel. Aber nach zwanzig Minuten in der Luft kotzte ich ihm beinahe die Maschine voll.

Als wir aufwachten, herrschte dichter Nebel, aber Rick war überzeugt davon, dass er sich lichten würde, was er auch tat, allerdings später, als er gedacht hatte. Sam war bereits nach Maryborough vorausgereist, um uns Plätze im Tilt Train zu sichern, einem Neigezug, der von Brisbane nach Cairns fuhr. Unsere nächste Etappe würde uns bis nach Rockhampton führen, und wenn wir es pünktlich zur Abfahrt schafften, würden wir heute eine ganz ordentliche Strecke bewältigen.

Wir brieten unser Frühstück auf einem Grill im Hangar und schoben dann die Spitfire nach draußen.

Der Nebel hing noch ungefähr eine Stunde über der Gegend, aber endlich klarte es auf, und ich saß eingeklemmt und schwitzend auf dem Passagiersitz. Auf dem Kopf trug ich einen altmodischen Helm, und der Rumpf umgab mich fast wie ein Käfig. Mir wurde erst klar, wie eng es hier wirklich war, als Rick ebenfalls einstieg und ich hinter ihm kauerte, die Ellbogen in die Rippen gepresst und die Hände zwischen den Knien.

Trotzdem, ein phantastisches Erlebnis. Ich saß in dem Nachbau des wichtigsten Kampffliegers der britischen Luftfahrtgeschichte und würde gleich die Küste entlangfliegen. Als mein Vater *Hope and Glory* drehte, hatte ich gelesen, dass die Piloten der Luftschlacht um England ihren Job eigentlich ganz gern erledigten, sobald sie in ihren Maschinen saßen. Es war das Warten auf das Startsignal, das ihre Nerven zerrüttete.

Endlich waren wir in der Luft, und Claudio filmte uns aus der offenen Tür des Begleitflugzeugs. Rick war supercool, voller Selbstvertrauen und sehr erfahren. Er sagte mir, den meisten Passagieren werde nach rund zwanzig Minuten schlecht, und da sollte er recht behalten. Aber ich glaube trotzdem, er hatte mehr von mir erwartet. Der Flug würde noch weitere vierzig Minuten dauern, und ich hatte die Hand vor den Mund gepresst. Mein Gesicht glich immer mehr den smaragdgrünen Wäldern unter uns. Ich musste mich zwar nicht übergeben, aber mir stand kalter Schweiß auf der Stirn.

Das Begleitflugzeug flog in einer geraden Linie, aber wir gingen in den Steig- und Sinkflug und legten dazu noch gelegentlich eine Fassrolle und einmal sogar einen gigantischen Looping hin. Wir überflogen Städte und Farmen, Flüsse und Wälder, und einmal schossen wir ganz dicht an der Flanke eines Berges entlang und schnellten dann an ihm vorbei. In etwa so, wie man sich mit einem Motorrad in die Kurve legt, nur *sehr* viel schneller.

Inzwischen fühlte ich mich wirklich hundeelend, und um ehrlich zu sein, wusste ich gerade nicht zu schätzen, was für ein unglaubliches Glück ich hatte und wie wunderschön die Welt von einem Kampfflieger aus aussah. Ich musste den Helm abnehmen, weil ich das Gefühl hatte, er drücke mir den Schädel ins Gehirn. Mir war erst einmal in meinem Leben derart schlecht gewesen, und zwar als ich als Kind auf einem Rummelplatz tonnenweise Zuckerwatte gegessen hatte und danach mit der Walzerbahn gefahren war. Als das Ding dann endlich anhielt, taumelte ich heraus und kotzte mir die Seele aus dem Leib.

Aber dies hier war keine Walzerbahn, sondern ein Flugzeug, und ich konnte nicht einfach aussteigen. Wir flogen über den Rainbow Beach, an dem sich die Wellen keine zweihundert Meter unter uns brachen. Nach einer Stunde in der Luft musste ich bei aller Begeisterung für die Spitfire zugeben, dass ich sehr froh war, die Landebahn in Maryborough zu sehen.

Ein Fernsehsender musste berichtet haben, dass wir hier waren, denn als wir auf der Landebahn hielten und ich aus dem Flugzeug kletterte, empfing uns eine beachtliche Menschenmenge. Ich gab mit immer noch grünem Gesicht ein paar Autogramme und bedankte mich bei Rick. Dann stieg ich in den Nachbau eines MG TD von 1952, der von einem wundervollen älteren Herrn namens Ron Stephenson gefahren wurde. Er trug einen Cowboyhut aus Stroh und reichte mir einen schwarzen. Wie zwei Desperados fuhren wir die vier oder fünf Kilometer zum Museum von Maryborough, wo John Meyers mit einem Radpanzer auf uns wartete.

Jepp, einem Radpanzer. Es war ein Ferret Scout, dessen Steuerrad nicht senkrecht zu den Knien, sondern horizontal vor ihnen eingebaut war. Er war mit Maschinengewehren und einer sogenannten Vorwahlschaltung ausgestattet, bei der man sich einen Gang aussucht und dann auf die Kupplung drückt, wodurch der Gang dann automatisch eingelegt wird. Der Radpanzer war fünfzig Jahre alt, in grüner Tarnfarbe gestrichen und wurde von einem Kerl namens Graeme Knoll gefahren. Er musste das Ding erst einmal aus dem Museum herausfahren, von dem aus es rund eine Viertelstunde Fahrt bis zum Tilt Train war. Ich muss sagen, dass ich mich sehr auf die Zugfahrt freute. Nach fünfhundert Kilometern in einem Flugzeug mit dem Magen in den Kniekehlen wollte ich nur noch eines: ein paar Stunden sitzen, bis sich meine Innereien wieder beruhigt hatten.

Ich spielte Maschinengewehrschütze, als wir über die Hauptstraße von Maryborough fuhren, und dann ließ mich Graeme ans Steuer. Natürlich würgte ich das Ding erst mal ab, aber man fährt ja schließlich auch nicht jeden Tag einen Radpanzer. Irgendwann kapierte ich, wie man das Teil bediente, und wir schafften es sogar sechs Minuten vor Abfahrt des Zuges zum Bahnhof.

Das Personal des Zuges (des schnellsten in Australien) war wirklich sehr nett. Sobald wir an Bord waren, sagten sie uns, ich dürfe vorne beim Zugführer mitfahren. Der Zug wird elektrisch angetrieben und ist sehr leise; wie der Zugführer meinte, sogar so leise, dass man ihn gar nicht kommen hört, was an unbeschrankten Bahnübergängen ziemlich gefährlich sein kann. Die Höchstgeschwindigkeit liegt bei 160 Kilometern pro Stunde. Wenn der Zug beschleunigt, saugt der Triebwagen Strom aus den Gleisen, und wenn er abbremst, gibt er wieder welchen ab. Ich kapierte so ungefähr, wie das alles funktionierte, aber mir war immer noch ziemlich schlecht, und nach einer halben Stunde ging ich zurück in unser Abteil, machte die Augen zu und döste eine halbe Stunde. Als wir in Rockhampton ankamen, ging es mir schon viel besser, und da wir heute vom Flugplatz Watts Bridge bis hierher fast tausend Kilometer zurückgelegt hatten, waren wir die australische Küstenlinie ein gutes Stück hochgehüpft.

Wir waren auf dem Weg nach Cairns, weil wir dort die Flying Doctors treffen wollten, worauf ich mich sehr freute. Unsere weiteren Pläne hatten sich allerdings ein bisschen verändert. Offenbar fand in Papua-Neuguinea gerade ein großes Volksfest statt, und wir wollten versuchen, einen Tag früher nach Port Moresby zu gelangen. Aber zuerst mal mussten wir nach Cairns.

Ich hatte schon vor längerer Zeit von der Ute-Szene gehört, die in Australien sehr viel Zulauf hat. Utes sind Pick-ups, meist aber nicht auf Basis eines Trucks, sondern eines Pkws; ansonsten gleichen sie einem Pick-up völlig: offene Ladefläche, Heckklappe und Fiberglasabdeckungen. Ihre Besitzer motzen sie gerne auf, indem sie sie tieferlegen, die Bereifung austauschen und Kompressormotoren einbauen. Wir fanden die Idee gut, einen Streckenabschnitt in einem aufgemotzten Ute zu fahren, also hatten wir in London Kontakt zu der Website Utez.com aufgenommen. Drei Typen hatten sich bereiterklärt, uns bei der Rinderfarm Old Station zu treffen, die von Rockhampton fünfzehn Flugminuten entfernt war.

Die Old Station gehört, wie der Name schon sagt, zu den ältesten Rinderfarmen in diesem Teil Australiens. Sie wurde vor 140 Jahren gegründet und gehört heute einem netten Kerl namens Rob, der sie mit seiner Frau Helen und seinen Kids Samantha und Matthew betreibt. Sie hatten uns zum Frühstück eingeladen, und nachdem wir die Nacht in Rockhampton verbracht hatten, fuhren wir zum Aero Club, wo wir mit Rob und seiner Cessna 185 verabredet waren.

»Tag, Charley«, sagte er und stieg aus dem Cockpit. »Wie geht's?«

Er war Mitte dreißig, schlank und durchtrainiert und trug eine Baseballkappe und Jeans. Ich war schon häufiger in Flugzeugen wie diesem geflogen, und ich muss gestehen, dass mir diese Größe mehr liegt: Ein Sechssitzer, wo ich neben dem Piloten sitzen kann und nicht wie in dem Kampfflieger hinter ihm eingepfercht bin.

Rob flog sehr gerne, aber für ihn war es nicht nur ein Hobby. Sein Flugzeug war auf seiner Farm einfach nötig – er sagte, das Gebiet sei so riesig, dass sich die meisten Strecken nur per Flugzeug zurücklegen ließen.

»Wie groß ist das Gebiet denn genau?«, fragte ich ihn, als wir in der Luft waren.

»Uns gehören 10 500 Hektar, auf denen ungefähr 3000 Kühe grasen.«

»Wow, das ist echt riesig.«

»Genau«, sagte er. »Deshalb brauchen wir das Flugzeug.«

Als wir über eine Hügelkette hinwegflogen, sagte mir Rob, der gesamte Talkessel unter uns gehöre zur Old Station. Es war eine schöne Landschaft, mit üppigen Weiden und zerklüfteten Hügeln, auf denen dürre Bäume wuchsen.

Mitten hindurch floss ein Fluss, der sogar im Sommer Wasser führte. Die Farm hatte fünf Bewässerungslizenzen, die Weiden bekamen also das ganze Jahr über Wasser, was überlebenswichtig war. Australien ist der trockenste Kontinent, und als wir das letzte Mal hier waren, hatten wir gesehen, was mit einer Rinderfarm geschieht, wenn das Wasser versiegt.

Interessanterweise sah das Land von oben ziemlich nass aus: Große Sumpfgebiete und kleine Nebenflüsse breiteten sich neben dem Flusslauf aus.

»Diese Cessna hat ein Spornradfahrwerk, das hast du gesehen, oder?«, sagte er. »Es ist besser, zwei Räder vorne zu haben, wenn man im Busch landen will.«

Wir setzten auf einer groben Piste neben ein paar einstöckigen Häusern auf; im ersten lebten Rob und seine Familie, im zweiten Robs Eltern und sein Bruder und im dritten Robs bester Kumpel Kiwi und seine Frau Lee. Kiwi war als Neunzehnjähriger von Neuseeland nach Australien gekommen und arbeitete seit sieben Jahren auf der Farm. Abgesehen von ihm und seiner Frau Lee war die Farm ein reiner Familienbetrieb. Ich konnte kaum glauben, dass diese Handvoll Leute ausreichte, um sich um dreitausend Rinder zu kümmern.

Die Kühe erinnerten mich an die Rinder, die Ewan und ich in Afrika gesehen hatten: rostbraun, mit kleinem Kopf und langen, hängenden Ohren. Wir schlossen Bekanntschaft mit einem Jungstier, den Helen von Hand aufgezogen hatte, weil seine Mutter gestorben war. Er wurde *Sausage* genannt, »Wurst« – weil große Teile von ihm wahrscheinlich so enden würden.

Kiwi bereitete in einer riesigen Außenküche das Frühstück vor, es glich dem Barbecue, das wir im Spitfire-Hangar gegessen hatten. Wir speisten auf der Veranda, auf die die Sonne knallte. Es war unheimlich warm, obwohl wir Winter hatten. Ich wollte mir gar nicht vorstellen, welche Hitze erst in der Trockenzeit herrschen musste.

Nach dem Frühstück bat mich Helen, ihr dabei zu helfen, ein paar Hundert »Weaner« zusammenzutreiben – Kälber, die seit ein paar Wochen von ihren Müttern getrennt waren und jetzt »erzogen« werden mussten, bevor sie auf verschiedene Weiden im Farmgebiet transportiert wurden.

»Wir bringen ihnen bei, sich zusammentreiben zu lassen«, erklärte mir Helen. »Wir stecken sie in Pferche und treiben sie mithilfe der Hunde von einer Seite zur anderen. Kühe lernen schnell, und sie mögen Routine. Wir treiben sie eine Woche lang von Weide zu Weide, dann haben sie begriffen, worum es geht. Danach kann eine einzelne Person ganz leicht zweihundert Stück treiben.«

Dies war Landwirtschaft im australischen Stil, und sie war erstaunlich effizient. Helen und Rob hatten eine riesige Farm, aber wie die meisten Bauern hatten sie nicht besonders viel Geld und konnten sich nicht leisten, viele Farmarbeiter einzustellen. Manchmal begegnen mir auf meinen Reisen Menschen, die ein Leben leben, das mir auf den ersten Blick so gut gefällt, dass ich mir vorstellen könnte, auch so zu leben. Das ist mir schon ein paarmal passiert. Vielleicht ist es die Ruhe oder die Sicherheit, heute zu wissen, was du morgen zu tun hast. Und vielleicht finde ich das besonders attraktiv, wenn ich unterwegs bin und nur selten mehr als eine Nacht an einem Ort verbringe.

Ich stieg jedenfalls in den Sattel eines schönen, kastanienbraunen Pferdes, um Helen dabei zu helfen, die Weaner zusammenzutreiben. »Okay«, sagte ich zu meinem Gaul. »Los geht's. Ich hab das schon eine Ewigkeit nicht mehr gemacht, meine Süße, also pass ein bisschen auf mich auf.«

»Das ist ein Männchen, Charley«, rief Helen. »Ein Wallach.«

»Ein Männchen«, sagte ich. »Okay.« Ich tätschelte ihm den Hals. »Okay, dann trinken wir nachher ein paar Bier zusammen, Kumpel. Wie wär's?«

Wir ritten durch hohes Gras durch von Hügeln gesäumte Weiden, und der klare Fluss rauschte an uns vorbei. Es war ein wunderschöner Morgen. Helen führte die Kälber, ich ritt hinter ihnen her, und die drei Hunde hielten die kleine Herde zusammen. Es war wirklich einfach. Sobald die Kühe die Hunde sahen, wussten sie, was sie zu tun hatten, und wir verlagerten sie von einer Weide zur nächsten. Es wurde nur ein bisschen chaotisch, als die Tiere sich vor Claudios Kamera erschreckten.

Nach dem Mittagessen kamen die Jungs in ihren Ute-Pick-ups an. Sie fuhren hintereinander ein und waren drei leuchtende Beispiele der Tuning-Kultur, von der ich so viel gehört hatte. Wir reden hier über Chrom und verschiedene Legierungen, Metallic-Lackierungen und das Grollen von V8-Motoren. Utez.com hat rund zweitausend aktive Mitglieder, die sich zum Beispiel einen Holden oder Ford kaufen und ihn dann kräftig aufmotzen, ähnlich wie in der Harley-Kultur in den USA und der Sportmotorrad-Szene in Großbritannien.

Diese drei jungen Typen mit T-Shirts und Sonnenbrillen waren gekommen, um uns nach Cairns zu bringen: Cameron, Ronnie und Ben oder, wie ich sie insgeheim nannte, Camshaft, Rocket und Big Ben. Cameron fuhr einen Ford BF XLS, Ronnie einen HSV Maloo und Ben einen VZ 55 Holden.

Wir zeigten ihnen auf der Karte, wo wir hinwollten, und Ben schätzte, dass wir es noch am selben Abend bis nach Mackay schaffen und morgen nach acht Stunden Fahrt Cairns erreichen würden.

Wir verabschiedeten uns von der Old Station und fuhren auf einer Schotterpiste in Richtung der Hauptstraße A1. Wir wollten heute Nacht campen, also hielten wir an einem Supermarkt und kauften Kühlboxen und Essen. Es war schon nach drei Uhr, und wir hatten immer noch dreihundert Kilometer bis Mackay und über tausend bis Cairns vor uns. Wir schafften es nicht bis nach Mackay; als es dunkel wurde, hatten wir erst die halbe Strecke hinter uns. Also fuhren wir auf einen Rastplatz in der Nähe des Waverly-Creek-Naturschutzgebietes. Wir hatten keinen Gaskocher und keinen Grill, und ich hatte eigentlich darauf gehofft, dass wir hier fest eingebaute Gasgrills vorfinden würden, um die Steaks und Rippchen zu braten, die Claudio und ich gekauft hatten. Aber wir hatten Pech.

Hier gab es nur eine Menge Staub, ein paar Wohnmobile und das Donnern der Road Trains auf der Küstenstraße. Sam beklagte sich lautstark – er behauptete, ich hätte vergessen, seinen Schlafsack einzupacken. Er hatte zwar eine australische Bettrolle mit eingearbeiteter Matratze und wasserfestem Boden, aber zum Zudecken nur eine Babydecke.

»Ich hatte alles vorbereitet«, sagte er. Er bezog sich auf den letzten Tag in London, als wir neben jeden Rucksack die Campingausrüstung gelegt hatten.

»Ich habe dich gefragt, ob das dein Zeug ist, Sam«, sagte ich.

»Ja, aber du hast nicht überprüft, was es war. Was du für einen Schlafsack gehalten hast, war nur ein Kissen.« Er hob die Decke hoch – sie war pink, gelb und hellblau, in einem Lochmuster gehäkelt. »Ich habe nur das hier, Charley. Du hast deinen Schlafsack, Robin hat seinen, und Claudio hat diesen extrem warmen mit Gänsedaunen.«

»Den habe ich in Afrika benutzt«, sagte Claudio sachlich. »Hat sich bei Kälte sehr gut bewährt.«

»Na super.« Sam hielt wieder anklagend die Decke hoch.

»Das wird schon«, versicherte ich ihm. »Nach einem schönen warmen Abendessen und ein paar Bier wirst du schlafen wie ein Baby.«

Warmes Essen? Hm. Wir hatten immer noch keine Möglichkeit, unsere Vorräte zuzubereiten. Es war inzwischen dunkel, und ich wanderte mit meiner Stirnlampe zu den Wohnmobilen, vor denen zwei ältere Ehepaare an einem Tisch mit karierter Decke saßen und das Abendessen verzehrten, das sie auf einem offenen Feuer zubereitet hatten. Es flackerte ein paar Meter neben dem Tisch fröhlich vor sich hin.

»Entschuldigung, dass ich Sie beim Essen störe«, sagte ich, »aber hätten Sie zufällig ein bisschen Holz übrig, das wir benutzen könnten?«

»Nein, tut mir leid«, sagte der Mann, der mir am nächsten saß, und schaufelte sich Steak und Kartoffeln in den Mund.

»Haben Sie das Holz hier gefunden?«, fragte ich.

»Nein«, sagte seine Frau. »Wir haben es mitgebracht.«

Oje. Sie stellten sich als Keith und Joy Bailey vor. Sie reisten mit ihren Freunden Trevor und Sorrell durch die Gegend, hatten sich im Gegensatz zu uns perfekt vorbereitet und nicht nur Holz, sondern auch eine Grillplatte mitgebracht.

»Ich habe einen Vorschlag«, sagte Keith. »Grillt euer Essen doch auf unserem Feuer.«

»Ginge das?«

»Klar, wieso nicht?«

Das war typische australische Gastfreundschaft. Als uns bei unserem letzten Aufenthalt der Diesel ausgegangen war, gab uns ein nettes Paar aus dem benachbarten Wohnmobil ihren Ersatzkanister. Ich holte das Essen und bereitete unsere Mahlzeit zu, während sich die anderen ums Feuer niederließen und ein paar Bierdosen öffneten.

»Hey, Charley«, rief Keith vom Tisch aus. »Ich habe da was für deine Steaks.« Er holte eine Flasche selbst gebraute Worcestersauce hervor. »Hier bitte«, sagte er. »Die wichtigste Zutat ist Sirup, dann noch Essig und ein paar Kräuter. Eigentlich sollten noch Chilis rein, aber dann wird sie zu scharf. Schmier sie einfach auf das Fleisch, schmeckt großartig.«

»Danke sehr«, sagte ich und nahm die Flasche.

»Eine Warnung: Sie hat ziemlich starke Auswirkungen auf die Verdauung.«

»Okay. Wenn wir heute Nacht also ständig aufs Klo rennen, dann wissen wir, warum.«

Er lachte. »Nein, Kumpel. Diese Sauce bringt die Verdauung zum Erliegen. Das ist Sinn und Zweck des Ganzen. Sie ist so effektiv, dass die Niagarafälle aufhören würden zu fließen, wenn man eine Flasche reinkippt.«

Am nächsten Tag brachten uns die Ute-Boys nach Cairns, und wir machten einen Tag Reisepause, um uns wieder auf Vordermann zu bringen. Mir gingen allmählich die Unterhosen aus (aber mehr sage ich darüber nicht), also suchten wir einen Waschsalon auf. Am folgenden Morgen, dem neunten Tag nach unserer Abreise aus Sydney, nahmen uns die Flying Doctors ein Stück mit.

Ich stand kurz nach sechs auf, und es war dunkel und nass draußen. Ich vergesse manchmal, dass es hier Winter ist und es morgens deshalb erst spät hell wird, aber ich hätte nicht erwartet, dass es so viel regnen würde. Das schlechte Wetter folgte uns offenbar die Küste hinauf, und ich muss zugeben, dass es mir allmählich auf die Stimmung schlug. In solchen Momenten trug ich ziemlich schwer an meiner Verantwortung, und ich begann, mir über die Reise und all die logistischen Herausforderungen, vor die sie uns stellte, Sorgen zu machen.

Aber das macht alles nichts mehr aus, sobald ich auf einem Motorrad sitze, und hoffentlich würde sich morgen alles in Wohlgefallen auflösen, sobald wir David Williams trafen. David betreibt ein Reiseunternehmen namens Fair Dinkum Tours, und wir planten, über Waldstraßen zu einem Ort namens Cooktown zu fahren, der ein paar Hundert Kilometer weiter nördlich an der Küste lag.

Aber heute würde ich wieder einmal ein Flugzeug besteigen, und zwar in Gesellschaft der Fliegenden Ärzte. Wir würden sie zu einem Routinebesuch in der Aborigine-Siedlung Pormpuraaw begleiten, wo sie für die medizinische Grundversorgung zuständig waren.

Der Royal Flying Doctor Service wurde 1928 von John Flynn gegründet, einem presbyterianischen Pfarrer, der den Menschen in entlegenen Gebieten medizinische Hilfe bringen wollte. Anfangs war es ein reines Experiment, das eigentlich nur ein Jahr lang dauern sollte. 81 Jahre später ist der Service so gut ausgebaut, dass der gesamte

Outback versorgt werden kann, und die Zentrale in Cairns kümmert sich nicht nur um das Kap-Gebiet, sondern um ganz Queensland, einen Bundesstaat, der ein bisschen größer ist als Westeuropa.

Auf dem Flugplatz trafen wir eine junge Frau namens Gil, die uns erklärte, dass die meisten Menschen glauben, die fliegenden Ärzte würden hauptsächlich bei Nacht und Nebel im Busch landen und Notfälle versorgen. Aber ihre Hauptaufgabe ist es, die medizinische Grundversorgung der Bevölkerung zu sichern. Im Hangar standen drei Flugzeuge; eine Maschine stand immer in Reserve, und die anderen beiden wurden abwechselnd für die Routinearbeit und für – wie Gil es nannte – »Lufteinsätze auf Abruf« benutzt, zum Beispiel Herzanfälle, Unfälle und andere Notfälle, die einen schnellen Einsatz erforderten. In anderen Worten: Rettungsmissionen.

Es schüttete wieder, und langsam hatte ich die Nase voll vom Regen, aber die Pilotin Emma würde uns trotz des Wetters nach Pormpuraaw fliegen.

Als wir unsere Plätze einnahmen, arbeiteten die Scheibenwischer mit voller Kraft, und ich dachte daran, wie die Trampelpfade im Busch morgen wohl aussehen mochten.

Glücklicherweise wurde das Wetter besser, als wir Cairns verließen, und bei der Landung in Pormpuraaw war der Himmel blau, und die Sonne schien. Wir waren ein paar Hundert Kilometer geflogen und befanden uns tief im Busch, einem schönen, aber wilden Teil des Landes. Die Landebahn lag in der Nähe eines Süßwassersees, an dem viele Vögel nisteten. Pormpuraaw ist eine autonome Aborigine-Gemeinde, die zu den erfolgreichsten des Landes gehört. Alkoholmissbrauch und die Form von häuslicher Gewalt, die oft damit einhergeht, ist schon lange ein großes Problem in der Aborigine-Bevölkerung. Dies war eine selbst verwaltete Stadt, in der die strenge Reglementierung des Alkoholkonsums sehr positive Auswirkungen gezeigt hatte. Ein paar dieser Städte auf dem Kap sind komplett trocken, aber in dieser gab es immer noch eine Bar. Dort wird nur leichtes bis mittelstarkes Bier ausgeschenkt, und die Bar ist nur an fünf Tagen die Woche von halb sechs bis acht Uhr abends geöffnet.

Ich sprach mit einem Mann namens Kurt, dem Leiter des Unternehmens, das das Women's Resource Center verwaltete, ein breit gefächertes Sozialprogramm, das ursprünglich sichere Rückzugsorte für Opfer von häuslicher Gewalt zur Verfügung gestellt hatte. In der Stadt lebten 720 Menschen, und Kurt erklärte, dass die Übergriffe auf Frauen seit Einführung der Alkoholreglementierung deutlich zurückgegangen waren, sowohl was die Häufigkeit als auch was die Intensität anging.

Kurt war ein sehr cooler Typ, der eine Menge über sein Volk wusste. Er erzählte mir von der »gestohlenen Generation«. Die australischen Behörden waren der Meinung (die von der Kirche unterstützt wurde), der schnellste Weg, die australische Urbevölkerung zu assimilieren, sei, ihnen ihre Kinder wegzunehmen und diese ihn Heimen in verschiedenen Teilen des Landes unterzubringen. Häufig sahen die Kinder ihre Familien nie wieder.

Man begann 1869 mit dieser Praxis, und sie wurde bis 1970 fortgesetzt. Den amerikanischen Ureinwohnern wurde ganz Ähnliches angetan, und auch hier ergaben sich daraus unzählige Probleme und schreckliches Leid.

Ganze Generationen gingen verloren, Kinder wuchsen ohne Verbindung zu ihren Familien oder ihrer Geschichte auf, und die Auswirkungen waren noch Jahrzehnte später zu spüren. Auch heute noch kommt es einem vor, als klaffe ein bodenloser Abgrund zwischen den Weißen und den Aborigines in Australien.

In dieser abgelegenen kleinen Stadt zu stehen, die Pelikane auf dem See zu betrachten und Kurt zuzuhören, der von einer fünfzigtausend Jahre alten Kultur sprach, war sehr berührend. Die Blechdachhäuser wurden beinahe vom Busch verschlungen, der uns umgab, und in der Ferne ragten staubgraue Berge auf.

Die Stadt hat ihre eigene Verwaltung, ein Krankenhaus und eine Polizeiwache – die von zwei Cops aus Queensland bemannt wird, die permanent hier stationiert sind. Sie nahmen uns in einem Streifenwagen zum Rathaus mit. Ich setzte mich auf den Beifahrersitz neben Tim White, der den Wagen fuhr, und schaute zu Claudio nach hinten. »Ich sitze gerade zum ersten Mal freiwillig in einem Streifenwagen«, flüsterte ich.

»Warum überrascht mich das nicht?«, gab er zurück.

Es stellte sich heraus, dass Tim der Polizeipsychologe von Queensland war. Ich hatte keine Ahnung gehabt, dass es so einen Beruf überhaupt gab, aber auf der Fahrt erzählte er mir, es sei überlebenswichtig, dass die in diesen Gebieten stationierten Polizisten in hervorragender mentaler Verfassung blieben.

»Denk mal drüber nach, Charley«, sagte er. »Du nimmst einen zweiundzwanzigjährigen Polizisten aus Brisbane, der sein ganzes Leben in der Großstadt verbracht hat, und verpflanzt ihn hierher. Hier gibt es keinen Komfort, keinen McDonald's, gar nichts. Achtzig Prozent der Australier wissen überhaupt nichts über die Aborigines, also gibt es auch eine achtzigprozentige Chance dafür, dass es den Polizisten ebenso geht. Ihr seid hier oben nur zu zweit und wechselt euch rund um die Uhr ab. Ihr seid ständig ein potenzielles Angriffsziel und tragt ständig Waffen. Wenn ihr frei habt, könnt ihr höchstens mal jagen und fischen gehen. Es gehört eine Menge dazu, mit einem solchen Druck umzugehen.«

Er hatte natürlich recht, und ich versuchte, mir vorzustellen, an einem Ort wie diesem als Polizist zu arbeiten – wunderschön, aber entlegen und sowohl klein genug als auch groß genug, um dir alle möglichen Probleme zu bereiten. Beim Rathaus trafen wir den Vizebürgermeister Edward. Ein nachdenklich wirkender Mann mit leiser Stimme, und als er erfuhr, wohin wir unterwegs waren, gab er uns die Telefonnummer seiner Schwester in Papua-Neuguinea. »Sie wird euch aufnehmen, falls ihr eine Übernachtungsmöglichkeit braucht«, sagte er.

Gil wollte uns unbedingt das medizinische Versorgungszentrum zeigen, ein graues, halb hinter Bäumen verstecktes Gebäude. Drinnen stellte sie uns Natalie vor, die das Zentrum leitete. Sie liebt ihren Job wirklich. Jeder Tag bringt neue Herausforderungen. Da hier kein Arzt ständig vor Ort ist, muss sie improvisieren können, nicht nur, was die Bedürfnisse der Patienten, sondern auch, was die Logistik angeht. Das Krankenhaus war mit modernster Technik ausgestattet: Es gab eine Notfallambulanz, ein digitales Röntgengerät, ein zahnärztliches Behandlungszimmer und genug Medikamente und Verbandszeug für sechs Monate. Es mussten genug Vorräte für die Regenzeit vorhanden sein, denn dann flogen die Flugzeuge zwar auch, konnten aber nur wenig Ladung mitführen, also mussten die Lager des Krankenhauses vor Herbstbeginn aufgestockt sein.

Der Besuch auf dieser Krankenstation machte mich sehr demütig und erinnerte mich an die UNICEF-Einrichtungen, die ich auf meinen Reisen besucht habe. Die Menschen, die dort arbeiten, sind ebenfalls mit ganzem Herzen dabei. Natalie war seit sieben Jahren hier und hatte nicht vor, wieder abzureisen. Tatsächlich liebten alle, mit denen wir sprachen, diesen Ort, auch die Polizisten. Manche hatten bei ihrer Ankunft zwar einen kleinen Kulturschock erlitten, aber nach ein paar Monaten hatten sie sich eingelebt und wollten gar nicht wieder weg. Ich fühlte mich viel besser. Einen Ort wie Pormpuraaw zu besuchen macht einem bewusst, wie unwichtig die meisten Dinge sind, von denen man sich stressen lässt. Alles, worüber ich mir Sorgen gemacht hatte, war wieder in die richtige Perspektive gerückt worden, und unsere Ankunft in Cairns verstärkte dieses Gefühl noch. Ein weiteres Flugzeug der Flying Doctors war gerade mit einem Mann an Bord gelandet, der einen Herzanfall erlitten hatte. Die Maschine für den Notfalltransport ist eine fliegende Intensivstation. Ein Arzt war mit an Bord, und der Mann, der in den Krankenwagen verlegt wurde, war in den besten Händen gewesen.

Am folgenden Morgen, dem 27. Mai, wachte ich früh auf. Es regnete. Schon wieder. Gestern im Busch war das Wetter uns gnädig gewesen, aber heute Morgen war es dunkel und bewölkt, und die Stadt lag im Nieselregen. Nach einer kurzen Fahrt gen Norden verbesserte sich meine Stimmung zusehends. Erstens, weil wir David Williams trafen, einen fröhlichen Mann mit kurzem Haar und den wie gemeißelt wirkenden Gesichtszügen, die auch Mark, der Diamond-T-Fahrer, gehabt hatte. David war aber jünger – Ende dreißig. Er hatte viele Touren mit knallharten Offroad-Bikern hinter sich, und in seinem Haus war eine Wand mit Zeitungsausschnitten dekoriert, in denen über ihre Abenteuer berichtet wurde. Er begrüßte uns herzlich, und was noch besser war – er hatte drei Motorräder für uns abfahrtbereit gemacht. Zwei Suzuki DR Z400Es und eine KTM 640, die er von einem Kumpel ausgeliehen hatte. Ich komme später noch auf die KTM zurück, aber ich glaube, ich hatte das Ding verhext.

Dem ursprünglichen Plan nach hätte Claudio eigentlich auf dem Sozius von Davids Bike mitfahren sollen, aber durch den Regen würden die Straßen extrem rutschig sein, und zu zweit auf einem Bike zu sitzen würde kein Spaß werden. Wir beschlossen also, Claudio eine Helmkamera zu verpassen und ihn selbst fahren zu lassen.

»Wann bist du das letzte Mal durch die Pampa gefahren, Clouds?«, fragte ich.

»Bei *Long Way Down*«, sagte er. »Vor zwei Jahren.«

»Und wie gut bist du mit Schlammpisten zurechtgekommen? Ich weiß es gar nicht mehr.«

»Beschissen, Charley. Ich bin ständig in den Dreck gefallen.« Er schaute mich über seine Kamera hinweg an. »Hast du einen Tipp für mich, Charley?«

»Ja«, nickte ich. »Gut festhalten.«

Wir wollten heute Abend bis nach Mossman kommen und dort im Haus meiner guten Freundin Diane übernachten. Dianes Sohn Jason gehört zu meinen ältesten Freunden und ist Taufpate meiner Tochter Doone. Ich hatte mit Diane telefoniert, und sie hatte uns alle ins »Playhouse« eingeladen, wie sie ihr Anwesen Karnak Farm nennt. *The Playhouse,* »das Schauspielhaus«, ist für mich eine Art zweiter Heimat – ich war schon sehr oft dort, das erste Mal vor ungefähr vierundzwanzig Jahren. Wir mussten es unbedingt zum Abendessen schaffen, denn Diane würde uns ein Festmahl mit Lammbraten und Champagner zubereiten. Ich versicherte ihr, dass wir rechtzeitig da sein würden. Dann zog ich meinen Motorradanzug an und saß endlich wieder auf einem Bike.

»Wir fahren ungefähr zwanzig Kilometer die Küstenstraße rauf«, erklärte David, als wir die Kameras installiert hatten und losfuhren. »Danach fahren wir ins Landesinnere und nehmen die Black Mountain Road bis Mount Molloy. Es ist ein Waldweg, aber öffentlich befahrbar, und weil dort Leute wohnen, müsst ihr euch unbedingt links halten.« Er schaute auf seine Uhr. »Wir müssten zwischen halb eins und eins in Molloy sein, und dort gibt es ein nettes kleines Café namens Loco Lobo. Dort gibt es die größten Burger, die ihr je gesehen habt.« Er nickte in Richtung der beiden Suzukis. »Die Reifen sind brandneu, und wegen des Regens ist der Asphalt ziemlich schlüpfrig. Passt in den Kreisverkehren auf, die sind tückisch.«

Wir fuhren die Küste entlang bis zu dem Schild, das die Black Mountain Road ankündigte. Dann überquerten wir eine nasse Brücke bei Duggan's Creek und waren endlich auf einer Piste. Ich stellte mich auf die Pedale. Versteht mich nicht falsch, ich liebe Asphalt, und ich liebe Rennmaschinen, aber Offroad-Pisten ... die machen ungeheuer viel Spaß.

Nach ein paar Minuten waren wir tief im Regenwald, und der Boden war entweder Matsch, Lehm oder harter Dreck, auf dem das Regenwasser eine einige Millimeter dicke Schlammschicht hinterlassen hatte. Diese dünne Schicht war so rutschig wie Eis, und vor mir brach das Hinterrad von Davids orangeroter KTM aus, und er landete im Dreck.

»Alles okay?«, fragte ich, als wir ihn erreicht hatten.

»Keine Sorge, mir geht's gut«, sagte er und wischte sich den Dreck ab. Er schaute das Bike mit zusammengekniffenen Augen an. »Das letzte Mal hat es mich vor ... zwei Jahren hingelegt, glaube ich.«

Wir fuhren über Brücken und durchquerten auf den rutschigen Lehmböden riesige Regenwälder voller tropfnasser Bäume. Wir fuhren hoch in die Berge und genossen die atemberaubende Aussicht auf die Täler unter uns. In den Senken waren die Straßen überschwemmt, und einmal passierten wir einen kaputten Mitsubishi-Van, den irgendjemand vor langer Zeit einfach dort zurückgelassen hatte. Er lag in einer Schlucht, in der das Wasser so hoch stand, dass es mir bis an die Knie gereicht hätte, wenn ich nicht auf den Pedalen gestanden hätte.

Ich genoss die Tour sehr, war wieder entspannt und voller Vorfreude. Es war, als sei ich endlich wieder aufgewacht. Auf einem Bike bin ich in meinem Element. Wir fuhren durch dichten Busch und waren wirklich im Nirgendwo. Dies war das Reich der Krokodile – Sumpfland und überschwemmte Bäche mit umgestürzten

Bäumen und schwimmenden Inseln aus riesigen Haufen toter Blätter.

Claudio und David beschlossen, die Bikes zu tauschen. Und ich glaube, in diesem Moment muss ich das Ding verhext haben. Die KTM war heute schon einmal umgekippt, und jetzt saß Clouds im Sattel – das nennt man wohl das Schicksal herausfordern.

Wir rollten ganz gemütlich dahin, als die KTM plötzlich zu röcheln und zu stottern begann, als wäre das Benzin alle. Dann gab das Ding komplett den Geist auf. Wir versuchten alles Mögliche, brachten die Maschine aber nicht wieder zum Laufen. Schließlich beschloss David, das Problem müsse die Vakuumpumpe sein, die den Treibstoff zum Vergaser leitet.

»Die ist hin«, sagte er. »Hier können wir sie nicht reparieren. Am besten, du schleppst mich ab.«

Ich hatte noch nie ein Motorrad abgeschleppt, und bis zur Asphaltstraße bei Mount Molloy waren es noch vierzig Kilometer.

»Es ist ganz leicht«, beruhigte er mich. »Binde dieses Seilende an deinem Bike fest, dann führe ich das andere Ende unter dem Lenkgestänge durch.« Er setzte sich auf die KTM, wickelte das Seil um den Lenker und hielt das lose Ende fest. »So kann ich einfach loslassen«, sagte er. »Falls es Probleme geben sollte, kannst du mich und das Bike nicht hinter dir herschleifen.«

Das erschien mir logisch, und wahrscheinlich hätte ich auch selbst drauf kommen können. Wenn wir bergab fuhren, bremste nicht ich, sondern David hinter mir. So blieb das Seil straff. Ohne weitere Zwischenfälle erreichten wir Mount Molloy pünktlich zum Mittagessen im Loco Lobo. David hatte recht, die mexikanischen Burger waren ungefähr zwei Stockwerke hoch. Jetzt mussten wir nur noch einen Weg finden, die zweite Etappe des Tages ohne ein drittes Bike zu schaffen. Glücklicherweise konnte Davids Schwager uns ein Ersatzmotorrad bringen. Nach dem Essen ließen wir die

KTM zurück, Claudio fuhr mit mir weiter, und David stieg in das Begleitfahrzeug. Als wir in Mossman ankamen, wartete dort die Suzuki seines Schwagers auf ihn. Ich hatte Diane bereits angerufen und ihr gesagt, dass wir uns ein bisschen verspäten würden.

Es war ein langer und anstrengender, aber phantastischer Tag gewesen, und wir hatten auf die bestmögliche Art eine ganz schöne Strecke zurückgelegt. Jetzt wollte ich unbedingt Diane sehen, ein bisschen Champagner schlürfen und ein Festmahl genießen, das – wie David später sagte – eines Königs würdig war.

4
Keine Angst (na ja, vielleicht ein bisschen)

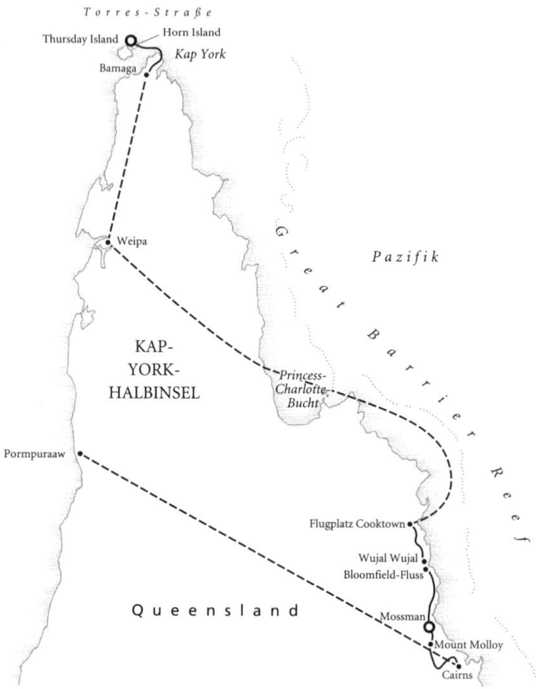

Karnak Farm heißt »The Playhouse«, weil Diane auf ihrem Grundstück ein Theater mit fünfhundert Sitzplätzen hat. Eine wunderbare Bühne, zu der eine schöne Holztreppe hinaufführt. Die Anlage ist in ihren Garten integriert, und den Hintergrund bildet ein See. Ich weiß noch, wie ich vor Jahren mit einer Heckenschere dort Unkraut jätete, wo später der See angelegt wurde. Diane Cilento ist inzwischen quasi pensioniert, aber sie war früher eine sehr erfolgreiche Schauspielerin und 1963 sogar für den Oscar nominiert. Sie liebt ihren Beruf über alles, und in Karnak treten alle möglichen Ensembles auf.

Es ist ein wunderschönes Anwesen. Das Haupthaus liegt zwischen Palmen und gepflegten, terrassierten Rasenflächen. Leider konnten wir nur eine Nacht dort verbringen, denn jetzt waren wir bereits auf dem Weg nach Cooktown, wo Claudio und mich ein Havariekommissar mit seinem Leichtflugzeug mitnehmen würde. Heute würden wir in einem berühmten alten Pub namens Lion's Den in der Nähe der Aborigine-Gemeinde Wujal Wujal übernachten. Wir würden den ganzen Tag Motorrad fahren, allerdings nicht nur auf den Offroad-Maschinen, die David uns zur Verfügung gestellt hatte. Heute Nachmittag würde ich ein batteriebetriebenes Motorrad genauer unter die Lupe nehmen, das von einer Firma namens Zero gebaut wird.

Die australische Tochtergesellschaft von Zero hat ihren Sitz in Melbourne, aber die Bikes selbst kommen alle aus der Fabrik im kalifornischen Santa Cruz. Nach meiner Fahrt in dem Elektroauto, das mich sehr beeindruckt hatte, war ich sehr gespannt darauf, wie jemand das Prinzip auf eine Geländemaschine übertragen hatte.

Heute Morgen fuhr Davids Kumpel Max mit uns. Er hatte vor Kurzem das Lion's Den übernommen und war mit seinem Ute zu uns gefahren. Auf der Ladefläche stand eine KTM – er wollte mit uns zurück zu seinem Pub fahren. Der Laden ist eine Institution auf der Kap-Halbinsel, es gibt ihn seit 1875, als dort Zinn entdeckt wurde und von überall her Schürfer anreisten.

Max war ein toller Biker, und als wir Karnak verließen, legten wir beide ein paar ordentliche Wheelies hin und machten dann den ganzen Morgen nur noch Blödsinn. Es war eine tolle Fahrt: Wir waren mitten im Regenwald und trotzdem direkt an der Küste. Wir hielten an einem Aussichtspunkt namens Rocky Point. »Wir sind hier wirklich in den Tropen«, sagte ich zu David, als ich über die Palmen zum Strand hinunterblickte.

»Hier schon«, nickte er. »Aber nicht weit nördlich von hier wird es wieder trockener.«

Die Landschaft war wunderschön und die Straßen hervorragend. Eine Mischung aus schmalen Asphaltstrecken, guten Pisten und vielen überschwemmten Bächen. Die Pflanzen waren tropfnass, und als die Sonne herauskam, hing über den Bergen ein Nebelschleier wie Dampf.

Australier sind im Allgemeinen ziemlich entspannt. Aber wie wir schon bei unserem Konvoi in Sydney herausgefunden hatten, können australische Beamte enorm engstirnig sein – was gar nicht zum Rest des Landes passt. Sie sind geradezu besessen von ihren Sicherheitsvorschriften. Wir hatten das bereits auf unserer letzten Reise erfahren, als Russ von der Polizei angehalten wurde, weil er die Motorradskulptur auf der Ladefläche eines Ute transportierte. Die Polizisten damals waren ziemlich aggressiv gewesen, aber das war nichts gegen die Betreiber der Fähre über den Bloomfield River.

Wir fuhren zügig über einen engen Pfad durch Zuckerrohrfelder. Max machte immer noch einen Wheelie nach dem anderen und fuhr Schlangenlinien, und ich gab auch ein bisschen an. Als ich die Gleise entdeckte, mit denen die Zuckerrohrfarmer die Wagen mit den geernteten Rohren zur Fabrik transportieren, dachte ich mir, es wäre lustig, zwischen den Schienen zu fahren. Ich verließ also den Asphalt, fuhr die Böschung hinunter und hüpfte mit dem Bike zwischen die Schienen. Ich gab richtig Gas, stellte mich auf die Pedale und raste zwischen den Zuckerrohrfeldern dahin. Nach ein paar Hundert Metern beschloss ich, zu den anderen zurückzukehren. Ich bekam das Vorderrad gut frei, aber das Hinterrad blieb an der Schiene hängen. Das Motorrad kippte um, und ich rammte mir den

Lenker in den Bauch, bevor ich kopfüber ins Gras flog. Ich landete auf meiner linken Schulter und hatte die Horrorvision, ich hätte mir das Schlüsselbein gebrochen, genau wie vor der Rallye Dakar. Ich purzelte bis in das Zuckerrohrfeld und blieb dort liegen.

Glücklicherweise war nicht mein Schlüsselbein entzwei, sondern nur der Vergaserzug der Suzuki. Das war allerdings immer noch ziemlich mies. Außerdem hatte ich den Lenker verbogen und das Pedal der Rücktrittbremse geschrottet. Meine Schulter schmerzte schrecklich, und ich spürte jetzt schon, wie meine linke Seite steif wurde. Ich begutachtete meinen Bauch und entdeckte eine tiefe Schramme, die Haut um sie herum verfärbte sich bereits gelblich zu einem mächtigen Bluterguss.

Max beobachtete mich, Claudio filmte, und David überprüfte den Schaden an der Maschine.

»Bist du okay?«, fragte Claudio.

»Ja, nur eine Schramme.«

»Bist du sicher, dass du keine inneren Verletzungen hast, Charley?«

»Ich glaube schon.« Ich hielt mir den Bauch und versuchte zu erkennen, wie schlimm ich ihn zugerichtet hatte. »Das ist übrigens kein Fett«, sagte ich schnell. »Das ist geschwollen.«

Ich kam mir vor wie ein Vollidiot. Wenn man auf einer Geländemaschine fährt, dann fällt man manchmal runter, das ist zu erwarten. Aber ich hatte Blödsinn gemacht und angegeben, und nach noch nicht einmal einer Woche Reisezeit war das einfach dumm gewesen. Außerdem hatte ich ohne Grund Davids Bike beschädigt.

Wir reparierten die Maschine, und ich fuhr weiter. Mein Selbstbewusstsein hatte einen gehörigen Schlag abbekommen, und ich ärgerte mich darüber, dass ich so blöd gewesen war. Als wir die Autofähre über den Bloomfield River erreichten, wurde alles noch schlimmer. Wir wollten den Truck zuerst auf die Fähre bringen und dann filmen, wie wir mit den Bikes darauffuhren. Das war eigentlich keine unverschämte Bitte, aber die Crew wollte nichts davon hören. Sie sagten uns, das ginge nicht – die Bikes mussten zuerst auffahren, denn das sei nun mal die Vorschrift, und Vorschriften müssten befolgt werden. Der Kapitän saß in seinem Führerhaus und gab durch einen Lautsprecher die ganze Fahrt über Anweisungen.

»Bleiben Sie bei Ihrem Fahrzeug. Steigen Sie nicht aus Ihrem Fahrzeug aus. Bleiben Sie bei Ihrem Fahrzeug.«

Claudio entfernte sich ein paar Meter von seinem Bike, um den Fluss zu filmen, und ich hörte nur noch das Quäken des Lautsprechers. »Bleiben Sie bei Ihrem Fahrzeug. Sie da! Bleiben Sie bei Ihrem Fahrzeug!«

Ich fand das ganze Gedöns total lächerlich. Wir waren schließlich nicht auf der *Titanic,* sondern auf einer winzigen Autofähre, die über einen verdammten Fluss tuckerte.

Und dann haute es mich noch einmal hin. Ich konnte es kaum fassen – ich bin schon seit Jahren nicht mehr zweimal an einem Tag vom Bike gefallen. Ich nahm eine enge Kurve in ziemlich rutschigem Matsch, und dann rappelte ich mich auch schon vom Boden auf. Diesmal hatte ich die Kontrolle über das Vorderrad verloren. Natürlich waren die anderen bei mir, bevor ich das Bike wieder aufgestellt hatte, ich konnte also nicht einmal so tun, als wäre nichts passiert. David brachte sein Bike zum Stehen und betrachtete ängstlich seinen Besitz. »Ich sage dir, Charley«, seufzte er, »wenn du so weitermachst, dann gehört dieses Bike noch heute Abend dir.«

Schließlich erreichten wir Wujal Wujal ohne weiteren Zwischenfall und parkten die Bikes beim Lion's Den. Max hatte den Pub erst vor ein paar Monaten gekauft, und er, seine Frau und seine beiden Kinder waren fest entschlossen, den Laden zu einem Erfolg zu machen. Die Lage war ausgezeichnet, nahe am Black Mountain in einer grünen, tropischen Landschaft. Der Pub grenzte an Land, das einem australischen Schlangenbeschwörer namens Jim gehörte. Okay, er war nicht wirklich Schlangenbeschwörer, sondern nur ein Typ, der Land besaß und Schlangen mochte. Das Pub selbst erinnerte mich an das in Daly Waters: Der Innenraum hing voller Erinnerungsstücke, T-Shirts, Zeitungsausschnitte, BHs und Höschen.

Offenbar war es das Stammlokal der Allrad-Fans, die gerne über die Kap-Straßen fuhren, die wir gerade unsicher gemacht hatten.

Die Jungs von Zero warteten bereits auf uns. Sie hatten zwei Bikes bei sich, die direkt aus Kalifornien kamen, wie Phil (der den Melbourner Firmenzweig leitete) mir sagte.

»Nur für dich, Kumpel«, sagte er. »Du bist schließlich eine Ikone des globalen Motorsports, also wollten wir deine Meinung hören.«

Eine Ikone? Ich? Hmm ... da hatten sie wohl den Falschen erwischt. Andererseits ... Ich warf mich in die Brust und sah Claudio mit einem Blick an, der bedeutete: Halt bloß die Klappe darüber, dass ich auf dem Weg hierher zweimal vom Bike gefallen bin. Lass mich diesen Gentleman hier beeindrucken, okay? Claudio sagte kein Wort. Gott segne ihn.

Das Bike war klasse. Es sah aus wie ein etwas größeres Mountainbike, und das war es wohl auch. Auf der Piste, die durch die Felder des Schlangenbeschwörers führte, brachte es eine ebenso gute Performance wie die Maschinen, die wir heute den ganzen Tag gefahren waren. Man konnte die Geschwindigkeit auf vierzig Kilometer pro Stunde drosseln, wenn man wollte, aber auch bis zu hundert Sachen schnell fahren. Phil erklärte, es werde durch eine Lithium-Ionen-Batterie angetrieben, die etwa zwei Stunden pro Ladung halte. Es fuhr emissionsfrei und sah gut aus. Ich bin überzeugt davon, dass Alternativen zu konventionellen Fahrzeugen für die Kunden vertraut wirken müssen, genau wie das Elektroauto, das ich gefahren war. Und bei diesem Motorrad war das eindeutig der Fall.

Wir fuhren eine Runde, Phil raste vor mir her wie ein Supermoto. Auf einer Hügelkuppe machten wir Pause, während die Pferde neben uns friedlich weitergrasten. Das Bike war nicht lautlos, sondern gab ein leises Klappern von sich, aber das war es auch schon. Hätten wir auf normalen Geländemaschinen gesessen, wären die Pferde wegen des Lärms schon längst am anderen Ende der Koppel gewesen. Das Zero war wendig und schnell und fühlte sich an wie eine 125er oder 250er. Es bot volles Drehmoment und hatte keine Gänge, keine Kupplung und keine Bedienungselemente an den Pedalen. Es gab eine Vorderrad- und Hinterradbremse am Lenker, genau wie bei einem Mountainbike.

Ich war schwer beeindruckt. Phil sagte mir, es gebe auch eine Straßenmaschine, und so eine würde ich zu Hause in London jederzeit benutzen. Wir fuhren eine Runde mit Max und David, die ihre eigenen Maschinen benutzten, und ich muss sagen, die beiden Varianten standen sich in puncto Fahrleistungen in nichts nach.

Jim der Schlangenbeschwörer kam aus seinem Haus und schaute uns zu. Er sah aus wie ein alter Viehtreiber und trug einen abgewetzten Cowboyhut mit einer schweißfleckigen Krempe.

»Hallo, Charley«, sagte er, als wir bei ihm anhielten. »Dein Kumpel Claudio hier meint, du würdest gerne ein paar Schlangen sehen.«

»Schlangen?«, quiekte ich. Wovon sprach er? Ich hasse Schlangen, und das weiß Claudio auch.

»Für die Show, Charley. Tu's für die BBC«, sagte Claudio. »Jim hat mehr als dreißig Stück.«

»Aha«, sagte ich. »Hauptsache, er lässt nicht alle gleichzeitig auf mich los.« Widerwillig folgte ich dem Farmer in einen großen

Schuppen, in dem verschiedene Terrarien standen. Eines war mit einem Sperrholzbrett verschlossen, das am Terrarium festgeschraubt war. Jim musste die Schrauben mit seinem Akkuschrauber lösen.

»Der hier ist ziemlich giftig«, erklärte er. »Die Leute betrinken sich im Pub nebenan und verirren sich dann manchmal hier rein. Ich will ja nicht, dass jemand aus Versehen seine Hand hier reinsteckt.« Er verzog das Gesicht. »Ich könnte auch einfach ein Schloss anbringen, aber ich würde wahrscheinlich den Schlüssel verlieren.«

In dem Terrarium lag eine besonders bösartig aussehende Schlange, die Jim als Braunschlange bezeichnete. »Er ist ein ziemlich unangenehmer Zeitgenosse«, sagte er und stupste die Schlange mit einem Stock an. »Wenn er wütend wird, macht er sich ganz flach ... so wie jetzt.«

Die Schlange hatte den Kopf gesenkt, als wolle sie gleich zustoßen. Ich war gar nicht begeistert. Schlangen mag ich wirklich nicht.

»Wenn du Selbstmord begehen willst, dann halt einfach deine Hand da rein«, fuhr Jim fort. »Er macht das völlig gratis.« Er hatte auch einen Küstentaipan, die drittgiftigste Schlange der Welt. Sie war hellbraun und konnte bis zu vier Meter lang werden.

»Ich habe eine neue«, sagte er Max. »Eine Angstschlange, hab sie gerade erst gefangen.« Er zeigte uns ein Terrarium, in dem eine dünne schwarze Schlange auf einem Stück Schiefer lag. Jim öffnete den Deckel, nahm seine langstielige Schlangenzange und bewegte sie auf das Tier zu.

»Sie stößt blitzschnell zu«, sagte er. »Ich halte sie fest, dann kannst du die Schuppen berühren, Charley.«

Ich schaute ihn an. Hatte der Typ den Verstand verloren? »Auf keinen Fall«, wehrte ich ab.

»Da passiert nichts. Ich halte sie hinter dem Kopf fest, dann kannst du sie mal anfassen.«

»Na gut, von mir aus.« Alles für die Show, sagte ich mir. Alles fürs Fernsehen.

»Los geht's.« Mit einer schnellen Bewegung der Stange holte er die Schlange aus dem Terrarium und schleuderte sie mir entgegen.

Ich starb beinahe vor Angst. Ein irrer alter Kap-Farmer warf mir eine Schlange entgegen und fand das offensichtlich auch noch witzig. Die Schlange traf mich an der Brust, und ich sprang laut schreiend zurück und dachte, gleich würde ich gebissen. Aber nichts dergleichen geschah, die Schlange lag bewegungslos auf dem Boden, und die anderen machten sich fast in die Hose vor Lachen. Die Schlange war aus Gummi! Die Mistkerle hatten mich reingelegt.

Am nächsten Morgen fuhr Max Claudio und mich zu einem kleinen Flugplatz bei Cooktown, wo wir Graeme Normington treffen wollten, den Havariekommissar aus Queensland. Er landete um halb neun in einer zweimotorigen Beechcraft Duchess.

»Ich finde zweimotorige Flugzeuge sehr beruhigend«, sagte ich zu Claudio, als Graeme über die Rollbahn fuhr. »Es ist einfach gut zu wissen, dass man zwei Motoren hat, wenn man im absoluten Nirgendwo unterwegs ist. Weißt du, was ich meine?«

»Ich weiß ganz genau, was du meinst.«

Ein großartiges kleines Flugzeug, dessen Motoren je gut 180 PS Leistung hatten. Das Heck war recht hoch angesetzt, was die Maschine schnell und stabil machte, und sie hatte ein Einziehfahrwerk.

Und wo wir gerade von Fahrwerken sprechen, meins war gestern ziemlich ramponiert worden. Der Bluterguss auf meinem Bauch war inzwischen beinahe schwarz und hatte sich über den ganzen Bauch ausgebreitet. Auch auf der Schulter hatte ich Blutergüsse, und ich konnte meinen linken Arm nicht richtig bewegen. Alles meine eigene Schuld, aber ich litt trotzdem wie ein Hund.

Graeme flog uns von Cooktown über das Great Barrier Reef. Wir waren auf der östlichen Seite des Kap, und Graeme meinte, wir müssten das Riff unbedingt aus der Luft sehen. Danach überflogen wir die Princess Charlotte Bay und die Berge und überquerten dann das gesamte Kap bis zu einem Ort namens Weipa an der Westküste. Das Land in dieser Gegend gehört den ursprünglichen Besitzern, will heißen, den Aborigines. Die Stadt Weipa ist um eine Bauxit-Tagebaumine herumgebaut und wird die Oase in der Wildnis oder die Barramundi-Hauptstadt Queenslands genannt. Der Barramundi ist ein Fisch, der sowohl in Süß- als auch in Salzwasser leben kann, und ihn zu angeln ist in Weipa der beliebteste Zeitvertreib.

Graeme musste drei Schiffe in der Nähe inspizieren und würde uns am folgenden Morgen abholen und nach Bamaga an der Nordspitze des Kaps fliegen. Seine dienstliche Aufgabe bestand darin, die Treibstoffmengen an Bord von Frachtschiffen festzulegen und sich um alles rund um die Seefahrt zu kümmern, von Rechtsstreitigkeiten über Versicherungsansprüche bis zu Schiffsrumpf-Inspektionen.

Er setzte uns am Flugplatz von Weipa ab, wo uns eine Dame namens Bianca Graham erwartete. Sie hatte für uns eine Tour durch die Mine organisiert, und ihre Eltern John und Chana würden uns netterweise heute Nacht bei sich aufnehmen.

John und Bianca arbeiten für Rio Tinto, das Bergbauunternehmen, das seit vierzig Jahren in diesem Teil von Queensland Bauxit aus der roten Erde abbaut. Sie haben zwei separate Abbaugebiete mit einer Gesamtfläche von 4000 Quadratkilometern gepachtet, was mit den traditionellen Landeigentümern ausgehandelt wurde, als man hier Bauxit fand. Natürlich bezahlen sie die Aborigines für dieses Privileg. Das Geld fließt in einen Treuhandfonds, der von der Stammesregierung verwaltet wird.

Hier schien alles auf die Erhaltung der Natur ausgerichtet zu sein. Wenn die Bergleute mit einem Gebiet fertig sind, wechseln sie erst zum nächsten, wenn sie das Land wieder in seinen ursprünglichen Zustand versetzt haben. Bauxit liegt dicht unter der Erdoberfläche, also tragen sie den Mutterboden ab, holen das Erz heraus und bedecken dann alles wieder mit dem Mutterboden. Danach bepflanzen sie das Gebiet neu.

Lynn Olsen zeigte mir, wie das vor sich ging. Lynn fährt Lastwagen, und wenn ich »Lastwagen« sage, dann meine ich einen riesigen Caterpillar-Muldenkipper. Ein Gigant – die Fahrerkabine ist über dem linken Vorderrad, und man muss eine Eisentreppe hinaufsteigen, um hineinzugelangen. Die Reifen sind größer als ich, und Lynn sagte mir, als sie vor siebzehn Jahren zum ersten Mal einen solchen Truck fuhr, habe sie ziemliche Angst gehabt. Inzwischen musste sie nicht mehr groß darüber nachdenken. Sie fuhr mich über die Staubpisten zu den Erzfeldern, wo das Bauxit verladen wurde. Dann kehrten wir zur Fabrik zurück, fuhren eine Rampe hinauf, in die ein Gitter eingelassen war, und der Muldenkipper lud seine Ladung ab. Der rote Staub wurde gewaschen, und danach wurde das lose Erz mit dem Zug in Lagerhallen transportiert, bevor es dann zu Aluminiumfabriken auf der ganzen Welt verschifft wurde.

Der Caterpillar ist ziemlich einfach zu bedienen, und obwohl Lynn eine Ausnahme war, als sie ihren Beruf begann, sind heute mehr als die Hälfte der Fahrer Frauen. Lynns Meinung nach fuhren Frauen einfach besser als Männer. »Der Kipper wird kleiner«, sagte sie. »Wenn man anfängt, ist er natürlich gigantisch, aber im Laufe der Jahre kommt er einem immer kleiner vor.«

Als ihre Schicht zu Ende war, fuhren wir zum Haus der Grahams, das in einer ruhigen Vorstadt lag, nur einen Katzensprung von einem wunderschönen tropischen Strand entfernt. Er war idyllisch und ruhig, das Wasser spiegelglatt, der Sand weiß, die Palmen voller Kokosnüsse.

»Wir lieben die Aussicht«, sagte Bianca mir. »Aber den Strand kann man leider nicht nutzen. Schwimmen kann man hier wegen der Würfelquallen und Haie nicht. Und dann gibt es noch die *Salties* – Leistenkrokodile, die sich gerne am Strand sonnen.«

Wir verbrachten einen sehr entspannenden Abend mit der Familie. Beim Grillen erzählte John mir davon, wie die Mine betrieben wurde. Er war zuständig für die Kommunikation mit den traditionellen Landeigentümern. Weipa war ein schöner, wenn auch ziemlich ruhiger Ort, aber sehr isoliert. Es regnete vier Monate im Jahr, und man konnte nur mit dem Flugzeug an- und abreisen. Aber man konnte einer Menge Outdoor-Aktivitäten nachgehen – Angeln, Jagen und Campen –, und er und seine Familie lebten gerne hier.

Am nächsten Morgen gingen wir wieder zum Flugplatz, wo Graeme uns abflugbereit erwartete. Er hatte seine Arbeit in Weipa beendet und flog jetzt nach Bamaga, um dort ein paar Boote zu begutachten. Sam und Robin waren bereits dort. Sie waren von Cairns aus geflogen, weil sie unsere Weiterreise nach Papua-Neuguinea organisieren mussten. Wenn wir wieder alle zusammen waren, würden wir zu viert mit einem kleinen Aluminiumboot, einem sogenannten *Tinny*, einer »Bierdose«, nach Thursday Island in der Torres Strait, der Torres-Straße, fahren.

Es ist seltsam. Ich bin schon seit Jahren begeistert vom Fliegen und habe die romantische Vorstellung, eines Tages den Pilotenschein zu machen und loszudüsen, wann immer ich will. Aber leider werde ich extrem schnell luftkrank. Sogar gestern wurde mir in der zweimotorigen Beechcraft sofort schlecht, wenn es ein bisschen ruckelte.

So ist das eben, und mit Booten geht es mir ebenso. Auf kleinen Booten wird mir schlecht. Ehrlich gesagt, komme ich mit Booten allgemein nicht gut klar. Wenn ich in die Nähe eines Bootes komme, geht immer etwas schief. Ich nenne das den Charley-Faktor. In Vietnam fuhren wir mit einem Schnellboot auf zwei riesige Felsen, und ich dachte, jetzt ersaufen wir. Dann die gescheiterte Überfahrt von Nikoi Island nach Borneo, die wir nach einer Stunde abbrechen mussten, weil die *Pinisi* auf einmal leckschlug. Danach fuhren wir auf der Inseltour durch Indonesien mit einer überladenen Fähre, die so stark zur Seite hing, dass sie meiner Meinung nach jeden Augenblick kentern konnte. Und nicht zu vergessen die dreieinhalb Tage lange Überfahrt nach Darwin, die sechseinhalb Tage dauerte, weil die See so stürmisch war. Ich sollte mich wirklich von Booten fernhalten. Es ist wie bei den KTMs – ich scheine die Dinger zu verhexen.

Graeme setzte uns auf dem Flugplatz von Bamaga ab, wo wir uns mit einem jungen Mann namens Brett verabredet hatten. Brett arbeitete auf Horn Island, wo er Jugendlichen beibrachte, die kleinen Tinnys zu fahren. Bei ihm war sein Kumpel Jeff, der in Bamaga wohnte. Tinnys waren hier oben das traditionelle Fortbewegungsmittel, und Brett hatte sich eines geliehen, mit dem wir die nächste Reiseetappe bestreiten würden: zuerst nach Horn Island und dann nach Thursday Island. Aber natürlich machte das Boot Zicken – auf dem Weg hierher hatte es Ärger mit dem Motor gegeben, und während Brett uns abholte, versuchte ein anderer Freund, ihn zu reparieren.

Das Boot war nicht groß genug für uns alle, also schlug Brett vor, zweimal zu fahren. Von Seisa Beach, wo das Boot vertäut war, dauerte die Fahrt nach Horn Island nur zehn Minuten. Jetzt funktionierte der Motor wieder, also beschlossen wir, dass Robin und Sam zuerst fahren würden.

Es war ein schöner Tag, und während wir darauf warteten, dass Brett zurückkam, planschte ich ein bisschen im warmen Meer. An den Winter an der Spitze des Kaps könnte ich mich gewöhnen.

Bretts Freund Jeff – ein cooler, sehr großer und lässiger Typ mit abgebrochenen Schneidezähnen und einem dicken Goldring im Ohr – wartete mit Claudio und mir auf das Boot. Als die Sonne höher stieg, setzten wir uns unter ein Schutzdach aus Palmwedeln, wo es angenehmer war.

Wir warteten und warteten. Brett hatte zwanzig Minuten für Hin- und Rückweg veranschlagt, aber nach einer Stunde und vierzig Minuten war er immer noch nicht zurück. Jeff versuchte, ihn auf dem Handy zu erreichen, aber er hatte keinen Empfang.

»Komisch«, sagte er. »Eigentlich sollte er längst zurück sein.«

»Was könnte denn passiert sein?«, fragte ich.

»Keine Ahnung.« Er schaute aufs Meer hinaus. »Brett sagte, heute Morgen sei die See ziemlich rau gewesen, aber schau sie dir jetzt an. Sie ist völlig glatt, Charley.« Er kratzte sich den kahl rasierten Schädel unter der Baseballkappe. »Sie könnten natürlich umgekippt sein oder etwas gerammt haben. Man muss hier ziemlich aufpassen, dicht unter der Oberfläche gibt es viele Felsen.« Er schaute mich kurz an. »Vor ein paar Jahren habe ich mit ein paar Kumpels Schildkröten geangelt, das dürfen wir, weil wir hier leben. Jedenfalls fingen wir diesen riesigen, alten Brummer, den wir zu viert ins Boot hieven mussten. Das Problem war nur, dass wir alle auf einer Seite waren, als uns eine Welle traf. Das Boot kenterte.«

Ich starrte ihn an.

»Das sollte dir da draußen wirklich nicht passieren, in der ganzen Gegend nicht – hier gibt's Haie und Seewespen ohne Ende.« Er schürzte die Lippen. »Die Schildkröte ist uns entwischt, und wir waren vier Stunden im Wasser, bis wir es schafften, das Boot umzudrehen und wieder in Gang zu bringen. Inzwischen waren wir meilenweit abgedriftet und hätten überall sein können. Wenn ich so drüber nachdenke, war das ganz schön gefährlich.«

Er lächelte mich mit seinen abgebrochenen Zähnen an. »Aber mach dir keine Sorgen, Brett weiß genau, was er tut. Ich bin mir sicher, es ist alles in Ordnung.«

Aber als eine Stunde später immer noch nichts von Brett zu sehen war, beschloss ich nach einer Unterredung mit Claudio, die Küstenwache einzuschalten. Der Leiter der örtlichen Wache kam zu uns, und wir beschrieben ihm das Boot und die Passagiere. Er ging einen seiner Freiwilligen holen und erklärte, sobald er wieder da sei, würden sie nach dem verschollenen Boot suchen. Wir blieben auf dem Strand, beobachteten den Horizont und warteten. Und als der Mann von der Küstenwache zurückkam, ratterte Brett natürlich gerade in die Bucht.

»Entschuldige, Charley«, sagte er, als er auf den Strand fuhr. »Der Motor hat wieder Ärger gemacht. Das verdammte Ding geht alle paar Minuten aus.«

»Kein Problem«, sagte ich. »Das ist meine Schuld. Ich nenne es den Charley-Faktor.«

Wir schafften es gerade so nach Horn Island. Wenn der Motor lief, schossen wir pfeilschnell durch die Wellenberge und wurden von der Gischt ordentlich nass. Aber weil ich an Bord war, überraschte es mich nicht, dass der Außenborder immer wieder absoff. Die Kontakte an den Zündkerzen funktionierten einfach nicht mehr.

Als der Motor das vierte Mal aussetzte, sagte Brett: »Wisst ihr was? Wenn wir in Horn Island sind, suchen wir ein anderes Boot, das euch nach Thursday rüberbringt. Mit diesem Ding will ich das nicht riskieren, wenn der Motor dermaßen spinnt.«

»Gute Idee«, sagte ich zu ihm. Ich schaute über die Bucht und sah überall kleine Boote herumfahren. Wir würden schon fündig werden.

Wir sahen bald darauf ein ziemlich großes Flachbodenboot, das ziemlich professionell aussah. Zwei junge Männer in Overalls waren an Bord, Ben und Rob. Sie fuhren neben uns an die Anlegestelle, und wir fragten sie, ob sie uns mitnehmen könnten. Sie dachten einen Moment lang nach, dann nickte Ben.

»Okay, Kumpel«, sagte er. »Wo wollt ihr denn hin?«

»Thursday Island«, sagte ich. »Wir sind auf dem Weg nach Papua-Neuguinea.«

Unserem Plan zufolge sollten wir übermorgen fliegen, aber das war noch nicht in Stein gemeißelt. Wir hatten eigentlich gehofft, mit einem kleinen Boot überzusetzen, aber weil Fliegen so billig geworden ist, dürfen die kleinen Boote nicht mehr durch den Zoll.

Vielleicht war das besser so, wenn man meinen Ruf bedenkt.

Ben und Rob betrieben ein sogenanntes Standby-Boot und fungierten als Ersthelfer, wenn irgendjemand auf Grund lief. In dieser Gegend gab es überall Riffe und Unterwasserfelsen, die wir umfahren mussten. Wir fuhren in einem Zickzackkurs durch die Meerenge, um nach Thursday Island zu gelangen. Das Wasser war klar und blau, die Sonne stand hoch am Himmel, und das Boot war so groß, dass mein Hintern sich nicht anfühlte, als hätte ihn gerade ein viktorianischer Lehrer mit dem Rohrstock versohlt.

Ben erklärte, dass hier ziemlich oft Boote auf Grund liefen.

»Wir hängen hier herum, falls wir gebraucht werden«, sagte er. »Und in der Zwischenzeit kümmern wir uns um die Leuchttürme.«

In diesem Gebiet lagen dreißig, vierzig Inseln dicht beieinander, und es gab eine Menge Leuchttürme, die in Ordnung gehalten werden mussten.

Als wir uns der Anlegestelle in Thursday Island näherten, wurde mir plötzlich klar, dass die erste Etappe unserer Reise beinahe vorüber war. Wir hatten das Festland hinter uns gelassen und würden in zwei Tagen in Papua-Neuguinea landen. Was uns dort wohl erwartete? Wir hatten eine Menge widersprüchlicher Geschichten gehört, und ich spürte, wie sich die Schmetterlinge in meinem Bauch (eine echte Plage) wieder regten. Ich muss wirklich aufhören, mir ständig Sorgen zu machen. Konzentrier dich auf die Gegenwart, Charley.

Ich konzentrierte mich also darauf, dass wir ein paar Tage auf dieser historischen Insel verbringen würden. Nachdem wir uns von Ben und Rob verabschiedet hatten, sahen wir vier uns an der Anlegestelle nach einem Taxi um. Aber hier war überhaupt nichts los. Wenige Autos, und keines war ein Taxi. Wir hatten gerade beschlossen, unsere Sachen zu tragen, als ein Auto neben uns anhielt und eine Inselbewohnerin das Fenster herunterkurbelte.

»Hallo«, sagte sie. »Wo wollt ihr denn hin?«

»Ins Hotel«, sagte ich und deutete in Richtung Stadt.

»Soll ich euch mitnehmen?«

»Das wäre sehr nett.«

»Kein Problem«, nickte sie. »Ich fahr euch auf zweimal.«

Ihr Name war Louisa, und sie arbeitete für die Inselverwaltung. Ihre Tochter Nancy saß auf dem Beifahrersitz, und Louisa erzählte, sie sei gerade aus dem Krankenhaus entlassen worden. Offenbar hatte Nancy einen schrecklichen Männergeschmack und war mit ihrem neuesten Freund auf einer benachbarten Insel gewesen.

»Sie hätte lieber in Cairns bleiben sollen«, sagte Louisa.

Nancys letzte Flamme hatte sie im volltrunkenen Zustand bewusstlos geprügelt, und ihre Mutter musste sie per Helikopter ins Krankenhaus bringen lassen.

Sie fuhr uns zum Hotel und schlug uns vor, heute Abend ins Grand zu kommen, eine Bar, in der Louisas Bruder und ihr Onkel heute Abend ein Konzert gaben.

Sie spielten in einer Reggaeband, und es war ein toller Abend. Die Musik war gut, das Essen war gut, und wir gönnten uns ein paar Drinks. Louisas Bruder war ein großer Typ namens Milton. Sein

Reiseauftakt in Australien: Wieder einmal war ich begeistert davon, wie viele gekommen waren, um mich auf meiner ersten Etappe zu begleiten.

Unterwegs nach Fraser Beach mit Dare Jennings an meiner Seite.

Auf Stans hübschem Oshkosh
in Macksville.

Von links nach rechts: Robin, ich, Sam im Deus Ex Machina T-Shirt und der legendäre Claudio rechts außen. Dahinter Dare Jennings und sein Kollege Ben.

In der Nähe von Brisbane: Vor uns die Sintflut …

Als Kühlerfigur auf einem Ferret Scout in Maryborough.

Eine Spitfire aus Brisbane kurz vor dem Abflug mit Pilot Rick.

Im Cockpit – gezeichnet von Vorfreude und blankem Entsetzen.

Im Women's Resource Center in Pormpuraaw. Die Bärte verraten, dass auch Mannsvolk anwesend ist.

Mit Helen, der Eigentümerin der Rinderfarm Old Stallion, unterwegs zum Kälbertreiben.

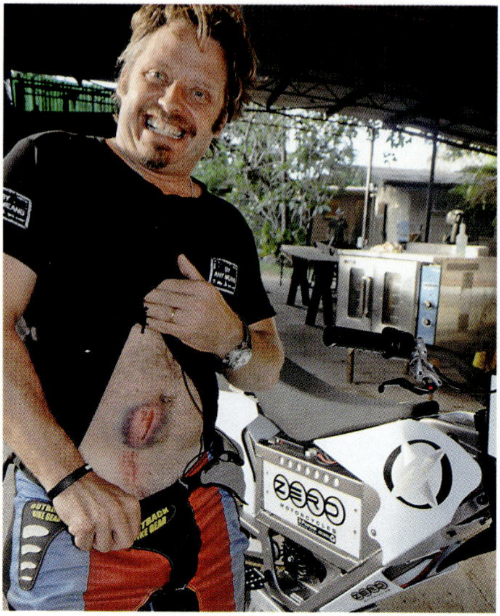

»Nur ein kleiner Kratzer …«
Vor dem wilden Ritt auf
dem ZERO-Motorrad mit
Elektroantrieb.

Leg doch noch so eine Krabbe
auf den Grill! Mit John Hone
von Pearl Island Seafood.

Off-road durch Queensland.

Im Tinny nach Thursday Island, Queensland.

Sorgenlos! Ein munteres Team auf Thursday Island – Robin, Sam, ich und Claudio.

»Mob«, wie er den Stamm nannte, dem er angehörte, verwaltete diese Inseln, und er spielte eine aktive Rolle in der Inselpolitik. Wie er von seiner Kultur sprach und darüber, wie viel den Ureinwohnern gestohlen worden war, erinnerte mich an Kurt in Pormpuraaw.

Irgendwie war das passend. Wir waren nach Sydney geflogen, wo uns Hochhäuser und Motorräder erwartet hatten. Und ein paar Tage vor unserer Abreise plauderten wir mit einem Mann, dessen Vorfahren sich bis zur Traumzeit zurückverfolgen ließen.

5

Von Fischschwänzen und Heckrudern

Wir hatten immer noch nicht genau geplant, wie wir von Thursday Island nach Papua-Neuguinea kommen würden, aber wenn es sein musste, konnten wir von hier aus nach Cairns fliegen und ein Linienflugzeug nehmen. Aber eine viel bessere Möglichkeit war, auf der Insel jemanden zu finden, der uns rüberfliegen würde, und daran arbeitete Sam gerade.

Die Bewohner nennen Thursday Island »TI« oder manchmal *Waiben*, was »kein (Süß-)Wasser« heißt. Jahrtausendelang war dieser Archipel das Territorium der Torres-Strait-Insulaner gewesen, melanesischen Nomaden, die drei verschiedene Sprachen hatten und auch heute noch ein Torres-Strait-Kreolisch sprechen. Während des Zweiten Weltkriegs war auch in diesem Teil der Welt gekämpft worden. Nachdem die Japaner Pearl Harbor angegriffen hatten und die Amerikaner in den Krieg eingetreten waren, hatten sowohl die Amerikaner als auch die Australier Militärbasen auf TI. Die Japaner bombardierten die Insel nicht, wohl aber das australische Festland und Horn Island. Uns wurde die Geschichte erzählt, die Japaner hätten Thursday Island verschont, weil hier eine japanische Prinzessin begraben sein sollte, aber ob das stimmte oder nicht, hing ganz davon ab, mit wem man sprach.

Wir wurden Ina Mills vorgestellt, einer von drei Inselschwestern, die es zu ihrem Beruf gemacht hatten, ihre traditionellen Lieder auf der ganzen Welt zu singen. Als wir bei den Flying Doctors gewesen waren, hatte Gil uns gesagt, ihr Schwager lebe auf TI, und wir sollten unbedingt versuchen, die Mills Sisters zu besuchen. Wie sich herausstellte, waren Inas Zwillingsschwester Cessa und ihre andere Schwester Rita gerade zu der Geburtstagsfeier eines Verwandten nach Cairns geflogen. Aber Ina durften wir kennenlernen. Die drei hatten seit ihrer Kindheit zusammen gesungen und traten bis in die 1980er-Jahre auf. Wir besuchten Ina in ihrer Wohnung in einem ruhigen Vorort der einzigen Stadt der Insel. Sie war eine gesprächige und sehr lustige Einundachtzigjährige mit weißem Haar und Brille.

»Sind Sie wirklich einundachtzig?«, fragte ich. »Sie sehen viel jünger aus.«

»Ich sag dir was«, lachte sie. »In deiner Sendung kannst du mich ruhig zehn Jahre jünger machen.«

Ich dachte darüber nach. »Ina, wir können dich so alt machen, wie du willst.«

Ina erzählte mir, die Schwestern seien in London, Frankreich und Neuseeland aufgetreten, und es gebe viele Plattenaufnahmen ihrer Lieder. Wir waren beide Zwillinge, und ich erzählte ihr, dass ich kurz vor meiner Schwester Daisy geboren worden war, die mit den Füßen zuerst auf die Welt kam, weil sie mich hinausschieben wollte. Lachend erzählte sie mir, sie sei kurz vor Cessa »geschlüpft«, und das sei toll, denn so habe sie immer eine jüngere Schwester zum Herumkommandieren gehabt.

Sie war auf einer ungefähr vierzig Kilometer entfernten Insel geboren. Sie hatte neun Geschwister und ging erst mit sieben Jahren zur Schule, als sie hierher ins Konvent gebracht wurde. Sie vermisste ihre Familie, denn sie konnte sie nur an Weihnachten sehen. Als jedoch der Krieg ausbrach, wurde Thursday Island evakuiert. Die meisten Bewohner flohen aufs Festland, aber Inas Vater holte sie nach Hause. Sie fand das toll – sie musste nicht zur Schule gehen und war bei ihrer Familie, und ihr einziger Kontakt mit dem Krieg waren die Flugzeuge, die über ihre Insel hinwegflogen.

Wir waren an der nördlichsten Spitze des Kap oder vielmehr schon weiter, nicht mehr auf dem australischen Festland. Genau der richtige Ort, um nach Papua zu fliegen. Während ich mit Ina sprach, entdeckte Sam einen Insulaner namens Greg Wright, der mit Langusten handelte und ständig mit seinem Flieger die Meerenge überquerte.

Wenn er morgen zweimal flog, konnte er uns alle mitnehmen. Unsere nächste Etappe schien gesichert.

Später am Nachmittag machte ich wieder sehr viel entspannter mit Claudio einen Spaziergang den Strand entlang. Er hatte so viel damit zu tun gehabt, zu filmen und das Material zu sichern, dass wir bisher kaum Gelegenheit gehabt hatten, uns zu unterhalten. Dies holten wir jetzt nach.

»Wie findest du die Reise, Claudio?«, fragte ich. »Gefällt es dir?«

Er nickte. »Ich finde es toll, ein Land vom Boden aus zu entdecken. So wie wir reisen – vor allem mit den Bikes –, können wir in Länder eintauchen und ein Gefühl für sie bekommen. Für die Pflanzen, die Orte, die Menschen.«

»Und wie findest du die anderen Transportmittel?«, fragte ich. »Ich meine, bisher sind wir zwei ja nur Motorrad zusammen gefahren.«

»Ich mag die Motorräder«, sagte er. »Aber die anderen Sachen sind auch gut – eine Spitfire, ein Radpanzer –, ich fand bisher das Elektroauto und die Zero-Bikes am besten. So ein Motorrad hätte ich gerne, die haben unglaublich viel Power.« Er schwieg einen Moment lang und schaute über die Bucht, wo sich das Land zu niedrigen Hügeln erhob. »Solche neuen Energiequellen, neue Brennstoffe für die Zukunft sind so wichtig. Wir müssen unsere Abhängigkeit vom Öl überwinden, Charley. Ich habe schon zu lange zu viele Filme über Kriege gemacht, bei denen es im Endeffekt nur ums Öl geht.«

Wellen rollten auf den allmählich dunkler werdenden Strand. Die Sonne ging unter, und wir hockten uns auf ein paar Felsen und nahmen die Atmosphäre in uns auf. »Schade, dass es so schwierig ist, den Westen von Papua zu durchqueren«, sagte ich.

Claudio sah mich nachdenklich an. »Du weißt, dass ich schon mal dort war, stimmt's? Obwohl die Regierung mir die Einreise verboten hatte.«

Ich schaute ihn mit zusammengekniffenen Augen an. »Ja, ich weiß«, sagte ich. »Wann genau war das noch mal?«

»Vor zwanzig Jahren. Ich bin über die Grenze auf die indonesische Seite geflogen, um einen der wichtigsten Filme meines Lebens zu machen. Er hieß *Rebels of the Forgotten World.* Es ging um die papuanische Unabhängigkeitsbewegung.« Er dachte jetzt konzentriert nach. »Um den Film zu machen, musste ich zu einer verborgenen Landebahn fliegen, die extra für mich auf der indonesischen Seite der Grenze gerodet wurde. Sie wollten, dass ich komme«, sagte er. »Sie wollten, dass jemand ihre Geschichte erzählt. Die Völkergemeinschaft schaut zwar nicht hin, aber dort passiert genau dasselbe, was vor zweihundert Jahren den Aborigines hier in Australien passiert ist.«

»Ich weiß nicht viel darüber«, musste ich zugeben.

»Die wenigsten wissen es, vielleicht wollen sie es auch nur nicht wissen. Ursprünglich war die westliche Inselhälfte eine holländische Kolonie. Die Deutschen hatten den Norden, die Australier und Briten den Süden kolonisiert. Nach dem Ersten Weltkrieg übernahm Australien das deutsche Gebiet, und der gesamte Ostteil der Insel wurde von Canberra aus verwaltet. Der westlichen Hälfte wurde die Unabhängigkeit versprochen. Die Holländer hatten dem schon 1962 zugestimmt, und als Datum wurde der 1. Dezember 1975 festgesetzt. Aber 1963 marschierten die Indonesier ein. Seitdem besetzen sie das Land, und sie sind repressiv, Charley. Die papuanische Flagge zu hissen ist ein Verbrechen, das mit Gefängnis bestraft wird. 1975 verging natürlich ohne Unabhängigkeit, aber jedes Jahr am 1. Dezember hissen viele Papuaner die Flagge, und die meisten werden deswegen eingesperrt. Erst vor Kurzem wurde ein Mann zu zehn Jahren Haft verurteilt. Als die Indonesier einmarschiert waren, versuchten sie, ihre Taten dadurch zu rechtfertigen, dass sie ein Referendum abhielten. Sie hofften, dadurch von der UNO anerkannt zu werden. Sie suchten sich ungefähr tausend Dorfälteste und bestachen sie, damit sie sich hinter die Invasion stellten. Seither werden Menschen umgebracht und unrechtmäßig ins Gefängnis geworfen, und die Welt scheint sich einfach nicht darum zu scheren.« Er stand auf. »Wir drehen eine Reisesendung, und die soll natürlich hauptsächlich Spaß machen, aber wir haben ja auch darüber geredet, was mit der gestohlenen Generation der Aborigines geschehen ist. Die Indonesier werden uns nicht mit Kameras in den besetzten Landesteil lassen, und ich finde es wichtig, dass wir den Zuschauern sagen, warum das so ist.«

Er hatte recht. Claudio hatte schon viele politisch relevante Dokumentarfilme gedreht und einmal sogar Osama bin Laden interviewt. Bei unserem Trip ging es zwar darum, mit allen verfügbaren Transportmitteln von A nach B zu gelangen, aber es war auch wichtig, was in den Ländern passierte, durch die wir reisten.

Am folgenden Morgen holte Greg uns in seinem Toyota Hilux ab. Wir gaben uns die Hand, und ich fragte ihn, ob alles für den Flug heute vorbereitet sei.

»Mehr oder weniger. Wir haben ein paar Probleme mit dem Flugzeug, aber das kriegen wir schon hin.«

Mir sank das Herz. »Was heißt das?«

»Ein kleines Problem mit dem Magnetzünder. Das wird schon.«

Irgendetwas an der lässigen Art, in der er das mit seiner gelassenen, näselnden Stimme sagte, vermittelte mir das Gefühl, dass es auf keinen Fall klappen würde. Lag das an mir?

Ich war schon nervös aufgewacht. Wir verließen Australien, ließen vertrautes Gebiet hinter uns und reisten in ein Land, über das ich nichts wusste. Und mein Gespräch mit Claudio gestern Abend hatte meine Vorfreude auch nicht vergrößert, obwohl er über die indonesische Seite der Insel gesprochen hatte, auf die wir wohl kaum gelangen würden, wie es aussah.

Auf dem Weg zu seiner Fabrik erklärte Greg, sein Unternehmen bestehe aus zwei separaten Aspekten. Erstens dem Handel mit lebenden Langusten und Hummern, die hier in der Gegend gefangen wurden, und zweitens dem Handel mit tiefgefrorenen Langustenschwänzen, die er aus Papua-Neuguinea importierte.

Er holte seine Tiefkühlware in Daru mit dem Flugzeug ab, und von dort aus würden wir mit einer Linienmaschine nach Port Moresby weiterreisen. Gregs Firma lag direkt am Meer, in einer Reihe von Holzgebäuden waren Kühlräume, eine Packstation und ein großer Meerwassertank für die lebenden Langusten untergebracht. Ein paar hydraulische Garagentore öffneten sich direkt aufs Meer hinaus, und Greg zeigte uns eine weiße Boje, die in der Ferne zu erkennen war.

»Wir brauchen richtig sauberes Meerwasser für den großen Tank da«, sagte er und deutete auf den Boden zu unseren Füßen, von dem aus ein paar Rohre ins Meer führten. »Die Leitung reicht bis zu der Boje da draußen«, erklärte er. »Wir pumpen das Wasser von da draußen hierher.«

Er zeigte mir eine riesige Languste, einen Giganten, der mehr als zwei Kilo wog. Er sagte mir, der sei fast 75 Euro wert. »Die meisten Fischer fahren mit ihren Tinnys raus. Wenn sie etwas gefangen haben, fliegen wir entweder zu ihnen und holen die Langusten, oder sie bringen sie zu uns. Von hier aus gehen die meisten nach Cairns.«

»Und die tiefgefrorenen Schwänze?« Ich deutete auf ein Tablett, auf dem die grauen Dinger dicht an dicht lagen.

»Wie gesagt, die importieren wir aus Daru. Sie müssen gefroren sein – man darf wegen der Quarantänebestimmungen keine lebenden Langusten nach Australien importieren. Fischfang ist hier oben in der Strait der wichtigste Industriezweig. In einem guten Jahr steuern wir knapp zwanzig Millionen Euro zur australischen Wirtschaft bei.«

Er telefonierte mit der Werkstatt, in der das Flugzeug repariert wurde. Sie war irgendwo auf Horn Island. Je länger das Gespräch dauerte, desto nervöser wurde ich. Wir mussten morgen Vormittag um zehn Uhr den Flug in Daru erwischen und durften ihn auf keinen Fall verpassen. Sam machte sich Sorgen, genau wie wir anderen. Irgendetwas daran, wie die Sache hier lief, ließ uns alle zweifeln. Greg legte auf und kratzte sich am Kopf. »Er arbeitet dran«, sagte er. »Aber es ist nicht nur der Magnetzünder. Er glaubt, es gebe auch ein Problem mit dem Kabelbaum.«

»Können wir zu ihm rüberfahren?«, fragte ich.

Greg schüttelte den Kopf. »Er hat gesagt, wenn jemand mit einer Kamera bei ihm auftaucht, macht er das Flugzeug kaputt und haut ab. Sorry, so ist er nun mal«, sagte er achselzuckend.

»Dann lassen wir ihn am besten in Ruhe arbeiten«, schlug ich vor.

Claudio betrachtete einen Zeitungsartikel, den Greg an seine Wand geklebt hatte. »Die Merauke-Five«: Australier aus Horn Island, die im indonesisch besetzten Papua festsaßen.

Greg erklärte, vor ein paar Monaten seien fünf Freunde mittleren Alters mit ihrem Leichtflugzeug nach Merauke geflogen, um sich nach Möglichkeiten umzusehen, Tourismus dorthin zu bringen. Sie hatten vor ihrer Reise kein Visum bekommen, aber man hatte ihnen gesagt, sie könnten bei der Landung eines kriegen. Es war nur ein Tagesausflug, sie wollten am selben Abend wieder zu Hause sein.

»Ein Tagesausflug, der jetzt schon Monate dauert«, fuhr Greg fort. »Die Behörden in West-Papua sind sehr empfindlich; der Flughafen, auf dem sie landeten, war gleichzeitig eine Militärbasis. Wisst ihr, die Indonesier wollen die Bevölkerung ausdünnen. Sie versuchen, die einheimischen Papuaner auszuweisen und sie durch Javaner zu ersetzen.« Er schüttelte den Kopf. »Eine schreckliche Sache, und diese armen Leute sind da hineingeraten, weil sie nicht die richtigen Papiere hatten. Und sie sind nicht mehr jung – der Pilot ist Mitte sechzig, seine Frau Ende fünfzig. Sie wurden in einem Einwanderungszentrum festgehalten und dann ins Gefängnis geworfen. Ein Richter sagte ihnen, sie könnten ausreisen, aber die nächste Instanz zog die Erlaubnis wieder zurück. In der Zwischenzeit haben sie auch noch ihren Sohn verloren: Er war länger krank gewesen und ist vor Kurzem gestorben. Die Behörden ließen sie nicht einmal für das Begräbnis nach Hause fliegen.«

Das alles klang wirklich sehr deprimierend. »Wisst ihr was?«, sagte ich mit einem Seitenblick auf Sam. »West-Papua klingt sowieso total langweilig. Dort gibt es keinen Dschungel mehr, sondern nur noch Tagebaubergwerke. Und in einem Bergwerk waren wir schon.«

»Die By-Any-Means-Four«, murmelte Claudio. »Wir wollen ja schließlich nicht als die By-Any-Means-Four enden, richtig?«

Ich dachte an unser gestriges Gespräch.

»Claudio war schon mal dort«, sagte ich. »Vor zwanzig Jahren.«

Er nickte. »Sechs Monate lang. Damals hatte ich das eigentlich nicht geplant, aber die Landebahn, die die Rebellen angelegt hatten, lag im Dschungel, und kurz vor unserer Landung hatte es dort geregnet. Das Flugzeug blieb stecken und konnte nicht wieder abfliegen.«

»Und dann?«, fragte Greg.

»Na ja, der Pilot hatte Angst, jemand würde das Flugzeug als vermisst melden und die Behörden würden mit Hubschraubern danach suchen. Also ging er sofort wieder über die Grenze zurück.«

»Zu Fuß?«, fragte ich.

»Ja.«

»Und du bist ein halbes Jahr dort geblieben?«

»Ja. Ich musste ja zuerst die Sprache lernen und dann natürlich noch meinen Film machen. Ich habe Kuriere organisiert, die meine Bänder über die Grenze nach Papua schmuggelten, und ich wollte nicht aufbrechen, bis alles sicher in Europa gelandet war. Also blieb ich am Ende sechs Monate dort.«

Wir beschlossen, die Fähre nach Horn Island zu nehmen und nachzusehen, was mit dem Flugzeug los war. Wir machten uns Sorgen. Die Torres-Strait-Inseln haben ein ganz eigenes Zeitverständnis. Niemand ist in Eile, alles geschieht in Ruhe. Das ist ja auch völlig in Ordnung, aber wir mussten morgen einen Flug erwischen. Lockie, der Pilot, der uns nach Daru mitnehmen sollte, holte uns am Hafen mit Gregs Kleinlaster ab. Wir fanden heraus, dass er erst seit Kurzem hier lebte, erst fünf Flugstunden in dieser Gegend absolviert hatte und bislang nur einmal in Daru gewesen war. Ein sehr erfahrener Reisebegleiter also. Aber das war auch egal, denn wir hatten ja immer noch kein Flugzeug.

Scherz beiseite, wir machten uns ernsthaft Sorgen, dass wir unseren Flug am nächsten Morgen um zehn nicht erreichen würden. Obendrein war der Wind stärker geworden, und es regnete mal wieder heftig. Lockie schätzte, der Ingenieur würde die Maschine nicht vor 14, 15 Uhr fertig haben, und jetzt war es schon elf. Ich glaubte nicht mehr daran, dass wir fliegen würden, vor allem weil auf dem Weg zum Flughafen auch der Kleinlaster dreimal den Geist aufgab.

Die Insel war so klein, dass Autos und Flugzeuge wahrscheinlich von denselben Mechanikern repariert wurden.

Das andere Problem war, dass in Gregs Cessna 210 nur zwei Passagiere auf einmal mitfliegen konnten. Der Flug nach Daru dauerte eine Stunde, dann würde es noch einmal anderthalb Stunden dauern, bis die Langustenschwänze an Bord gebracht waren, und eine weitere Stunde, um wieder zurückzufliegen.

»Die Zeit reicht einfach nicht«, sagte Sam, als wir zum dritten Mal den Wagen anschoben. Als *ich* den Wagen anschob, um genauer zu sein. Sam, der faule Fettsack, saß im Fond. »Ich kann nicht raus«, verteidigte er sich. »Die Kameras sind im Weg.«

Was das Flugzeug anging, hatte er allerdings recht. Im bestmöglichen Fall würde die Zeit, bis es dunkel wurde, gerade so ausreichen, um zwei von uns nach Daru zu bringen. Die anderen zwei mussten bis morgen warten. Also bat Sam Greg, bei ein paar Charterunternehmen aus der Gegend anzurufen und nach alternativen Reiseoptionen zu fragen. Kurze Zeit später hatte Greg ein Unternehmen aufgetrieben, das uns morgen früh alle vier nach Daru fliegen würde. Ich hätte allerdings lieber an dem ursprünglichen Plan festgehalten und hoffte, dass wenigstens Claudio und ich auf Lockies Langustentour mitfliegen konnten.

Sam zog mich beiseite. »Dann ist die Sache geregelt«, sagte er. »Wir fliegen alle morgen früh. Claudio und du mit dem Langustenflieger und Robin, ich und die Ausrüstung mit der Chartermaschine. Und schlimmstenfalls fliegen wir eben alle Charter.«

Plötzlich hatten wir also ein paar Stunden Freizeit, und wir beschlossen, uns über die Geschichte von Horn Island zu informieren. Aber Greg wusste nicht viel darüber und sonst offenbar auch niemand. Bis Vanessa auftauchte, erfuhren wir so gut wie gar nichts. Vanessa Seekee war eine sehr unterhaltsame junge Dame, die uns ein paar Stunden lang über die Insel führte. Seit ihrer Ankunft hier war sie so etwas wie die inoffizielle Inselhistorikerin geworden. Sie erzählte uns, während des Zweiten Weltkriegs hätten die Japaner fünfhundert Pfund an Bombenlast auf die Inseln abgeworfen, fast genauso viel wie auf Darwin, den meistbombardierten Ort des australischen Festlandes.

Vanessa war sehr nett und die ideale Reiseführerin. Sie zeigte uns eine alte Artilleriestellung und ein Schützenloch, ein schmales Loch im Boden, das wie ein Fuchsbau aussieht. Ich hatte keine Ahnung gehabt, dass hier so viel gekämpft worden war. Ich wusste, dass australische Piloten in der Luftschlacht um England und australische Soldaten in El-Alamein gekämpft hatten. Aber hier auf dieser Insel vor der Spitze von Kap York wäre ich nie auf die Idee gekommen, dass ich mich an einem Weltkriegsschauplatz befand.

Vanessa zeigte uns den ehemaligen Militärflugplatz. Inzwischen hatte ihn der Dschungel zurückerobert, und überall wuchsen Bäume und Gräser, aber zwischen den Bäumen lag das Wrack einer P-47 Thunderbolt. Dieses mächtige Flugzeug wurde in Luftschlachten eingesetzt, war aber am effektivsten, wenn die Amerikaner den Feind am Boden angriffen. Es war das größte, schwerste und teuerste einmotorige Flugzeug der Geschichte, das mit einem herkömmlichen Kolbenmotor angetrieben wurde. Während des Krieges hatte es hier oben keine Kühlmöglichkeiten gegeben, und Vanessa erzählte uns, dass die Piloten in den Pausen zwischen den Kampfeinsätzen die Munitionstrommeln an den Tragflächen leerten und mit Bier auffüllten. Nach einer halben Stunde Flug war das Bier auf Trinktemperatur heruntergekühlt.

»Den Leuten hier ist nicht klar, dass Horn Island während des Krieges die geografisch am weitesten vorgelagerte Militärbasis Australiens war«, sagte sie. »Von hier aus konnten die Piloten Ziele im Norden angreifen und abends wieder zurück sein. Das rettete eine Menge Flugzeuge, weil niemand in Port Moresby übernachten musste. Flugzeuge, die dort nachts auf dem Flugvorfeld standen, waren bevorzugte Ziele japanischer Bomber.«

Der Flugplatz war 1940 erbaut worden. Man hatte die Bäume, die jetzt wieder nachgewachsen waren, gefällt und zwei Schotterlandebahnen gebaut. »Anfang 1942 arbeiteten hier zwanzig Mann, und am Ende des Kriegs waren es fünftausend.«

»Aber warum liegt diese Maschine hier?« Ich deutete auf das Wrack.

Vanessa lachte. »Das kann ich dir sagen. Hier gab es einen Piloten, der sich selbst für sehr witzig hielt: Oberstleutnant Lambeth. Er startete in seiner P-47 und beschloss, den Mechanikern, die in der Nähe der Landebahn arbeiteten, einen kleinen Schrecken einzujagen. Statt wie sonst steil anzusteigen, blieb er weit unten und flog ganz dicht über ihre Köpfe hinweg. Leider rammte er das Heckruder der ersten Kitty Hawk und den Propeller der nächsten. Mit der dritten stieß er zusammen. Schließlich legte er hier eine Bruchlandung hin.« Sie nickte in Richtung des Wracks. »In kaum fünf Minuten hatte er vier Flugzeuge zerstört, so viel schafften die Japaner in einem ganzen Luftangriff nicht. Er stieg unverletzt aus dem Flieger, stolperte dann aber über eine Wurzel und brach sich den linken Daumen.«

Ich war fassungslos. »Was haben sie mit ihm gemacht?«

»Keine Ahnung. Es gibt keine Aufzeichnungen darüber. Entweder hat man ihn vors Kriegsgericht gebracht, befördert oder sofort erschossen.«

6

Improvisieren, anpassen und überwinden

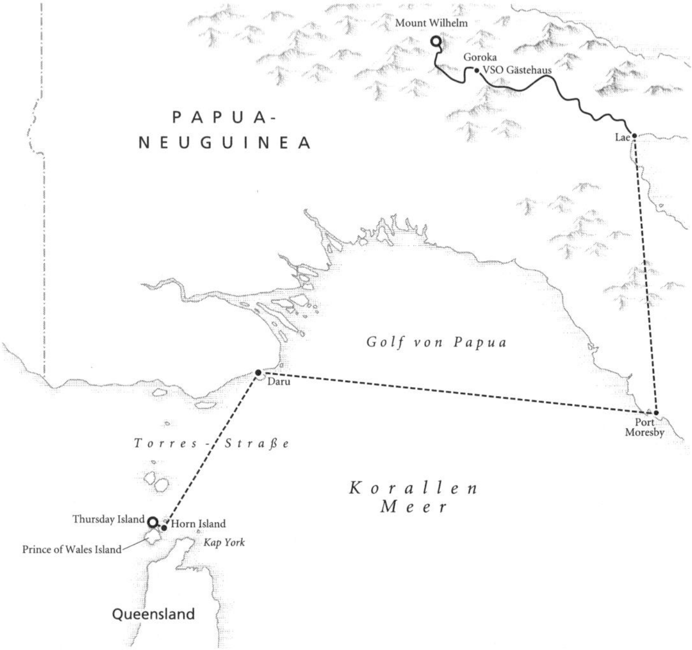

Am nächsten Morgen standen wir früh auf und gingen direkt zum Flughafen, wo wir erfuhren, dass wir mit der Chartermaschine fliegen mussten, ob uns das nun gefiel oder nicht. Gestern hatte Lockie uns versprochen, die Situation im Auge zu behalten und uns Plätze in der Chartermaschine zu reservieren, falls sein Flugzeug nicht rechtzeitig fertig sein sollte. Leider war das der Fall. Schade, aber wenigstens kamen wir heute nach Papua-Neuguinea.

Mein Gott, schon alleine diese Worte auszusprechen ließ mich wie einen aufgeregten Schuljungen durch die Gegend hüpfen. Ich war nicht mehr nervös, sondern nur unglaublich aufgeregt. Ich liebe Abenteuer! Wir sprachen schon seit Ewigkeiten über diese Etappe der Reise – sogar schon bevor wir die letzte Tour beendet hatten. Die Leute, mit denen wir darüber gesprochen hatten, waren geteilter Meinung gewesen: Die Hälfte warnte uns, dies sei der gefährlichste Ort der Welt, und die andere Hälfte hatte in den höchsten Tönen von der Insel geschwärmt.

Wir flogen mit einer zweimotorigen Shrick Commander, und ich saß vorne und durfte für Will von der Charterfirma den Kopiloten spielen. Er sah beinahe so jung aus wie Lockie. Er war allerdings schon mindestens zweimal in Daru gewesen, was mich beruhigte. Ehrlich gesagt, war es mir egal, wie viele Flugstunden er absolviert hatte. Heute Morgen konnte nichts meinen Enthusiasmus dämpfen.

»Da drüben sieht das Wetter sehr gut aus, Will«, sagte ich und zeigte auf den endlosen, wolkenlos blauen Himmel.

»Richtig, aber wir fliegen leider dorthin.« Er deutete in die andere Richtung auf eine dunkle Wolkenmasse. Regen.

Eine Stunde später landeten wir mit heiler Haut auf einer Asphaltlandebahn zwischen üppig grünen Wiesen. Hinter uns ragten von Wolken verhangene Berge auf. Die Insel Daru liegt direkt vor der Hauptinsel. Die Grenz- und Zollbeamten waren sehr cool – ein Mann nahm meinen Pass und sagte, er werde alles Nötige erledigen, während Claudio und ich weiterfilmten. Wir standen auf dem Vorfeld, als das Langustenflugzeug landete und Lockie die Tür aufstieß.

»Hey, Lockie!«, rief ich. »Du hast es geschafft!«

»Sie hat geschnurrt wie ein Kätzchen! Alles okay, Charley, alles okay.«

Der Laster mit den tiefgefrorenen Langustenschwänzen war bereits hier. Lockie klappte die Rücksitze der Cessna um und belud die Maschine bis unters Dach. Kurz darauf flog er wieder zurück nach Horn Island. Seine zweite Landung in Daru hatte er bravourös hinter sich gebracht.

Hier war es tropisch heiß und schwül, und ich hatte mich bereits in das Land verliebt. Australien war faszinierend gewesen, aber hier war alles neu und aufregend. Nach einem kurzen Flug nach Port Moresby auf der Hauptinsel stiegen wir in ein weiteres Flugzeug, das uns bis nach Lae brachte, der größten Stadt in der Provinz Morobe und der zweitgrößten Stadt des Landes. Unser papuanischer Dolmetscher Josh wartete am Flughafen auf uns, und wir fuhren gleich ins Stadtzentrum. Die Straßen waren eine Mischung aus Asphalt und Dreck. Eine geschäftige, lebendige Stadt mit großartiger Atmosphäre. Es war außerdem sehr feucht hier, und nach dem letzten Regenschauer waren die Schlaglöcher bis zum Rand mit schlammigem Wasser gefüllt.

Ich bekam den Eindruck, dass unser Hotel auch als Puff diente. Claudio und ich teilten uns ein Zimmer, und neben meinem Bett lag als kleine Aufmerksamkeit ein Zwölferpack beschichtete Kondome. Zwölf Stück. Wir hatten viel Spaß in dieser Nacht. Das war natürlich ein Witz, wir entdeckten sie erst am Morgen, ehrlich.

Der Grund, weshalb die Kondome dort lagen, war leider nicht so witzig. Papua hat ein großes Problem mit Aids, und es war gut, dass die Hotels Verantwortung propagierten. Sicher war es kein Puff, aber es lag nun mal mitten in der Stadt, und wenn die Leute mal ... ihr wisst schon ... dann mit Kondomen. Ihr wisst schon Bescheid.

Als ich auf dem Balkon vor meinem Zimmer stand, wurde ich von dem Lärm und der Betriebsamkeit dieser Stadt überwältigt. Wir kamen von den ruhigen Strait-Inseln, und hier waren so viele Leute. Ich wollte mich unbedingt unter die Menschen mischen. Ich wanderte die breite, nasse Straße entlang, an der sich Palmen mit baufälligen Häusern abwechselten. Lae war ursprünglich eine Goldgräberstadt gewesen, die in den 1920er-Jahren um den Flugplatz herumgewachsen war. Nahrung und Ausrüstung wurden von Australien eingeflogen und dann ins Landesinnere zu den Minen verschifft.

Auf der Straße schienen hauptsächlich Männer zu sein, und sie umringten mich und versuchten, mir alles Mögliche zu verkaufen, roten Tee etwa und die Betelnüsse, die ich aus Indien kannte. Offenbar wurden sie auch hier gekaut. Ein Typ in einer Tarnweste verscherbelte Sonnenbrillen. Lae ist ein Containerhafen, einer der Hauptumschlagplätze für Importgüter in Ost-Papua. Es war unglaublich viel los – riesige Menschenmengen auf den Straßen, alle möglichen Laster und Transporter, überall kleine Märkte. Ein echter Kulturschock nach Australien.

Beim Anflug war mir aufgefallen, wie üppig grün das Land war: Die Berghänge waren dicht mit Bäumen bewachsen. Wir befanden uns zweifelsfrei in den Tropen; und in einem sehr gebirgigen Teil des »Pazifischen Feuerrings«, der geografisch nicht sehr stabil war. In dieser Gegend trafen ein paar tektonische Platten aufeinander, und auf der Insel gibt es häufig Erdbeben und vulkanische Aktivität.

Trotz der lebendigen, positiven Atmosphäre war nicht zu übersehen, dass Papua ein sehr armes Land ist. Viel zu viele Menschen leben unter der Armutsgrenze und verlassen scharenweise das Hinterland, um in den Städten ihr Glück zu versuchen, obwohl es auch dort nur wenig Arbeit gibt. Familien werden entwurzelt, Gemeinden entvölkert, und die Menschen stranden schließlich in Städten wie Lae, arbeitslos und ohne Perspektive.

Wir wollten nicht lange in der Stadt bleiben, sondern planten, ins Bergland an einen Ort namens Goroka zu fahren, wo wir einen Holländer namens Marcel Pool treffen und bei ihm übernachten würden. Er war schon seit ein paar Jahren in Papua und half dabei, behinderte Menschen besser in ihre Gemeinden zu integrieren. Morgen würden wir etwas Zeit mit einem Team der Hilfsorganisation Voluntary Service Overseas verbringen. Ich hatte bisher noch nicht viel mit VSO zu tun gehabt, aber sie sind die führende unabhängige Entwicklungsorganisation der Welt im Bereich der Armutsbekämpfung. Es sind Menschen, die sich freiwillig dazu bereiterklären, anderen zu helfen, denen es schlechter geht als ihnen, und zu ihnen zählen Ärzte, Krankenschwestern, Zimmerleute, Maurer … alle möglichen Berufsgruppen.

Aber zunächst einmal mussten wir sieben Stunden Autofahrt hinter uns bringen. Josh hatte uns eine Mitfahrgelegenheit in einem Truck der Wagi Valley Transport Company organisiert. Wir würden mit einem älteren Herrn namens Koi fahren, einem großen Mann mit lockigem Haar, einem grauen Bart und einem breiten Lächeln, das durch das Fehlen eines Schneidezahns akzentuiert wurde. Er sagte mir, er sei fünfzig Jahre alt, aber er wirkte viel älter. Er liebte seinen Truck. Nein … er *verehrte* ihn.

Es war ein Sattelschlepper mit langer Motorhaube und Frontschutzbügel, der aus Brisbane nach Papua transportiert worden war. Er war jetzt ziemlich alt und hatte unzählige Kilometer auf dem Buckel, aber jedes Mal, bevor er den Hof verließ, wurde er von einem Mechaniker in einer riesigen, offenen Werkstatt durchgecheckt.

An diesem besonders schwülen, heißen Tag transportierte Koi zwei Container. Ein Gabelstapler hatte sie auf den Trailer geladen, die Türen waren einander zugewandt und zwischen sie ein Autoreifen gequetscht. Koi erklärte in seinem Pidgin-Englisch, dass es in den Bergen viele Banditen gegeben hatte, als dort die erste Straße gebaut worden war. Banditen gibt es immer noch, aber darauf komme ich später zurück. In den 1970er-Jahren warteten die Banditen immer, bis die Trucks in Schrittgeschwindigkeit die Berge hinaufkrochen. Dann sprangen sie im Mad-Max-Stil auf die Ladefläche, öffneten mit Bolzenschneidern die Containertüren und stahlen die Ladung. Aber wenn zwischen die Türen ein riesiger Reifen geklemmt war, ließen sie sich unmöglich öffnen. Sobald die Inspektion vorbei war, kletterte ich in die Kabine. Koi saß am Steuer, und Josh saß hinter uns, zum Dolmetschen bereit. Wenn man zum ersten Mal Pidgin-Englisch hört, glaubt man, man verstünde alles. Erst später merkt man, dass man höchstens die Hälfte verstanden hat.

Koi war cool, ein entspannter Typ und wahrscheinlich der umsichtigste Fahrer, dem ich je begegnet war. Er sagte mir, er fahre Trucks, seit er denken könne, aber vor diesem Baby hier seien es alles Schrottmühlen gewesen. Dieser hier hatte eine Servolenkung und eine Innenraumverkleidung und außerdem noch eine Schlafkabine hinter den Sitzen. Koi behandelte ihn so liebevoll, als wäre er sein eigen Fleisch und Blut.

Wir fuhren nach Westen, tiefer ins Landesinnere. Während wir die Straße entlangrumpelten, bemerkte ich, dass die Fenster und die Windschutzscheibe der Kabine mit einem Gitter geschützt waren. Ich fragte Koi, warum, und er sagte, die Leute würden oft Steine werfen.

»In Äthiopien ist das auch so«, sagte ich. »Die Kinder werfen Steine. Keine Ahnung, warum. Das haben sie schon immer so gemacht, jedenfalls hat man das Ewan und mir gesagt.«

»Hier sind es keine Kinder. Meistens Betrunkene.«

Die Straße war jetzt von Bäumen gesäumt, die Böschung von üppigem Gras überwuchert. In der Kabine war es drückend heiß.

Draußen war es auch heiß, aber der Beifahrersitz bekam die ganze Motorhitze ab, und ich konnte meine Füße nicht mehr auf dem Boden abstellen, sonst wären sie verbrannt. An manchen Stellen brannten auch die Berge. Wir hielten an einem kleinen Straßenmarkt, um Bananen zu kaufen, und ich sah, wie an der Flanke des Hügels Rauch aufstieg. Wie Josh uns sagte, verbrannten die Dorfbewohner das Unterholz, um Schweine und Schlangen aufzuscheuchen und zu jagen. Ich hatte auf einer kleinen Anhöhe gerade erst eine riesige grüne Schlange gesehen und stellte mir vor, wie das Ding sich auf der Flucht vor zehn Männern mit Macheten durchs Gras schlängelte.

Ich kaufte eine Kokosnuss von einer Frau, die auf einer Grasmatte kauerte, und sie öffnete mir mit einer Machete die Schale. Der Saft war köstlich und genau richtig, um die frischen Erdnüsse runterzuspülen, die wir als Beilage zu den Bananen gekauft hatten. Sie waren so süß, dass jede Nuss eine Zuckerexplosion im Mund verursachte – fast wie Zuckererbsen direkt aus der Schote gegessen.

Je höher wir kamen, desto mehr veränderte sich die Gegend. Wir fuhren nur noch bergauf, und zwar in genau dem Schritttempo, das es den Banditen ermöglichte, auf den Truck zu springen. Im Lkw-Hof war mir aufgefallen, dass der Tank mit einem Schloss gesichert wurde, offenbar, damit niemand den Diesel abzapfte. Koi sagte, für gestohlenes Benzin bekomme man hier einen guten Preis. Er wirkte ein bisschen nervös, nicht mehr so entspannt wie in der Ebene. Besonders als wir über einen bestimmten Pass fuhren, sah er sich ständig nach allen Seiten um, und gelegentlich zeigte er mir bewaffnete Leute. Es stimmte also: In diesen Bergen gab es immer noch Banditen.

Auf Gärten wurde hier großer Wert gelegt. In dieser Höhe wurden die Häuser immer gepflegter. Sie waren aus geflochtenem Gras gebaut und standen auf Stelzen anderthalb Meter über dem Boden, um die Schlangen fernzuhalten. Die Dächer waren mit Stroh gedeckt und die Wände mit schönen Mustern verziert. Die Menschen wirkten wie gute Selbstversorger, und sie waren offenbar sehr stolz auf ihre Häuser. Die Rasenflächen waren gemäht, die Gemüsebeete akkurat angelegt. Hier wuchs alles Mögliche, von Bananen über Ingwer bis hin zu Kaffee. Koi erzählte mir von seiner eigenen kleinen Kaffeeplantage. Nach seiner Pensionierung wollten er und seine Frau sich nur noch darum kümmern.

Die Stunden verstrichen, wir befanden uns jetzt im Bergland und erreichten Goroka nach Einbruch der Dämmerung. Es hatte viel Spaß gemacht, den Tag mit Koi zu verbringen, und er hatte sich als großartiger Führer für unseren ersten Reisetag in Papua erwiesen. Außerdem hatten wir eine ganz schöne Strecke mit ihm zurückgelegt. Wir verabschiedeten uns von ihm und sahen ihm nach, als er in die Dunkelheit rollte. Dann gingen wir zu Marcel, der hoffentlich ein Bett für uns hatte.

Die folgenden Tage öffneten mir wirklich die Augen. Marcel hatte für uns Übernachtungsmöglichkeiten im VSO-Gästehaus in Goroka organisiert, einem weißen Haus im Kolonialstil, in dem er und seine Kollegen lebten. Ich mochte Marcel auf Anhieb. Im Laufe der letzten Jahre hatte er im Kreiskrankenhaus ein Physiotherapiezentrum für Körperbehinderte aufgebaut, und seit es den Betrieb aufgenommen hatte, kümmerte er sich darum, Reha-Möglichkeiten in den Gemeinden einzurichten. Das Programm hieß Community-Based Rehabilitation oder CBR.

Nach einer erholsamen Nacht liefen Claudio und ich zum Krankenhaus, einem weiß verputzten Gebäude mitten in der Stadt. Marcel erklärte, dass Körperbehinderung in Papua ein schreckliches Stigma sei und in manchen Gegenden die Eltern ihre behinderten Kinder gleich nach der Geburt töteten. Ich glaube, das schockierte mich mehr als alles andere, was mir auf meinen bisherigen Reisen begegnet war. Marcel erklärte, viele Menschen hier glaubten noch an Hexerei und Dämonen und assoziierten Behinderungen mit ihnen. Ein Teil seiner Aufgabe beim VSO bestand darin, den Menschen zu zeigen, dass Behinderte nicht nur ein erfülltes Leben führen, sondern auch als Vorbilder für andere dienen konnten.

Beim Krankenhaus wurden wir von einem Jungen begrüßt, der eine solche Quelle der Inspiration war. Molouis Arme hörten an den Ellbogen auf und mündeten in schmale Handflächen mit je einem Finger. Wie Marcel sagte, hat ein solcher Junge hier ein besonders schweres Leben. Viele Leute glaubten, seine Mutter habe während der Schwangerschaft irgendetwas falsch gemacht oder sei an einem unreinen Ort gewesen und Molouis körperliche Behinderung sei das Resultat.

Marcel arbeitete unermüdlich daran, den Leuten hier zu zeigen, dass Moloui und andere Kinder wie er ganz normale Menschen waren und weder Dämonen noch die Verkörperung irgendwelcher Sünden. Er stellte uns Cecelia Bagore vor, eine Frau aus der Gegend, die all die Arbeit mit behinderten Kindern koordiniert. Sie zeigte uns die Physiotherapieabteilung, wo mir ein paar bunte Wandbilder auffielen, die fröhlich lächelnde Kinder unter dem Motto »Achte auf meine Stärken, nicht auf meine Schwächen« zeigten. Marcel hatte die Verwaltung einem Mann namens Bill Lyape übertragen. Bill erklärte uns, wie unterschiedliche Behinderungen therapeutisch behandelt wurden, von Rücken- und Gelenkproblemen über Brüche und Schlaganfälle bis zu verschiedenen Lähmungsgraden. Wenn ein Patient entlassen wird, wird er ans CBR überwiesen, und Marcel führt die Therapie am Wohnort weiter. So kann er nicht nur einschätzen, welche weiterführenden Therapien gebraucht werden, sondern auch der Familie und den Nachbarn zeigen, wie sie aktiv an der Reha des Kindes mitarbeiten können. Marcel legt großen Wert darauf, dass Behinderte in ihrer Gemeinschaft nicht ausgegrenzt werden, und hilft den Angehörigen dabei, sie zu verstehen, statt sie zu stigmatisieren.

»Das ist überlebenswichtig«, sagte er. »Moloui zum Beispiel ist ein wichtiger Bestandteil unseres Teams geworden, nicht nur ein Vorbild für andere behinderte Kinder, sondern für uns alle.«

Moloui war ein toller Junge. Mit seinen zwei Fingern konnte er einen Stift halten und sehr ordentlich schreiben. Ich beobachtete, wie er einen Taschenrechner und ein Telefon bediente. Er konnte den Deckel einer Wasserflasche aufschrauben, aus ihr trinken und sie danach wieder zuschrauben. Er ist ein ganz normaler Junge, er lacht, weint und hat Spaß.

»Er ist super«, sagte Bill mit einem Lächeln. »Ein echter Gewinn für unsere Arbeit hier. Dieser Junge ist anders, aber er schämt sich nicht dafür. Er ist selbstbewusst, und das hilft anderen Behinderten dabei, ebenfalls Selbstvertrauen zu gewinnen.«

Marcel erzählte uns, Papua-Neuguinea habe bislang nur eine einzige Medaille bei den Olympischen Spielen gewonnen, und zwar bei den Paralympics in Peking 2008, als Francis Kompaon, der mit einem deformierten Arm geboren worden war, beim Hundertmeterlauf der Männer Silber geholt hatte. Er wurde als Sportler des Jahres ausgezeichnet, und das verlieh der Einrichtung in Goroka großes Ansehen.

Das Krankenhaus ist verhältnismäßig gut ausgestattet, wenn man bedenkt, dass das Geld sehr knapp ist. Aber mit einem westlichen Krankenhaus ist es nicht zu vergleichen. Man arbeitet mit dem, was da ist, und oft erzielen die billigsten, einfachsten Werkzeuge die größte Wirkung.

Nehmen wir zum Beispiel Kenny Ossi. Er hat Muskeldystrophie, und als er ins Krankenhaus kam, waren seine Muskeln so schwach, dass er sich nicht aufsetzen und schon gar nicht selbstständig essen konnte.

»Er lag die ganze Zeit im Bett auf dem Rücken, und das ist ganz schlecht«, sagte Marcel. »Die Kinder langweilen sich, und das Risiko für Zweiterkrankungen steigt enorm an – sie bekommen oft Lungeninfektionen, die tödlich verlaufen können. Bewegung ist sehr wichtig für diese Kinder, und zwar nicht nur körperliche, sondern auch geistige. Um den Körper zu stimulieren, muss zuerst das Gehirn stimuliert werden.«

Als ich Kenny besuchte, war er um die Hüfte an ein aufrecht gestelltes Bett geschnallt, und eine Schwester stimulierte die Bewegung seines Oberkörpers dadurch, dass sie ihm immer wieder einen Luftballon zuwarf.

»Einfach, aber sehr effektiv«, sagte Marcel. »Ein Luftballon wiegt nichts, also kann Kenny ihn halten, berühren und mit den Händen nach ihm greifen. Und er interagiert mit der Person, die mit ihm spielt. Wenn ich unterwegs bin, habe ich immer ein paar Luftballons dabei.«

Kenny genoss dieses Spiel offensichtlich sehr, und wenn man bedenkt, dass er sich bei seiner Aufnahme in die Klinik überhaupt nicht bewegen konnte, hatte er erstaunliche Fortschritte gemacht. Genau wie Moloui war er auf dem Weg dazu, seine Behinderung zu bewältigen. Wir erfuhren, dass seine Mutter vor ein paar Jahren gestorben war und er zwei Brüder hatte, von denen einer noch zu Hause lebte. Sein Vater, ein sehr engagierter Mann namens Bekki, kümmerte sich um ihn. Wenn Kenny zu Hause war, stimulierte er ihn, indem er ihn auf den Markt oder in die Stadt mitnahm. Und im Krankenhaus kam Bekki täglich vorbei, um seinen Sohn zu waschen und zu füttern. Ich konnte mir kaum vorstellen, welche Belastung dies für die Familie darstellte, aber Bekki sagte mir, er schäme sich nicht für seinen Sohn. Warum auch? Er war sehr stolz auf die Fortschritte, die Kenny seit Beginn der Physiotherapie gemacht hatte.

Ein bisschen später nahm uns Cecelia in ein Dorf mit, in dem sie sich um einen Jungen namens Kevin kümmerte, der an infantiler Zerebralparese litt. Claudio und ich teilten uns die Ladefläche eines Pick-ups mit Barama und Joseph von CBR. Das Dorf – eine Handvoll mit Gras gedeckter Hütten aus Holzplanken – lag ein paar Kilometer tiefer in den Bergen im Herzen des Regenwalds. Kevins Familie brachte ihn in einem Rollstuhl heraus, um uns zu begrüßen. In einem Korb am Rollstuhl saß ein kleiner Welpe. Kevins Therapie bestand darin, auf einer Matte zu liegen, während seine Glieder massiert und gedehnt wurden; außerdem machte man Reflexübungen mit ihm, wie Marcel es nannte. Das CBR-Team kümmerte sich um ihn, aber sie waren nicht alleine. Wir konnten aus nächster Nähe einen Eindruck davon gewinnen, wie die Dorfgemeinschaft mit seiner Behinderung umging.

Es zeigte sich schnell, dass die Leute von CBR unglaublich wertvolle Arbeit für Behinderte leisten. Nach unserem Besuch bei Kevin fuhren wir zur Mount-Sion-Blindenschule, einem »Behindertenzentrum«, das von Justin Wagma geleitet wurde. Es war ein bunter, fröhlicher Ort, und wir wurden von einer Gruppe blinder Männer begrüßt, die Keyboard und Gitarren spielten und davon sangen, dass wir nicht nur auf ihre Behinderung, sondern auf den Menschen achten sollten.

»Wir bringen behinderte Kinder mit Nichtbehinderten zusammen«, erklärte Justin. »So wachsen körperlich gesunde Kinder mit Behinderten auf und lernen so, dass Behinderung etwas Normales ist. Hoffentlich wachsen einige dieser Kinder zu einflussreichen Persönlichkeiten heran und sorgen dafür, dass zukünftige Generationen Behinderter nicht mehr stigmatisiert werden.«

Ich lernte einen Mann namens Martin kennen – einen selbstbewussten, intelligenten Mann –, der an der Schule arbeitete, aber einen Großteil seiner Zeit damit verbrachte, bei Lokalpolitikerinnen um finanzielle Mittel und Bildungsangebote für Behinderte zu kämpfen. 1991 war er bei einem Unfall erblindet. 1992 hatte man ihn an die Schule gebracht, wo er lernte, Braille zu lesen und zu tippen. Er las mir eine Textpassage in Brailleschrift vor und ließ seine Finger so flink über die Erhebungen gleiten, dass er genauso schnell las wie ein Sehender. Dann zeigte er mir eine Braille-Schreibmaschine. Sie war ziemlich klein, und Martin schrieb darauf so schnell wie eine geschulte Sekretärin. Mit Improvisation, einer unglaublich positiven Einstellung und harter Arbeit hatte er seinen tragischen Unfall überwunden und war so zu einer Inspirationsquelle für andere geworden.

Improvisieren, anpassen und überwinden: Dieses Motto hatte ich von Soldaten gelernt, denen ich das Fahren mit einer Geländemaschine beibrachte. Daran musste ich denken, als ich die vergangenen Tage Revue passieren ließ. Solche Besuche machen den wahren Wert einer Expedition aus: Die Momente, in denen du innehältst und nachdenkst, nicht nur über dein eigenes Leben und darüber, welches Glück du hast. Sondern vor allem über die Fähigkeiten, die Menschen entwickeln, um die Widrigkeiten des Lebens zu meistern. Die Aborigine-Gemeinden wie Pormpuraaw, die Menschen, die in West-Papua die Flagge hissen, abgelegene, ursprüngliche Gemeinschaften wie diese hier. Sie machen dir bewusst, wie viel man mit wenigen Mitteln erreichen kann und wie anpassungsfähig Menschen sein können. Manchmal bricht es dir beinahe das Herz, aber es kann auch unglaublich erhebend und inspirierend sein.

Vor siebzig Jahren hatte es in dieser Region so wenige Weiße gegeben, dass John Leahys Vater anfangs von den hiesigen Stämmen für einen Geist aus dem Flachland gehalten wurde. John betreibt eine Kaffeefabrik namens Lahamenegu, die 1930 gegründet wurde. Sein Vater, der aus Australien hierher auswanderte, gehörte zu den ersten Erforschern dieses Gebietes und verarbeitete seine Erlebnisse zu dem Dokumentarfilm *First Contact*, der sich inzwischen im australischen Filmarchiv befindet.

John ist ein robuster Mann Mitte fünfzig mit dichtem grauen Bart und einem typisch australischen Verständnis von Gastfreundschaft. Seine Fabrik liegt in der Nähe von Goroka, und die Farmer aus der Gegend bringen ihre Kaffeebohnen hierher, wo sie getrocknet und weiterverarbeitet werden. John erzählte uns, dass die Kaffeeproduktion zu den wichtigsten Pfeilern der papuanischen Wirtschaft gehöre.

»Kaffee ist haltbar«, sagte er. »Und in diesem Klima ist Haltbarkeit wegen der fehlenden Infrastruktur extrem wichtig. Eine getrocknete Bohne ist zwei oder drei Jahre haltbar, und ein Farmer kann seine Ernte lagern und verkaufen, was und wann er will. Deshalb lässt sich Kaffee auch am Warenterminmarkt so gut handeln, denn es geht nicht nur um die Ernte einer Saison oder eines Jahres. Hier in Papua wächst er das ganze Jahr über.«

Johns Fabrik bestand aus vielen Silos, Lagerhütten, Fließbändern und enormen Sieben. Man spürte die Hitze der Trockenöfen. John erklärte mir, während des Krieges hätten holländische Farmer hier Chinin für die Truppen der Alliierten in diesem Gebiet produziert. Sein Vater stieg in das Geschäft ein, aber mit Chinin war nicht viel Geld zu verdienen, und die Holländer erzählten ihm, wie sie in Indonesien Kaffee kultiviert hatten. Die Berge um Goroka eigneten sich perfekt für den Anbau von Kaffeebohnen, also verlegte sich Johns Vater nach dem Krieg auf die Produktion von Arabica. Jetzt kümmert sich sein Unternehmen um die örtlichen Kleinbauern wie zum Beispiel Koi mit seinen fünfzehn Hektar Land. In der Verarbeitungsanlage werden die Bohnen geschält. Die Schalen werden in den Silos gelagert und später als Brennstoff für die Trockenöfen benutzt. Sobald eine Bohne nur noch elf Prozent Feuchtigkeit enthält, gilt sie als trocken und kann lange eingelagert werden. Was mich jedoch viel mehr beeindruckt war, dass die Kleinbauern direkt bezahlt wurden. Es gab keine Zwischenhändler und keine Abzüge durch die Regierung: Sie bekamen den vollen, fairen Preis für ihre Erzeugnisse.

Es war ein merkwürdiges Gefühl, dass ich mit dem Sohn eines Mannes sprach, der zu den ersten Westlern in diesen Bergen gehört hatte. Ich versuchte mir vorzustellen, was in den Köpfen der Stammesmitglieder vorgegangen war, als sie zum ersten Mal einen Weißen sahen.

Wo wir gerade von Weißen sprechen, am folgenden Tag lernte ich ein paar kennen. Diese hier waren wirklich kreideweiß. Es handelte sich um die als *Mud Men,* als »Schlammmenschen«, bekannten Bewohner des Dorfes Komunive – einen Stamm, der sich mit Schlamm einschmiert, genau wie ihre Vorfahren dies getan haben. Allerdings heute eher als Show für Touristen. Andrew, der die Vorführungen managt, erzählte uns, hier würden ziemlich viele Engländer, Deutsche und Amerikaner durchreisen. Die Dorfbewohner schmieren sich von Kopf bis Fuß mit weißem Matsch ein, entzünden dann große, rauchende Feuer und setzen Tonmasken auf, die sie selbst gebrannt haben. Dann schnappen sie sich ihre Langbögen mit den vergifteten Pfeilen und tun so, als würden sie ihre Feinde jagen.

Die Masken waren beeindruckend – sie bedeckten den Kopf vollständig, stellten Dämonenfratzen dar und waren speziell dazu entworfen, den benachbarten Stämmen eine Heidenangst einzujagen. Natürlich wollten sie, dass ich mich auszog und mich mit Matsch beschmieren ließ. Außerdem bekam ich noch einen Lendenschurz aus Gras und eine Maske. Ihr könnt euch vielleicht vorstellen, wie begeistert ich von der Idee war. Aber Claudio war überzeugt, dass sich so etwas im Fernsehen sehr gut machen würde.

Ich zog also vor der Kameracrew und den versammelten Dorfbewohnern all meine Kleider aus. Ein paar Jungs legten mir den Lendenschurz an und beschmierten mich mit Matsch.

»In England geben die Leute ein Vermögen für so etwas aus«, sagte ich ihnen. »Eine solche Matschpackung ist dort ein echter Luxus.«

Hier war die Tradition rein zufällig entstanden. Andrew sagte uns, sein Ururgroßvater sei eines Tages in den Sumpf gefallen und danach von Kopf bis Fuß mit Matsch bedeckt gewesen. Die anderen Dorfbewohner sahen ihn, hielten ihn für einen Geist, ließen ihre Bögen und Speere fallen und flüchteten. Das brachte ihn auf eine Idee.

»Hey, Jungs«, sagte er, als sie kapiert hatten, wer da vor ihnen stand. »Wir könnten uns doch mit Matsch einreiben, uns ein paar Masken basteln, die anderen Stämme überfallen und ihre Frauen und Schweine stehlen.«

Und laut Andrew machten sie es auch so. Es funktionierte. Sie hatten bald mehr Frauen (und Schweine) als alle anderen Stämme der Gegend. Schweine sind die Haushunde von Papua und haben einen sehr großen Wert, und Frauen … na ja, Frauen kann man nie genug haben, oder nicht?

Ich beendete meinen Tag mit der Enthauptung eines Huhns für ein Mumu, ein traditionelles papuanisches Festmahl, das Marcel, Cecelia und Bill im Gästehaus in Goroka organisiert hatten. Es war ein fürstliches Mahl, das früher ein ganzes Dorf gesättigt hätte. Ich koche gern, also köpfte ich nicht nur das Huhn, sondern half den Jungs auch, ein paar große Steine im Feuer zu erhitzen. Als sie heiß genug waren, bedeckten wir sie mit einem flachen Becken aus Palmblättern, das wir mit Süßkartoffeln und Gemüse füllten. Diese bedeckten wir mit einer zweiten Schicht Palmblättern, auf die dann das Fleisch gelegt wurde. Die nächste Schicht bestand aus geschälten Bananen und Kartoffeln. Dann noch eine Lage Palmblätter, bevor der ganze Haufen mit Wasser übergossen wurde. Steine und Essen wurden mit einer Plastikplane umhüllt und diese dann mit Erde bedeckt. So war alles abgedichtet wie in einem Ofen, und ungefähr eine Stunde später wurde das Essen serviert. Es regnete wieder wie aus Kübeln, also gingen wir ins Haus und verteilten das Essen in Schüsseln. Ich griff zu, denn ich war fast ohnmächtig vor Hunger. Die Geschmackskombination klingt vielleicht ein bisschen ungewöhnlich, aber es schmeckte phantastisch. Staunend schaute ich mich um. Ich konnte immer noch kaum glauben, dass ich wirklich hier war. Papua ist ein faszinierendes Land mit reicher Geschichte und lebendigen Traditionen – es war mir fremder als alle anderen Länder, die ich je besucht hatte. Es gefiel mir extrem gut hier, und morgen durfte ich das tun, was ich am liebsten tat, nämlich mit einer Geländemaschine durch die Berge brettern.

Als ich aufwachte, war der Himmel bedeckt und die Luft morgendlich kühl. Und ich war nervös wegen der Fahrt, die vor uns lag. Ein bisschen Nervosität vor einem Motorradtrip schadet gar nichts: Man weiß nie, was einen erwartet, und es ist wichtig, voll und ganz bei der Sache zu sein und nicht nachlässig zu werden.

Claudio und ich würden uns mit einem Dirt-Bike-Club aus Lae treffen und gemeinsam zu einem Hostel namens Betty's Lodge an den Hängen von Mount Wilhelm fahren, dem mit 4509 Metern höchsten Berg Papua-Neuguineas. Betty's Lodge wird von einer Dame namens Betty Higgins geleitet. Wir sollten dort auf Emmanuel stoßen, einen Kerl aus Madang, der uns über den Bundi Track –

eine sehr unwegsame Strecke – bis zu einem Ort namens Bundi Junction führen würde. Man hatte uns gesagt, die Straße sei durch Erdrutsche streckenweise unpassierbar, und man würde nicht einmal mit Allradantrieb durchkommen. Sam fuhr in einem Allradwagen voraus, und Emmanuel kam ihm aus der Gegenrichtung mit einem Allradwagen entgegen; aber im Moment standen die Chancen, auf diesem Weg die Küste zu erreichen, nicht besonders gut. Aber ich erinnerte mich noch genau an die Orkanwarnungen, die man uns südlich von Brisbane mit auf den Weg gegeben hatte. Manche Leute erzählten Horrorstorys, und andere sagten, die Straße sei vollkommen okay. Nun behaupteten wieder andere, der Bundi Track sei seit Jahren nicht befahren worden.

Na ja. Wir würden bei der Lodge die Lage checken und herausfinden, ob Emmanuel es geschafft hatte. Ein ganzer Pulk Fahrer würde an unserem Trip teilnehmen. Die Bikes waren echte Enduros, und Daniel, der inoffizielle Leiter des Clubs aus Lae, hatte für Claudio und mich Yamahas organisiert. Ich wollte unbedingt los. Wir hatten hier ein paar großartige Tage verbracht, aber dieses Land war ein Paradies für Biker, und ich wollte weiter. Während ich mit Stiefeln und Schutzkleidung ausgestattet wurde, redete Daniel mit Claudio. »Ich hoffe, Charley wird sich an die Spitze setzen und uns zeigen, wie man durch solches Gelände fährt«, sagte er. »Er war schon auf der ganzen Welt und hat einige Kilometer auf dem Buckel, also sollte er uns führen.«

Von mir aus. Ich hatte keine Ahnung, wie gut die Jungs fuhren, und ich kannte den Weg nicht, aber meine Yamaha war so perfekt ausbalanciert, dass sich die Wheelies fast alleine machten. Es ging mir gut, mein Bauch war nach meinem Sturz in Australien gut verheilt, und ich war bereit für die Fahrt. Anfangs fuhren wir auf Asphalt, und überall kamen Leute an die Straße gerannt und schrien uns zu, wir sollten Wheelies hinlegen. Es wäre unhöflich gewesen, ihnen den Wunsch abzuschlagen, also legte ich ein paar Monster im zweiten Gang hin, die ich endlos lange durchhielt. Na ja, vielleicht siebzig Meter. So viel Spaß hatte ich schon lange nicht mehr auf einem Motorrad gehabt. Claudio fuhr neben mir, und ein paar einheimische Biker folgten uns. Cooler ging es nicht mehr.

Die Landschaft war überwältigend. Sie erinnerte mich an die Berge von Äthiopien, aber dies war Regenwald. Sturzbäche rauschten an uns vorbei in die Tiefe, und die Palmen waren von Regenschauern durchnässt, die so heftig niederprasselten, dass ganze Berghänge weggeschwemmt wurden. Die Gipfel waren im Nebel verborgen, und während mein Blick über die Hänge wanderte, dachte ich an John Leahys Vater und die Mud Men von Komunive.

Auf Asphalt folgte Schotter, auf Schotter folgten Schlamm und Schlaglöcher – tiefe Pfützen, in denen das Hinterrad meiner Maschine immer wieder ausbrach. Ich stand auf den Pedalen und rutschte um immer engere Kurven herum. Wir mussten die ganze Zeit aufpassen, weil überall Dorfbewohner auf der Straße liefen und einige bereits ganz schön betrunken waren. Bei jedem Stopp umringten uns sofort Leute, und die meisten wirkten sehr freundlich. Ein Typ war so begeistert von uns, dass er in die Kamera brüllte, wir seien hier herzlich willkommen und sollten uns wie zu Hause fühlen. Er sagte, er habe noch nie so viele Motorräder auf einmal gesehen.

Es gab aber auch Orte, an denen die Stimmung weniger herzlich war. Die Leute bedrängten uns, und einige waren offen feindselig. Als wir durch eine Stadt fuhren, trat ein großer Typ aus der Menge vor und schlug mir mit einem langen Stock auf den Arm. Es tat weh, ich kam aus dem Gleichgewicht und konnte nur mit Mühe einen Sturz verhindern. Ich erinnerte mich daran, wie vorsichtig Koi gewesen war; außerdem hatten wir gestern auf dem Weg zu den

Mud Men einen Markt passiert, auf dem zwei Frauen sich wild geprügelt hatten. Vor unserer Ankunft hatten wir die wildesten Geschichten über dieses Land gehört, also hätte es mich vielleicht nicht überraschen sollen.

Mir wurde klar, dass wir lieber nicht abends fahren sollten. Nach Einbruch der Dunkelheit floss der Alkohol in Strömen, und ich hatte das Gefühl, dass es dann wirklich gefährlich werden könnte.

Es war allerdings schon dunkel, als wir in Betty's Lodge ankamen, wo Sam schon auf uns wartete. Wir hatten vor ein paar Stunden in einer Stadt angehalten, um zu tanken, und danach nicht mehr gewusst, welchen Weg wir nehmen mussten. Sogar Daniels Landkarte half uns nicht weiter. Wir überlegten noch, als ein Typ auf einem Motorrad neben uns hielt. Er trug einen Helm ohne Visier und lebte in der Gegend. Er sagte, er komme gerade von Betty's Lodge und werde uns gerne den Weg zeigen. Die Straße war extrem rutschig, und zwei einheimische Biker legten sich in den Dreck. Gott sei Dank blieb ich dieses Mal im Sattel. Ich hatte mein Selbstvertrauen wieder und genoss die Fahrt in vollen Zügen. Allerdings konzentrierte ich mich auch sehr auf die Straße. In den schlimmsten Haarnadelkurven gab es baufällige Leitplanken, aber sonst fuhren wir direkt an steilen, felsigen Abhängen entlang, über die Wasserfälle ins Tal hinabstürzten.

Claudio war direkt hinter mir und fuhr phantastisch. Wir hatten seit unserem Abflug aus Horn Island eine ordentliche Strecke hinter uns gebracht. Welche Herausforderungen jetzt wohl vor uns lagen? Ich fragte mich nicht zum ersten Mal, was der Bundi Track noch für uns bereithalten würde.

7

Bis das Baby lacht

Biker zählten nicht gerade zu den regelmäßigen Gästen der Lodge. Betty, eine kleine, fröhliche Frau mit strahlenden Augen, erzählte, die meisten Gäste seien Abenteurer, die zu Fuß hierherwanderten – die Lodge war zu einer Art Basislager für die Bergsteiger geworden, die den Mount Wilhelm besteigen wollten. Bei einem aus gutem, heißem Porridge bestehenden Frühstück erzählte uns Betty, wir seien die ersten Motorradfahrer, die sie hier je gesehen habe. Aber sie hatte nichts gegen neue Klientel.

Daniel hatte seine Sache sehr gut gemacht. Er hatte diese Tour durch die Berge organisiert, die für ihn und seine Freunde ein ebenso großes Abenteuer war wie für uns. Wir hatten eine Menge Zweifel, was den Bundi Track anging; es fühlte sich wirklich an, als würden wir in ein unerforschtes Gebiet aufbrechen. Emmanuel hatte es nicht zur Lodge geschafft, und das war eine blöde Sache, denn Sam und Robin wollten eigentlich mit ihm in seinem Truck nach Madang fahren. Claudio und ich würden per Motorrad weiterreisen.

Wir hatten den Kontakt zu Emmanuel durch Nancy Sullivan aufgebaut, mit der wir schon von London aus kommuniziert hatten. Früher war sie in New York Künstlerin gewesen und nach dem Börsencrash von 1987 nach Papua-Neuguinea ausgewandert. Sie betreibt eine private Beratungsagentur für – wie sie es nennt – »angewandte Anthropologie«. Im Grunde genommen bedeutet das, dass sie den Neuguineanern beibringt, ihr eigenes Volk zu erforschen, anstatt sich von Ethnologen aus England oder Amerika erforschen zu lassen. Nancy hatte uns wertvolle Informationen darüber gegeben, was wir in Papua alles erreichen könnten.

Aber im Moment war die Straße der wichtigste Faktor.

Emmanuel hatte es nur bis in ein Dorf auf der anderen Seite der Berge geschafft, also blieb Sam und Robin nichts anderes übrig, als wieder zurück nach Goroka zu fahren und dann eine andere Strecke zu nehmen, die am Rand des östlichen Gebirges entlang zum Lae-Madang-Highway führte. Es war ausgemacht, dass wir uns alle in Bundi Junction treffen würden; Emmanuel hätten wir bis dahin hoffentlich irgendwo aufgegabelt.

Nach der kurzen Fahrt gestern Nachmittag freute ich mich richtig auf die Tour. Es würde sicher ein faszinierendes Erlebnis werden. Außerdem war dies für längere Zeit unsere letzte Chance, Motorrad zu fahren, und ich wollte es bis zur Neige auskosten. Es würde sicher nicht leicht werden, aber ich hatte Vertrauen in meine

Fähigkeiten und in Claudios ebenfalls. Er war natürlich so phlegmatisch wie immer und sah dem Tag gelassen entgegen. Was passieren würde, würde passieren. Aber dieser Typ hatte schließlich auch sechs Monate lang illegal hinter der Grenze gefilmt.

Wir verließen die Lodge, überquerten noch einmal die Brücke über den Bach und fuhren dann – natürlich auf dem Hinterrad – ein überwuchertes Flugfeld entlang. Dann mussten wir einige steile Anstiege und ebenso steile Gefälle bewältigen. Es ging nur langsam voran, denn die Straße war sehr eng und steinig. Obendrein lagen überall große Felsbrocken und loser Schiefer herum. Hier konnte man sich ganz leicht einen Platten holen oder eine Felge verbiegen.

Aber allmählich änderte sich das Terrain, und die Felsbrocken wurden durch weichen, sandigen Matsch und Schlaglöcher ersetzt. Wir stiegen kurz aus dem Dschungel auf und mussten hinter einer scharfen Kurve plötzlich bremsen. Wir kamen schlitternd vor dem Hindernis zum Halt: Die Straße vor uns war durch einen Haufen Zweige versperrt. Fünf barfüßige Männer mit Macheten standen davor. Ein kleiner, bärtiger Mann mit Mütze schien der Anführer zu sein. Er starrte uns mit düsterer Miene an und spielte mit seiner Machete. Wie Daniel uns sagte, waren das Dorfbewohner aus der Gegend, die von der Regierung dafür bezahlt wurden, die Straßen befahrbar zu halten. Offenbar bauten sie auch gerne Straßensperren, um Autos anzuhalten und sich von den Insassen für die Weiterfahrt bezahlen zu lassen. Gestern Abend hatte Betty uns erzählt, dass sie bei jeder Fahrt nach Goroka umgerechnet zwischen zwei und vierzig Euro bezahlen müsse.

Diese Typen wollten fünfzig Euro von uns. »Wir reparieren die Straße«, wiederholte der Bärtige immer wieder. »Wir reparieren die Straße.«

»Moment mal«, meldete ich mich zu meiner eigenen Überraschung zu Wort. »Wann habt ihr die Straße repariert? Heute?«

Er nickte.

»Und wo? Wo habt ihr sie repariert?«

Er deutete mit seiner Machete ins Tal.

»Nein, das stimmt nicht.« Ich schüttelte den Kopf. »Ich glaube, ihr habt uns kommen gehört und schnell die Straße blockiert. Das ist kein Erdrutsch, sondern ein Haufen Zweige. Ihr wollt bloß auf die Schnelle ein paar Kröten verdienen, stimmt's?«

Plötzlich trat Luke, einer der Jungs, die mit uns fuhren, ganz dicht an den Bärtigen heran. Mit seinem Helm, seiner Schutzbrille und seiner Motorradkluft wirkte und klang er bedrohlich. Luke ist Australier, lebt in Lae und beherrscht die papuanische Verkehrssprache Tok Pisin.

Er ignorierte die Machete, gestikulierte wütend und sagte dem Typen deutlich, was er von ihm hielt. Dass er dafür bezahlt werde, die Straße befahrbar zu halten, aber seit einem Jahr niemand mehr durchgekommen war. Was ihm einfiele, dafür Geld von uns zu verlangen? Er war wirklich sauer und schrie den Typen an, er könne sich die fünfzig Euro sonst wohin stecken, und wenn sie die Straßensperre nicht wegräumen wollten, würden wir es tun.

Einen Moment lang fragte ich mich, ob es gleich richtig Ärger geben würde. Diese Typen waren bewaffnet, aber wir sahen mit unseren Helmen und Schutzanzügen aus wie die Imperialen Sturmtruppen aus *Krieg der Sterne*. Die Kumpel des Bärtigen schienen außerdem nicht auf einen Kampf aus zu sein. Zwei waren Teenager und interessierten sich hauptsächlich dafür, in die Kamera zu winken. Luke schimpfte immer noch, und der Bärtige wirkte immer verwirrter. Irgendwann murmelte er den Jüngeren etwas zu, und sie machten die Straße frei.

Wir ließen die Motoren aufheulen, rasten los und ließen die Jungs in einer Staubwolke zurück. Wir hatten ihnen keinen Cent gegeben. Ich dachte daran, wie es wohl einem Auto mit einem oder zwei Insassen ergangen wäre. Wahrscheinlich hätten sie zahlen müssen, denn wer wollte sich schon mit einer Bande machetenschwingender Männer anlegen? Ich dachte an Betty, eine alleinstehende Frau, die jedes Mal ausgeraubt wurde, wenn sie in die Stadt fahren wollte.

Na ja. Wir hatten die Straßensperre überwunden, und jetzt wurde die Strecke so schwierig, dass ich mich voll konzentrieren musste. Wenn ich schwierig sage, dann meine ich natürlich herrlich. Wunderschön!

Alles, was man sich auf einer Enduro wünscht – steil, rutschig, staubig und trocken, an manchen Stellen feucht und schlammig.

Wir fuhren einen Hügel nach dem anderen hinauf, und bei jeder Pause versicherte Daniel mir, Bundi Junction liege garantiert hinter der nächsten Kuppe. Zur Mittagszeit hatten wir allerdings schon eine ganze Menge »nächster Kuppen« hinter uns und hatten meiner Meinung nach erst rund die Hälfte der Strecke geschafft. In einem Dorf kauften wir Passionsfrüchte und überlegten, was wir mit dem Motorrad machen sollten, das uns kaputtgegangen war. Die Gegend war sehr entlegen, und wir wussten, dass keine Laster hier hochkamen. Dann sahen wir einen grünen Toyota, der von einem stämmigen Kerl mit geflochtenem Bart und Strickmütze gefahren wurde – Emmanuel! Dies war also das Dorf, bis zu dem er es geschafft hatte. Er sagte uns, wir könnten das Bike auf die Ladefläche hieven, er würde es für uns nach Bundi Junction bringen.

Ich war mir nicht ganz sicher, wie das funktionieren sollte – auf der Ladefläche saßen schon sechs bis acht Leute. Aber Emmanuel sagte, für ein kleines Motorrad sei noch mehr als genug Platz. Wir wuchteten das Ding mit vereinten Kräften hoch und fanden sogar noch irgendwo Platz für den Fahrer. Emmanuel sagte uns, er fahre einmal die Woche bis mindestens hier hoch, und die Strecke zwischen hier und Bundi Junction sei problemlos befahrbar.

Inzwischen hatte sich eine beachtliche Menge um uns versammelt, und wir plauderten mit ein paar Einheimischen. Ein paar Ferkel rannten um uns herum – süße Tierchen mit geflecktem Rücken und zarten Hufen. Wir wussten bereits, wie sehr Schweine hier geschätzt wurden. Gestern hatte ich eine Frau gesehen, die ein Ferkel an der Leine spazieren führte, das herzzerreißend gequiekt hatte, als ich es auf den Arm nahm. Wir hatten auch gehört, dass, falls eine Sau ihr Ferkel aus irgendwelchen Gründen nicht säugte, es nicht ungewöhnlich sei, dass eine Frau dem Ferkel die Brust gab. Na ja, wir hatten auch noch andere Geschichten gehört – über Kopfjäger, Kannibalen, Initiationsriten, bei denen Männer angeblich Zacken in ihre Vorhäute schnitten. Ich war überzeugt davon, dass das meiste reine Schauermärchen waren, also stimmte die Geschichte von den Ferkel säugenden Frauen wahrscheinlich auch nicht. Aber bei meinem Gespräch mit den Einheimischen lernte ich eine junge Frau kennen, die ein Kind auf dem Rücken trug, das an einem Maiskolben kaute. Sie sagte uns, sie habe ein Ferkel gesäugt. Daniel fragte sie, was genau sie damit meinte.

Sie lächelte achselzuckend.

»Die Muttersau wollte das Baby nicht an ihre Zitzen lassen«, sagte sie. »Also habe eben ich ihm die Brust gegeben.«

Es stimmte also, denn wieso sollte jemand eine solche Geschichte erfinden?

»Ist doch keine große Sache.« Daniel schlug mir auf die Schulter. »Ihr Engländer lasst euch doch Schweineorgane einpflanzen.«

»Nein, ich glaube, du redest von Südafrika«, erwiderte ich.

Wir fuhren immer weiter, überquerten Flüsse auf Holzbrücken und fuhren steile Berge hinauf, deren Abhänge neben der Straße hundert Meter fast senkrecht abfielen. Einmal kamen wir an eine Brücke, deren Bodenbretter fehlten; nur noch das offene Metallgestell war da, unter dem ein wilder Fluss dahinrauschte. Ich lief über den Metallrahmen und schaute auf die Stromschnellen. Wie sollten wir die Bikes bloß auf die andere Seite bringen? Aber dann fielen mir zwei schmale Eisenschienen auf, die über die ganze Brücke liefen. Die Motorradreifen passten genau darauf, und wir konnten unsere Maschinen einzeln rüberschieben. Zwanzig Minuten später fuhren wir durch Elefantengras, das in großen Wellen neben der Straße wogte. Die Strecke war schwierig zu fahren, wir mussten abwechselnd sitzen und auf den Pedalen stehen – und ziemlich häufig Kupplung und Hinterradbremse benutzen. Bei Geländefahrten geht es nur um den Schwung: Kannst du den halten, ist alles okay, wirst du zu langsam, verlierst du den Halt und bist verloren.

Wir fuhren den nächsten Berg hinauf und schlitterten auf der anderen Seite extrem scharfe Serpentinen hinunter. Wir durchquerten seichte Flüsse und kamen unter einem wilden Wasserfall vorbei. Wann immer es ging, fuhr ich auf der Hinterachse. Emmanuel fuhr immer noch hinter uns her und hatte bisher die Straße ohne großes Drama bezwungen. Gelegentlich hatte es Erdrutsche gegeben, und wir begegneten drei Typen mit einer Axt und einer Schaufel, die tatsächlich die Straße reparierten.

Aber kurz vor Bundi Junction mussten wir an einer weiteren Brücke ohne Planken anhalten. Wir schoben die Bikes genau wie vorher rüber. Dann versuchte der Truck, die Brücke zu überqueren. Emmanuel fuhr den Toyota im ersten Gang langsam auf die Schienen, den Kopf aus dem Fenster gereckt. Alles schien glattzugehen, bis auf einmal die Räder abrutschten und die Ladefläche absackte, und zwar so heftig, dass sich ein Querträger der Brücke löste. Claudio und ich waren bereits auf der anderen Seite, und ich sah Emmanuels bleiches Gesicht, als der Truck einen Sekundenbruchteil lang einfach in der Luft zu hängen schien. Dann trat er das Gaspedal durch, die Räder drehten sich und drückten auf den Querträger.

Irgendwie bekam er genug Bodenkontakt, um auch den Rest der Brücke zu schaffen.

»Kein Problem«, sagte er atemlos, als er ausstieg, um den Schaden an der Brücke zu begutachten. »Kein Problem. Der Truck ist okay, das Bike hinten ist okay. Kein Problem.«

Aber ich hatte ihm angesehen, dass er einen Moment lang wirklich geglaubt hatte, sein letztes Stündlein habe geschlagen.

Als wir endlich den letzten Hügel bezwungen hatten, war ich ziemlich erschöpft. Es war eine tolle Fahrt voller unvergesslicher Eindrücke gewesen. Eine Schlucht hatte mich besonders beeindruckt, sie war surreal und wunderschön, riesige Schwärme Schmetterlinge waren vor meiner Schutzbrille vorbeigeflattert. Aber ich war dennoch sehr erleichtert, als ich Sam und Robin auf uns warten sah, und hocherfreut darüber, dass wir Emmanuel getroffen und unser Abenteuer heil überstanden hatten. Sam nahm mich beiseite und erzählte mir, dass er und Robin ebenfalls ein kleines Drama erlebt hatten.

»In einem Dorf irgendwo auf dem Rumu-Pass merkten wir, dass wir einen Platten hatten. Kein Problem, wir hatten einen Ersatzreifen dabei. Ich wechselte das Ding, und Robin filmte mich.«

»Und dann?«

»Na ja, zuerst passierte gar nichts, uns sahen nur ein paar Leute zu. Aber plötzlich fängt ein Typ weiter unten am Berg an, uns wegen der Kamera anzuschreien. Er rennt den Berg hoch und brüllt immer noch wegen der verdammten Kamera. Er war wohl betrunken, und er schwang eine dicke Eisenstange. Er befahl uns, die Kamera auszuschalten und nicht weiter zu filmen, sonst würde er den Truck zu Brei schlagen und uns gleich mit.«

»Was habt ihr gemacht?« Ich dachte an Lukes Konfrontation mit dem Machetenmann.

»Das einzig Mögliche«, sagte Sam. »Wir haben die Kamera ausgeschaltet, sind in den Truck gesprungen und schnellstmöglich abgehauen.«

Wir verabschiedeten uns im Regen von Daniel und den anderen. In echter *By-Any-Means*-Tradition hatte uns das schlechte Wetter eingeholt, und es schüttete wie aus Eimern. Ein paar Stunden später rollten wir nass, aber glücklich nach Madang und hielten vor einem großen Haus neben einer Baustelle. Nancy Sullivan begrüßte uns, eine energiegeladene blonde Frau im Sommerkleid, die ihren kleinen Sohn auf der Hüfte trug. Er war ungefähr fünf Jahre alt – ein Papuaner, den sie adoptiert hatte – und trug eine Sonnenbrille, an der Elvis-Koteletten hingen.

»Hallo, Jungs«, sagte Nancy. »Schön, dass ihr da seid.« Sie strahlte uns an. »Kommt rein, fühlt euch wie zu Hause. Bier und Essen sind im Kühlschrank, es gibt auch Gin und Tonic, falls ihr darauf Lust habt.«

Nancy, die uns eine unschätzbare Hilfe gewesen war, als wir uns auf diesen Trip vorbereitet hatten, würde uns ein paar Tage bei sich aufnehmen. Das Haus war geräumig, das Wohnzimmer im ersten Stock und die Balkone waren mit Moskitonetzen verschlossen. Wir konnten frische Luft genießen, ohne bei lebendigem Leib verspeist zu werden. Nancy sagte mir, morgen sei der Geburtstag der Queen, ein wichtiger Feiertag hier in Papua. Aber in Madang würden wir ihrer Meinung nach nicht viel davon mitbekommen. Für übermorgen hatte sie eine Flussreise für uns organisiert. Wir würden den Sepik von Bogia bis nach Gapun hinauffahren, ein winziges, aus dreißig Hütten bestehendes Dorf, in dem ein Linguist und Anthropologe namens Don Kulick eine Studie durchführte.

Es gab allerdings ein Haar in der Suppe. Vor ein paar Stunden hatte Nancy eine SMS von Milson bekommen, dem das Boot gehörte, in dem wir reisen würden. Er schrieb, er sei von Banditen beschossen worden und wisse noch nicht, ob er kommen könne. Ich dachte sofort an Kopfjäger und Kannibalen, aber Nancy versicherte uns, Milson werde schon auftauchen.

»Der Typ wurde beschossen, Nancy!«, sagte ich. »Ich weiß nicht, ob ich kommen würde, wenn jemand auf mich geschossen hätte.«

»Keine Sorge«, sagte sie und wedelte mit der Hand. »Das passiert hier ständig. Er ist unverletzt, und er wird kommen. Ihr braucht keine Angst zu haben.«

Sicherheit ist in den Städten von Papua-Neuguinea ein großes Problem. Nancy erzählte uns, es gebe viele »Siedler« in Madang – Menschen aus den Bergen, die in der Stadt nach Arbeit suchten. Arbeit gab es hier allerdings nicht, dafür aber eine Menge Häuser, in die man einbrechen konnte. Die Polizei konnte nicht viel ausrichten, also patrouillierten Mitarbeiter privater Sicherheitsfirmen durch die Straßen. Das war hier ein großes Geschäft.

Am nächsten Tag ruhten wir uns aus und kauften Geschenke für die Dorfbewohner, die wir besuchen würden. Weil ich ein bisschen mehr über die privaten Sicherheitsfirmen herausfinden wollte, gingen Claudio und ich mit einem Mann namens Norbert Belele, der für Bitamu Security Services arbeitete, auf eine kurze Tour durch die regennassen Straßen. Er brachte uns zu einem der Männer, die Streife gingen, und erklärte, seine Leute trügen lediglich einen Schlagstock und ein Funkgerät bei sich. Schusswaffen waren ihnen verboten, obwohl viele Einbrecher bewaffnet waren. Ich fragte Norbert, wie sie auf Einbrecher mit Pistolen reagierten, und er sagte, seine Leute würden ihnen nicht entgegentreten. Meistens reichte es schon, den Einbrecher auf frischer Tat zu ertappen – selbst bewaffnete Männer hauten dann schleunigst ab, und die Sicherheitsleute konnten die Polizei rufen. Mir war nicht klar, wie viel Sinn das ergab, da er mir gerade erst erzählt hatte, die Polizei arbeite nur tagsüber. Wie dem auch sei, vor unserem Haus stand die ganze Nacht jemand, und Nancy zufolge waren die privaten Firmen die einzige Möglichkeit, wenigstens für ein bisschen Sicherheit zu sorgen.

Sie schlug uns vor, Macheten oder Feilen als Geschenke zu kaufen. Die Dorfbewohner schnitten mit Macheten das Gras um ihre Hütten zurück und brauchten die Feilen, um sie zu schärfen. Wir kauften also beides, außerdem Luftballons für die Kinder.

»Wie sind die Leute denn so in – wie hieß das Dorf noch mal – Gapun? Sind das Kopfjäger oder Kannibalen? Ich glaube ja eigentlich nicht an solche Schauermärchen, aber ich habe auch nicht geglaubt, dass Frauen hier Ferkel säugen, also ...«

»Charley«, sagte Nancy. »Es gibt keine Kannibalen mehr.«

»Hat es früher welche gegeben?«

»Ja, natürlich. In den 1970er-Jahren gab es einen Stamm im östlichen Bergland, der menschliche Gehirne aß.«

»Du machst Witze!«

»Nein, nein, die Frauen aßen sie bei Begräbniszeremonien.«

Ich starrte sie sprachlos an.

»Na ja, besonders die Frauen bekamen damals nur wenig Proteine zu essen, deshalb erlaubten die Männer ihnen, die Gehirne ihrer Verwandten zu essen, wenn sie die Leichen aufs Begräbnis vorbereiteten. Sie meißelten die Schädel sowieso auf, um die Gehirne zu entfernen, also war es nur noch ein weiterer Schritt, sie zu kochen und zu essen. Gehirne enthalten eine Menge Protein, und so bekamen die Frauen, was sie brauchten.«

Ich wusste nicht, ob sie mich vergackeierte, und warf Claudio einen Blick zu. Er nickte.

»Das Interessante daran«, fuhr Nancy fort, »waren die Kinder. Die meisten Frauen führten die Zeremonie mit einem Zweijährigen auf dem Schoß durch. Um die Kinder ruhig zu halten, wurden sie mit Gehirn gefüttert. Jetzt, dreißig Jahre später, haben einige Kinder von damals die Creutzfeld-Jakob-Krankheit bekommen.«

Beim Abendessen gab uns Nancy eine anthropologische Einführung in Papua. Nach den Frauen, die Gehirne aßen, sprachen wir über verschiedene Stammesbräuche – gruselig klingende Initiationen, bei denen die Männer versuchen, sich vom Blut ihrer Mütter zu distanzieren, und grässliche Riten wie die Beschneidung von Jungs im Teenageralter (mit detaillierten Beschreibungen der unterschiedlichen Arten, die Vorhaut einzuschneiden, bei denen uns schlecht wurde). Außerdem gab es noch eine andere Zeremonie, bei der die Männer sich Pflanzenrohre in die Kehle rammten und sie blutig kratzten. Nancy erzählte, die Männer mancher Stämme hätten panische Angst vor dem Menstruationszyklus. Einmal im Monat verbannten sie die Frauen in ein isoliert stehendes Haus.

Auch am nächsten Tag hörten wir nichts von Milson dem Bootsführer. Nancys Beteuerungen, er werde schon auftauchen, klangen allmählich ein bisschen zu optimistisch, und auch ihr schien es Sorgen zu bereiten, dass er sich noch nicht gemeldet hatte. Das Problem war, dass er nicht nur der Bootsführer war, sondern auch einen Kleinbus mitbringen wollte, der uns nach Bogia bringen würde.

Aber wir machten uns keine allzu großen Gedanken. Wir waren schließlich in Papua-Neuguinea, und hier änderte sich alles von einer Minute auf die andere. Wir waren überzeugt davon, dass wir sowohl einen Kleinbus als auch ein Boot auftreiben würden – ob es nun Milson gehörte oder nicht.

»Charley«, sagte Nancy. »Heute wird ein großer Tag. Du brauchst papuanisches Improvisationstalent, also habe ich meine Freunde Arthur und Dixon gebeten, dich zu begleiten. Sie sind von hier und reisen ständig nach Bogia. Und Emmanuel kommt auch mit, also bist du so sicher wie in Abrahams Schoß.«

Mir war das nur recht. Je mehr Leute sich in der Gegend auskannten, desto besser. Und ich wusste ja schon, wie wichtig Sicherheit hier war. Wir hatten das richtige Team beisammen – uns fehlte nur noch das Transportmittel, das uns zum Ziel bringen würde.

Nancy nahm uns mit in die Stadt, um ein PMV, ein *Public Motor Vehicle* oder Sammeltaxi, für uns aufzutreiben – eine Art Kleinbus wie der Dolmuş, den ich in der Türkei gefahren hatte. Sie gehören Privatleuten, und der Besitzer wartet mit der Abfahrt, bis sie vollbesetzt sind. Wir hatten unterschiedliche Angaben über die Strecke nach Bogia gehört – manche sagten, es seien zwei Stunden Fahrzeit, andere drei, wieder andere vier. Beim Markt, einer großen, staubigen Fläche zwischen zwei baufälligen Gebäuden, fanden wir eine Menge PMVs, aber die meisten fuhren erst am Nachmittag ab. Die Leute kamen morgens in die Stadt, erledigten ihre Besorgungen und fuhren nach dem Mittagessen wieder nach Hause. Also hielten sich die PMV-Fahrer an diese Abfahrtszeiten.

Sam ließ sich nicht beirren und suchte nach einem Bus, der uns rechtzeitig nach Bogia bringen würde. Inzwischen zeigte mir Nancy einen jungen Mann in der Menge, die sich wie üblich um uns versammelt hatte. Er hieß Herbert und gehörte zu den Tari, einem Stamm aus der entlegensten Gegend des Zentralgebirges. In diesem Gebiet hatten die Männer Angst vor Menstruationsblut, und Nancy machte sich einen Spaß daraus, ihm den Arm um die Schultern zu legen und ihm ins Ohr zu flüstern, sie habe gerade ihre Tage. Ich habe noch nie einen Menschen so schnell leichenblass werden sehen! Er versuchte entsetzt, sich aus ihrem Arm zu befreien, bis sie ihm sagte, sie habe nur Spaß gemacht.

Danach hörten er und seine Kumpel gar nicht mehr auf zu reden. Sie hielten für die Kamera Hof und sprudelten nur so los, während die Männer aus Madang sie gelassen schweigend beobachteten. Ich fragte Herbert nach den Initiationsriten seines Stammes, und er sagte mir, dass sich bei ihm zu Hause die Jungs nur das Haar wachsen ließen. Das klang ziemlich zahm. Er versicherte mir aber, dieses Ritual sei sehr bedeutsam für seinen Stamm. Galt ein Mann als Mann, dann durften Frauen sein Haar nicht mehr berühren.

»Gar nicht? Aber Herbert«, sagte ich. »Und was, wenn ihr Liebe macht? Du weißt schon «

Er starrte mich einen Moment lang an und beteuerte dann, wenn er Liebe mache, hätten die Frauen kein Bedürfnis danach, sein Haar zu berühren. Der Rest von ihm sei ihnen vollkommen genug.

Nancy zufolge kannten die Männer aus Madang keine solchen Tabus oder Initiationsriten. Die Männer aus dem Tiefland waren Strandjungs, und wie Strandjungs auf der ganzen Welt hingen sie gerne draußen herum und liebten ihre Frauen unter den Sternen.

Nachdem Sam lange verhandelt hatte, fanden wir endlich eine Mitfahrgelegenheit nach Bogia. Zumindest glaubten wir das. Sam trieb einen Fahrer auf, der mit ihm einen Preis aushandelte, sich dann ans Steuer setzte und verschwand, um den Besitzer zu informieren. Leider kam er nicht wieder zurück.

Es wurde immer später, und schließlich schlug Emmanuel vor, wir sollten uns alle in seinen Truck quetschen und mit ihm fahren. Ich mochte Emmanuel und vertraute ihm. Er hielt seine Versprechen, und er hatte die Brückenüberquerung gestern überlebt. Nachdem Milson auf der Straße nach Bogia beschossen worden war, fühlte ich mich bei der Vorstellung sehr wohl, mit einem Kerl wie Emmanuel unterwegs zu sein.

Endlich hatten wir einen Plan. Aber dann geschah das Unerwartete. Arthur bekam einen Anruf von Milson. Er war tatsächlich auf dem Weg und würde in zwanzig Minuten bei uns eintreffen.

»Was ist passiert, Arthur?«, fragte ich. »Warum kommt er denn jetzt plötzlich doch?«

»Er wollte von Anfang an kommen«, sagte Arthur achselzuckend.

»Haben wir ihn dann einfach falsch verstanden?«

Er nickte. »Es ist nicht Milsons Kleinbus«, erklärte er. »Er sitzt in einem PMV, das Waren aus Bogia transportiert, und der Fahrer hat unterwegs oft angehalten.«

Na gut. Wichtig war nur, dass wir bald aufbrechen würden, denn wir hatten noch einen vollen Tag Fahrt vor uns. Don, der Anthropologe, erwartete uns heute Abend, und es gab keine Möglichkeit, ihn zu kontaktieren. Selbst wenn er ein Handy gehabt hätte, wäre das Signal nie in den Urwald durchgekommen. Wir hatten gehofft, um acht Uhr morgens loszufahren, aber es war beinahe Mittag, als Milson eintraf. Er war ein schweigsamer, verlässlich wirkender Mann. Wir luden unsere Ausrüstung in das PMV und verabschiedeten uns eilig von Nancy.

»Glaubst du, Charley wird es schaffen?«, fragte Claudio. »Schließlich war auf dieser Küstenstraße die Schießerei, und selbst wenn wir den Fluss erreichen sollten, ist er in einem Boot zu nichts zu gebrauchen.«

»Ehrlich gesagt, glaube ich, es wird eine Katastrophe«, sagte sie. »Und das war's dann, Claudio. Das Ende der Serie. Wir schicken ihn in den Abgrund.«

Obwohl das ein Witz war (zumindest hoffte ich das), blieben mir ihre aufmunternden Worte im Ohr, als wir in Richtung Bogia und der Brücke, an der Milson beschossen worden war, aufbrachen. Die Küstenstraße bot uns abwechselnd eine spektakuläre Aussicht aufs Meer und den Anblick des regennassen Dschungels. Anfangs war die Straße ziemlich gut, wenn auch einspurig ohne Markierungen, aber ein paar Stunden hinter Madang verengte sie sich zu einem Pfad, der durch ein Palmenwäldchen zu einem Fluss führte. Die Brücke über diesen Fluss wirkte zwar ausreichend stabil, bot aber nur Platz für ein Fahrzeug. Ich bat den Fahrer anzuhalten und stieg mit Milson aus. Hier hatte die Schießerei stattgefunden.

»Wir saßen im Auto«, sagte er und deutete auf die Brücke. »Als wir heranfuhren, standen zwei Männer vor der Brücke.« Er deutete auf einen Punkt vor dem Bus. »Zwei weitere traten hinter dem Auto zwischen den Bäumen hervor.« Er erzählte, dass die Männer vor dem Auto zwei Warnschüsse abgefeuert hatten, um sie zum Anhalten zu zwingen. Die Männer hinter dem Auto feuerten ebenfalls ein paar Schüsse ab. Dann raubten sie die Passagiere aus. Unglaublich. Straßenraub, genau da, wo ich stand. Ich lief über die Brücke, der Fluss unter mir rauschte in schlammigen Wirbeln vorbei. Ich sah die Flecken des Betelnusssafts, den die Banditen ausgespuckt hatten.

Wir fuhren weiter, und die Straße blieb bis Bogia einigermaßen befahrbar. Dann verschwand sie – der Wald war hier sehr dicht, und aus Asphalt wurden Steine und Dreck. Wir fuhren im Schneckentempo durch ein paar randvolle Schlaglöcher. Sie waren so breit wie die Straße und ziemlich tief; wir mussten extrem aufpassen, dass die Front unseres Kleinbusses nicht aufsetzte.

Wir schafften es aber, und die einzige Schrecksekunde war, dass der Fahrer ohne mich weiterfuhr, als ich eine kleine Pinkelpause einlegte.

Es stellte sich heraus, dass Milson sehr gut organisiert war. Sein Boot war an einem kleinen Ort namens Boroi tief im Dschungel vertäut und nur über einen holprigen Weg erreichbar. Er war durch eine Bambusstange versperrt, die wir anheben mussten, damit der Kleinbus durchkam. Dahinter wand sich der Pfad zwischen den Bäumen hindurch und endete bei einem kleinen Meeresarm. Hier standen zwei große Stelzenhäuser aus Gras, und hinter ihnen sah ich Milsons Boot, ein offenes Dingi mit einem recht neu wirkenden 60-PS-Motor. Vielleicht würde ja doch alles klappen.

Es war Nachmittag, und ich bezweifelte, dass wir Gapun vor Anbruch der Dunkelheit erreichen würden. Aber vor uns lag der Fluss, und ich wurde plötzlich von Abenteuerlust gepackt. Wir würden es schaffen, das Dorf mit heiler Haut zu erreichen. Wenn nur der Boorman'sche Bootsfluch nicht wieder zuschlug.

Ich konnte es kaum glauben, aber wir hatten Glück. Die Fahrt über den Meeresarm zur Mündung des Sepik verlief ereignislos, falls man eine Reise mit Freunden in einem offenen Boot im absoluten Niemandsland ereignislos nennen kann. Wir düsten über das ruhige Wasser, und die Brise kühlte unsere Haut. Als die Sonne langsam hinter den Horizont sank, verfärbte sich der Himmel zu einem rotvioletten Farbenmeer. Einen so spektakulären Sonnenuntergang hatte ich noch nicht oft gesehen. Aus den Grashütten am Ufer kamen Menschen und winkten uns zu.

An der Mündung des Sepik mussten wir anhalten – es war Ebbe, und wir mussten auf die Flut warten, um den Flussabschnitt zu passieren, der nach Gapun führte. Milson kannte die Gegend, aber nicht jeden einzelnen Flussarm, und in den Sepik münden eine Menge kleinerer Flüsse. Das Dorf lag außerdem nicht direkt am Ufer, wir würden vom Boot aus also keine Lichter erkennen können. Wir brauchten einen Führer aus der Gegend, der uns zum richtigen Flussarm und zur Anlegestelle bringen konnte.

Inzwischen war es recht dunkel, und in den Baumkronen leuchteten Millionen Glühwürmchen. Ich fragte mich, wie wir in der Dunkelheit den Weg nach Gapun finden sollten. Milson wirkte jedoch sehr entspannt, und seine Gelassenheit färbte auf uns ab. Natürlich waren aus dem nächstgelegenen Dorf Leute zum Boot gekommen, die uns zu überreden versuchten, heute bei ihnen zu übernachten, statt in der Dunkelheit weiterzufahren, aber wir wollten unbedingt noch heute ans Ziel gelangen.

Die Flut kam, unser Führer traf ein, wir setzten uns ins Boot und begannen die letzte Etappe. Es war jetzt heiß und schwül, Insekten schwirrten über die Wasseroberfläche, und in den Bäumen zirpten schrill und ohrenbetäubend die Zikaden. Wir fuhren in einen kleinen Nebenfluss, dessen Ufer von Palmen gesäumt war. Hier gab es Krokodile. Wir behielten unsere Hände also lieber im Boot und suchten in der Dunkelheit nach im Schein unserer Lampe aufglühenden Augen.

Milson steuerte, und der Motor lief jetzt nur noch ziemlich untertourig. Unser Führer stand am Bug und suchte mit einer Stange den Boden nach ausreichend tiefem Fahrwasser ab. Er wusste offensichtlich, was er da tat, und eine halbe Stunde später erreichten wir die Anlegestelle und luden unsere Ausrüstung aus. Ich war schon ziemlich müde, aber wir mussten noch durch Sumpfland und Dschungel wandern, um das Dorf zu erreichen. Es war stockdunkel, das einzige Licht kam von unseren Stirnlampen. Ich marschierte durch den Wald, meine Tasche auf dem Rücken, eine andere Tasche über der Schulter. Wir wanderten eine gefühlte Ewigkeit lang durch dichtes Unterholz und nasse Palmen, über Planken und durch den Sumpf. Ich stand häufig knietief im brackigen Wasser. »Ab welcher Wassertiefe gibt es Krokodile?«, fragte ich in die Runde.

Niemand antwortete.

Wir schafften es. Die Krokodile und Schlangen ließen uns in Frieden, und niemand ertrank im Sumpf. Ich hatte keine Ahnung, wo wir waren, wie weit es noch war und wo sich der Fluss befand, aber plötzlich leuchtete mir jemand mit einer Taschenlampe ins Gesicht, und ein schlanker Mann mit blondem Haar und Brille stand vor mir.

»Charley?«

»Don?«

»Wir dachten, ihr kommt heute sicher nicht mehr.«

»Es ist spät, ich weiß, aber wir wurden in Madang aufgehalten. Tut mir leid. Wir wollten versuchen, es noch heute zu schaffen, statt bis morgen zu warten.« Ich musterte Don: ordentliche Shorts, sauberes Hemd, makellose Frisur. »Ich muss sagen, für einen Dschungelbewohner siehst du ganz schön schick aus.«

Don zeigte uns das Haus, in dem er untergebracht war. Er war in den 1980er-Jahren zum ersten Mal in Gapun gewesen und hatte das Dorf danach noch viermal kurz besucht. Diesmal war er »für längere Zeit« hier, wie er sagte. Er beschrieb das Dorf als »Isolat«, eine von mehreren Hundert von der Außenwelt weitgehend abgeschnittenen Siedlungen in Papua-Neuguinea. Der Gapun-Stamm, der aus rund zweihundert Mitgliedern besteht, hat seine eigene Sprache, die keiner anderen Landessprache Papuas gleicht. Früher lernten die Bewohner von Gapun die Sprachen ihrer Nachbardörfer, um sich zu verständigen, aber ihre Sprache lernte niemand – offenbar war sie zu schwierig –, weshalb sie allmählich ausstarb. Don nannte sie eine »unbeschriebene« Sprache, und er wollte versuchen, sie zu beschreiben. Deshalb war er hier.

Papua-Neuguinea hat drei Millionen Einwohner und mehr als tausend unterschiedliche Sprachen. Keine Dialekte, sondern wirklich Sprachen. Sie sind so unterschiedlich wie Baskisch und Russisch. Don erzählte uns, nach etwa einer Stunde Fußmarsch in eine beliebige Richtung käme man in ein Dorf, dessen Bewohner eine vollkommen andere Sprache sprächen als die Menschen, die man gerade verlassen hatte. Seine Mission war es, die Gapun-Sprache zu dokumentieren und niederzuschreiben, bevor sie verloren war. Sogar die Kinder lernten sie nicht mehr; sie sprachen die Nationalsprache Tok Pisin. Samson, der Stammesführer, war sich bewusst, dass sein Stamm in der modernen Welt lebte und ein Teil von ihr werden musste.

Gapun war ein idyllischer Ort, ein Stück gerodetes und urbar gemachtes Land inmitten eines Regenwaldsumpfes, wo Betelnuss- und die stachligen Sagopalmen wuchsen, die den Dorfbewohnern ihre Grundnahrungsmittel lieferten. Wir übernachteten in Dons Hütte – Claudio spannte seine Hängematte auf, und ich legte mich in meinem Schlafsack auf den Boden. Ich war total fertig und schlief sofort ein. Am nächsten Morgen um sieben war ich frisch und ausgeruht und machte einen Spaziergang auf dem breiten Grasstreifen, der die zwei Häuserreihen voneinander trennte.

Es war phantastisch. So einen Ort hatte ich noch nie gesehen. Er bestand aus dreißig identischen Häusern auf Stelzen, die beide Seiten des Grasstreifens säumten, den die Dorfbewohner den »Highway« nannten. Als Don zum ersten Mal hier gewesen war, hatte das Dorf aus einzeln stehenden Hütten in Palmenhainen bestanden, und bis 2007 hatte sich daran nichts geändert. Aber dann entschieden die Dorfbewohner, ihr Ort solle von nun an wie eine Stadt aussehen. Sie rodeten den Highway und bauten neue Häuser, die sich wie ein Ei dem anderen glichen.

Die mit Stroh gedeckten Häuser hatten Wände aus getrockneten und geflochtenen Palmblättern. Das Innere bestand aus einem einzigen Raum mit Holzboden, der in Ess-, Koch- und Schlafbereich unterteilt war. So, wie das Dorf angelegt war – die identischen Häuser, die makellosen Gärten, die jungen, eingezäunten Bäume in der Mitte des Highway –, sah es aus wie ein Stück Vorstadt inmitten des Regenwalds.

»Sie wollen modern sein«, erklärte Don. Er unterbrach sich und zeigte uns eine Frau, die Schweinekot vom Rasen bei ihrem Haus schaufelte und dabei wütend vor sich hin murmelte. Den Kot warf sie in den Wald.

»Die Frauen müssen das jeden Morgen als Erstes machen«, sagte Don. »Sie hassen diese Arbeit, besonders wenn sie keine Schweine oder Hunde besitzen, weil das bedeutet, dass die Tiere der Nachbarn vor ihr Haus gekackt haben. Das sorgt für eine Menge Streit – Nachbarschaftskonflikte, wie sie überall auf der Welt vorkommen. Gestern bin ich davon aufgewacht, dass eine Frau sich lautstark über meine Nachbarn beschwert hat.«

»Das Leben läuft hier also ganz normal«, sagte ich. »Genau wie überall sonst.«

»Oh ja.«

»Aber wieso gibt es hier so viele Sprachen?«

»Gute Frage«, sagte er. »Ursprünglich glaubten die Anthropologen, es liege an der Isolation der Stämme, es habe einfach zu wenig Kontakt zwischen den Dörfern gegeben. Das mag im Gebirge ja der Fall gewesen sein, aber hier am Sepik haben die Leute schon immer Kanus benutzt und sind durchaus mit anderen Dörfern in Berührung gekommen.«

»Woran liegt es dann?«

»Unserer Meinung nach liegt der Grund darin, dass Papua-Neuguineaner gerne anders sein wollen. Sie sind pragmatische, praktisch veranlagte Menschen, aber sie gelten gerne als etwas Besonderes. Und eine sehr demonstrative Art, um das zu erreichen, ist natürlich, eine eigene Sprache zu sprechen.«

Er erklärte mir, dass die Menschen hier heutzutage eine gemeinsame Sprache als Fortschritt betrachteten. Die Weißen wiederum sprechen eine ganz andere Sprache, und die Dörfler glauben, wenn sie die Sprache der Weißen sprechen könnten, würde der westliche Wohlstand auch sie erreichen.

»Das gilt nicht nur für die Sprache, sondern auch für die Religion«, fuhr Don fort.

»Die Neuguineaner glauben, dass die Weißen reicher sind, weil sie eine bessere Religion haben. Und ein paar Missionare nutzen diesen Glauben schamlos aus. Sie lügen den Leuten vor, dass sie materiellen Reichtum bekommen, wenn sie Christen werden.« Er lächelte. »Wie gesagt, Neuguineaner sind pragmatisch veranlagt. Wenn etwas Neues ihnen Vorteile verspricht, dann probieren sie es aus. Das gilt auch für eine Religion. Sie werden eine Zeit lang Katholiken, und falls das nicht klappt, treten sie zu den Siebenter-Tags-Adventisten über oder schließen sich einer der fundamentalistischen Sekten an, die hier überall Fuß gefasst haben.«

Wir aßen ein üppiges, aus Sago, Gemüse und Schweinefleisch bestehendes Frühstück. Sago, das aus der Sagopalme gewonnen wird, gehört zu den Grundpfeilern der papuanischen Ernährung. Die Männer sind den ganzen Tag damit beschäftigt, im Dschungel dieses Zeug zu ernten und ins Dorf zu transportieren. Sie überqueren sumpfige Flussarme auf Holzstämmen und marschieren barfuß durch das Unterholz. Die Palme sieht aus wie ein riesiger, dünner Kaktus – die Rinde ist mit rasiermesserscharfen Stacheln übersät. Sie fällen die Palme, entfernen die Rinde und schneiden das weiche Mark heraus. Transportiert wird die Ernte in zylindrischen Bottichen, die sie aus den Stämmen schnitzen. Am Ende eines Tages tragen die Männer rund achtzig Kilo Sago zurück ins Dorf. Dann beginnt die Arbeit der Frauen, die das Mark stundenlang stampfen, bis die Stärke sich löst. Sie verdickt zu einer Masse, die wie ein Ast ohne Rinde aussieht. Die zähe Paste, die wir aßen, entsteht, wenn man ein Stück zerbröselt und es mit kochendem Wasser anrührt. Sie wird in großen Schüsseln serviert und sieht aus wie Tapetenkleister. Leider schmeckt sie auch so. Wenn man sie, ohne zu kauen, herunterschluckt, kann man sie essen, ohne zu würgen.

Solange Don in Gapun lebt, ist er hundertprozentig von den Dorfbewohnern abhängig. Sie geben ihm Nahrung und Obdach, und als Gegenleistung dokumentiert er ihre Sprache. Er liebt seine

Arbeit und sieht die Aufgabe eines Anthropologen im Zuhören und Beobachten. Im Gegensatz zu Journalisten und Missionaren verfolgt er keine eigenen Ziele. Er ist fasziniert vom Leben dieser Menschen und besonders davon, worüber sie reden. Don ist fest entschlossen, ihre Sprache am Leben zu erhalten. Er bittet die Dorfbewohner, ihm Pflanzen und Tiere zu bringen, damit er sie in ihrer Sprache beschreiben kann. Während ich dort war, brachte ein Mann ihm eine Fledermaus, aber er hat schon alle möglichen Insekten, ein junges Krokodil, eine riesige Spinne, Schlangen und Ratten bekommen.

Wir hatten Samson direkt nach unserer Ankunft kennengelernt – er war der Führer des Dorfes, und so war es Brauch. Er träumt davon, Autos ins Dorf zu bringen. 2007 hatte er aus dem Dorf eine Stadt für seine Leute gemacht, und er will ihnen auch Wasser- und Stromversorgung und Fahrzeuge bringen, mit denen sie zur Anlegestelle fahren können, an der unser Boot vertäut lag. Dies war ein exzellentes Beispiel für den Pragmatismus, von dem Don gesprochen hatte. Diese Menschen wollten das, was andere Papuaner auch hatten, und Samson war entschlossen, es ihnen zu geben. Früher hatten sie Sago verkauft, aber das brachte nur wenig Geld. Inzwischen pflanzten sie Kakao an und verkauften ihn, was in drei Monaten dreimal so viel einbrachte wie der Sagoverkauf eines ganzen Jahres.

Sie wollten modern sein, praktizierten aber ihre ganz eigenen Bräuche und Traditionen. Don zeigte uns eine sogenannte Mutterschaftshütte am Dorfrand. Er erklärte, die Frauen würden ihre Kinder im Dschungel gebären, und erst gestern Nacht hatte eine Frau das getan. Wenn das Baby entbunden ist, bringen sie Mutter und Kind in die Mutterschaftshütte, wo sie von den anderen Frauen im Dorf versorgt werden. Männern ist der Zutritt streng verboten. Hier gilt Blut als »heiß« und mächtig, und eine Frau, die gerade ein Kind zur Welt gebracht hat, ist zu »machtvoll«, um gleich nach Hause zu kommen. Sie bleibt in der Mutterschaftshütte und darf ihren Mann und ihre restliche Familie nicht sehen, denn sie könnte einen Mann nur durch ihre bloße Gegenwart verletzen oder töten.

»Wie lange müssen sie da drinnen bleiben?«, fragte ich.

»Bis ihr Baby lachen kann.«

»Bis das Baby lacht?«

»Genau, meist ein paar Monate. Hier glaubt man, ein Baby, das lachen kann, ist stark genug, um zu überleben. Dann bringt die Mutter es nach Hause.«

Don möchte sich den Dorfbewohnern gegenüber für ihre Gastfreundschaft erkenntlich zeigen und bringt ihnen Medizin mit, um eine ansteckende Hautkrankheit zu behandeln, von der nur Kinder betroffen sind. Auf manchen Palmen hier wächst eine Pilzart, die eine der Borkenflechte ähnliche Krankheit verursacht. Sie überzieht die Körper der Kinder mit schuppigen Ekzemen, die sehr beeinträchtigend sind. Die Krankheit kann gut behandelt werden, aber die Medizin ist teuer. Deshalb bringt Don immer einen ausreichend großen Vorrat mit.

»Diese Menschen legen großen Wert auf Berührungen«, erklärte er. »Man sieht sie sich dauernd anfassen; Kinder werden sehr oft umarmt und gestreichelt. Aber sie küssen sie nie. Küsse gelten hier als ekelhaft. Ein Kind mit ›Krokodilhaut‹, wie die Krankheit hier genannt wird, bekommt keine körperliche Zuwendung, da niemand ein Kind mit schuppiger Haut umarmen will.«

Mit diesen Worten schnappte er sich eine Bongotrommel, setzte sich auf die Stufen seines Hauses und rief die Kinder mit Trommelschlägen zu sich zur Behandlung.

8

Omas Haar

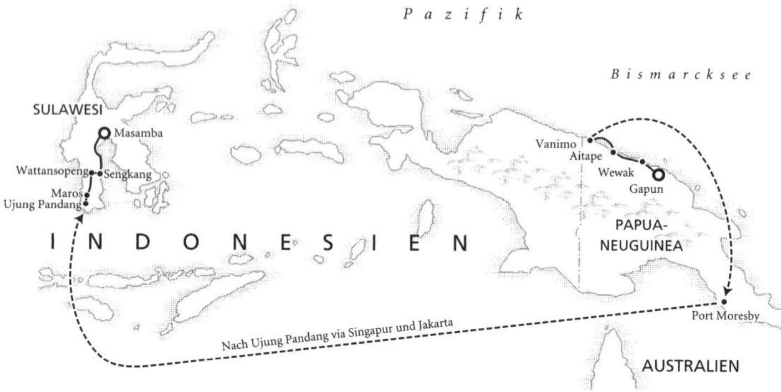

Unsere letzten Tage in Papua-Neuguinea wollte ich voll auskosten. Heute, an unserem 25. Tag seit Sydney, ging es nach Vanimo, einem Ort an der Grenze zu West-Papua. Dort würden wir erfahren, ob wir in das von Indonesien beanspruchte Gebiet übertreten dürften. Es sah nicht rosig aus, aber auf alle Fälle wäre es eine interessante Reise – zunächst mit dem Kanu, dann mit einigen PMVs und zuletzt mit einem offenen Dingi.

Wir standen früh auf, voller Tatendrang. Der Weg zurück zum Fluss war nun bei Tageslicht viel einfacher. Auf dem Hinweg waren wir todmüde gewesen, waren in finsterster Nacht knietief durch den Morast gewatet und hatten keine Ahnung gehabt, wohin wir gingen. Nun aber waren die ausgetretenen Pfade und die Knüppelbrücken gut zu sehen. Außerdem begleitete uns das halbe Dorf. Kinder liefen herum, und alle sangen. Wir brauchten für die Waldstrecke nur 25 Minuten, aber die blieben unvergesslich – bis dato ein Glanzpunkt der Reise.

Ein Einheimischer namens Melchio und seine Frau Margaret erwarteten uns mit einigen Kanus, eines davon ein langer und schmaler Einbaum, ein weiteres mit einem Außenbordmotor. Wir luden unser Gepäck in die Boote und verabschiedeten uns von Don und Samson. Ich wünschte dem Dorfoberhaupt alles Gute für seine Zukunftspläne. Es war ein phantastischer Aufenthalt gewesen, aber ich freute mich schon auf die nächsten drei Reisetage.

Das Wetter entwickelte sich prächtig – das Wasser war ruhig und glatt, der Himmel blau. Melchio brachte uns mit dem munter schnurrenden Kanu über den engen Wasserlauf zur Meeresbucht. Wir waren unterwegs zur Stadt Angoram, wo wir hofften, wieder ein PMV zur Küstenstadt Wewak zu erwischen. Ich hatte gehört, dort gebe es einen überaus prächtigen Strand, doch am meisten freute ich mich darauf, dass ich nach einer Woche auf dem Boden fremder Leute heute Nacht wieder in einem Bett schlafen würde.

Melchio überquerte den Meeresarm, dann steuerte er das Kanu durch eine winzige Lücke in den Bäumen und durchpflügte den Sumpf bis zum Hauptarm des Sepik. Kein Wunder, dass dieser Teil der Welt noch so abgelegen ist. Ich hätte die gesamte Bucht auf und ab fahren können, aber den Durchlass nie gefunden.

In Angoram mussten wir auf ein PMV warten. Der Verantwortliche sagte mir, sie wären am Morgen abgefahren und würden gegen ein, vielleicht zwei Uhr zurückkehren – freilich nach papuanischer Zeitrechnung. Doch nach einigen Stunden traf schließlich eines ein, und wir konnten nach Wewak fahren.

Das Gefährt war ein Frontlenker, die Ladefläche war mit einer Leinwandplane überdacht, und es beförderte nicht nur eine Menge Leute, sondern auch Konserven, Mais, Kartoffeln und Reis. Nach dem Ausladen wurde erst einmal neue Ware aus Angoram gefasst, bevor wir einen Sitzplatz bekamen. Es handelte sich hauptsächlich um geräucherten Fisch, eine lokale Delikatesse, die kaum nach was schmeckte, aber zum Himmel stank. Er war in große Bastkörbe gepackt, die sehr viel Platz einnahmen.

Um ganz ehrlich zu sein – es war keine tolle Fahrt. Wir saßen mit dem Rücken zum Führerhaus, und im Lauf der Zeit stiegen immer mehr Leute zu, sodass wir eingezwängt und durchgerüttelt wurden, bis mein Hintern sich wie rohes Fleisch anfühlte.

Der Strand von Wewak machte alles mehr als wieder wett. Bei untergehender Sonne spazierten Claudio und ich über den Sand und genehmigten uns ein Bier in einem Strandhaus, das einem Engländer und seiner Frau gehörte. Sie hatten einige Jahre für den VSO gearbeitet, waren aber dageblieben, als ihr Turnus abgelaufen war. Seit zwölf Jahren wachen sie jeden Morgen zum Klang der Wellen auf und schlafen jeden Abend mit ihm ein.

Ich wachte zum Klang von kreischenden Vögeln auf und musste gleich an West-Papua denken. Die fünf Australier wurden dort immer noch festgehalten, und angesichts von Claudios früheren Kontakten zu den Rebellen waren die Aussichten, dass wir hereingelassen wurden, weniger als dürftig. Die Indonesier sind sehr empfindlich, und die Politik wird nicht nur von der Regierung gemacht. Amerikanische Minengesellschaften haben großen Einfluss im Land, Abholzungsfirmen genauso. Der ausländische Einfluss ist nicht zu unterschätzen. Die Behauptung ist nicht übertrieben, dass das ganze Land eine einzige Tagebaumine ist – es verfügt über zahlreiche Bodenschätze, daher gibt es Begehrlichkeiten von vielen unterschiedlichen Seiten. Zur Einreise nicht unbedingt empfohlen.

Auf meinen Reisen habe ich gelernt, dass es nutzlos ist, sich über derlei Dinge aufzuregen. Sie lassen sich nicht einplanen. Wir wollten einfach schauen, was geschehen würde, wenn wir dorthin kamen. Bis zur Grenze waren es noch zwei Tage, und wir wollten heute noch bis Aitape kommen – in Gesellschaft von Ben Keri, dem

Besitzer eines Toyota-Pritschenlasters Baujahr 1975. Wir durften umsonst mitfahren, allerdings meinte Ben, dass wir uns den Platz mit der Ladung teilen müssten, die er nach Norden brachte.

Mit unserem Sack und Pack fuhren wir zum örtlichen Baumarkt, wo Ben so ziemlich alles von Wellblechplatten bis hin zu Werkzeugen und Nägeln, Holzbohlen und allen möglichen Baumaterialien kaufte. Als ich mir auf dem Klo wieder meines noch wunden Hinterns bewusst wurde, hatte ich einen Geistesblitz. Hatte der Baumarkt nicht auch Schaumstoff im Sortiment? Wild entschlossen spürte ich vier Kissen auf, darunter eines in grellem Pink, und als ich sie den Jungs präsentierte, wirkte die Ladefläche des Lasters gar nicht mehr so abschreckend.

Ben hatte noch seine Leute dabei, daher konnte er zwischen dem Beifahrersitz und einem Platz neben uns auf der Ladefläche wechseln. Vor der Hitze schützten wir vier uns mit Sonnenhüten. Die offene Ladefläche hinter der Fahrerkabine war nur mit einem Metallgeländer abgesichert; ich verbrachte mehrere Stunden, indem ich mich daranlehnte, mir den Wind ins Gesicht blasen ließ und auf die Straße vor uns sah.

Zu Anfang fuhren wir auf gutem Asphalt, aber das hielt nicht lange vor. Nachdem wir eine Holzbrücke über einen verstörend angeschwollenen Fluss überquert hatten, war die Straße unbefestigt, und das blieb so bis Aitape. Wir befanden uns wieder im tiefsten Dschungel – umgeben von dichtem Laubwerk, hohen Bergen und rasch dahinströmenden Flüssen. Der Laster rollte mit fünfunddreißig, manchmal vierzig Kilometern pro Stunde dahin. Zum Glück hatten wir die Kissen – die Federung schrie nach Öl, und wir wurden auf der Ladefläche wie verrückt durchgeschüttelt. Wir mussten etwa ein Dutzend Furten durchqueren, bis wir zu einer Stelle kamen, wo der Fluss selbst die Straße war. Einige Kilometer fuhren wir flussabwärts, bis wir wieder auf eine Piste kamen.

Wir waren viel später als gehofft von Wewak aufgebrochen, aber das war während unserer ganzen Zeit in Papua-Neuguinea die Regel gewesen. Die Reise dauerte eben so lange, wie sie dauerte, daran war nichts zu ändern. Zum Glück war Ben ein guter Kamerad und ein sehr gebildeter Mann. An einer Stelle trafen wir auf ein Meer aus Elefantengras, und mit einem Faustschlag auf das Führerhaus brachte er den Fahrer dazu anzuhalten, damit wir herabspringen konnten.

Das Elefantengras hatte ein ehemaliges amerikanisches Militärflugfeld überwuchert, ähnlich dem, das wir auf Horn Island gesehen hatten. Wir fanden den verrosteten Motor einer P-47. Ben erklärte, dass der Platz ziemlich nahe an der Stelle war, wo die Japaner sich der australischen Armee ergeben hatten.

Unsere dreizehnte Flussdurchquerung hätte uns beinahe ins Unglück gestürzt. Ein Fluss zu viel. Unser Laster kam zu einer Senke aus Schiefer und Sand, die ein rasch strömender Fluss durchschnitt. Und ›rasch strömend‹ ist fast noch untertrieben. An der Furt stand ein Jeep, der auch hinüberwollte. Der Fahrer watete barfuß hin und her, bis zu den Knöcheln im Wasser. Einige Einheimische, die hier herumstanden, erzählten uns, dass schon drei Autos die Durchquerung versucht hätten, aber abgetrieben wurden. Die Fahrer hatten um ihr Leben schwimmen müssen.

Ich starrte auf das weite, wilde Wasser. »Was machen wir nun, Ben?«

»Wir warten. Es bleibt uns nichts anderes übrig.«

Er hatte recht, denn der Wasserpegel fiel keinen Strich. Er stieg sogar noch bei weiterhin unglaublich starker Strömung. Das vom Regen in den Bergen angeschwollene graubraune Wasser war in Aufruhr, wirbelte Schlamm und Steine durcheinander. Ben schätzte, es würde einige Stunden dauern, bevor der Pegel sank. Das letzte

Mal, als ich bei einer Flussdurchquerung festsaß, in Sibirien, blieb Ewan und mir keine andere Wahl, als eine ganze Nacht auszuharren.

Also warteten wir die nächsten Stunden auf der Ladefläche des Lasters oder auf den Kissen am Ufer und sahen einfach nur zu, wie der Fluss vorbeiströmte.

Wir sollten am Abend noch in Aitape eintreffen, und morgen sollten wir wieder auf einem Boot sein, diesmal aber auf See, und das machte mir Sorgen. Von Aitape nach Vanimo gab es zwar eine Straße, aber die galt als ziemlich schlecht. Ein offenes Boot nah an der Küste war demnach viel sicherer als der Landweg.

Ben war diese Tour schon öfter gefahren, als er sich erinnern konnte, aber es war schon eine Weile her, seit er das Wasser so hoch gesehen hatte. Er wies auf einen glatten, schwarzen Felsblock, der von der Strömung fast überspült wurde.

»Charley«, sagte er, »wenn das Wasser den Stein nur zur Hälfte bedeckt, ist die Durchquerung sicher.«

Die Zeit verstrich. Inzwischen legten wir uns, froh über die Kissen, am Ufer zum Warten hin.

Wir warteten und warteten. Dann warteten wir noch ein Weilchen. Es wurde dunkel, und um sieben Uhr abends warteten wir immer noch.

Mit der Dunkelheit kamen die Einheimischen, und mit den Einheimischen kam das Bier. Auf beiden Seiten des Flusses befanden sich nun Gruppen betrunkener Männer. Plötzlich lag Spannung in der Luft; sogar Ben wirkte beunruhigt.

Zu uns schwankte dieser Typ mit seinem Kumpel rüber. Sie hatten Flaschen in der Hand. Sie brabbelten etwas von einer Brücke, die es auf ihrem Land weggerissen hatte, und verlangten von uns eine Entschädigung. Ben sagte mir, die Brücke sei schon vor dreißig Jahren zusammengebrochen, und die beiden Typen sahen zu jung aus, als dass sie sich daran erinnern konnten. Aus ihnen sprach der Suff, der Suff und die »Entschädigungs«-Kultur, die, wie ich allmählich erkannte, hier herrschte. Die Menschen bauten ihre Häuser nah an die Straße, und wenn ein Lkw ausscherte und ein Schwein überfuhr, eine Mauer einriss oder sonst was, verlangten sie von der Regierung Entschädigung.

Einige Stunden später sah der Fluss so aus, als würde er nun doch abschwellen, doch inzwischen fragte ich mich, ob wir nach drüben kommen würden, bevor diese Besoffenen komplett ausrasteten und alles aus dem Ruder lief. Die Männergruppen schleuderten Schimpfwörter von hüben nach drüben. Sie setzten auch uns damit zu, sodass wir uns zur Sicherheit auf die Ladefläche des Lkws zurückzogen. Dann fingen sie an, untereinander zu streiten – zwei Typen waren aneinandergeraten, schrien und wurden handgreiflich. Ein Dritter umkreiste sie, und als ich sah, wie er ein Klappmesser zog, dachte ich, dass es übel ausgehen würde. Die Lage beruhigte sich allerdings, und das Geschrei auf beiden Seiten ebbte ab.

Endlich konnte Ben genug von dem Felsen sehen, den er mir gezeigt hatte, und sagte, wir könnten es wagen. Nur war er sich nicht sicher, ob wir das tatsächlich tun sollten, weil die Besoffenen auf der anderen Seite wieder zu krakeelen begonnen hatten. Er meinte, sie könnten das erste Fahrzeug, das sich an die Durchquerung wagte, angreifen, daher schlug er vor, wir sollten ein Stück flussabwärts den Rest der Nacht kampieren und am Morgen wieder herkommen. Es war nun so spät und wir waren so müde, dass wir uns in alles fügten, was er uns sagte. Dann aber startete der Jeep und tauchte mit einigen Leuten auf der Rückbank ins Wasser. Der Fahrer richtete den Kühler ein wenig flussaufwärts und fuhr in einem Winkel hinein, damit er nicht mit der Breitseite in die Strömung geriet. Wir sahen im Dunkeln zu, wie er sich bei über die Kotflügel rauschendem Wasser hindurchmühte.

Bei den Kindern vom VSO-Zentrum in Goroka, Papua-Neuguinea.

Arbeiter in der Kaffeefabrik in Lahamenegu.

Furcht einflößend!
(besonders die Unterhosen)

Unterwegs zu Betty's Lodge auf einer Straße, von der es hieß, sie existiere nicht mehr.

Auf der Brücke, die uns fast die Tour vermasselt hätte.

Im Dorf Gapun mit dem Anthropologen Don Kulick.

Beim Ernten von Sago in Gapun – nicht das Schmackhafteste, das ich auf meiner Reise gegessen habe.

»Canale piccolo«: Kanus sind das beliebteste Verkehrsmittel vor Ort.

Am Lenker eines Becaks in Makassar, Indonesien. Ich wusste, wo es lang ging – ehrlich!

Als wir zu dieser Hochzeitsgesellschaft stießen, hatte sie schon drei Tage lang gefeiert. Kein Wunder, dass das Brautpaar etwas erschöpft wirkt.

Ankunft beim UNICEF-Projekt im entlegenen Dorf Cendana Putih.

Sumarna mit ihrem Sohn Adrianto.

Beim Zusammenbau der Wasserfiltrieranlage, die Adriantos ein besseres Leben ermöglichen würde.

Eines der markanten sattelförmigen Dächer in Rantepao, Torojoa.

Die unheimliche Grabstätte in Kete Kesu.

Auf der Fahrt nach Makale.

Das nenne ich Motorradfahren! Auf dem Weg nach Parepare auf einer 1994 Harley Road King.

Kaum war er drüben, ließ unser Fahrer den Motor an. Ben sagte, wir sollten uns ein paar Handvoll Steine schnappen, falls wir uns verteidigen müssten. Das taten wir und schafften es schließlich, auf der Route des Jeeps hinüberzugelangen. Glücklicherweise griff uns niemand an. Eine barmherzige Seele lotste uns sogar mit einer Taschenlampe hinüber. Es war nun nach elf Uhr nachts, und erst nach weiteren fünf Stunden trudelten wir in Aitape ein.

Um vier Uhr früh konnten wir lediglich ein kleines Motel finden. Luxus sah anders aus, denn die Betten waren so hart wie die Lkw-Pritsche, und die Duschen rochen so übel, dass es mich würgte. Wer aber brauchte schon eine Dusche? Der Wolkenbruch am nächsten Morgen war sintflutartig und hämmerte so laut auf die Blechdächer, dass ich kaum noch meine eigenen Gedanken hören konnte. Von der Veranda aus konnte ich den Ozean sehen, wo Wellen mit großen, gischtenden Schaumkronen heranrollten. Ich malte mir aus, wie es wäre, vier oder fünf Stunden in einem offenen Boot zu verbringen, und zwar ohne Rettungsweste.

Ich hasse diese verdammten Boote. Bislang waren wir vom Boorman-Bootsfluch verschont geblieben, aber das hier hieß, das Schicksal herauszufordern.

Nicht jedoch nach Meinung von Joyce Rainbubus. Sie kam in dem Boot herüber, das uns mitnehmen sollte, einem großen offenen Dingi, bemannt mit dem Bruder unseres Dolmetschers Josh und mit seinem Onkel John am Steuer. Sie kamen aus Sissano, einem Dorf an der Küste zwischen Aitape und Vanimo, das 1998 von einem Tsunami getroffen worden war.

Joyce versicherte uns, die Überfahrt würde glattgehen. Die See mochte aufgewühlt erscheinen, aber sobald wir über die Brecher hinauskämen, gebe es für Onkel John keine Probleme mehr. Joyce war eine junge, attraktive Frau, die großen Gleichmut ausstrahlte. Es war unverkennbar, dass sie ein großes Unglück erlebt hatte;

alles Geringere waren bloß kleinere Misshelligkeiten des Lebens und zählte kaum.

Wie sich herausstellte, gestaltete sich die Überfahrt ganz in ihrem Sinn – ein bisschen Dünung, aber nichts Besorgniserregendes, obwohl ich mich auf dem Meer nie besonders geborgen fühle. Clouds filmte so unbekümmert wie immer. Ich aber klammerte mich am Dollbord fest, bis wir den Strand erreichten.

Erst später kam ich völlig zur Ruhe. Nach den Berichten der Einheimischen über das, was sie durchgemacht hatten, wurde mir klar, dass diese kleine Überfahrt ein Klacks gewesen war.

Das Erdbeben hatte sich am frühen Abend des 17. Juli 1998 gut dreißig Kilometer vor der Küste ereignet. Niemand konnte damals mitbekommen, dass das Beben einen untermeerischen Erdrutsch auslöste, der wiederum zu einem die Küste verheerenden Tsunami führte.

Joyce' Vater Shubert erzählte, er sei an der entfernten Seite der Lagune gewesen, als die Wellen zuschlugen, doch er habe auch dort drüben den Lärm gehört. Joyce erinnerte sich lebhaft. Sie sagte, es sei noch zu früh für die Dämmerung gewesen, doch als die Erde bebte, schien die Sonne am Himmel zu ersterben. Niemand begriff so ganz, was geschah. Es waren Schulferien, daher spielten viele Kinder am Strand. Sie sahen zunächst ehrfürchtig zu, wie das Meer vom Sand weggesaugt zu werden schien und tiefe Stille einkehrte. Augenblicke später kam die Welle, die erste von dreien, die über fünfzehn Meter hoch war. Shubert sagte, dass die Kinder landeinwärts rannten und um ihr Leben schrien. Die Welle riss Bäume und Häuser mit sich und jedes Büschel Grün. Es ließ sich kaum denken, wie es sich angefühlt haben muss, mitgerissen und herumgewirbelt zu werden und in Sand, Steinen und Trümmern zu ertrinken.

An jenem Tag verloren insgesamt 2200 Menschen ihr Leben. Ganze Dörfer wurden weggespült. Beinahe zehntausend Menschen wurden obdachlos, und die Familie Rainbubus sagte, dass selbst jetzt das Leben noch nicht wieder ganz normal sei. Nur ein Gebäude in Sissano überstand den Tsunami, aber bedauerlicherweise sollte es bald wegen Termitenbefalls abgerissen werden. Als ich durchs Dorf ging, wurde mir die Stille bewusst, die immer noch in der Luft zu hängen schien. Shuberts Sohn zeigte mir ein ziemlich ramponiertes Dingi, das notdürftig wieder ausgebeult war und kieloben lag. Er und sein Vater hatten es um den Stamm einer Palme gewickelt gefunden und es als Mahnmal an die Menschen bewahrt, die ihr Leben verloren hatten.

Wieder im Boot, waren wir alle etwas gedrückter Stimmung. Der Rest der Reise, dieses offene Boot oder der Boorman-Fluch machten mir keine Sorgen mehr. Ich konnte das Verhalten von Joyce voll verstehen. Irgendwie hatte ihre Familie jenen Tag, als sich die Sonne verdüsterte, überlebt. Sie hatte recht: Eine Bootsfahrt entlang der Küste nach Vanimo war ein Klacks.

Wir gelangten nicht nach West-Papua. Es hat wohl nicht sollen sein. Nach einem Tag in Vanimo kreuzten wir an der Grenze auf und erhielten die Auskunft, dass wir keine Einreisevisa erhalten würden. Wir erhoben keinen Einspruch. Eingedenk jener fünf noch immer festgehaltenen Australier bissen wir in den sauren Apfel und machten uns daran, einen Flug ausfindig zu machen. Wir hatten vorgehabt, über die Molukken weiterzureisen, doch das kam jetzt nicht mehr infrage. Das war ziemlich ärgerlich, aber irgendwie erschien es rückblickend auch unvermeidlich. Was uns aber wirklich nervte, war die Notwendigkeit, wieder zurück nach Port Moresby zu fliegen, um unsere Reise fortzusetzen. Nach zwei Tagen erreichten wir über Singapur und Jakarta endlich die indonesische Insel Sulawesi. In Papua hatte ich mich erkältet, daher verbrachte ich die Flüge hustend und niesend, argwöhnisch beäugt von den Mitreisenden, die überzeugt waren, ich hätte die Schweinegrippe.

Wir landeten in Padang in der Provinz Süd-Sulawesi. Von da reisten wir rasch weiter nach Makassar, einer Stadt, die früher der wichtigste Handelshafen in der Region gewesen war. Die Portugiesen wie die Holländer kamen hierher, konnten aber beide keinen festen Fuß fassen.

Ich war schon vorher in Indonesien gewesen, und zwar auf der letzten Reise, aber nicht in diesem Gebiet. Das ist das Schöne an diesem Land: Es hat so viele Inseln, dass es immer etwas Neues zu erkunden gibt. Als Ewan und ich in Afrika Grenzen überquerten, brauchten wir immer einige Tage, um uns in einem neuen Land zu akklimatisieren und herauszufinden, wie es dort lief. Erst nachdem wir Papua verlassen hatten, merkte ich, wie schwer es gewesen war, sich dort durchzuschlagen. Du kannst nicht einfach einen Bus nehmen oder ein Auto mieten, und die Straßen sind fürchterlich, ohne nennenswerte Infrastruktur. An Essen ist auch nicht leicht zu kommen. Jetzt, da wir hier waren, mit tausendundeinem Restaurant in ein und derselben Straße, fiel mir auf, dass wir in Papua-Neuguinea die meiste Zeit hungrig gewesen waren.

Hier spürte ich erleichtert, wie alles pulsierte – ein islamisches Land mitten im Indischen Ozean mit allen Segnungen des Westens. Historisch gesehen, war Makassar ein Zentrum des Schiffbaus, wo zu Tausenden die traditionellen indonesischen Zweimastschiffe – die Pinisi – gebaut wurden, bevor sie über die ganze Welt segelten.

Aufgrund der veränderten Route lösten sich unsere Pläne in Luft auf. Am übernächsten Tag wurde ich in einem winzigen Dorf namens Cendana Putih erwartet, um UNICEF dabei zu helfen, einen Wasserfilter zu installieren. Ich musste nur noch herauskriegen, wie ich dorthin kam ... Wir hatten uns einen Einheimischen namens Berthy Joris geschnappt, der zugestimmt hatte, einen Teil der Strecke mit uns zu reisen und als Dolmetscher zu fungieren, aber weiter waren wir noch nicht gekommen.

Berthy hatte Holländer und Portugiesen unter seinen Ahnen und dazu noch Japaner auf mütterlicher Seite. Er kannte sich aus und meinte, wir könnten es heute noch bis Sengkang schaffen, über die Orte Maros und Watansoppeng. Am besten reise man hier mit dem Bus, also sollten wir uns zum Busbahnhof aufmachen.

Ich hatte Hunderte von kleinen blauen Bussen gesehen, als ich heute früh herausgekommen war, aber natürlich schienen jetzt, da wir in Eile waren, nirgendwo welche zu sein. Also hielt ich eine Rikscha an, die hier Becak genannt wird. Ich war schon länger nicht mehr mit einer mitgefahren. In Varanasi auf der letzten *By-Any-Means*-Reise hatte ich sogar selbst eine pedaliert. Ich weiß noch, was für einen Spaß die Zuschauer hatten und wie verwirrt der Eigentümer gewesen war.

Der Eigentümer dieses Becak war viel jünger als der Typ damals – und sah weniger ängstlich aus. Er hieß Nanharman und sagte, er könne uns zur Busstation im Herzen dieser quirligen Stadt bringen. Natürlich wollte ich wieder selbst treten, und als ich Nanharman darum bat, war er froh, eine Fuhre lang auszusetzen. Als ich einmal verkehrt abbog, brüllte Nanharman mich nicht an, sondern sprang aus der Rikscha, packte den Lenker und drehte das Gerät eigenhändig wieder in die richtige Richtung.

Wir waren eine Zeit lang am Meer unterwegs, bis mich Nanharman landeinwärts dirigierte. Wir durchschnitten schmale Straßen, kamen an einer Mischung aus baufälligen alten Läden, Bungalows und hochschießenden Büroblocks vorbei. Es war ein heißer Tag, und der Gedanke an die vor uns liegenden Stunden im Bus machte mich etwas beklommen – ich war froh, zumindest jetzt an der frischen Luft zu sein.

Die Busse sind sehr klein und werden privat betrieben. Sie sind allesamt blassblau lackiert, einige haben jedoch Rallyestreifen und Lenkräder im Rennwagenstil. Doch natürlich fuhren die Einzigen, die wir fanden, in die falsche Richtung. Schließlich entdeckte Berthy einen, der nach Maros unterwegs war, und wir winkten ihn zu uns. Der Fahrer brachte uns aus der Stadt zu einer anderen Station, wo wir in einen zweiten Bus umstiegen und schließlich in einen dritten, der uns ganz bis Maros bringen sollte, etwa eine Fahrstunde im Norden. Der Fahrer war ein fröhlicher Genosse mit großen Lücken zwischen seinen vier Vorderzähnen, und wir plauderten mit Berthys Hilfe miteinander. Er sagte uns, er heiße Idris Dewa, was ich für einen ziemlich coolen Namen hielt, und er versicherte mir, er sei nach einer indonesischen Popband benannt.

Ich bin nicht sicher, wo Makassar aufhörte und die anderen Orte begannen, aber auf der Fahrt in den Norden schien die Stadt neben uns einfach weiterzuwuchern. Schließlich aber ließen wir die Gebäude, die staubigen Straßen und Wellblechdächer hinter uns, und eine Zeit lang zumindest waren wir auf dem Land. Hier war die Straße von Bäumen gesäumt, und rechts und links stiegen dicht bewaldete Hügel auf. Ich lehnte mich zurück und genoss den Ausblick.

Eine halbe Stunde später wurden wir durch eine Autoprozession mit lauter Musik und viel Gehupe aufgehalten. Sie hielt vor einem kleinen, wellblechgedeckten Haus an, wo Rauch von einer offenen Kochstelle aufstieg und ein Strom von Menschen in bunten Seidengewändern Tabletts mit köstlich aussehendem Essen hineintrug. Ich hatte nur eine Kleinigkeit zum Frühstück gegessen und litt immer noch unter den Hungerattacken in Neuguinea. Wir besahen uns das Ganze näher, um vielleicht etwas zu futtern aufzutreiben. Eine junge Frau mit einem seidenen Kopftuch entdeckte mich und kam zu mir, um sich vorzustellen. Sie hieß Opi Supiyari und erklärte, dies sei der letzte Teil einer dreitägigen Hochzeitsfeier für einen Mann namens Sida und seine Braut Rasyid. Sie sagte uns, wir könnten uns gerne anschließen. Es war phantastisch! So viel Farbe und Musik und so viel schnatternde Menschen in diese Blechschachtel von Haus gezwängt. Mir taten aber Braut und Bräutigam leid, die von dem Ganzen ganz schön verwirrt aussahen. Sie waren sehr jung, beide in rosafarbene Seide gekleidet, und saßen in so etwas wie einer Grotte, während ihre Gäste um sie herum feierten. Opi erklärte, dass am ersten Tag eine Kuh geschlachtet wird und Braut und Bräutigam jeweils getrennt mit ihren Familien feiern. Am zweiten Tag findet die Trauung statt, und am dritten kommen sie alle zu dieser Party zusammen. Danach würden sie weggehen und ihr Eheleben beginnen.

Die Familie war so gastfreundlich, wie man es sich nur vorstellen kann. Sie lud uns zum Essen ein, und ich ließ mir einen Teller Curry schmecken. Danach gab mir jemand eine Banane, die acht Stunden lang in einem Blatt geschmort worden war. Sie war großartig. Schließlich ermahnte mich Claudio, dass wir noch Sengkang erreichen mussten und der Busfahrer auf uns wartete. Wir verabschiedeten uns, und ich wünschte dem nicht sehr glücklich dreinblickenden Paar alles Gute. Ich bin mir sicher, dass die beiden nach drei Tagen einfach nur unter sich bleiben wollten.

Endlich erreichten wir Maros, wo Idris uns an einer staubigen Kreuzung rausließ, die von uralten Kolonialbungalows mit Steintreppen, die zu weiten Verandas führten, umstanden war. Der nächste Ort auf unserer Route war Watansoppeng, und natürlich war kein Bus in Sicht. Allerdings standen einige Jungs in gelben Jacken neben einer Reihe von Mopeds. So etwas hatte ich schon gesehen. Es waren Ojeks, Motorradtaxis, also fragten wir die Fahrer, ob sie uns mitnehmen würden. Claudio erhielt einen Kletterhelm, den er sich unters Kinn schnallen konnte, während ich so ein Plastikteil abbekam, das sich in jede nur gewünschte Richtung biegen ließ. Ich zwängte es mir auf den Kopf, und bald saßen wir hinten auf den Maschinen und holperten über die Schlaglöcher, während jedes nur denkbare Vehikel uns überholte.

Das war mir egal. Bei dem, was ich auf dem Kopf trug, war Tempo mir nicht mehr wichtig. Ich ließ es mir gutgehen. Die Luft war heiß und stickig, und ich konnte alle möglichen Gewürze riechen. Dazu lärmte es ununterbrochen – Hupen dröhnten, Menschen schrien, die Straßen hallten vom gutturalen Grollen der Dieselmotoren wider. Es war alles so wunderbar manisch.

Wir stiegen mitten in Watansoppeng von den Ojeks und machten uns auf die Suche nach einem weiteren Bus. Berthy zeigte mir einen Baum voll mit kopfüber hängenden Flughunden, die einander ankreischten. Er sagte, sie kämen in dieser Gegend ursprünglich gar nicht vor, aber es gebe eine Legende, wie sie hergekommen seien. Als in ihrem früheren Land das Futter ausging, sagte ihnen der Gott der Tiere, sie sollten einen neuen Platz zum Leben finden. Sie flogen viele Meilen, bis sie hier in Watansoppeng Früchte fanden, und seitdem sind sie hier. Es heißt, wenn einer auf dich scheißt, wirst du innerhalb eines Jahres heiraten. Das sollte besser im Gedächtnis behalten, wer Single ist und mal nach Watansoppeng kommt.

Wieder schien es nirgends einen Bus zu geben. Es war nun später Nachmittag, und wir verfielen darauf, uns nach einer Mitfahrgelegenheit umzusehen. Wir versuchten es bei ein paar Leuten, doch entweder fuhr niemand dorthin, oder sie wollten uns nicht mitnehmen, also probierten wir es mal damit, bei den vielen Geschäften nachzufragen. Konnte ja sein, dass eine Ladung in den Norden geliefert werden sollte und wir auf diese Art eine Mitfahrgelegenheit bekamen. In einer Seitenstraße fanden wir einen Computerladen und einen Burschen namens Eddy. Eddy fuhr auf die Kamera ab. Mit verschränkten Armen und cooler Miene sagte er uns, er habe einen Laster und würde uns gegen eine Gebühr mitnehmen.

Als das erledigt war, gingen wir nach draußen, um auf ihn zu warten.

Eddy verzog sich nach oben und kam etwa zehn Minuten später wieder herunter, aber nun klagte er über Magenprobleme. Er glaube nicht, dass er uns fahren könne. Er habe aber einen Anruf getätigt, und sein Freund Joyle würde uns statt seiner nach Sengkang fahren. Toll, prima, glänzend ... uns war es egal, wer fuhr, solange wir dorthin kamen. Eddy brachte uns in seinem Lkw durch die Stadt zu Joyle. Der war älter und sah irgendwie vertrauenswürdiger aus. Er tauschte mit Eddy den Platz.

»Also, Joyle«, sagte ich, »danke für das Einspringen. Eddy hat sich offensichtlich nicht wohlgefühlt.«

Während er vom Bordstein wegfuhr, sah mich Joyle von der Seite an. »Eddy hat keinen Führerschein«, meinte er. »Eddy ist von den Bullen im Auto erwischt worden, nachdem er Drogen genommen hatte.« Er blickte auf Claudios Kamera. »Wir hielten es für das Beste, wenn ich Sie mitnehme.«

Nun, das war nur vernünftig.

Sengkang war ein kleiner Ort mit von Palmen gesäumten Straßen. Die Häuser standen eng beieinander, die meisten waren dreistöckig und auch unterkellert. Bei unserer Ankunft trafen wir Dedy, einen Freund von Berthy, und wurden seiner Familie vorgestellt. Er sagte uns, das Gebiet sei berühmt für seine Seide, und schlug vor, der Amina-Akil-Seidenfabrik einen Besuch abzustatten. Am nächsten Morgen führte uns Dedy in eine Nebenstraße, wo ich bloß noch das Rattern von Webmaschinen aus den Kellern hören konnte.

Die Fabrik wurde von einer Dame namens Ida Sulawati geleitet, die die Seide nach Java, Sumatra und Makassar sowie ins Umland verkaufte. Ich hatte keine Ahnung, welche Mühe die Herstellung von Seide machte, wie viele Arbeitsschritte es vom Seidenwurm bis zum fertigen Stoff gab. Im Untergeschoss hatten die Wände Schlitze, damit Luft und Licht hereinkam. Vier Mädchen arbeiteten an traditionellen Webstühlen aus Holz, jeder bestückt mit Tausenden von einzelnen Fäden und angetrieben von einem Handhebel und einem langen Fußpedal. Jede Arbeiterin produzierte zwischen sieben und neun Meter Seide pro Tag. Oben waren an den Wänden Regale mit fertigen Stoffen aufgereiht, darunter einige wirklich teure. Ida sagte uns, dass sie sich manchmal darüber wundere, was die Leute an Seide kaufen – oft verlieben sie sich in minderwertige Stoffe und übersehen das wirklich gute Material. Sie schob das auf ihre Weberinnen. Sie sagte, sie hätten magische Finger und könnten aus den schlechtesten Fäden wunderbare Stoffe zaubern.

Die Fabrik umfasste eine Anzahl von Gebäuden in der Straße. Ein ganzer Balkon war den Seidenspulen vorbehalten, die Fäden liefen über das Innere wie ein Spinnennetz und wurden dann auf eine riesige Trommel gespult. In einem anderen Raum waren einige Leute dabei, gewissenhaft jeden Seidenfaden in den Kettbaum auf dem Webstuhl einzufädeln; ein Vorgang, der mindestens zwei Tage dauerte. Die Rohseide kam in dicken, schmutzig weißen Strähnen an, die noch gewaschen werden mussten und sich anfühlten und aussahen wie Haar – Dedy nannte es »Omas Haar«.

Ich hätte hier Stunden zubringen können, aber es war bereits später Vormittag, und wir sollten am Abend noch Coco von der UNICEF in Masamba treffen. Dedy führte uns zur Hauptstraße, an der sich kleine, zur Straße offene Läden mit Blechdächern aufreihten. Es gab keine erkennbare Haltestelle. Als wir mit den Geschäftsinhabern sprachen, erfuhren wir, dass an diesem Tag auch kein Bus fuhr. Ich machte mir allmählich Sorgen. Dann aber hielt ein roter Bus, und der Fahrer sprang heraus, um etwas aus einem nahen Laden zu holen. Der Bus war gesteckt voll, nicht nur mit Leuten, sondern auch mit Körben voller Wäsche, Reifen und Motorradteilen. Auf dem Dach türmte sich das Gepäck, und hinten war auch noch ein Motorrad angeschnallt. Soweit ich sehen konnte, blieb kein Platz für weitere Passagiere, doch Berthy meinte, wir sollten trotzdem mit dem Fahrer reden. Dedy folgte ihm in den Laden und fragte ihn, ob er uns nach Masamba mitnehmen könnte.

»Nein«, sagte er, während er Claudio und seine Kamera misstrauisch beäugte.

»Wie weit können Sie uns mitnehmen?«, fragte Dedy ihn.

Er sah nicht aus, als wolle er uns irgendwohin bringen, sagte aber, vielleicht bis Palopo. Der Landkarte zufolge lag das auf unserer Route, also entschieden wir, uns hineinzuzwängen und zumindest so weit zu fahren.

Die Passagiere waren größtenteils Familien, und wir erfuhren, dass viele von ihnen bereits einen Tag und eine Nacht unterwegs waren und erst in drei Tagen ans Ende ihrer Reise gelangen würden. Wir waren also in einem Langstreckenbus. Es gab zwei Fahrer und einen Assistenten; einer der Fahrer bediente seit fünfzehn Jahren dieselbe Route. Er sagte, er sei praktisch im Bus aufgewachsen.

Wir hielten in einem Ort namens Suli an, wo wir zu Mittag aßen. Er lag ziemlich hoch, die Straße war gewunden, und die Geschäfte reihten sich eines an das andere. Es war Papua gar nicht unähnlich, aber es gab mehr zu kaufen, mehr zu essen, und alles wirkte wohlhabender. Bei einem Spaziergang an der Straße kam ich plötzlich zu einem wunderbaren Ausblick. Unten sah ich eine Fischfarm in einem glitzernden Tal – große, durch hölzerne Laufplanken geteilte Wasserflächen, auf denen die Sonne funkelte.

»Das ist so ein Ausblick, Claudio«, sagte ich, »wo du stehen bleibst und merkst, was für ein Glück du hast, hier zu sein.«

Nach Verlassen des Busses in Palopo stöberten wir ein Pete-Pete auf, einen kleinen gelben Wagen oder Minibus, der mehr wie ein Taxi betrieben wird. Nach kurzer Unterredung sagte der Fahrer, er würde uns den Rest der Strecke nach Masamba mitnehmen.

Dort wartete schon Coco auf uns. Ich kenne sie schon seit Jahren, und sie begrüßte mich mit Briefen von meiner Frau und den Kindern. Ich steckte sie weg, um sie später zu lesen. Ich empfange diese Briefe stets mit großer Freude, auch wenn sie das Heimweh oft schier unerträglich machten. Ich war nun ziemlich geschlaucht. Wir waren wieder den größten Teil des Tages unterwegs gewesen, und das rosafarbene Hotel, wo Coco wartete, sah mehr als einladend aus.

»Du bleibst nicht hier, Charley«, sagte sie. »Wir haben dich im Dorf bei der Familie des Dorfoberhaupts untergebracht. Du schläfst auf dem Boden in einer Hütte.«

»Ach ja? Gut. Okay, das ist nett.« Ich bemühte mich krampfhaft, begeistert zu klingen.

Es war aber gar keine Hütte. In Gapun waren wir in einer Hütte gewesen. Das hier war ein Haus. Ich hatte ein Zimmer für mich allein mit einem Waschbecken und einer Hocktoilette. Die Familie hätte nicht freundlicher sein können. Sehr bescheiden entschuldigte sich das Dorfoberhaupt für die Unterkunft. Er war ein kleiner Mann mit schmalen Schultern, der mir herzlich die Hand schüttelte.

»Es ist ein Dorfhaus«, sagte er. »Ich bitte um Verzeihung, wenn es nicht dem städtischen Standard entspricht, aber ich hoffe, Sie haben es bequem. Wir begrüßen Sie als einen der Unsrigen, Charley. Sie gehören zum Dorf.«

»Danke«, sagte ich. »Ich danke Ihnen für den freundlichen Empfang.« Als sie weg waren, öffnete ich die Briefe von daheim.

9
Das Quieken der Schweine

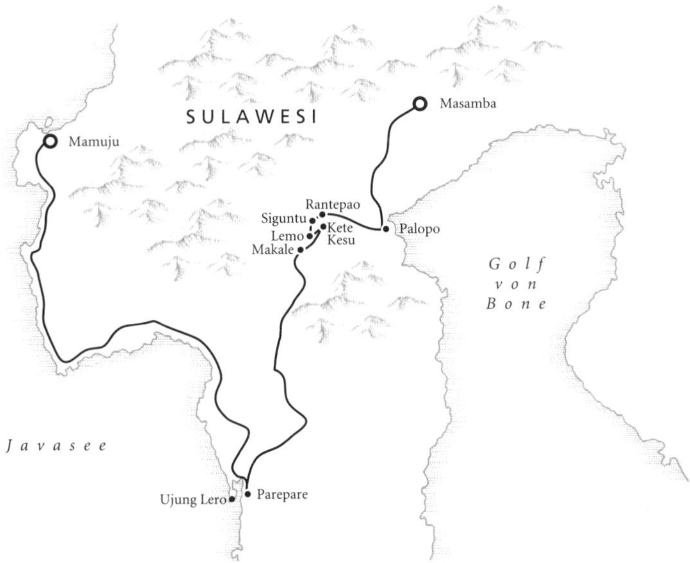

Jedes Kind auf der Welt hat das Recht auf sauberes Trinkwasser. Das ist keine idealistische Verlautbarung, sondern eine Verpflichtung. Jedes Land hat sie unterzeichnet, und UNICEF steht an vorderster Front, um dieses Recht durchzusetzen. Ewan ist schon seit Jahren UNICEF-Botschafter, doch vor *Long Way Round* hatte ich nicht viel damit zu tun gehabt. Seitdem aber hatte ich das Privileg, neun oder zehn ihrer Projekte auf der ganzen Welt zu besuchen.

Bei dem Projekt in Cendana Putih geht es um die Versorgung mit sauberem Trinkwasser. Das Dorf wurde in den 1960er-Jahren von javanischen Migranten gegründet, welche die ursprünglichen

Brunnen bohrten. Bei einer Inspektion durch UNICEF wurden die meisten als verschmutzt eingestuft. Nun ging es darum, alle bestehenden Pumpen abzubauen und neue zu installieren, die mit einem entsprechenden Filtersystem ausgestattet waren.

Wir arbeiteten auf dem Anwesen von Waniasri und Sumarna, deren vierjähriger Sohn Adrianto an einem harten Magen litt, wie sie es nannten, einem auszehrenden Leiden, ausgelöst durch die Aufnahme von Bakterien beim Trinken von verschmutztem Wasser. Er neigte zu schweren chronischen Magenverstimmungen, und ihm ging es sichtlich schlecht, als wir ihn trafen; er klammerte sich die ganze Zeit, als wir dort waren, an seine Mutter. Die Familie konnte das Wasser nur mühevoll mit Tabletten entkeimen, wobei jedes Gefäß mindestens zwei Tage stehen gelassen werden musste. Das neue System sollte die Wasserqualität entscheidend verbessern und Adrianto davor bewahren, künftig wieder krank zu werden.

Das Verfahren war ganz einfach. Wir montierten zwei Bretter an die Rückwand des Hauses, eins über dem anderen, und stellten je drei Plastikkanister darauf. Sie waren durch Plastikschläuche miteinander verbunden, die in einem Schlauch mit einem Hahn daran endeten. Die Filtrierung basierte auf der Schwerkraft und war vollkommen natürlich. Sie kam ohne Chemie und Tabletten aus, man brauchte nur eine Schicht geschrubbter Steine und eine Schicht Sand, die durch ein Maschensieb getrennt waren.

Der erste Schritt bestand darin, die Steine in einer Schubkarre zu waschen. Bei der Hitze die Steine abzuspritzen und abzuschrubben und eine Schubkarre Sand ebenfalls zu reinigen war eine anstrengende Arbeit. Noch bevor ich auch nur halb fertig war, war ich schweißgebadet. Doch das war der entscheidende Teil bei dem Ganzen: Je sauberer die Steine, desto besser wurde das Wasser filtriert.

Sobald alles sauber war, füllten wir in jeden Kanister einige Schaufeln Steine und bedeckten sie mit dem Maschengewebe, um dann den Sand darüberzuschütten. Als der Sand sich gesetzt hatte, befestigten wir ein kurzes Stück Schlauch an einer Öffnung im Behälter.

Daraufhin verbanden wir jeden Behälter mit einer Reihe von T-Stücken und weiteren Schläuchen, die zum unteren Brett mit Behältern führten. Diese wurden dann mit dem Endschlauch und dem Hahn verbunden. Schließlich musste noch ein breites Rohr im Brunnen installiert werden. Das war nur zu schaffen, indem ich mich über die Kante hängte, während zwei Leute mich an den Beinen hielten. Ich schaffte es gerade noch, ohne kopfüber ins schlammige Wasser zu fallen.

Einige Minuten darauf ging ich ins Haus, schaltete die Pumpe ein und sah zu, wie schlammig-braunes Wasser in die oberen Behälter gepumpt wurde. Allmählich sickerte das Wasser durch die ersten Filterschichten, wo sich Dreck und Steinchen ansammelten, um dann in die Behälter auf dem zweiten Brett zu fließen. Dort wurde es ein zweites Mal filtriert, um schließlich in den Endschlauch zu laufen.

Es war einfach und effektiv. Als wir das System zum Laufen gebracht hatten, brauchten wir nur noch den Hahn aufzudrehen, und klares Wasser floss heraus. Die Pumpe schaltete sich automatisch ein, sodass sich die Behälter auf dem oberen Brett wieder füllten. Bei zugedrehtem Hahn liefen die Behälter voll, und das saubere Wasser sammelte sich. Ich nahm zwei Gläser, schöpfte etwas Wasser aus einem der oberen Behälter und füllte das zweite Glas aus dem Hahn. Das Wasser im ersten Glas war schmutzig braun und das andere völlig klar. Ich zeigte sie Claudio. »Wenn das nicht phantastisch ist«, sagte ich.

Waniasri und Sumarna waren begeistert. Sie brauchten nun nur noch aus der Hintertür zu treten, den Hahn zu öffnen, und schon hatten sie sauberes Wasser. Ihre Nachbarn waren auch erfreut, weil bis zur Installierung des Systems in jedem Haus immer zehn Familien sich eines teilten.

Ich war hin und weg. Die erste Person, die wir am Morgen getroffen hatten, war ein vierjähriger Junge mit Fieber gewesen, das vom Trinken verseuchten Wassers herrührte, und nur ein paar Stunden später hatten wir ein Filtriersystem installiert, das der globalen Verpflichtung entsprach. Körperlich war es eine meiner härtesten Arbeiten für UNICEF – Schwerstarbeit in heißer Sonne. Doch sie war auch eine der befriedigendsten mit unmittelbar sichtbaren Resultaten. Für diese Familie war es eine unschätzbare Veränderung.

Sumarna erzählte mir auch von ihrem anderen Sohn. Mit vierzehn musste er ein weißes Hemd für seine Schuluniform haben, doch ein Hemd mit dem alten Brunnenwasser sauber zu bekommen war unmöglich. Nun hatten sie sauberes Trinkwasser und würden auch saubere Kleidung haben.

Mehr als fünftausend Kinder sterben pro Tag an Krankheiten, die sie sich wegen mangelnder Hygiene und verschmutztem Trinkwasser zugezogen haben. Ein paar Stunden Arbeit, eine Pumpe, sechs Behälter, einige Schläuche und etwas Kies, und diese Familie brauchte sich nicht mehr zu sorgen.

Wir waren nicht weit von Rantepao entfernt, einem Ort in der Region Toraja, die berühmt war für ihre extravaganten Begräbnisse. Nach Installierung des Filtersystems verabschiedeten wir uns von Adriantos Eltern, und die UNICEF-Leute nahmen uns mit in die Küstenstadt Palopo. Von der Bergstraße aus konnten wir die Kuppel einer Moschee Hunderte von roten Dächern überragen sehen, während sich darunter die Kaimauer als dünne schwarze Linie ins Meer zog; ein einziges Containerschiff lag dort angedockt.

Gleich nachdem uns die UNICEF-Leute verlassen hatten, bekamen wir eine Mitfahrgelegenheit auf einem Lieferwagen, der uns ins Dorf Siguntu brachte. Wir trafen kurz nach Einbruch der Dunkelheit ein. Es gab natürlich keine Straßenlampen, und wenn wir nicht unsere Stirnlampen angemacht hätten, wäre überhaupt nichts zu sehen gewesen. Wir konnten das Kreischen von Nachtvögeln und das Quieken von Hunderten von Schweinen hören. Es war nicht auszumachen, wo genau wir uns befanden, und die Häuser zeichneten sich nur schemenhaft ab, daher war es ein wenig unheimlich.

Ein Ortsansässiger namens Luther brachte uns zu einem Haus mit steilen Stufen zur Tür und noch steileren zu unserem Schlafzimmer. Eine der Dachstreben war mit einer Masse von Büffelhörnern bestückt, die auf den ersten Blick etwas Einschüchterndes hatte. Doch auf dem Boden lag eine bequem aussehende Matratze, und laut Claudio schnarchte ich schon nach wenigen Minuten.

Als ich bei Sonnenaufgang aufwachte, drückte ich einen hölzernen Fensterladen auf und sah eine grasbedeckte Ortsdurchfahrt, die von den erstaunlichsten Häusern gesäumt war. Der Wohnbereich unseres Hauses erstreckte sich über mehrere Stockwerke, doch das auffallendste Merkmal war das Dach. Es war aus dichtem Reet und stieg an jedem Ende steil an; es wirkte ganz schön bizarr. Ich habe noch nichts dergleichen gesehen. Es sah mit den steilen Firsten und der Senke in der Mitte fast wie ein Sattel aus.

Ich schlenderte mit Luther durchs Dorf. Überall grunzten und quiekten Schweine, denn neben jedem Haus waren Schweinegehege. Luther erklärte, dass sie hier fast so sehr verehrt werden wie die Büffel. Tiere sind hier eine Währung. Büffel (insbesondere männliche) können sehr viel Geld wert sein. Sie sehen nicht wie die in Afrika aus: Sie sind kleiner und nicht so muskulös, haben aber weit ausgreifende Hörner.

Schweine wie Büffel werden liebevoll umsorgt. Die Schweine bekommen zweimal am Tag einen heißen Brei und die Büffel nur das beste Gras. Sie stellen den wertvollsten Besitz einer Familie dar, weil sie für die wichtigste Zeit eines jeden Torajaners gezüchtet werden – sein Begräbnis. Schweine und Büffel werden daher regelrecht verhätschelt, vor allem der Büffelbulle, der am Ende des Dorfes so etwas wie ein eigenes Haus hat und vom Mann mit ausreichend Gras versorgt wird. Die Büffelkühe dürfen an den Hängen grasen.

Der Mann schneidet mit der Sichel genügend Gras für den Bullen, führt ihn dann so etwa nach zehn Uhr morgens ins Tal hinunter und füttert ihn aus der Hand. Wenn der Büffel genug hat, darf er herumlaufen und sich im Schlamm suhlen. Wenn er zu dreckig wird, wäscht sein Herr ihn und füttert ihn dann wieder, bevor er ihn heimbringt.

Die Schweine und Büffel werden nicht für den täglichen Bedarf geschlachtet, sondern nur zu Beerdigungen. Manchmal wird ein Bulle für ein Auto eingehandelt – ein gefleckter Bulle kann über 9000 Euro wert sein.

Hauptsächlich dienen die Bullen aber dazu, bei Begräbnissen verschenkt zu werden. Die meisten Familien besuchen fünf oder sechs Beerdigungen im Jahr. Das sind festliche Anlässe, die drei Tage dauern, und je wichtiger jemand ist, desto mehr Gäste kommen. Luther verschaffte mir Zutritt zu so einem Ritus in einem benachbarten Dorf, wo die Häuser um einen staubigen quadratischen Platz gebaut waren. Das Haus des Verstorbenen war offen, die Wände des Erdgeschosses waren aufgeklappt, und das ganze Gebäude war flammend rot gestrichen. Für die Gäste waren Matten auf dem Boden ausgebreitet, und der Platz zwischen den Häusern wirkte wie ein Viehmarkt. Es war das reinste Tollhaus. Leute kamen mit Schweinen auf der Ladefläche ihrer Transporter an; das Quieken übertönte alles. Außer den Schweinen waren schon etwa ein Dutzend Büffel auf dem Platz.

Die Totenfeier galt einer Dame namens Augustina Posi Thumaman, die schon vor sechs Monaten im Alter von siebzig Jahren verstorben war. Ihre Angehörigen hatten den Leichnam im Haus aufgebahrt, bis sie sich die Beisetzung leisten konnten. Luther erzählte mir, dass manche Leute ihr Leben lang auf ihre Begräbnisfeier sparen; manche Eltern schickten ihre Kinder nicht in die Schule, weil sie das Geld, das diese ihnen auf den Feldern einbrachten, zum Kauf der besten Büffel verwenden wollten. Wir hatten keine Schweine oder Büffel anzubieten, also verfielen wir auf einige Stangen Zigaretten, die nach Luthers Worten angemessen waren, weil auf Sulawesi alle rauchen.

Augustinas Sarg war vom Platz aus zu sehen. Er war, mit wunderschönen Schnitzereien und alten indonesischen Münzen verziert, im oberen Stockwerk des Hauses zur Schau gestellt und war über eine Bambusleiter zugänglich. Büffelhörner hingen an den Wänden, und der Boden war mit Teppichen ausgelegt. Augustina war Mutter von fünf Kindern gewesen, daher gab es jede Menge Enkel. Sie waren alle anwesend und hatten alle ihre eigenen Gäste eingeladen. Sie ließen ihre mitgebrachten Schweine oder Büffel vom Zeremonienmeister begutachten, um sie danach der Familie vorzuführen. Nach der Präsentation schrieb die Familie auf, wer was in welchem Wert geschenkt hatte, damit sie das zu gegebener Zeit wiedergutmachen konnte, ohne in Verlegenheit zu geraten.

Das wirkte alles sehr ernst, und mir kam es so vor, als ginge es mehr um den sozialen Status als um eine Zeremonie zum Gedenken der Verstorbenen. Luther erklärte, wenn ein geladener Gast nicht mit einer Schar selbst eingeladener Gäste kam, dann zeigte das, dass er weder beliebt noch wichtig war. Die Zahl der Leute, die einem geladenen Gast »folgten«, bestimmte, wie viele Schweine oder Büffel dargebracht wurden. Wenn jemand zwei Tiere brachte, erhielt die trauernde Familie eines, während das andere den von ihm mitgebrachten Gästen zum Verzehr diente. Ich sah, wie Frauen mit großen, an Stirnriemen befestigten Körben voller Reis eintrafen; ich sah Männer mit Bambusbechern und andere mit Kanistern voller Palmwein. Die Familie der Verstorbenen wies jedem geladenen Gast und dessen Gefolge ein Zimmer zu, und der geladene Gast trug die Verantwortung dafür, seine Leute zu bewirten.

Es war schon außergewöhnlich, aber vor allem chaotisch aufgrund der anrollenden Lieferwagen und dem unaufhörlichen Quieken der Schweine. Die zum Verzehr bestimmten Schweine wurden durch einen Stich mit einem scharfen Messer hinter die Schulter getötet. Das war kein Anblick für mich, aber wer gern ein Schinkensandwich genießt, sollte sich vor Augen führen, wie dieses Sandwich entsteht.

Hier gab es freilich keine Schinkensandwiches. Ich bekam Palmwein und einen Teller mit Schweineleber in scharfer Soße vorgesetzt. Mann, war die scharf! Nach dem ersten Bissen dachte ich, meine Zunge würde so stark anschwellen, dass ich erstickte.

Ich verbrachte einige Zeit mit einer Frau namens Veronica, einem Gast aus Australien. Sie stammte ursprünglich aus Sulawesi. Sie sagte mir, die jüngere Schwester der Verstorbenen sei ihre Nachbarin gewesen, und vor Jahren sei die alte Frau öfter zu Besuch gekommen. Ich fragte, was sie darüber dachte, dass der Leichnam sechs Monate lang im Haus aufbewahrt wurde.

»Das ist normal. Wir injizieren der Leiche Formaldehyd, damit kann sie länger als ein Jahr bei uns bleiben. Wissen Sie, wenn die Person stirbt, verlässt die Seele den Körper, doch wenn wir ihn aufbewahren, bleibt die Seele um uns, bis wir sie loslassen.«

»Bei der Leichenfeier.«

»Genau.«

Luther und ich stiegen in ein Becak, um den Friedhof in den Klippen oberhalb des Nachbardorfs Lemo aufzusuchen. Die Särge befinden sich in Öffnungen in den Wänden, und der schmale Pfad hinauf ist gesäumt von aufgestapelten Knochen und Schädeln. Das war etwas makaber, gelinde gesagt. Etwas später kamen wir ins Dorf Kete Kesu, ein lebendiges Museum der torajanischen Kultur. Hoch über dem Dorf befindet sich eine große Bestattungsgrotte, die noch in Gebrauch ist. Uns fiel auf, dass einer der Särge noch relativ frisch sein musste, weil der Gestank beim Betreten der Grotte so übel war, dass es mich würgte. Ohne einen Zipfel des T-Shirts über der Nase konnte ich keinen Schritt mehr gehen, aber als ich genauer hinsah, war ich erstaunt darüber, dass nicht nur zahlreiche Särge, sondern auch volle Wasserflaschen, Beutel und Tassen dort waren. Es gab sogar einen Ventilator und ein Telefonbuch. Erst dachte ich, dies wäre ein Bestattungs- und Müllabladeplatz, doch die ganzen Sachen waren absichtlich hergebracht worden – als Annehmlichkeiten, die ein Wesen wohl so für den nächsten Abschnitt seiner Reise braucht.

Der Gestank setzte mir so zu, dass ich fürs Erste genug hatte von den Toten und ihren Bestattungen. Wieder unten im Tal, packte ich die Landkarte und breitete sie auf den Knien aus. Wir wollten zu einem Ort namens Makale, und ich hielt es für eine gute Idee, noch bei Tageslicht dort anzukommen.

»Das sollten wir versuchen«, meinte Claudio. »Wir kommen sonst immer nach Einbruch der Dunkelheit an.«

Während unserer Suche nach einem Bus hielt ein Lkw mit einer Gruppe von Leuten hinten drauf bei uns an – Teenager in Jeans und Baseballkappen. Ich erkannte in ihnen Gäste von der Begräbnisfeier. Sie sagten uns, sie würden uns nach Makale bringen. Gesagt, getan. Das lief ja prima, denn in zwei Tagen hatten wir zwei schnelle Mitfahrgelegenheiten ergattert. Einige der Leute schienen sich ordentlich Palmwein hinter die Binde gekippt zu haben, und es dauerte auch nicht lang, da wurden die Bambusbecher hervorgeholt. Jemand öffnete eine Packung Palmblätter, und mit gefülltem Becher in der Hand machten wir uns über Schweinefleisch her, das wir an den offenen Feuern hatten brutzeln sehen.

Wir verbrachten die Nacht in einer kleinen Pension am See im Ortszentrum. Makale ist ein pittoresker Ort, die Gebäude sind ziemlich modern, aber keines ist mehr als zwei Stockwerke hoch. Der See wird beherrscht von der riesigen Statue eines Helden aus der Zeit, als die Holländer Indonesien zu kolonisieren versuchten, ein muskelbepackter Krieger, der eine Faust in die Luft reckt. Wir erfuhren, dass er die kollektive Geschichte des Landes symbolisieren sollte. Bei den so vielen unterschiedlichen Inseln, die alle ihr eigenes Gepräge haben, kann man leicht vergessen, dass sie alle zu einem Staat gehören.

An diesem Morgen ging es nach Südwesten zum Meer, von wo ab wir an der Westküste unterwegs sein würden. Mir war es eigentlich egal, wohin es heute ging, Hauptsache, wir fuhren mal wieder Motorrad. Wir schlossen uns einer Gruppe von Harley-Fahrern an, die große Fans unserer Unternehmung waren. Einer von ihnen, Onny, hatte sich vor unserer Abreise in London mit uns in Verbindung gesetzt und ein Treffen vorgeschlagen. Jetzt stand er in einem weißen T-Shirt und mit visierlosem Helm da und grinste von einem Ohr zum anderen. Er fuhr eine 750er Harley, die 1951 für die Armee gebaut worden war. Sie war kakigrün lackiert und verfügte über ein Kupplungspedal und einen Schalthebel an der linken Seite des Tanks. Der Rest der Gruppe verfügte über fette Cruiser. Einer hatte sogar nachgemachte Polizeilichter dran.

Ich sah mir Onnys Maschine an. »Sieht aus, als wär die nicht einfach zu fahren«, sagte ich, »mit dem Schalthebel und so.«

»Nicht für Charley Boorman! Du kannst alles fahren.«

Ich freute mich über Onnys Zutrauen, war mir selbst aber nicht so sicher. Ich meine, ich bin nicht übel, aber ich bin kein Valentino Rossi. Auf einen Versuch wollte ich es aber schon ankommen lassen, also saß ich auf. Onny zeigte mir, wie Kupplung und Gänge zu bedienen waren, und ich fuhr los. Die Maschine war schon unruhig, stauchte einem die Knochen, aber schließlich war der Motor am Rahmen befestigt. Ich fuhr über die Kreuzung, bog rechts ab und machte eine kleine Runde, um zu sehen, wie sie sich anfühlte.

»Du bist falsch gefahren«, sagte Onny, als ich wieder da war.

»Was?«

Die Übrigen lachten sich krank.

»Du bist falsch gefahren«, wiederholte Onny. Er deutete nun mit dem Finger. »Das ist eine Einbahnstraße, Charley. Du bist in die falsche Richtung gefahren.«

Motorräder und Entspannung gehören für mich einfach zusammen. Wenn ich Sorgen habe oder wegen etwas verstimmt bin, springe ich auf eine Maschine, und was mich auch gewurmt haben mag, verblasst einfach. Heute saß ich auf einer 1994er Road King, einer der ersten Harleys mit einem der Evolutionsmotoren; und sobald wir die Stadt verließen, verschwanden alle Sorgen, die ich gehabt haben mochte. Das wirkt sich auf den Körper aus, besonders auf einer so komfortablen Maschine wie dieser. Ich hatte einen Windschild, einen visierlosen Helm und eine Sonnenbrille. Die letzten paar Tage waren hektisch und laut gewesen – es hatte so viel zu sehen und aufzunehmen gegeben. Wieder auf einem Hobel zu sitzen war genau das, was ich brauchte.

Nach etwa einer Stunde auf der Straße machten wir Halt an einem Badeort mit Blick auf einen Berg in der Form einer ... ich weiß nicht so recht, wie ich mich ausdrücken soll. Wenn ich sage, der Ort heißt Erotischer Berg, dann wäre das ein Hinweis. Er war nicht phallisch, und er war eine natürliche Formation. Völlig natürlich, eine Art leichte Einkerbung in den Hügeln, perfekt geformt und ... Na, jedenfalls war der Ort zu einem Ausflugsziel und einer Touristenattraktion geworden mit allen Annehmlichkeiten, um die Wunder der Natur zu bestaunen.

Das Tal darunter war mit dem bedeckt, was Onny Regenbäume nannte. Sie glichen Akazien, hatten aber ein dichteres Blätterdach. Onny erklärte, er wirke an der Waldaufforstung mit, einem Regierungsvorhaben, das vorsah, fünf Millionen Bäume in ganz Sulawesi zu pflanzen. Ich begriff nicht ganz, doch er sagte, er habe Zugang zu den Samen, und die Armee helfe ihm, sie zu verteilen. Jeder, der eine Schonung anpflanzen wolle, könne zu ihm kommen.

Er war ein besonderer Kerl, wie eigentlich alle. An einer Tankstelle befüllte ich die Road King und wollte gerade zahlen, als Onny mir sagte, mein Geld gelte in Sulawesi nicht. Das erinnerte mich an die Typen, die ich in Daly Waters kennengelernt hatte – ein fröhlicher Haufen, wo alle füreinander da waren. Motorradfahrer sind überall gleich; uns verbindet ein gemeinsames Band, eine Bruderschaft, die daraus herrührt, dass Menschen die gleiche Leidenschaft teilen.

Wir gelangten noch rechtzeitig an die Küste nach Pare-Pare, um uns ein spätes Mittagessen einzuverleiben, und als wir anhielten, entdeckte ich einen alten Toyota Land Cruiser, der an der Straße parkte. Es war die 40er-Baureihe, die Jeep-Version, die ich unbändig liebe. Sie werden seit 1984 nicht mehr gebaut. In England sind sie eine Seltenheit und meist ganz schön teuer. Ich liebe sie, weil sie einfach so funktional sind. Von vorn sehen sie wie ein Willys Jeep aus, haben aber ein Hardtop und einen kurzen Radstand. Ich vermute, sie sind mehr wie ein Landrover. Dieser hier war silbern und weckte Begehrlichkeiten bei mir. Mein Gott, dachte ich, wenn ich einen auf dieser Reise auftreibe, wäre ich in meinem Element.

Es war ein Jammer, die Jungs abziehen zu sehen. Harley-Fahrer in Indonesien, ihr seid mir ans Herz gewachsen, Jungs, wirklich. Doch sie mussten zurück, während wir um die Halbinsel herum nach Ujung Lero kommen wollten, einer Hüttensiedlung, wo wir einen Bootsbauer zu finden hofften.

Um uns zu orientieren, gingen wir zu den Docks, wo wir auf eine Gruppe von Kindern stießen, die Eisblöcke auf ein kleines weißes Boot luden. Das Eis war für die Bewohner von Ujung Lero bestimmt, das wir an der gegenüberliegenden Seite des Naturhafens so gerade noch ausmachen konnten. In der Meinung, eine kurze Bootsfahrt wäre viel besser als der lange Landweg, half ich den Burschen mit dem Eis, während Sam den Skipper fragte, ob er uns mitnehmen würde.

Der Mann war mehr als glücklich, obwohl sein Boot winzig war und zur Ladung nun noch wir vier dazukamen. Er saß in einer offenen Luke und steuerte mit den Füßen, der Oberkörper war über Deck und seine Beine darunter. Es war der Wahnsinn, der Motor schepperte so laut und klang so knochentrocken, als fehlte ihm jegliches Öl. Der Fahrer schien jedoch unbesorgt, und so tuckerten wir mit einem Torso von Kapitän übers Wasser.

Ich hatte andere Dinge im Kopf. Gerade als ich vom Motorrad stieg, war ein Anruf aus London gekommen. Anscheinend war die Grenze zwischen Indonesien und den Philippinen geschlossen worden. Wir hatten vorgehabt, mit der Fähre über die Celebessee zu fahren, doch das war nun, nach allem, was wir in Erfahrung bringen konnten, keine Option mehr. Keiner schien genau zu wissen, was vor sich ging, aber es hatte irgendwie mit Drogen- und Menschenschmuggel zu tun. Es war jedenfalls ein Riesenproblem.

Als das Eisboot angelegt hatte, gingen wir an einem klapprigen Kai entlang nach Ujung Lero. Das war wirklich eine Hüttensiedlung: Die Gebäude bestanden aus Pfosten und Holzplanken, die Türen aus Vorhängen und die Dächer aus rostigem Wellblech.

Hier sollten wir den Bootsbauer Guntur finden, wir wussten bloß nicht genau, wo. Also brachten wir die nächste Stunde damit zu, die Straßen abzulaufen. Es war ein Labyrinth, eine Ansammlung baufälliger Gebäude, aus denen Kochdünste drangen, in einem Gewirr aus Gassen und Sträßchen.

Es war auch dreckig, ein echter Slum. Aber er hatte nichts Bedrohliches, wie ich es an anderen Orten gespürt habe. Er wirkte im Gegenteil sehr freundlich. Die Leute lächelten und nickten grüßend, Kinder folgten uns überallhin, und wir trafen auf die Art von Gastfreundlichkeit, von der ich nicht sicher bin, ob es sie in Westeuropa noch gibt.

Endlich fanden wir Guntur, dessen Heim nur einen Steinwurf von dort entfernt war, wo wir an Land gegangen waren. Sein Bootsschuppen lag an einem mit Müll übersäten Strand – Papier und Flaschen, verrottendes Gemüse, Reis und Gott weiß was noch alles. Eine Ziegenherde betätigte sich als Müllschlucker. Wäre das in Brasilien gewesen, wären wir nicht hergekommen, denn es hätten kaum Chancen bestanden, wieder heil herauszukommen. Hier aber herrschte Gelassenheit. Die Indonesier, die ich kennenlernte, waren zum größten Teil sehr zuvorkommend und gastfreundlich, und trotz der Armut und des Drecks fühlte ich mich nie im Geringsten bedroht.

Ich sah Guntur beim Bauen eines Fischerboots zu. Es sah wie ein flachbödiges Kanu aus, war aber zehn Meter lang. Er benutzte kein Muster, keinen Plan – er fabrizierte diese Boote schon seit vierzehn Jahren und hatte die Pläne im Kopf. Er verwendete keine Schrauben oder Nieten, alles wurde durch Holzzapfen zusammengehalten, die er in Farbe tauchte, bevor er sie einhämmerte. Er sagte mir, er baue fünf oder sechs Boote pro Jahr. Für jedes brauche er fünfunddreißig Tage.

Am Abend kochte uns seine Frau ein vorzügliches Mahl und zeigte mir dann ein Schlafzimmer hinter einer Schiebetür an der Küche. Es gab keine Fenster, und bei der Hitze fand ich es ein bisschen stickig. Daher breitete ich mit Gunturs Erlaubnis meinen Schlafsack auf dem Balkon aus. Claudio spannte seine Hängematte auf.

Ich schlief nur halb, vermute ich. Es war einigermaßen kühl auf dem Balkon, aber der kleine Ort kam nie ganz zur Ruhe. Ich hörte Musik aus Radios, Gespräche, Schiffe auf dem Wasser und einen mageren Hahn, der keine Ahnung hatte, wann die Morgendämmerung kam, und daher alle Viertelstunde krähte, damit er sie nicht verpasste.

Am nächsten Tag, dem 36. seit dem Aufbruch von Sydney, wollten wir mit dem Bus die Küste hinauf bis Mamuju fahren. Mir gingen allerlei Sachen durch den Kopf, nicht nur wegen der Grenzprobleme, sondern auch wegen der Aussicht, sieben bis acht Stunden in einem Bus zu sitzen. Am folgenden Tag sollten wir mit einem Armeelaster weiterkommen, und ich stellte mir vor, es wäre wieder ein Pritschenlaster. Kurz überlegte ich, ob ich noch weitere Kissen besorgen sollte, aber nur ganz kurz, weil sich vor mein inneres Auge das Bild eines indonesischen Soldaten schob, der mir sagte, ich solle kein solches Weichei sein und sofort zwanzig Liegestütze machen.

Als ich in der heißen Sonne bei Guntur auf dem Balkon saß, spürte ich, wie mir das Gesicht vom gestrigen Tag auf dem Motorrad brannte. Ich sah auch den dämlichen Hahn, der mich die ganze Nacht wachgehalten hatte. Er war auf der anderen Straßenseite an einem Fuß angebunden, und wenn ich ein bisschen näher dran gewesen wäre, dann hätte er seinen letzten Kräher getan gehabt, das könnt ihr mir glauben.

»Hey, Charley!«, rief Sam von unten. »Rate mal, was los ist.«

Ich schaute zu ihm runter. »Was denn?«

»Den Bus heute kannst du vergessen.«

»Wie meinst du das?«

»Ich meine, dass der Typ, bei dem wir übernachtet haben, jemand mit einem Toyota Land Cruiser kennt. Ein Jeep, Charley! Er meint, wir könnten ihn uns ausleihen.«

»Du machst Witze.«

»Nein, im Ernst. Wir haben gestern Abend mit ihm gesprochen, und da habe ich erwähnt, dass du einen gesehen hättest, und er meinte drauf, er kenne jemand, der uns seinen leihen würde. Wir fahren damit nach Mamuju.«

Ich konnte es nicht glauben. Das beste Auto der Welt, und wir würden es uns leihen können.

Eine Stunde später war er da. 40er-Baureihe, dunkelgrün mit weißem Dach und Geländereifen. Als unser Zeug verstaut war, Sam und Robin auf der Rückbank saßen und Claudio neben mir, setzte ich mich hinters Steuer. Es war selbstverständlich ein Diesel, und er hatte keine Servolenkung. Die Gänge waren ein Kapitel für sich – der erste war dort, wo der zweite sein sollte, und der dritte ... na ja, es gab nur drei. Der Land Cruiser war außerdem schwer gerade zu halten – wenn ich auf die Bremse trat, zog er nach rechts, und die Spur hatte ziemlich viel Spiel. Weil er hinten so kurz war, untersteuerte er auch enorm, aber was soll's, ich wollte schon immer so einen haben, und die Alternative wäre eine siebenstündige Busfahrt gewesen. Damit kämen wir schneller und mit viel mehr Spaß an unser Ziel.

Wir konnten allerdings nur bei Tageslicht fahren. Sam hatte mitbekommen, dass weiter oben an der Straße einige Leute überfallen worden waren – Bewaffnete hatten Autos angehalten und die Insassen ausgeraubt. Touristen waren aus einem Bus gezerrt worden, und nun befuhren die Busse die Straße nachts nicht mehr. Das sollten wir ebenso halten. Wir würden eben so weit fahren, wie wir kämen, und dann eine Übernachtungsmöglichkeit suchen.

Heute feierte Regina, Claudios schwer geprüfte Frau, Geburtstag. Er rief an und erwischte nur den Anrufbeantworter, aber wir alle sangen ihr ein Geburtstagsständchen drauf. Nach sieben Stunden auf der Straße erreichten wir Mamuju kurz vor Einbruch der Dunkelheit. Wir hatten unzählige Kurven, Wälder mit Regenbäumen, Strecken in den Bergen und am Strand hinter uns gebracht. Ich liebe den Land Cruiser und war mehr denn je entschlossen, mir einen zu besorgen.

Er wurde ab 1951 gebaut und hieß ursprünglich BJ. Um seine Tauglichkeit zu testen, fuhr der Konstrukteur damit den Fujijama hoch, wo er einen neuen Höhenrekord aufstellte. Sobald das bekannt wurde, wollten alle einen Land Cruiser haben. Er bleibt die erste Wahl für Leute, die im Gelände fahren, von den Forstleuten in Indonesien bis zur UNICEF. Und natürlich den Taliban.

10

Batman und Robin

Die nächsten paar Tage waren eher unerfreulich. Wir wussten bereits, dass Planung in diesem Land Glückssache war, aber nun kam es noch dicker. Die Fahrt im Toyota war ein unerwarteter Bonus gewesen, aber ich hatte mich bei dem Armeelaster verrechnet. Bis zu ihm mussten wir noch viel weiter die Küste hinauf, was noch eine zwölfstündige Busfahrt bedeutete.

Ich war von dieser Aussicht wahrlich nicht begeistert, da ich mir auf Bussitzen schon den Hintern wund gesessen hatte. Aber um halb sechs Uhr früh tappten Claudio und ich in völliger Finsternis über einen Bauplatz zur Busstation. Natürlich war sie einsam und verlassen, wie immer in diesem Teil der Welt.

Schließlich rauschte ein Bus vollbesetzt vorbei, ohne anzuhalten. Einige Einheimische sagten uns, es würde schon noch einer kommen, also suchten wir uns einen Platz zum Frühstücken und machten uns ans Warten. Endlich, gegen halb acht, traf ein zweiter Bus ein. Der hatte Haie an die Seiten gemalt, so etwas wie einen rostigen Wasserturm aufs Dach geladen und mehrere Lagen mit Holzverschalungen hinten drangebunden. Drinnen wimmelte es von Müttern und ihren Kindern, alten Männern, jungen Männern, und jeder Zentimeter Boden war bedeckt mit Reifen, Kisten und Taschen. Die Sitze neben dem Fahrer waren aber frei, also zwängten Claudio und ich uns hinein.

An diesem Morgen hatte ich andere Sachen im Kopf. Weil die Grenze geschlossen worden war, ging die Fähre über die Celebessee nur bis zur nächsten Insel. Von dort aus hatten wir nur ein Privatboot auftreiben können, das gerade mal acht Meter lang war, und wenn die Grenze wirklich dicht war, war nicht sicher, ob die Weiterfahrt noch möglich war. Ich bin schon vorher in einem kleinen Boot auf See gewesen, aber diese Überfahrt würde mindestens zwei Tage dauern. Wir haben den Boorman-Bootsfluch schon erörtert, also könnt ihr euch vorstellen, wie mir zumute war. Von den Piraten will ich gar nicht erst reden.

Dieser Bus war unglaublich langsam. Ich habe mich schon an Transportmittel jeglichen Tempos gewöhnt – von äußerst schnell bis herab zu Schrittgeschwindigkeit –, aber das war nicht zu fassen. Er brauchte acht Minuten, um aus dem winzigen Nest herauszukriechen, und kaum waren wir auf Asphalt, da hielt uns ein Verkehrspolizist an. Er sprach mit dem Fahrer, ging über die Straße zu seinem Motorrad und fuhr davon. Wir mussten sitzen bleiben. Niemand schien zu wissen, was vor sich ging, aber der Fahrer rührte sich nicht vom Fleck. Fünf Minuten später kehrte der Polizist mit einem Mädchen auf dem Sozius zurück. Er half ihm nachlässig an

Bord, drückte ihm ein Küsschen auf die Wange, und dann ging es weiter. Es stellte sich heraus, dass die junge Frau sowohl die Freundin als auch die Kollegin des Polizisten war. Ich fragte sie, mit welchen Verbrechen sie zu tun hätte.

»Meistens Ehebruch«, sagte sie, »das und häusliche Gewalt.«

»Gibt es viel häusliche Gewalt?«

»Ja«, sagte sie, »jede Menge.«

»Und warum?«

»Handys«, sagte sie trocken.

»Handys?«

»Mehr Männer haben jetzt Handys, daher ist es für sie leichter, mit anderen Frauen zu sprechen.«

Später am Tag hörten wir von einem weiteren, diesmal tatsächlich schockierenden Verbrechen und einem, das uns persönlich berührte.

Gegen Mittag hielten wir zum Essen an, und Sam, der im Begleitwagen nachgefahren war, legte sein Handy auf den Tisch.

»Hast du mit deiner Freundin gesprochen?«, fragte ich ihn.

»Was?«

»Ach, da war so ein Gerede im Bus ...« Er lächelte nicht, und ich fragte ihn, ob etwas nicht in Ordnung sei.

Er brauchte eine Weile, bis er antwortete. »Erinnerst du dich noch an das Dorf Bogia in Papua-Neuguinea, den Ort, wo wir die Reise den Sepik hinauf begonnen haben?«

»Dort, wo der Kerl den 60-PS-Außenborder hatte?«

Er nickte.

»Was ist damit?«

»Kurz nach unserer Abreise ist ein kleines Mädchen ermordet worden. Drei Jahre alt ... es wurde entführt und enthauptet.«

»Enthauptet?«

Er nickte. »Eine Gruppe von Männern schleppte es in den Busch und schnitt ihm den Kopf ab. Es hatte mit einem Streit um Landrechte zu tun.«

»Aber eine Dreijährige?« Ich war starr vor Schock. »Mein Gott.«

Offenbar hat es schon seit 2004 Spannungen in der Gegend gegeben, als eine Reihe von Vulkanausbrüchen 15 000 Bewohner der Insel Manam auf das Festland bei Bogia vertrieben hatte. Früher im Jahr waren vier Inselbewohner getötet worden. Diesmal war eine junge Mutter aus Manam von sieben Männern angegriffen worden. Sie hatte zwei Kinder bei sich und schaffte es noch, mit einem zu entkommen. Doch das Kleinkind war verschleppt worden, und sein Kopf wurde später von der Polizei entdeckt.

Diese schreckliche Geschichte drückte die Stimmung, und wir alle fühlten uns niedergeschlagen. Die Busfahrt zog sich hin, und obwohl es nicht ratsam war, in der Nacht zu fahren, wares stockfinster, als wir schließlich unser Ziel, die Stadt Palu, erreichten.

Der Armeelaster tauchte nicht auf. Uns war versichert worden, dass alles vorbereitet worden war, doch als wir am folgenden Morgen zum Treffpunkt kamen, trafen wir nur einen Uniformierten an. Auch wenn er wie ein Soldat aussah, gehörte er in Wirklichkeit zur Tourismusbehörde, und im Lauf des Tages schlossen sich ihm elf seiner Kollegen an. Es war nicht unsere erste Begegnung mit Amtsträgern. Wir wussten es damals nicht, doch Berthys Freund Dedy arbeitete für die Regierung, und es stellte sich heraus, dass er da war, um sicherzustellen, dass wir nichts filmten, was ihr missliebig war. Hier also versuchte die Tourismusbehörde, uns den Tag zu diktieren. Wir erhielten keine Erklärung, warum kein Laster da war, aber sie versicherten uns, alles wäre gut, weil sie stattdessen einen Toyota Hilux schicken würden.

Wir warteten draußen vor einem kleinen Kiosk, wo Benzin in Flaschen an vorbeikommende Motorradfahrer verkauft wurde. Ich kam mit einem Mann ins Gespräch, der Fremdenführer gewesen war, bis er heiratete. Die Zeit verstrich.

Von einem Toyota war nichts zu sehen, doch nach einer Weile hielt ein Auto mit noch mehr Uniformierten an. Bevor wir wussten, wie uns geschah, wurden wir mit traditioneller Musik und Tanz traktiert, was eine ziemliche Überraschung war.

Die Beamten sagten, sie würden uns bis Palasa begleiten, das Dorf, wo wir gehofft hatten, den Lauje-Stamm zu besuchen. Sie würden sich also dieses Teils unserer Reise annehmen, was so nicht geplant war. Wir dachten, wir würden in einem traditionellen Bergnest übernachten können, ganz so wie in Siguntu. Nun entdeckten wir, dass das Dorf der Lauje einen Tagesmarsch von Palasa entfernt war, obwohl wir vorher gesagt bekommen hatten, es wäre Palasa selbst. Die Amtsträger sagten, wir könnten die Lauje am Freitag sehen, wenn sie auf ihren Bambusflößen herunterkämen, um Obst auf dem Markt zu verkaufen. Das hatte was für sich, nur war heute erst Mittwoch.

Ich hatte genug. Die Geschichte von dem kleinen Mädchen hatte mich verstört, ich konnte keine Busse mehr sehen, und um unseren Mann mit dem Boot stand es auch nicht gut. Er war ebenfalls im Verzug. Er war sowieso von dem Job nicht begeistert gewesen, denn wenn wir filmten, dann würde jeder Pirat in der Gegend sich auf sein Boot stürzen.

»Was machen wir nun?«, fragte mich Sam. »Ich meine, wir können uns Palasa sparen. Du nicht?«

»Nein.« Ich schielte zum Begleitfahrzeug. »Mir reicht das mit dieser Entourage, ich hasse das.« Claudio hatte die Landkarte über die Windschutzscheibe gebreitet. »Wir sind hier, nicht wahr?«, sagte ich und tippte auf Palasa.

»Beinahe, ja.«

»Und wir müssen nach Guantanamo Bay?«

Die anderen brachen in Lachen aus.

»Wir müssen nach Gorontalo Bay«, verbesserte ich mich.

Sam machte sich fast in die Hose. »Es heißt nur Gorontalo, Charley; da ist keine Bucht.«

»Ja, wie gesagt, wir müssen nach Gorontalo.« Ich blickte über die Schulter auf die zwölf Regierungsbeamten. »Steigen wir einfach in den Transporter und hauen ab. Wir lassen die Sache mit dem Dorf, es sollte sowieso nicht gelingen. Gehen wir nach ›Guantanamo‹ und holen uns ein paar Motorräder.«

Bisher hatten wir das Begleitfahrzeug noch nicht benutzen müssen, aber nun war es die einzige Option. Es gab keinen Bus, und der Lkw der Beamten würde uns nicht weiterhelfen. »Wir nehmen unseren Transporter«, sagte ich.

Claudio war eindeutig dafür. »Wenn du mich gefragt hättest, dann hätte ich das schon vor Stunden vorgeschlagen«, brummte er.

Sam nickte. »Das ergibt Sinn. Es verschafft uns Zeit herauszufinden, was wir machen werden. Wenn der Typ mit dem Boot nicht auftaucht, müssen wir fliegen. Und das heißt, wir müssen uns Tickets besorgen.«

»Wohin denn fliegen?«

»Nach Singapur«, bemerkte Claudio. »Wenn die Grenze dicht ist, bleibt uns kein anderer Weg.«

Ihr kennt doch die alte Redewendung, dass die Dinge nur besser werden können? Nun, endlich wurden sie es. Zuerst in Gestalt einer Suzuki, die mir von Mitgliedern des Thunder-Community-Motorradclubs geliehen wurde. Und zweitens mit einer Nacht am Strand.

Wir waren den ganzen Nachmittag und bis weit in die Nacht hinein gefahren – trotz der Bedrohung durch Straßenräuber – und kamen unversehrt in den ersten Tagesstunden in Gorontalo an. Das war also geschafft, aber am Morgen blieb uns keine andere Wahl, als Flüge über Singapur zu reservieren. Da unser Skipper immer noch irgendwo auf See war und die Situation an der Grenze sich nicht änderte, war zu bezweifeln, ob langwierige Verhandlungen mit der Ausreisestelle etwas nützen würden.

Mir stank das gewaltig. Erst das mit West-Papua, dann dies. Wir schienen keine Grenzen mehr überqueren zu können.

Nun ja, wir mussten das einfach schlucken. Doch zumindest würden wir die letzten beiden Tage auf Motorrädern sitzen. Die Fahrer waren alle aus dem Ort, und drei würden mit uns bis Manado fahren, der Hauptstadt von Nord-Sulawesi, an der nördlichsten Spitze der Insel. Wir durften uns noch zwei Tage den Wind um die Nase wehen lassen.

Die Suzuki war auszuhalten. Sie war nicht mehr im allerbesten Zustand – die Lenkung war kaputt und die vordere Bremse war so gut wie nicht vorhanden. Aber das machte mir nichts aus. Ich war auf einem Feuerstuhl, konnte abhängen, stand auf dem Sitz und schlängelte mich an Lieferwagen und Bussen vorbei. Gorontalo war eine lebhafte, geschäftige Stadt, und die Straße war schmal und lärmend, mit Becaks, Tuk-Tuks und Menschenmassen verstopft.

Claudio und ich wurden von Minto, Dal und Ivan und noch etwa zwanzig ihrer Kumpels begleitet. Letztere fuhren mit uns bis zu einem massigen, pagodenähnlichen Monument über der Ausfallstraße von Gorontalo. Die Kerle stiegen von ihren Motorrädern, sagten ein kurzes Gebet auf und stellten sich dann an den Händen gefasst im Kreis auf. Es war ein Ritual, eine Bitte an den Gott der Straßen, uns Motorradfahrern seinen Segen zu geben. Nach den Gebeten trennten wir uns und fuhren über Land zum Dorf Minauna.

Es herrschte viel Verkehr auf der Straße, und es gab viele Dörfer an der Strecke. Doch wir waren auf Motorrädern und wir konnten selber fahren. Wir bahnten uns unseren eigenen Weg, suchten ihn unterwegs aus – das ist das Schöne am Motorradfahren. Wir konnten allen Buckeln und Schlaglöchern ausweichen, wir konnten dorthin gelangen, wohin es ein Bus oder Auto nicht mehr schaffte.

Selbst eine Reifenpanne konnte mich nicht unterkriegen. Als Claudios Hinterreifen Luft verlor, luden wir die Maschine einfach auf den Transporter, und Claudio stieg hinter mir auf, bis wir das nächste Dorf erreichten.

Das Tolle an Indonesien ist die Tatsache, dass du selbst in den kleinsten Dörfern noch das finden kannst, was du brauchst, etwa Flaschen mit Benzin oder eine Werkstatt in einem winzigen Schuppen, vor dem ein Reifen als Handwerkszeichen an einem Haken hängt. Der Mechaniker montierte in Nullkommanichts das Rad ab und behob den Schaden.

Sobald wir an der Nordküste waren, veränderte sich die Landschaft. Sie war hier wahrhaft atemberaubend – tolle Berge und Wälder mit weißen Stränden und kristallklarem Wasser in der Ferne. Ich sehnte mich nach diesen Stränden. Ich dachte, wir sollten gar nicht erst nach einer Unterkunft für die Nacht suchen, sondern gleich am Strand kampieren. Wir waren mit allem ausgerüstet, wasserdichten Hängematten, Seilen und Nylonplanen, die wir als provisorisches Zelt aufspannen konnten.

Ich wusste, dass Claudio dabei wäre, Robin und Sam wohl auch. Nur bei unseren indonesischen Freunden war ich mir nicht sicher, doch als wir nach Minauna kamen, hatte ich mich entschieden.

»Na, Claudio, was meinst du?«, sagte ich, als wir einen Sandstreifen inspizierten. »Das wäre ein guter Platz für unsere Hängematten.« Der Streifen war von Palmen gesäumt, das einzig Abträgliche war, dass sie mit Kokosnüssen behangen waren. Wenn eine davon einem nachts auf den Schädel fiel, würde das zu mehr als nur Kopfschmerzen führen.

Wir mussten die Dorfältesten um Erlaubnis bitten, am Strand zu schlafen, aber sie hatten nichts dagegen. Minto, Dal und Ivan waren allerdings nicht so angetan von der Idee, daher verdrückten sie sich bei Einbruch der Dunkelheit, um in einem der Häuser einen Schlafplatz zu finden.

Etwas weiter hinten am Strand hatte Claudio ein Plätzchen für uns ausgesucht. Er bat mich, einen Strick zwischen zwei Bäume zu spannen, damit wir eine Abdeckplane anbringen konnten, falls es regnen sollte. Der Himmel war noch klar, und es herrschte nur leichter Wind, aber wir wussten, dass der Regen jederzeit einsetzen konnte. Es hatte getröpfelt, als wir am Vormittag aufbrachen.

Da unser Obdach nun gefunden war, ging ich daran, meine Hängematte aufzuhängen. Zufrieden mit meiner Anordnung, blies ich meine Matratze auf, bevor ich meinen Schlafsack ausbreitete. Mir ging es bestens. Nach den vergangenen Tagen war mir absolut nicht danach, mich in einem stickigen Raum aufzuhalten. Da mein Bett bereit war, testete ich die Festigkeit der Knoten, und natürlich sackte die Hängematte nach unten.

»Du hast sie nicht richtig verknotet«, sagte Claudio überflüssigerweise. »Ich hab's gleich gesehen.«

Ich knüpfte die Knoten neu, prüfte die Hängematte ein zweites Mal, und da war alles in Ordnung. Wir vervollständigten den Unterschlupf, indem wir eine große Nylonplane am Seil festmachten und sie dann bis zum Boden dehnten und festmachten. Ich spürte nun Regen in der Luft und hatte wegen der Kokosnüsse immer noch Bedenken.

Sam ging ins Dorf hinauf, um was zu essen zu kaufen. Die gesamte Bevölkerung schien sich entschieden haben, ihm wieder zurück zum Strand zu folgen, um sich die Neuankömmlinge anzusehen. Ich fragte einen schweigsamen Kerl nach den Kokosnüssen.

»Ist schon jemand von einer herabfallenden Kokosnuss getroffen worden?«

Er schüttelte den Kopf. »Ein Junge hat sich die Beine gebrochen, als er einmal von einem Baum fiel, aber niemand ist je von einer Kokosnuss getroffen worden. Nein.«

»Gut«, sagte ich. »Gut.«

Er zeigte auf die Hängematten. »Wir schlafen aber auch nicht unter den Palmen.«

»Das geht schon in Ordnung«, versicherte mir Sam. Er hatte wunderbar riechenden Fisch mit Reis dabei, in Papier eingewickelt und mit Gummis verschnürt. Es waren auch einige Jungs aus dem Ort mitgekommen, und als der Regen einsetzte, suchten wir alle Zuflucht unter unserem provisorischen Zelt. Claudio hatte es noch etwas ausgebaut, denn nun bestand es aus zwei Nylonplanen, zusammengeheftet, um uns mehr Raum zu geben, und es am Boden mit einem großen Stück Treibholz und dem Kamerastativ beschwert.

Ich klopfte Claudio auf die Schulter. »Ray Mears, der Survivalprofi, wäre stolz auf dich«, sagte ich.

Claudio begutachtete seine Bastelei einen Augenblick. »Ja«, sagte er, »wahrscheinlich wäre er das.«

Es war eigentlich ganz gemütlich hier bei Fisch mit Reis, während der Regen auf die Plane trommelte und ein halbes Dutzend Einheimische bei uns saßen. Der Regen dauerte nicht lang, und als ich überprüft hatte, dass meine Hängematte trocken geblieben war, dachte ich an ein Feuer. Ich schlenderte zum Strand, um nach Treibholz zu suchen. Einer der Jungs musste mich gesehen haben, denn er rannte weg und kam mit einem Fischer zurück, der ein Bündel Holz und einige trockene Palmwedel mitbrachte. Er sagte nichts, sondern legte einfach die Stöcke hin und entfachte das Feuer. Es war alles sehr angenehm, und mit Berthy als Dolmetscher schafften wir es, mit einigen Dorfbewohnern zu quatschen.

Ich war allerdings ziemlich müde, und als das Feuer allmählich erstarb, schüttelte ich den Sand aus meinen Klamotten und kletterte in meine Hängematte. »Sam«, sagte ich, »nur damit du's weißt … wenn du heute Nacht schnarchst, werde ich dir mit der Kokosnuss eins überziehen.«

Ich brauchte lange Zeit, um einzuschlafen. Nach einem tollen Tag auf zwei Rädern gingen mir in der Hängematte alle möglichen Gedanken im Kopf herum. Indonesien habe ich eigentlich genossen, vor allem die Menschen, aber die Beamten waren frustrierend gewesen, denn hier wird alles strikt kontrolliert.

Im ersten Licht machte ich einen Spaziergang am Strand und fand unseren Freund, den Fischer, inmitten von leeren Flaschen zusammengerollt an der Asche unseres Lagerfeuers. Er schlief fest, trug nur ein T-Shirt und Shorts; mir war in der Nacht so kalt geworden, dass ich meine Kleidung anziehen musste. Aber das Kampieren war toll gewesen – an der frischen Luft zu sein mit dem Klang der an den Strand anbrandenden Wellen. Eindeutig die richtige Wahl.

Minto, im »richtigen Leben« Polizist, musste zurückfahren, um zur Arbeit zu kommen, aber Dal und Ivan begleiteten uns noch bis Manado. Wir packten zusammen und brachen früh auf, als es noch kühl war. Ich war wieder auf der Suzuki, alberte herum wie immer und winkte Dorfbewohnern zu, die Kokosnusshälften zum Trocknen auslegten.

Die Straßen waren zunächst ziemlich ruppig – jede Menge Sand und Lehm und sehr wenig Asphalt. Doch zumindest regnete es nicht, auch wenn der Himmel den ganzen Vormittag über mit einer sich immer mehr verdichtenden Wolkendecke behangen war. Es war immer noch schön – das Meer war blaugrün und mit Hunderten der kanuartigen Fischerboote betüpfelt, wie wir sie Guntur in Ujung Lero hatten bauen sehen.

Die Provinz Manado wirkte wohlhabender als die meisten Gegenden, die wir bisher gesehen hatten. Nachdem wir auf einer provisorischen Brücke einen Fluss überquert hatten, verließen wir die unbefestigten Straßen und kamen auf ebenen schwarzen Asphalt. Das kam uns gerade recht, weil diese Wolken schließlich doch noch loströpfelten. Einige Regentropfen klatschten auf das Visier meines Helms, dann hörte es wieder auf. Das ging mit Unterbrechungen so weiter, sodass der Asphalt wie poliert aussah und schnell sehr rutschig wurde. Jeder Straßenflitzer wird dir sagen, er mag es entweder nass oder trocken. So ein Zwischending mag er gar nicht, weil dann die Oberfläche nur schmierig ist und es dich flachlegen kann, ohne dass du weißt, warum.

Dieses Hin und Her hielt nicht lange an. Während der letzten Stunden bis Manado goss es wie aus Kübeln. Je näher wir der Stadt kamen, desto schlimmer wurde es. Es war ein Wolkenbruch, der die Straße fast überflutete. Ich trug nur eine Jeans, ein Jackett und Segeltuchschuhe, also wurde ich bis auf die Knochen nass. Vermutlich gab es nichts an mir, was nicht völlig durchnässt war, daher war ich verblüfft, als uns einige Typen vom Motorradclub entgegenfuhren. Die Thunder Community hat Ortsgruppen in ganz Indonesien, und diese Leute gehörten zum Ortsverband Manado. Ich konnte es nicht fassen, dass sie dem Wetter getrotzt hatten. Doch das hatten sie, und so fuhren sie mit uns über die durchnässten Straßen. Die letzte halbe Stunde ... mir fällt ein, dass Dare mir in Sydney gesagt hatte, die letzte halbe Stunde einer Motorradfahrt sei immer eine halbe Stunde zu viel.

Wir fanden eine Unterkunft, und ich duschte mich, obwohl ich das kaum brauchte. Der Regen war warm, die Temperatur immer noch ziemlich hoch, und jeder vorbeikommende Lkw hatte mich mit einer heißen Fontäne übergossen. Wir trafen uns mit Claudio und den anderen und machten uns auf die Suche nach einem Lokal.

Nicht weit von unserer Bleibe stießen wir auf ein traditionelles indonesisches Café, das Paniki anbot – Fledermaus, um genau zu sein: Flughund.

Das mussten wir probieren. Ich meine, wir waren nun mal hier, und neben Hund war Paniki eine lokale Spezialität. Hund habe ich nie gegessen, wollte es auch nie. Allein der Gedanke daran ruft mir meinen Spaniel Ziggy in Erinnerung, wie er daheim zusammengerollt daliegt. Und was Flughunde betraf ... als ich noch klein war, hatte mein Freund Jason einen als Haustier.

Mit ausreichend Cola versorgt, setzten wir uns hin, aber da spürte ich schon, wie sich mein Magen zusammenzog. Zunächst einmal gab es hier ein Büfett, und jeder Reisende, der etwas auf sich hält, weiß, dass er nie von einem Büfett essen sollte. Zweitens gab es hier nicht nur ein Büfett, sondern auch Flughund und Hund als Speisen.

Der Flughund war gut als solcher erkennbar. Er war selbstverständlich gewürzt und alles, aber das Fleisch war schwarz und hatte noch Flügel, Klauen und alles Drum und Dran.

Claudio wagte sich als Erster dran. Stoisch wie immer, kniff er einen Flügel ab und kaute wie ein Kenner auf dem ledrigen Zeug herum.

»Das ist schon okay«, sagte er. »Vielleicht ein paar Knochen zu viel.« Er lehnte sich zurück und griff nach einer Flasche Cola. »Es ist herzhaft«, meinte er, »sehr, sehr herzhaft.«

Ich knabberte ein wenig daran. Es schmeckte eigentlich ganz leidlich, aber ich hatte die Cola griffbereit für den Fall, dass es mich würgte. Der Hund allerdings – konnte ich ein Stück Hund essen?

Der Wirt erzählte mir, dass die Leute Welpen kaufen, sie in Käfigen züchten und ihnen dann, wenn sie schlachtreif sind, einen Schlag auf den Hinterkopf verpassen. Das Hundefleisch war schwarz wie das des Flughunds. Ich nahm einen kleinen Bissen, nicht einmal einen Mund voll. Neben mir hatte Robin einen Teller mit Reis und schaufelte Flughund und Hund in sich hinein, ohne mit der Wimper zu zucken. Ich beäugte immer noch mein winziges Stück Hundefleisch.

»Daddy«, ertönte Robins Stimme in einem hohen Wimmern neben mir. »Daddy, warum hast du mich getötet?«

Das war's dann. Ich ließ den Hund stehen, trank die Cola aus und ging auf die Suche nach einem Kentucky Fried Chicken.

11

Vom Kloster zum Kanonenboot

Um von Indonesien wegzukommen, hatten wir schon Flüge gebucht. Wir flogen über Manila und landeten am 28. Juni auf der philippinischen Insel Mindanao.

Die Philippinen – aus 7100 Inseln bestehend – waren 360 Jahre lang unter spanischer Besatzung gewesen. Die Küche ist heute noch spanisch beeinflusst. In letzter Zeit hatte sich amerikanischer Einfluss breitgemacht und dabei geholfen, ein landesweites Bildungssystem aufzubauen. Viele Filipinos sprechen Englisch, aber wir hatten für alle Fälle einen Dolmetscher bei uns – einen Burschen namens Inkee.

Nach einer Nacht in Davao machten wir uns auf den Weg. Wir wollten zu einem Benediktinerkloster im nördlichen Mindanao hoch in den Bergen, das einen Kaffee Marke Monk's Blend, »Mönchsmischung« produziert. Auf diese Fahrt freute ich mich echt – ich mag Kaffee, und nach ein paar hektischen Tagen war der Gedanke, eine Nacht in einem abgelegenen, ruhigen Kloster zu verbringen, ganz besonders reizvoll.

Aber erst mussten wir hinkommen. Ich wollte einen Jeepney finden, das überaus traditionelle und anerkannte Verkehrsmittel in diesem Land. Es handelt sich um Fahrzeuge, die auf dem alten Willys Jeep aufbauen, den die Amerikaner nach ihrem Abzug massenhaft zurückgelassen hatten. Der Jeep erhielt einen längeren Aufbau und wurde in allen Regenbogenfarben lackiert. Das Innere wurde ausgeschmückt, und die Leinwandplanen anstelle der Fenster konnten hochgerollt werden, um Luft hereinzulassen. Fünfzig Jahre später sind im ganzen Land noch immer umgebaute Wagen zu sehen.

Claudio und ich gingen zum Markt, wo ein örtlicher Dolmetscher seine Hilfe anbot. Er kannte einen Kerl namens Ray, der Obst und Gemüse aus den Bergdörfern der Provinz Bukidnon lieferte, wo das Kloster lag. Generell machte er die Rückfahrt mit einem leeren Laster, also schien es sinnvoll, ihn zu fragen, ob wir zumindest einen Teil der Strecke bei ihm mitfahren konnten.

Ich liebe Märkte. In Äthiopien besuchte ich einen mit Ewan, wo es neben Kamelen und Eseln alle nur vorstellbaren Gewürze gab und von den Bäumen aus große Scharen von Geiern zusahen. Das hier war aber nur ein Obstmarkt – eine Ansammlung von Hütten und Ständen mit grell gefärbten Sonnenschirmen als Schattenspendern. Weit und breit waren Berge von Mangos, Ananas, Bananen und süßen Erdnüssen zu sehen, die wir in Papua-Neuguinea gegessen hatten.

Wir fanden den staubig roten Jeepney am Straßenrand. Ray lud gerade Tomaten vom Dach, also kletterte ich hinauf und ging ihm zur Hand. Ich fragte, ob Claudio und ich eine Mitfahrgelegenheit bekommen könnten, und nach kurzem Überlegen sagte er, das gehe in Ordnung.

»Kann ich ihn ein Stück fahren?«, fuhr ich fort. »Ich finde deinen Transporter toll, Ray. Ich würde es unheimlich gern versuchen.«

Es war ein überaus bizarres Fahrzeug. Die Vorderfront sah ganz wie bei den alten Jeeps aus, mit doppelten Scheinwerfern und einer vierkantigen Schnauze. Doch es war viel höher und länger und hatte Doppelräder an der Hinterachse, was sehr ungewöhnlich war. Die Seitenfront war ganz schön verbeult, und die Vordertüren hatten kein Glas. Doch an der Fahrerseite war ein selbst gebauter Ventilator befestigt.

»Meinst du, es wäre möglich, dass ich fahren darf?«, fragte ich wieder. Bis jetzt hatte Ray nicht geantwortet. Um ehrlich zu sein, sah er nicht gerade begeistert aus. »Was meinst du, Ray? Ich würde liebend gern fahren.«

Er sah immer noch zweifelnd drein, guckte auf mich, dann auf den Jeepney und schließlich auf die äußerst belebte Straße. Ich hatte noch die letzte Kiste Tomaten in der Hand, also zuckte er schließlich mit den Schultern und zeigte mir drei weiße Zähne. »Du arbeitest für mich«, sagte er. »Okay, du kannst fahren.«

Er bestand darauf, uns selbst aus der Stadt zu bringen, bevor ich das Steuer übernehmen durfte. Das machte mir nichts aus, denn der Markt war sehr belebt und die Straßen mit Lieferwagen, Mopeds und Unmengen von kleinen Motorradtaxis verstopft. Es war auch kochend heiß. Froh, aus der Sonne zu sein, machten Claudio und ich es uns hinten gemütlich.

Der Ort brummte wirklich. Es war nichts als das Rattern von Dieselmotoren und das notorische Hupen der Leute zu hören – die Art von Lärm, die wir für eine Weile nicht mehr gehört hatten. In Indonesien war nicht annähernd so viel los gewesen. Mindanao vibrierte vor Geschäftigkeit.

Ich fragte Ray, wie oft er Obst und Gemüse auslieferte.

»Jeden Montag und Freitag.«

»Was machst du den Rest der Woche?«

»Da fahre ich ein Habal-Habal.«

»Ach so, das Motorradtaxi.« Während ich redete, überholte uns eines, auf dem der Fahrer sich unter einem schmuddeligen Sonnenschirm duckte.

Sobald wir außerhalb der Stadt waren, ließ Ray mich schließlich fahren, obwohl er immer noch ein wenig zögerlich war. Eigentlich fielen ihm vor Besorgnis fast die Augen heraus.

Er nahm meinen Platz hinten ein, und ich übernahm seinen. Claudio versuchte ihm zuzureden, es gehe schon in Ordnung, weil ich ein guter Fahrer sei, aber nichts schien ihn zu besänftigen. Vor allem nicht, als ich den ersten Gang nicht finden konnte. Ich probierte es immer wieder. Ich probierte es so lange, bis ich den Schaltknauf in der Hand hielt, doch ich hörte nichts anderes als das schreckliche Knirschen eines nicht einrastenden Gangs. Endlich fand ich heraus, dass der erste Gang dort war, wo normalerweise der zweite ist, und der zweite, wo sonst der dritte war, und so weiter. Dennoch gelang mir nicht jeder Gangwechsel, sodass das Getriebe in lautem Protest über meine Unfähigkeit aufheulte.

Gegen Mittag hielt ich an. Ray sah mehr als erleichtert aus. Wir waren am Rand einer kleinen Stadt namens Mintal, wo er abbog. Er gab mir die Hand, wobei sein Gesicht noch vor Angstschweiß glänzte, und setzte sich ans Steuer, um nach Hause zu fahren, wo er sich in einem dunklen Zimmer zum Erholen hinlegen konnte.

Wir hatten von einem Restaurant im nächsten Ort gehört, das für seine Welse berühmt war, und da die Mittagszeit näher rückte, winkte ich ein Habal-Habal heran. Der Fahrer gab uns zu verstehen, er würde nichts von mir verlangen, wenn ich eine junge Frau wäre, sondern mich anzubaggern versuchen. Er war ein junger Kerl, der einen Schal um den Kopf gebunden hatte und sein Habal-Habal nur zu dem einzigen Zweck lenkte, junge Frauen kennenzulernen. Er fuhr uns an flachen Feldern und von Palmen gesäumten Bungalows vorbei bis zum Restaurant. Das sah imposant aus, denn es stand auf Stelzen über einem Reisfeld und hatte ein Dach zum Teil aus Holz und zum Teil aus Laub aus dem Regenwald. Der Wirt Wilfredo begrüßte uns mit Handschlag. In ausgezeichnetem Englisch sagte er uns, er freue sich ungemein, dass wir hier seien, und erklärte, dass er Wels nicht nur serviere, sondern dass der Fisch wie der Reis und das Gemüse aus eigener Produktion komme.

Hier war alles bio. Wilfredo hatte nur zwei Hektar, aber was er damit anstellte, war ganz erstaunlich. Er fragte, ob ich mir den Wels selbst zubereiten wolle. Ich liebe das Kochen, also führte er mich zum Teich. Er sagte mir, er züchte seine eigenen Fische in einigen Metallbecken unter dem Dach eines kleinen Anbaus heran.

»Die Leute haben mir gesagt, ich könnte solche Fische nicht selbst züchten«, sagte er und deutete auf die Becken. »Doch wenn die Wassertemperatur und der pH-Wert stimmen, funktioniert es.«

Wir mussten erst über einige Deiche zwischen den Reisfeldern gehen, wo Karpfen zwischen den Reispflanzen schwammen. »Die essen die Schnecken«, erklärte Wilfredo. »Daher brauche ich keine Pestizide. Ihre Exkremente dienen als Dünger, also brauche ich mich darum auch nicht zu kümmern. Wenn ich den Reis ernte, verlege ich die Karpfen zu den Welsen in den Teich.«

Wir erreichten den Teich, der von Palmen umgeben war. Eine Schicht Wasserhyazinthen bedeckte die Oberfläche. Sie bewahren die Fische vor Pilzkrankheiten. Wenn die Hyazinthen abstarben und sich zersetzten, ergaben sie auch einen natürlichen Dünger.

Wilfredo war ganz der biologischen Lebensweise verfallen, so sehr sogar, dass der Name seiner Enkelin übersetzt »Biobäuerin« lautete. Er sagte, er habe eine Verantwortung den künftigen Generationen gegenüber, und seine Kinder teilten seine Vision.

Mit Schnecken als Köder fischten wir zwei Welse und brachten sie rein. Sobald sie ausgenommen und gesäubert waren, stopften wir sie mit Zitronengras aus und brieten sie in siedendem Öl. Ich aß meinen mit einer Ingwer-Pfeffer-Soße, zusammen mit einer Tasse Reis. Es war köstlich – es gibt nichts Besseres, als etwas zu verzehren, was man selbst gefangen und zubereitet hat.

Claudio filmte und aß nicht. Das war, gelinde gesagt, ungewöhnlich. Stattdessen trank er Bier und untersuchte sorgfältig die entzündeten Moskitostiche an seinen Beinen.

»Geht es dir gut?«, fragte ich ihn.

Er verzog das Gesicht. »Du kriegst einen Mückenstich, an dem du in der Nacht kratzt. Der entzündet sich dann, und so geht es immer weiter.«

»Aber Bier vor dem Mittagessen, Clouds?«

»Aus medizinischen Gründen.« Er deutete auf Robin. »Er hat eine Säge an seinem Schweizer Messer; wir amputieren später.«

Von Reis und Wels gesättigt, sahen wir uns nach einem Bus um, der uns zu einem Ort namens Malaybalay bringen würde. Von dort ging es zum Kloster nur noch ein Stück die Berge hoch.

Wie üblich waren weder ein Bus noch ein Jeepney zu sehen. Als ich vor Wilfredos Restaurant stand, fühlte ich mich bald wie Steve Martin im Film *Reichtum ist keine Schande*, wo er sein Elternhaus verlassen möchte, aber erst einmal ein paar Tage davorsteht, weil er auf eine Mitfahrgelegenheit warten muss.

Endlich kam ein Bus daher. Es war ein Fiera, eine modernere Version des Jeepneys, in dem wir am Vormittag gesessen waren. Er sah ziemlich überfüllt aus, doch es war noch ein bisschen Platz, und wir würden ja nur bis Los Amigos mitfahren.

Nach einmal Umsteigen in Los Amigos trafen wir am späten Nachmittag in Malaybalay ein. Bis zum Kloster war es nur noch eine halbe Stunde, also riefen wir ein paar Dreiräder her – Motorradtaxis mit Beiwagen – und verließen die Hauptstraße in Richtung Berge.

Die Fahrt war spannend, denn die Fahrer kannten den Weg nicht genau, und die Straße war bucklig und voller Schlaglöcher und schlängelte sich durch die palmenbesetzten Hänge. Es gab nirgends Schilder, also fuhren wir einfach immer höher. Schließlich erspähte ich in der Ferne eine Ansammlung weißer Gebäude und entschied, das müsste der Ort sein.

Es war dunkel, als wir das Kloster der Verklärung erreichten, und ich war erschöpft. Pater Adag, ein freundlicher, aber enthusiastischer Mann mit einem ansteckenden Lächeln, kam zur Begrüßung her. Er zeigte uns die Gästequartiere – schlichte, behagliche Zimmer mit nichts als einem Bett und einem Waschbecken darin. Und es war friedlich, ganz wie ich gehofft hatte. Pater Adag versprach uns für den Vormittag eine vollständigere Führung. Er schlug vor, wir sollten uns nach sieben Uhr treffen, weil er zwischen halb vier und halb sieben beten würde.

Die Benediktiner kamen 1982 in die Gegend und übernahmen eine alte amerikanische Farm. Sie bauten nicht nur das Kloster, sondern pflanzten auch alle Bäume, weil das Gebiet kahl gewesen war; früher waren hier Rinder gezüchtet worden. Nun waren überall Bäume zu sehen. Es war beinahe unfassbar, dass die Mönche jeden einzelnen Baum selber gepflanzt hatten. Pater Adag erzählte auch, dass es anfangs keinen Feldweg von der Asphaltstraße zu ihnen herauf gegeben habe.

In den 1980er-Jahren ermutigte die philippinische Regierung die Leute dazu, Kaffee anzubauen. Es wurden Saatpflanzen ausgegeben, doch während die meisten Dorfbewohner nicht genügend Land hatten, nutzten die Mönche das Projekt voll aus. Hier war hervorragendes Kaffeeland mit dem idealen tropischen Klima, ganz wie in den Bergen in Papua-Neuguinea, und die Kaffeesträucher gediehen prächtig.

Die Benediktiner bauten die Bohnen nicht nur an, sondern rösteten und mahlten sie auch. Die Mischung wurde dann in die ganze Welt verschifft. Sie stellten auch Erdnusskrokant her. Ich liebe das Zeug – sie machen es aus kochendem Zuckerwasser, Erdnüssen, Salz, Sesamsamen, Vanilleessenz, Joghurt und viel Butter. Die ganze Anlage ist ein Hort der Geschäftigkeit, der vielen Menschen aus der Umgebung Arbeit gibt. Die Einnahmen wandern in einen kollektiven Fonds, und alles, was die Mönche brauchen, wird aus dieser Kasse bezahlt. Nicht, dass sie viel bräuchten. Sie führen ein bescheidenes Leben, aber nach Pater Adag auch ein sehr glückliches.

Pater Adag vermittelte uns freundlicherweise ein Transportmittel für den Weg wieder bergab – einen roten Minibus. Er hatte nur 1000 Kubikzentimeter Hubraum und war so langsam, dass uns selbst die Tanklastzüge überholten. Wir krochen mit zwanzig Kilometer die Stunde dahin. Bis zur Ananasplantage von Del Monte waren es aber fünfzig Kilometer.

Nun gut. Wir konnten uns nur zurücklehnen und den Anblick der an uns vorbeiziehenden Busse und Fahrräder ignorieren. Wir trödelten durch Kleinstädte mit bunten Häusern, Marktständen, kleinen Läden, die kalte Getränke und Essen über die Straße verkauften. In einem Ort fiel mir ein Friseurgeschäft auf. Ich fasste mir an den Ziegenbart und schlug vor, dass wir später einen Laden finden sollten, wo ich ihn mir schneiden lassen konnte. Ich hatte gehört, dass Friseure auf den Philippinen beliebt sind wegen ihres Geschicks als Geschichtenerzähler, nicht so sehr aufgrund ihrer Fähigkeit, mit der Schere umzugehen. Offensichtlich hatte ein Friseur umso mehr Kunden, je besser seine Geschichten waren. Es wäre interessant herauszufinden, ob diese lokale Besonderheit zutraf.

Wir hielten kurz bei der Del-Monte-Plantage an, eigentlich nur, weil ich mit dem Werbeslogan des Del-Monte-Manns (»Say yes to the best«) groß geworden war. Die Plantage war riesig – 25 000 Hektar, über fünf Gemeinden verteilt. Jedes Jahr ernten sie 750 000 Tonnen Ananas, und zwar jeden Tag rund um die Uhr. Ananaspflanzen sind auf den Philippinen heimisch, jedoch nicht die Sorte, die in die Konservendosen kommt. Diese Ananas hatten die Amerikaner von Hawaii herübergebracht, weil es in den frühen 1900er-Jahren in Hawaii einen verheerenden Schädlingsbefall gegeben hatte. Dort war das Land unbrauchbar geworden, daher musste ein neues Anbaugebiet gefunden werden, und hier boten sich beste Bodenbedingungen. Nun beschäftigt Del Monte 4000 Arbeiter auf den Feldern und weitere 2000 in der Konservenfabrik. Die Frucht wird per Hand von dornigen Bodenpflanzen geschnitten, die ganze Bergflanken bewachsen. Ich versuchte mich auch einmal als Erntearbeiter. Es goss in Strömen, die Landschaft lag im Nebel, und ich trug Shorts. Nach einer halben Stunde Arbeit waren meine Beine nicht nur von Schlamm bedeckt, sondern auch in Streifen geschnitten. Der Schlamm drang in die Schnitte ein, sodass ich vom Knie bis zum Knöchel wie in Flammen stand.

Nachdem sie auf einem Fließband aussortiert worden sind, kommen die Ananas auf einen Lkw und werden die sechzig Kilometer zur Konservenfabrik gefahren. Wir durften nicht in die Fabrik hinein, weil die Besitzer Angst hatten, wir könnten die Schweinegrippe haben, aber wir durften auf einem der Lkws bis Manolo Fortich mitfahren.

Unterwegs machten wir Halt, sodass ich mir den Schlamm von den Beinen waschen konnte. Da entdeckte ich auch einen Friseurladen. Ein Schild im Fenster bot eine Stelle für einen fachkundigen Friseur an. Mein Bart musste gestutzt werden, und Claudio suchte schon lange nach einem Friseur.

»Volltreffer«, sagte er mir. »Jemand, der mit einer Schere umgehen kann, würde schon reichen. Es ist einfach zu heiß für so lange Haare.«

»Ich mach das schon für dich.« Ich wies mit dem Kopf auf das Schild. »Ich lass mir den Bart stutzen und schau dann, ob sie mich einstellen. Wenn ja, dann erzähle ich dir beim Haareschneiden eine feine Geschichte.«

Drinnen sagte ich dem Friseur, was ich wollte, und wartete dann mit einem heißen Handtuch auf dem Gesicht begierig auf seine Geschichten. Ihm war aber offenbar nicht nach Erzählen zumute, auch keinem seiner Kollegen. Sie waren ja ganz nett, und der Laden schien einigermaßen beliebt zu sein. Nur, wer Mund und Nase mit einem Atemschutz bedeckt hat, tut sich mit dem Geschichtenerzählen nicht so leicht. Die Feinheiten gehen verloren, die kleinen Nuancen, die eine gute Geschichte ausmachen. Offensichtlich hatten hier alle eine Heidenangst vor der Schweinegrippe.

Jedenfalls ließ ich mich von ihm mit einem höllisch scharfen Barbiermesser rasieren. Ich bekam den Bart gestutzt und den Kopf massiert. Dann beschwatzte ich den Besitzer, ich sei ein fachkundiger Friseur, setzte Claudio vor mich hin und griff nach einer Schere. Ich muss schon sagen, dass mich seine ängstliche Miene ein wenig verletzte ...

Am nächsten Morgen besorgte ich mit dem erfolgreich seiner Locken beraubten Claudio Fahrscheine für die Fähre auf die Insel Camiguin (oder Come Again, wie ich sie für mich nannte) und besuchte den Hafen von Cagayan de Oro. Drei Armeelaster standen neben einem Marineschiff aufgereiht, wo Soldaten Munitionskisten ausluden. Neugierig traten wir näher heran, und anstatt dass der Sicherheitsbeamte von uns wissen wollte, was wir hier zu suchen hätten, sagte er uns, wir sollten uns auf alle Fälle noch das Denkmal für General MacArthur ansehen. Auch die Soldaten wirkten nicht durch uns beunruhigt, sie winkten und lächelten nur, sogar der kahlköpfige Kerl, der das Löschen der Ladung beaufsichtigte. Er winkte uns zu und fragte, wie es uns gehe.

Wir beherzigten den Rat des Sicherheitsbeamten, stiegen eine Treppe hinauf und standen vor MacArthurs Hut ... es war tatsächlich eine gigantische Nachbildung seiner Kappe, zum Meer hin ausgerichtet und auf fünf goldene Sterne gestützt.

Die Fähre war ein großer Katamaran. Ich war schon auf einer ähnlichen gewesen, als wir auf der letzten Reise vom Iran nach Dubai gefahren waren. Sie werden in Australien hergestellt und sind bequem und sehr schnell. Die See war ruhig, und die zwei Stunden bis zur Insel vergingen wie im Flug. Wieder an Land, fanden wir rasch ein Jeepney. Es war wieder eines mit 1000 Kubik, so ein Multitaxi wie das von gestern, daher wusste ich, dass es nicht besonders schnell sein würde. Egal – ich gewöhnte mich allmählich an unterschiedliche Beförderungsgeschwindigkeiten.

Ein Stück die Küste hinauf trafen wir uns mit Benjamin, einem Sardellenfischer, der mit seiner Mannschaft neben einem schlanken Auslegerkanu wartete. Benjamin war vierzig Jahre alt und fischte schon sein ganzes Leben, auch wenn er in letzter Zeit sein Einkommen mit der Herstellung von Palmöl aufbesserte. Die Philippinen sind ein armes Land; achtzig Prozent der Bevölkerung leben unterhalb der Armutsgrenze, und auch wenn diese Insel aussah wie das Paradies, war die Küste doch von ärmlichen Hütten gesäumt.

Benjamin erklärte, dass die Fischerei nicht mehr das sei, was sie einst war. Er konnte sich noch erinnern, dass die ganze Gegend vor Sardellen nur so wimmelte, aber wie an so vielen Plätzen war es hier überfischt, und die meisten Korallen waren abgestorben. Der einzige noch lebendige Abschnitt umgibt eine Sandbank, die er Weiße Insel nannte, einige Hundert Meter vom Strand entfernt.

Wir kletterten an Bord und tuckerten zu einer Stelle, wo schon etwa ein Dutzend anderer Boote fischten.

»Die See ist zu ruhig«, brummte Benjamin. »Nicht genügend Wellen, also wird es heute nicht viele Fische geben.«

Es ist ein äußerst hartes Leben. Diese Leute erhalten zehn Pesos für jede Dose Sardellen, und da achtzig Pesos umgerechnet einen Euro ergeben, ist das nicht viel Geld. Ein Kilo Fisch bringt knapp einen Euro, und es sind pro Boot mindestens drei Leute an Bord, die alle Familien zu ernähren haben.

Bei der Weißen Insel paddelten wir auf einem zweiten Boot hinaus, das Benjamin mit den Netzen ausgestattet hatte. Das Wasser war hier so still und klar, dass beinahe der Grund zu sehen war. Indem wir die Lagen der engmaschigen Netze ausbreiteten, bildeten wir eine halbkreisförmige Barriere, während einer der Männer eine Tauchermaske aufsetzte und sich über das Dollbord gleiten ließ. Sein Job war es, die Schulen aufzuspüren und sie ins Netz zu scheuchen, doch Benjamin sagte, wenn die See so ruhig war wie heute, könnten die Fische viel leichter verscheucht werden. Ein paar Wellen erleichterten die Sache ungemein.

Wir erwischten gar nichts – es war, vermute ich, wieder mal so ein Tag, und wir brachten den Großteil des Nachmittags damit zu, den Motor wieder in Gang zu bringen. Benjamin hatte ihn im anderen Boot deponiert, und er war abgesoffen, die Zündspule war nass, daher sprang er nicht an. Erst nach einigem Palaver und dem Austausch von Zündkerzen mit anderen Fischern brachten wir ihn endlich wieder zum Laufen.

Nichtsdestotrotz war die Sandbank ein angenehmer Platz gewesen, um den Nachmittag herumzubringen – mit der ungeheuer grünen und vor dem Himmel dunklen Insel als Kulisse. Die Bergkette sah wie ein schlafender Riese aus, der Kopf am einen Ende, der feiste Bauch in der Mitte und die Füße am fernen Ende in eine Wolke gehüllt. Mir tat nur Benjamin leid – es war wirklich ein harter Überlebenskampf.

Am Strand genehmigten wir uns dann ein paar Biere. Einer der Kerle sang zur Gitarre ein Lied darüber, wie glücklich er mit seinem einfachen Fischerleben sei. Doch diese Lebensweise hat keine Zukunft, was mir klar wurde, als ein anderes Boot anlandete und wir beim Ausladen des Fangs halfen. Nach dem Wiegen und Eintüten der Sardellen strich die dreiköpfige Mannschaft vier Euro ein. Es war sieben Uhr abends, und die Leute hatten seit vier Uhr morgens gefischt. Benjamin sagte mir, er bezweifle, dass für die nächste Generation noch viel zum Fischen übrig bleibe, was nichts Gutes hieß. Abgesehen von etwas Landwirtschaft und ein paar Tourismusjobs bildete der Fischfang die Hauptsäule der Wirtschaft. Jeden Tag gingen zweihundert Boote in der Gegend um die Weiße Insel auf Fischfang – das war einfach nicht nachhaltig.

Benjamin und seine Familie waren die perfekten Gastgeber. Sie kochten uns ein wunderbares Abendessen mit Fischaugensuppe und Reis, dann befestigte ich meine Hängematte zwischen zwei Palmen und verbrachte eine prächtige Nacht am Strand.

Am Morgen wachte ich zum Schrei eines Hahns auf. Zum Glück hatte der nicht die gesamte Nacht versucht, die Dämmerung herbeizukrähen. Hähne werden auf den Philippinen sehr geschätzt; Hahnenkämpfe sind ein großes Geschäft, denn am Sonntag, wenn die Frauen und Kinder in der Kirche Hymnen singen, bringen die Männer ihre Vögel zum Kampf.

Einige große Vögel stolzierten um unser kleines Feldlager am Strand herum. Benjamin hatte damit nichts zu tun, denn er war kein Spieler, aber viele andere Fischer gaben sich damit ab und hielten sich eine Schar von Kampfhähnen. Ich sah zu, wie zwei rote Hähne aufeinander losgingen – die Flügel ausgebreitet, die Nackenfedern aufgeplustert, pickten und hackten sie und versuchten, einander zu Tode zu krallen. Einer der Männer erzählte mir, dass im ernsten Kampf jedem Vogel ein scharfes Messer ans linke Bein gebunden wird, weshalb es sehr blutig zugeht. Sie kämpfen immer bis auf den Tod.

Ein weiteres Dreirad brachte uns wieder zu den Hafenanlagen. Es unterschied sich von dem, mit dem wir vorher gefahren waren. Der Fahrer saß in einem Kabinenaufbau und hatte anstelle eines Beiwagens einen Anhänger hinter sich. Es war eine Art Tuk-Tuk, ursprünglich für sechs Personen ausgelegt, auch wenn wir schon mehr Leute darauf gesehen hatten. Es hieß Mariner und war gelb und blau lackiert, mit der Abbildung eines Containerschiffs an einer Seite. Alles war um eine Kawasaki herumgebaut. Nur das Vorderrad unterschied sie von einem gewöhnlichen Motorrad. Normalerweise hat bei einem Motorrad die Vorderradaufhängung nur einen Gabelholm, damit man sich in die Kurve legen kann, ohne den Grip zu verlieren; bei dieser Kawasaki war das Vorderrad wie bei einem Auto aufgehängt, denn mit dem Dreirad legt man sich natürlich nicht in die Kurve. Der Fahrer erzählte mir, seine Kinder hätten ihm das Dreirad gekauft – sie alle arbeiteten auf See, daher der Name und das Bild mit dem Schiff.

Mit einer Fähre ging es weiter auf die Insel Bohol. Die Besatzung bestand aus lauter jungen Männern, von denen einige sich bis auf die Unterhose auszogen, um sich auf dem Frachtdeck abzuduschen. Sie sagten uns, es sei üblich, ein Jahr auf Fähren zu arbeiten, um dann auf größeren Schiffen anzuheuern, wo sehr viele Filipinos mangels anderer Betätigungsmöglichkeiten arbeiten. Auf meiner letzten Reise fuhr ich von Dubai nach Indien auf einem Containerschiff mit einer philippinischen Besatzung. Trotz der kargen Lebensbedingungen waren sie fröhliche Kerle. Es schien nur eine Kabine zu geben, wo drei von ihnen schichtweise schliefen – eine Metalltür, Metallwände, kein Bullauge und ein Bett mit einem Karton als Matratze. Die anderen schliefen oben auf den Vinylbänken, die tagsüber von den Passagieren eingenommen wurden.

Es war ein ziemlich eintöniges Leben, aber der Kapitän sagte uns, es sei ein Schritt zu einem besseren Leben in anderen Weltteilen. Die Philippinen bieten ihren Bürgern so wenig berufliche Chancen, dass viele von ihnen zumindest eine gewisse Zeit ihres Lebens im Ausland arbeiten.

Es war alles sehr entspannt, da ich die vierstündige Überfahrt auf einer Bank ausgestreckt verbrachte. Doch als wir schließlich in Bohol an Land gingen, sprang ich reiselustig wieder auf. Der nächste Inselsprung von Bohol nach Cebu sollte mit der Marine erfolgen. Ihr Kanonenboot legte um fünf Uhr nachmittags vom Norden der Insel ab.

Am Kai verabschiedeten wir uns von unserem Dolmetscher Inkee, den eine andere Aufgabe erwartete. Wir sollten einer anderen Dolmetscherin begegnen, die Justine hieß, aber von ihr war nichts zu sehen. Wie ich so auf dem Betonkai stand und mir die Sonne auf den Schädel brannte, konnte ich nur ein Polizeiauto auf mich zukommen sehen.

»Oh Scheiße, Claudio«, brummte ich. »Jetzt geht's los. Sie denken wahrscheinlich, wir sind Drogendealer oder sonst was.«

Vorne saßen zwei uniformierte Polizisten, hinten eine in Zivil gekleidete Frau, alles Filipinos. Sie sprangen heraus, und der jüngere Polizist setzte sich die Mütze auf und rückte die Automatik an seiner Hüfte zurecht. Ich wartete ab, wobei ich mich bang fragte, was das Ganze werden sollte, während mich der ältere, stämmigere Polizist hinter der Windschutzscheibe einfach anstarrte.

Die Frau kam zu mir her. »Hallo, Charley, ich bin Justine, und das ist Ramon. Er ist hergekommen, um dich über die Insel zu bringen.«

Als mein Herzschlag sich wieder beruhigt hatte, fuhren wir durch die Stadt und über die Küstenstraße in die Berge. Das war eine normale Patrouille für die beiden Polizisten, die ständig quer über die Insel fuhren, nur hielten sie heute an den berühmten Chocolate Hills, den »Schokoladenhügeln«, an, damit wir sie bewundern konnten. Es gibt insgesamt 1268 dieser Hügel, und mir war gesagt worden, sie sähen wie Brüste aus, und das kam so ziemlich hin. In Indonesien hatten wir ja schon einen anderen Berg gesehen, der aussah wie eine ... Nun ja.

Es war ziemlich tourimäßig, denn unzählige Stufen führten zu einem Aussichtspunkt, wo alle Welt in Begleitung der Gattin und der Kinder sich versammelte. Doch es lohnte sich. Die Hügel sahen wirklich wie Brüste aus; und Hunderte erstreckten sich, so weit das Auge reichte – alle in unterschiedlichen Größen und Formen, nicht zu groß, aber es heißt ja auch, dass mehr als eine Handvoll

Verschwendung ist, oder nicht? Ramon erzählte mir, dass sie in der Hitze der Trockenzeit, wenn das Gras braun wurde, wirklich aussahen, als wären sie aus Schokolade gemacht. Die Legende sagt, dass vor Tausenden von Jahren ein Riese sich in eine sterbliche Frau verliebte, die starb. Er trauerte eine Ewigkeit um sie. Er weinte immerzu, so sehr, dass seine Tränen so viel vom Land wegspülten, dass nur diese Hügel übrig blieben. Es war eine gute Geschichte, und es waren sehenswerte Hügel mit den dazwischen eingeschnittenen Reisfeldern und kleinen Plantagen.

Ramon brachte uns im Polizeiauto zur Nordküste. Wir kamen kurz vor fünf Uhr nachmittags an, aber vom Marineboot war nichts zu sehen. Mir sank der Mut, da ich dachte, wir hätten es verpasst. Zum Glück stellte sich heraus, dass es etwas weiter weg an der Küste vor Anker lag. Es war ein Patrouillenboot, ein Kanonenboot, das, um ehrlich zu sein, ziemlich schäbig aussah. Doch die Besatzung schien sich zu freuen, uns zu sehen. Bis auf einen argwöhnisch dreinblickenden Kerl mit einer M16, die so alt war, dass sie den Vietnamkrieg noch erlebt haben dürfte. Er liebte dieses Gewehr wahrhaftig, denn er legte es die ganze Strecke bis Cebu nicht ab. Aber ich nehme an, er sollte es auch nicht, da wir ja schließlich auf einem Marineschiff waren, und so wie Ramon und sein Fahrer auf einer routinemäßigen Streife waren, war es dieses Schiff auch. Das Boot wurde 1971 in Korea gebaut und war sehr rostig. Ich stellte mir vor, wie sie, kaum dass sie mit einem Flecken fertig waren, schon einen neuen wachsen sahen. Es ist dauernd im Wasser, und bei der Hitze mussten die Wartungsarbeiten ein Albtraum sein. Wir unterhielten uns mit dem Kapitän – einem lässigen, zugänglichen Kerl namens Peter, der eine Baseballkappe mit der Aufschrift ›Team Navy‹ trug –, und er bestätigte meine Vermutung.

Wir legten ab, und bald qualmten dicke schwarze Rauchwolken aus dem Schornstein. Ich warf einen Blick in den Maschinenraum, der unglaublich heiß und laut war. Der V16-Motor verbrauchte bei zehn Knoten 350 Liter Diesel pro Stunde. Aber bitte sehr, sie hatten 18 000 Liter Diesel dabei, womit wir bis Manila gekommen wären, wenn wir gewollt hätten. Peter zeigte mir ihre volle Bewaffnung – 22-mm-Geschütze am Heck und eines mit 30 mm am Bug, das nie benutzt worden war. In Gebrauch waren zwei Paar mit Kaliber 50, die ein Ölfass noch auf eine Entfernung von einer Seemeile treffen konnten.

»Wen verfolgt ihr, wenn ihr hier draußen seid, Peter?«, fragte ich. »Drogenhändler, Menschenhändler, solche Leute?«

»Manchmal«, sagte er. »Doch die meiste Zeit suchen wir nach illegalen Fischern.«

Mit einem Blick über die Schulter spähte ich zu dem Typen mit der M16 und musste wieder an das Boot denken, mit dem wir von Sulawesi hatten ablegen wollen.

»Illegale Fischer«, sagte ich. »Von wo? Aus Indonesien?«

Peter schüttelte den Kopf. »Nein, in diesen Gewässern sind es meist die Einheimischen. Jede Insel hat eine Zehn-Kilometer-Zone, in der das Fischen verboten ist, und darüber hinaus gibt es weitere Beschränkungen, die wir durchsetzen müssen. Wir retten aber natürlich auch Schiffbrüchige, reagieren auf Notrufe, so Sachen.«

»Ich vermute, ihr seid auch bei ziemlicher rauer See draußen.« Derzeit war alles still, aber ich konnte mir diese Gewässer vorstellen, wenn Wind herrschte.

Er lächelte. »Ich erinnere mich an einen Notruf. Das Wetter war so schlimm, dass die Hälfte meiner Mannschaft seekrank war, als wir das Boot erreichten.«

Sie führten einige Übungen durch – was sie allgemeine Anweisungen nannten –, wozu die Bemannung der großen Geschütze gehörte, die dann herumgeschwenkt wurden, um verschiedene Ziele backbord und steuerbord ins Visier zu nehmen. Später warfen sie einen Rettungsring über Bord und »retteten« ihn mit viel Geschrei und Gefuchtel. Männer lehnten sich mit Bootshaken über die Reling, während ein anderer noch einen Rettungsring zu dem bereits im Wasser befindlichen warf. Ich war heilfroh, dass niemand von mir verlangt hatte, ich sollte »Mann über Bord« spielen.

Als wir auf Cebu an Land gingen, war es dunkel. Ich warf noch einen letzten Blick auf den Mann mit der M16. Er liebte seine Waffe wirklich. Während sie den Rettungsring herausfischten, hatte er mit dem Gewehr ständig darauf gezielt.

»Für den Fall vermutlich, dass es sich um einen illegalen Ausländer handelt«, sagte ich. »Oder vielleicht einen Drogenhändler.«

Er sagte gar nichts, er packte seine Waffe nur fester.

12

Warnstufe 1

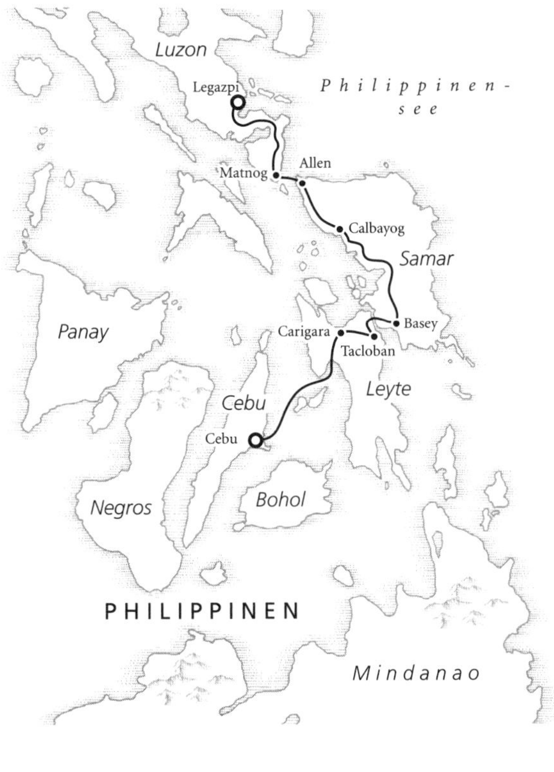

Heute wollten wir von Cebu auf die Insel Leyte übersetzen – auf die eine oder andere Weise. Die aufregendere Möglichkeit bot ein Armeehubschrauber, was uns einfach phantastisch vorkam. Wenn das nicht ging, war ja immer noch die Fähre da. Nicht so glamourös, aber immerhin.

Doch erst einmal mussten wir frühstücken. Cebu ist berühmt für erstklassiges Schweinefleisch, und ich hatte gehört, dass es in der Nähe des Marktes ein tolles Restaurant gab, das zu jeder Tageszeit Braten servierte. Zwei Möbelschreiner erklärten sich bereit, uns hinzubringen. Der 67-jährige Manny und sein Neffe Andi hatten zwei unglaubliche Dreiräder unter Verwendung von recyceltem Polyethylen geschaffen – Plastik, mit anderen Worten, aber sie hatten es so hinbekommen, dass es wie Bambusgeflecht aussah. Sie hatten zwei Yamaha-Maschinen hergenommen und sie auf Kardanantrieb umgebaut. Dann hatten sie den hinteren Teil eines Multitaxis anmontiert, von dem Typ, in dem wir schon gesessen hatten, wobei die Passagierkabine so geformt war, dass sie wie ein traditionelles philippinisches Haus auf Rädern aussah. Das war eine vollkommen neue Art, zum Frühstück zu fahren. Was mich auf eine Idee brachte.

»Machen wir doch ein Rennen zum Restaurant.«

»Okay«, sagte Sam. »Also zwei Teams?«

Ich wies auf die Dreiräder. »Andi, Claudio und ich nehmen das eine und du, Robin und Manny das andere. Wie wär's mit einer kleinen Wette, Sam? Der Verlierer muss essen oder trinken, was immer der Gewinner bestimmt.«

Ich hatte nicht bedacht, dass wir schon vor dem Start im Nachteil waren, weil Andi gar nicht wusste, wo das Restaurant war. Das war aber egal, da ich am Steuer saß und einen schlauen Plan hatte – wir würden uns dicht hinter Manny halten, direkt in seiner Spur, und ihn, sobald ich das Lokal entdeckte, aus dem Windschatten heraus überholen.

Und los ging's durch die belebten Straßen. Immer wieder mal übte ich das Windschattenmanöver und zog auf gleiche Höhe mit Manny, nur um mich wieder zurückfallen zu lassen, wenn er dachte, ich würde überholen.

Zu Beginn unserer Reise durch die Philippinen gehe ich Ray bei seiner Obstlieferung zur Hand.

Ein Gang über das Gelände des Klosters der Verklärung mit Pater Adag und Claudio.

Schuften für Del Monte …

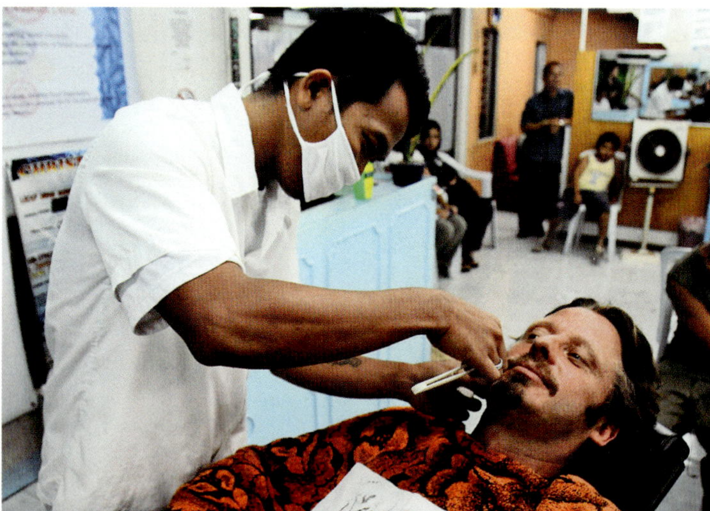

Als der Barbier mich sah, entschied er sich für eine Maske gegen Schweinegrippe.

Beim Fischen mit Benjamin nahe White Island.

Auf der Insel Camiguin in einem liebevoll konstruierten Dreirad.

War ja nur eine Frage der Zeit …

Auf der Fahrt durch Cebu, um etwas Unaussprechliches zu essen.

Diese Banig-Weberinnen flechten die schönsten und hochpreisigsten Matten.

Mit Mr. Chan auf Quads unterwegs zu den Lavafeldern des Mayon.

Der freiwillige Rettungsdienst der Provinz Kabalikat-Bical – echte Helden, die etwas bewirken.

Auf dem Rollwagen nach Lopez. Eine außergewöhnliche Art zu reisen.

Die Schlacht kann beginnen!

Herumalbern im X3M-Rollerclub.

Begegnung mit Straßenkindern in Manila.

Beim Harley-Club Mad Dogs in Manila.

Doch dann verpatzte ich das Rennen. Ich bekam einen Gang nicht hinein und würgte den Motor ab; als ich ihn mit dem Kickstarter wieder in Gang brachte, waren die anderen schon auf und davon. Ich tat mein Bestes, um aufzuholen, wechselte ständig die Spur, aber ich kam nicht mehr an sie heran, sodass sie vor uns am Restaurant waren. Enttäuscht kam ich vor dem Eingang zum Stehen, sah dann aber, dass Sam noch in Mannys Fahrzeug saß. Wir packten die Gelegenheit beim Schopf und stürmten vor ihnen ins Restaurant.

»Wir haben gewonnen!«, verkündete ich, als Sam hinter uns hineinging.

»Wie bitte? Wir haben gewonnen. Wir haben auf ganzer Linie gewonnen. Wir sind als Erste hier gewesen, Charley!«

»Nein, nein.« Ich deutete mit dem Finger auf ihn. »Ihr mögt technisch gesehen vor uns hier gewesen sein, aber wir waren vor euch eingeparkt und im Restaurant.«

Das war ein etwas dürftiges Argument, ich weiß, und schließlich musste ich die Niederlage eingestehen, was bedeutete, dass Sam über mein kulinarisches Schicksal entscheiden würde. Ich konnte seiner Miene schon entnehmen, dass er sich was angemessen Widerliches ausdachte.

Das Restaurant war gesteckt voll und offensichtlich sehr beliebt. Hinter einer gläsernen Trennwand ging eine Gruppe junger Frauen mit Beilen auf ganze Schweine los. Sie hatten es echt drauf – mit einem Hieb hatten sie einen Knochen durchtrennt. Es ist mir unbegreiflich, wie ihre Finger dabei heil blieben. Ich wollte es aber auch mal versuchen, und so bekam ich einen Plastikhandschuh für die freie Hand, und sie präsentierten mir ein Schwein, das vier Stunden am Spieß gebraten worden war. Den Kopf bekam ich noch ganz gut ab, aber den Rest ... aus Angst davor, einen Finger zu verlieren, sägte ich mehr, als dass ich hackte, und versaute alles. Aber ungeachtet meiner Darbietung erhielten wir doch alle einen Teller mit Braten samt Kruste.

Kurz bevor ich mich über mein lecker aussehendes Essen hermachen konnte, überreichte mir Sam allerdings eine Schüssel mit einer dicken, braunen Flüssigkeit.

Ich zog eine Augenbraue hoch. »Was ist das?«

»Suppe.«

»Was für eine Suppe?«

»So was Ähnliches wie Ochsenschwanzsuppe.«

»Ochsenschwanzsuppe? Sam, das ist ein Schweinefleischrestaurant. Wie kann das Ochsenschwanzsuppe sein? Jetzt komm schon, was ist es wirklich?

In seine Augen trat ein Glitzern. »Niere«, sagte er, »und Leber ...«

»Und ...?«

»Schweineblut.«

Eigentlich schmeckte es gar nicht so schlecht. Ich genehmigte mir ein paar Löffel, aber ich schaffte es keineswegs, die Schüssel in einem Zug zu leeren, wie Sam forderte. Der Schweinebraten dagegen war phantastisch, sehr saftig und schmackhaft, und die Kruste war perfekt. Falls ihr je nach Cebu kommt, müsst ihr dorthin; überall aus den Philippinen kommen die Leute hierher zum Essen.

Die Armee konnte uns dann doch keinen Hubschrauber zur Verfügung stellen. Es war etwas zu viel verlangt gewesen, aber angesichts dessen, dass wir bereits Hilfe von der Polizei und der Marine erhalten hatten, dachten wir, wir hätten es ganz gut gedeichselt. Dafür brachten uns Andi und sein Onkel zum Hafen, wo wir uns Fahrkarten für die Fähre nach Leyte kauften.

Die Fähren – ein paar alte Containerschiffe – lagen am Kai. Ich ging auf die Brücke, um mit Jasper Nacita zu sprechen, einem der Kapitäne. Jasper, ruhig und sicher, war schon zehn Jahre auf solchen Schiffen über die Meere geschippert. Ich ergriff die Gelegenheit, um ihn nach dem nächsten größeren Abschnitt meiner Reise zu fragen – der vorgesehenen Überfahrt von Manila nach Taiwan.

»Was meinen Sie?«, sagte ich. »Das einzige Schiff, das wir finden können, ist ein Fischerboot von dreißig Meter Länge.«

Er blickte mich an; seine Gesichtszüge waren ein klein wenig zerknittert. »Wann verlassen Sie Manila?«

»In einer Woche vielleicht. Das hatten wir jedenfalls geplant.«

Er zog die Mundwinkel herab und sagte: »Da kommen Sie zum Höhepunkt des Südwestmonsuns.«

Das klang nicht sehr vielversprechend. »Wirklich?«

Er nickte. »Die Strömung ist sehr stark und kommt von backbord. Sie werden es spüren, sobald Sie Manila verlassen. Dann dauert es vier oder fünf Tage, wo Sie nicht wissen, ob sich ein Taifun bildet, aber wenn ...«

»Es wäre also eine langsame Überfahrt«, sagte ich.

»Langsam und sehr rau. Jede Menge große Wellen.«

Ich schluckte. »Wie groß genau?«

»Vielleicht sechs Meter. Aber die Dünung ist sehr lang, und bei der Strömung, dem Wind ...« Er schüttelte den Kopf. »Nein«, meinte er, »ich halte es für keine gute Idee.«

Es war klar, dass wir unser Vorhaben noch einmal überdenken sollten. Die schreckliche Überfahrt von Timor nach Darwin im vorigen Jahr war mir noch in frischer Erinnerung, und ich war nicht scharf darauf, diese Erfahrung noch einmal zu machen.

Nach der Landung auf Leyte fanden wir ein paar Jungs, die Batterien auslieferten und sich bereiterklärten, uns nach Carigara mitzunehmen, auf halber Strecke nach Tacloban, wo wir übernachten wollten. Doch davor verbrachte ich einige Zeit in der Markthalle – ein altes Gebäude mit dunklen, schmalen Gängen und Ständen, auf denen sich Obst und Gemüse türmten, dazu gab es Kinderspielzeug, lebende Schweine, eine Kokosnusspresse und einen großen Kübel mit Schweinehack, das ich zu Wurstbrät verkneten half. Ich sah sogar einige alte Knaben, die mit heißem Wasser die Haut von Ziegenköpfen abzogen.

In den letzten Tagen waren wir von Mindanao fast nur nach Norden gefahren und geschippert. Auf Leyte ging es nun nach Osten. Ich mochte die Gegend. Die Menschen waren so freundlich und aufgeschlossen, so interessiert an uns und dem, was wir taten. Unsere Dolmetscherin Justine erzählte uns, dass etwa 42 Prozent der philippinischen Bevölkerung Kinder seien. Ich weiß nicht, ob das mit dem Katholizismus hier zusammenhängt, aber Familien scheinen auf jeden Fall eine Menge Kinder zu haben.

Da wir gerade von Nachwuchs sprechen – etwa eine Stunde später tauchten Jon-Jon und Bernard auf, die beiden Jungs, die uns mit ihrem Isuzu-Lastwagen nach Carigara fahren sollten. Bernards Freundin war schwanger, und er sagte mir, er würde sie heiraten, wenn er könnte, doch derzeit habe er nicht genügend Geld. Sie ließen mich in Carigara aussteigen, einem Städtchen mit engen Straßen, die zum Teil gepflastert und zum Teil nur planiert waren. Die Häuser standen dicht am Bordstein – winzige, einstöckige Bauten mit Wellblechdächern und dunklen Innenräumen. An einer Seite der Hauptstraße standen ein paar heruntergekommene Kolonialbauten. Auf der anderen Seite befand sich eine nach vorn offene Hütte mit Hunderten von schmuckvoll verzierten Messern in der Auslage. Wir gingen hinüber, um uns das näher anzusehen, und begegneten der Budenbesitzerin Gloria, die nur Heiterkeit zu verströmen schien. Sie war Ende vierzig, trug ihr Haar zu einem Zopf gebunden und hatte eine Brille wie John Lennon auf der Nase. Sie hatte etwas an sich – ihre bloße Anwesenheit hinterließ Eindruck bei mir. Ich kann es nicht genauer beschreiben, aber es war beinahe spirituell. Ich sagte ihr, wie wunderbar es sei, mit ihr zu reden, doch dazu scheine die Tatsache, dass sie Messer verkaufe, nicht recht zu passen.

Sie lächelte nur und erklärte, die Messer seien Schmucksachen, keine Waffen. Sie führte das Geschäft mit ihren fünf Söhnen und genoss es, dass Besucher aus aller Welt herkamen.

»Ich stelle mir die Welt gern als kleinen Ort vor«, sagte sie mir, »ein positiver Ort, wo alle miteinander auskommen. Es ist herrlich, einige Zeit im Gespräch mit einem Mann aus dem fernen London zu verbringen.«

Sie war wunderbar. Einer der besonderen Menschen, die du auf solchen Reisen zu treffen hoffst. Ein Mensch, dessen Ausstrahlung dich noch umgibt, wenn du ihn verlassen hast.

Den letzten Abschnitt des sehr langen Tages verbrachte ich mit einem Mädchen namens Rochelle in einem Fahrzeug, das ihr Vater entworfen hatte. Dr. Rusty Balderian war der Bürgermeister von Tabontabon, einem kleinen, sehr armen Ort, wo es als Transportmittel nur ein normales Motorrad zu geben schien. Rochelle sagte uns, dass die Leute die ganze Zeit zu viert oder fünft darauf fuhren. Es war gefährlich, und es gab viele Unfälle, und weil es das einzige Beförderungsmittel war, sah der Ort wenig Besucher. Da die örtliche Wirtschaft sehr darunter litt, beschloss Dr. Balderian im Bewusstsein seiner Verantwortung gegenüber den Leuten, die ihn gewählt hatten, sich eine Alternative auszudenken.

Seine Schöpfung war das bizarrste Fahrzeug, das ich je gefahren habe, etwas zwischen einem Tuk-Tuk und einem Kleinbus, aber aus gewebten Bambussträngen gemacht. Hinten gab es Bambusbänke für die Fahrgäste, vorne einen Bambussitz für den Fahrer und unter der Bambusmotorhaube einen Motor, der mit Kokos-Bio-Diesel lief, der aus gebrauchtem Haushaltsöl erzeugt wurde.

Rochelle und ihre drei Brüder waren in L. A. aufgewachsen, aber wieder nach Leyte zurückgekehrt, um ihrem Vater bei seinen Bemühungen zu helfen, die Armut in Tabontabon abzuschaffen. Sie schufen Arbeitsmöglichkeiten, indem sie Reisbauern (die zwischen dem Pflanzen und Ernten wenig zu tun haben) zur Herstellung der Kleinbusse anstellten. Drei waren bisher fertiggestellt worden. Die Schaltkulisse war verkehrt herum, und die Bremsen waren etwas unzuverlässig. In der Dunkelheit war es mit dem Gefährt ziemlich gefährlich. Doch trotz alledem war es immer noch sicherer, als zu viert oder zu fünft auf einem Motorrad zu balancieren.

Rochelle war auch so eine inspirierende Person. Sie hätte ein kalifornisches Mädchen bleiben können, war aber nach Leyte gekommen, um auf umweltfreundliche Art den öffentlichen Nahverkehr auszubauen. Sie schien das wandelnde Beispiel für die Zielstrebigkeit und den Einfallsreichtum zu sein, die ich hier spüren konnte. Im Rückblick hatten wir auf Sulawesi zwar einiges Schöne erlebt, hatten aber auch ein bisschen zu kämpfen gehabt. Es war schwer gewesen weiterzukommen, und das Reisen verlief nicht so genussvoll. Hier wurde mehr gelächelt – mehr gelacht –, und wir fühlten uns nicht durch die Regierung überwacht, wie wir es in Indonesien erlebt hatten.

Wir verbrachten die Nacht in Tacloban, einer großen und lauten Stadt, die seit 1830 die Hauptstadt der Provinz Leyte ist. Davor war die Hauptstadt von einem Ort in den anderen verlegt worden, doch schließlich blieb es Tacloban, hauptsächlich wegen des geschützten Hafens. Vor dem Eintreffen der Spanier hieß die Stadt Kankabatok nach dem Nomadenstamm, der hier lebte. Jahrelang war sie ein beliebter Platz für Fischer, die ein bestimmtes Gerät mit dem Namen Taklub verwendeten – sie nannten den Ort Tarakluban, woraus schließlich Tacloban wurde.

Die Stadt liegt am Ende des Golfs von Leyte, der 1944 Schauplatz der größten Seeschlacht der modernen Geschichte war. Als die

Japaner die Philippinen überfielen, versprach General MacArthur der Bevölkerung, er werde wiederkommen. Das tat er mit der größten je zusammengestellten modernen Flotte. Drei brutale Tage lang kämpften über zweihundert amerikanische Schiffe in einer erbitterten Schlacht gegen sechzig japanische, bis sie endlich am 26. Oktober auf der Insel landeten.

Man hatte mir von einem Historiker namens Alex Montejo erzählt, der ein elegantes Hotel in der Stadtmitte führte. Alex war fünfzehn gewesen, als die Japaner die Philippinen besetzten. In dem heutigen Hotel – einem wunderschönen Holzhaus in kolonialem Stil mit Säulen zu jeder Seite des Eingangs und einem Balkon darüber – hatte damals Alex' Familie gewohnt. Im Haus war eine Anzahl japanischer Offiziere einquartiert worden, während Alex, seine Eltern und acht Geschwister sich auf ein Zimmer beschränken mussten, das heute das Hotelbüro war.

»Wie war das?«, fragte ich ihn. »Die Invasion der Japaner muss ja schrecklich gewesen sein.«

»Anfangs war sie das. Die Japaner erwarteten von den Leuten, dass sie sich vor ihnen verbeugten, und wenn sie es nicht taten, bekamen sie einen Schlag ins Gesicht.«

Alex war zweiundachtzig, konnte sich aber an alles bis ins kleinste Detail erinnern. Ich fragte ihn, ob die Japaner die Art von Scheußlichkeiten begangen hatten, die sie sich in anderen Teilen Asiens hatten zuschulden kommen lassen.

»Eigentlich nicht«, sagte er. »Die niederen Ränge waren zuweilen etwas grob, aber die Offiziere waren gebildet und gesittet. Einer von den Einquartierten spielte wunderbar Klavier. Es gab nur drei Enthauptungen, und zwei der Hingerichteten waren Diebe. Die Japaner luden die ganze Stadt ein zuzusehen, und danach konntest du deine Tür die ganze Nacht offen lassen, und es wurde nichts gestohlen. Das große Problem war die Ernährungssituation. Es kam einfach nichts auf die Insel. Die Märkte waren leer gefegt, daher pflanzten wir an jedem freien Fleck in der Stadt Gemüse an.«

Er zeigte mir einige Fotos aus den Tagen der Befreiung im Oktober 1944. Darunter war eines mit einer jungen Imelda Marcos auf einer Landungsbrücke, und ich konnte sehen, dass sie schon damals etwas für schicke Schuhe übrig hatte.

Als MacArthur sein Versprechen hielt und zurückkehrte, spürten die Einheimischen das zuerst an den starken Explosionen, die vom Flughafen zu hören waren. Am Himmel waren jetzt Flieger mit den amerikanischen Sternen auf den Flügeln. Die Einwohner der Stadt verbrachten drei Tage in den Luftschutzbunkern. Dann, am Ende des dritten Tags, am 26. Oktober, flohen die Japaner, und MacArthur landete am Roten Strand.

Dieser Augenblick wurde in dem höchst erstaunlichen Denkmal für den General eingefangen, das ihn zeigt, wie er durchs Wasser watet, als wäre er gerade von einem Landungsboot gestiegen, begleitet von fünf Männern, zwei davon Filipinos. Alex erzählte mir, dass die Japaner nach der Befreiung nächtliche Luftangriffe flogen, und zwar anders als die Amerikaner auf zivile Ziele. Die stärkste Erinnerung an jene Zeit ist jedoch der Nahrungsmangel, denn zwei Jahre lang waren die Menschen halb verhungert, bis plötzlich die Amerikaner mit mehr Essen da waren, als sie je gesehen hatten.

Ich wollte mir den Roten Strand selber ansehen, daher suchte ich mir vor dem Hotel eines der Dreiräder, die es hier überall gab.

»Ist das Ihres?«, fragte ich einen jungen Mann mit einer schwarzen Skibrille, der neben einem stand.

»Ja.«

»Könnten Sie mich zum Roten Strand bringen?«

»Ja.«

»Meinen Sie, ich könnte vielleicht selbst fahren?«

»Ja.«

Einige Augenblicke später fuhren mein einsilbiger Begleiter und ich an dem Haus vorbei, in dem MacArthur gewohnt hatte, und drangen über den Gewerbebezirk zu den Vorstädten vor, wo die Häuser wieder mehr wie die Hütten aussahen, die wir weiter im Süden gesehen hatten. Der Strand ist eigentlich gar kein Strand mehr. Der Küstenverlauf war mit Beton verstärkt worden, und das Denkmal ist ein riesiger Platz mit einem Fahnenmast in der Mitte. Einige Stufen führen dorthin, wo MacArthur und die anderen scheinbar aus dem Meer steigen. Ich stand da und versuchte mir vorzustellen, wie es gewesen war: Reihen von Jeeps, Panzern und Landungsbooten und das Wasser bedeckt mit jedem nur vorstellbaren US-Kriegsschiff. Es war sehr bewegend, wieder ein Stück Geschichte des Zweiten Weltkriegs zu sehen.

Es war Zeit weiterzuziehen – nach Samar im Nordosten. Ich sprang in eine Spinne. Nicht die achtbeinige Version, sondern ein gelbes Taxi ohne Fenster. Der Fahrer brachte mich über die längste Brücke der Philippinen, die San-Juanico-Brücke – zwei Kilometer Eisen und Beton, welche die Inseln Leyte und Samar verbinden. Er ließ mich an einem Ort namens Basey heraus, wortwörtlich am Straßenrand, wo ein Pfad eine Schneise zwischen die Palmen schlug. Es war kochend heiß, und ich schwitzte saumäßig. Selbst die Bäume schienen zu leiden, die Wipfel waren feucht und schwer und hingen matt über die Straße.

Die Muster auf Rochelles Bambusfahrzeug in Tabontabon ahmten das Banig nach, die handgeflochtene Matte, die hier jedermann zum Schlafen und Sitzen verwendet. Ich wollte einige Banig-Flechterinnen besuchen, die unter einem Felsvorsprung, fast einer Grotte, zusammen arbeiten. Um dorthin zu kommen, musste ich dem Pfad durch die Palmen folgen. Nach etwa fünfzig Metern erweiterte er sich zu einer Lichtung. Die Flechterinnen saßen auf Banigs unter dem überhängenden Fels. Es waren etwa ein Dutzend, die einzelne Strähnen von getrockneten Halmen zu den erstaunlichsten Matten verarbeiteten. Ich hockte mich hin und sprach eine Frau an; sie hatte ein großes Lächeln, aber nur sehr wenige Zähne.

»Wow«, sagte ich und deutete auf ihre Arbeit. »Das ist unglaublich.«

»Jawohl, Sir«, sagte sie. »Danke schön.«

Ich fragte sie, woraus sie gemacht sei, worauf sie mir das neben dem Pfad wachsende Seegras zeigte. »Wir pflücken die Halme einzeln«, erklärte sie, »dann trocknen wir sie in der Sonne.«

»Und dann werden sie gefärbt?«

»Jawohl, Sir.«

»Und kommen Sie jeden Tag hierher?«

»Jawohl, Sir.«

»Warum hier? Warum unter dem Felsen?«

»Weil es hier kühl ist, Sir«, sagte sie.

»Und Sie stellen die Matten zum Verkauf her?«

»Jawohl, Sir.«

»Wie lange dauert das?«

»Für diese Familiengröße«, sie wies auf eine große bunte Matte, »drei Tage, Sir.« Dann wies sie auf eine andere, zweifarbige, die ein Tweedmuster hatte. »Diese ist nur für Sie und Ihre Frau, Sir«, sagte sie mir. »Die ist kleiner, für zwei Leute, nicht für die ganze Familie.«

Meine Frau. Ich hatte Olly so lange nicht mehr gesehen und vermisste sie auf einmal sehr. Die Frau entrollte die Matte. »Nur für Sie beide, Sir«, wiederholte sie mit einem Lächeln.

»Wie lange haben Sie für die Herstellung gebraucht?«, fragte ich sie.

»Einen Tag. Möchten Sie sie für Sie und Ihre Frau kaufen, Sir?«

»Sicher, warum nicht. Ich habe sie schon lange nicht mehr gesehen, und wenn ich heimkomme, können wir uns zusammen drauflegen und ...«

Mit der Matte unter dem Arm schaffte ich es, eine Mitfahrgelegenheit bei einem Paketfahrer namens Rommel zu ergattern, der einen Lieferwagen der Firma 2GO fuhr und Päckchen und Pakete auf Samar und Leyte auslieferte. Ich half ihm auf seiner Tour, sodass die Sonne schon lange untergegangen war, als er mich in einer kleinen Stadt namens Calbayog absetzte. Erst als ich einen Platz gefunden hatte, wo ich mich zum Übernachten ausstrecken konnte, merkte ich, welcher Tag heute war. Der größte Teil des Vormittags war General MacArthur und der amerikanischen Befreiung der Inseln gewidmet gewesen, was absolut passend schien, da es der 4. Juli war.

Sonntag, der 5. Juli stellte sich als aufregender Tag heraus, der am Fuße des 2000 Meter hohen Vulkans Mayon endete, wo ich den rauchenden Gipfel durch ein Teleskop betrachtete. Der Tag begann allerdings mit Ronnie, dem Schrotthändler, einem liebenswerten Spitzbuben, der einen Hof in Calbayog betrieb. Der Eingang zu seinem Betrieb war von zwei Lastern markiert, die drei Meter über dem Boden auf ein Metallgerüst montiert waren. Im Hof befanden sich eine offene Werkstatt und Reihe auf Reihe mit Metallschrott. Ronnie – ein großer Mann mit viel Sinn für Spaß – ließ drei Burschen für sich arbeiten und trug eine Pistole in der Tasche.

Ich begrüßte ihn mit Handschlag. »Das ist also Ihr Reich.«

»Nein«, sagte er. »Das ist mein Imperium.«

»Oh, noch besser.«

Ronnie kaufte Metallschrott von ehemaligen Fischern, welche ihre Fanggründe ausgeplündert hatten, indem sie mit Dynamitstangen fischten, die nun aber Sprengstoff benutzten, um große Stücke aus den Wracks von Schiffen zu reißen, die am Grund der Bucht lagen, darunter auch ein US-Kriegsschiff, das die Japaner versenkt hatten. Ein Teil dieses Kriegsschiffs sollte zum Schrottplatz von Ronnies Schwager in Allen gebracht werden, wo wir die Fähre erwischen wollten. Ronnie bot an, uns mitzunehmen.

Ronnie gefiel mir auf Anhieb, da er ein heller und erfinderischer Kopf mit ansteckend guter Laune war. Er beschäftigte sich nicht nur mit Metallschrott, sondern zerdrückte in einer selbst gebauten Presse Plastikbehälter und transportierte sie dann zum Hafen, wo sie zum Recyceln verschifft wurden.

Auf der Fahrt fragte ich Ronnie nach der Waffe in seiner Tasche. Er erklärte, sie diene zu seinem persönlichen Schutz. In seinem Metier traf er auf einige hartgesottene Charaktere, und es kam durchaus vor, dass Leute »verschwanden«. Ich wusste, dass auf den Philippinen große politische Instabilität herrschte – mindestens zwei Rebellengruppen kämpften gegen die Regierung. Im Süden war es die Abu Sayyaf, eine Organisation, die einen separaten islamischen Staat schaffen wollte. Hier oben war es die New People's Army (NPA), der bewaffnete Arm der Kommunistischen Partei. Mehr darüber später ...

Ronnie war ein guter Gesellschafter. Er hatte einen Abschluss in Ingenieurwesen und Architektur, daher konnte er einen Plan entwerfen und in die Tat umsetzen. Er hatte sein eigenes Bergungsfahrzeug gebaut, einen riesigen Pritschenlaster mit einem Kran darauf, den er aus drei verschiedenen Fahrzeugen zusammengebaut hatte. Nach seinem Abschluss ging er nach Saudi-Arabien und arbeitete während des ersten Golfkriegs am Bau. Als er wieder zurück war, handelte er zunächst mit Eis, dann mit Fisch, und nun kaufte er Schrott auf. Seine Frau führte das Ladengeschäft, wo der Schrott erworben wird; was für einige Leute Müll ist, ist für sie und Ronnie bares Geld. Das Geschäftsgebäude besteht ausschließlich aus wiederverwerteten Materialien, zum Beispiel Fenster aus einem Bus.

Ronnie interessierte sich für alles Mechanische, darunter auch Motorräder. Ich sagte ihm, dass wir viel gemeinsam zu haben schienen.

»Yeah, Charley, ganz sicher. Wie heißt das alte Sprichwort? Was sich liebt, das fickt sich, oder?«

»Neckt sich«, korrigierte ich ihn. »Was sich liebt, das neckt sich.«

Er lachte. »Ich habe das schon immer für ein komisches Sprichwort gehalten.«

Bei seinem Schwager half ich Ronnie und den drei Jungs beim Aufladen des Schrotts vom verrosteten amerikanischen Kriegsschiff. Der war tonnenschwer, sodass ich in der Mittagshitze schwitzte wie ein Wasserfall. Nach dem Aufladen fuhr er uns zum Fährenterminal, wo wir uns verabschiedeten.

Wieder eine Fähre. So alt und rostig, wie sie war, sah sie reif für Ronnies Schrottplatz aus. Na ja, sobald wir die kurze Strecke bis Matnog hinter uns hatten, würde es bis Manila auf dem Landweg weitergehen.

Neben unserer Fähre war ein weiterer alter Pott vertäut. Ich sah zu, wie einige Kinder an einem Seil aufs oberste Deck kletterten und von da ins Meer sprangen, und dachte an unsere bisherige Reise. Dieses Land war echt faszinierend – so viele verschiedene Leute, die so viele unterschiedliche Dinge taten. Am erfreulichsten aber war, einen Einblick in das Leben einiger besonderer Menschen zu erhalten. Leute wie Ronnie, Gloria aus Carigara und Alex Montejo; Leute, die einen bleibenden Eindruck hinterließen. Ich stand an der Reling, als wir über die Bucht dampften, und während ich die niederen Hügel auf der Insel vor uns betrachtete, ließ ich die Eindrücke und Erlebnisse sich setzen.

Als wir in Matnog an Land gingen, begrüßten uns Freiwillige vom Rettungsdienst der Provinz Kabalikat-Bicol zusammen mit einer Schar von Rollerfahrern. Sie mussten gehört haben, dass eine Filmcrew in der Gegend war. Der Rettungsdienst erinnerte mich an den Freiwilligendienst, den ich in Mumbai gesehen hatte. Diese Organisation war so ziemlich auf die gleiche Weise von besorgten Bürgern gegründet worden und finanzierte sich ausschließlich durch Spenden. Die Arbeit der über dreitausend Mitglieder ist vom philippinischen Katastrophenschutzrat gewürdigt worden. Es gibt 62 Sektionen im ganzen Land, und die Sektion Kabalikat ist Nummer 30. Auch jedes Mitglied hat eine Nummer – sein individuelles Rufzeichen –, und so sprechen sie sich auch gegenseitig an. Der Mann, mit dem ich sprach, war Gründungsmitglied und hatte daher die Nummer 01 erhalten. Er sagte mir, es sei ihm eine Ehre, sie auf seinem Pulli zu tragen.

Die Krankenwagen waren mit Tragen, Erste-Hilfe-Kästen und Sauerstoff ausgestattet. Einige der Freiwilligen waren Ärzte, und jedes Stück Ausrüstung war entweder von Spendern oder von örtlichen Firmen bezahlt. Der Einsatzdienst war rufbereit, wann immer sich ein Unglück ereignete.

01 war um die fünfzig und trug sehr kurz geschnittenes Haar. Er erzählte mir stolz, dass seine Mannschaft bei jedem Unglück in der Region zur Stelle sei. »Wir wissen, was zu tun ist und wie es zu tun ist, egal, in welcher Lage.« Im Jahr 2006 war der Vulkan Mayon ausgebrochen, und gleichzeitig hatte ein Taifun zugeschlagen, der Springfluten und Bergrutsche auslöste. Mehr als eintausend Menschen wurden getötet, ganze Ortschaften wurden zerstört, und offenbar wurden immer noch Hunderte von Menschen als vermisst geführt.

»Du musst eine Menge vertragen«, sagte er. »Letztes Jahr, als die Fähre unterging, wurden unsere Mitglieder gebeten, bei der Bergung der Leichen zu helfen.« Er meinte die *Princess of the Stars*, eine Passagierfähre, die in einem anderen Taifun gesunken war. Als die

Taucher die Leichen hochbrachten, halfen die Freiwilligen, sie für die Identifizierung herzurichten.

Diese Leute sind unglaublich engagiert und lassen sich durch das Fehlen von Regierungsgeldern nicht davon abhalten, einen verlässlichen Rettungsdienst aufrechtzuerhalten. Und sie waren nicht nur sozial engagiert, sondern auch äußerst gastfreundlich. Sie fuhren uns bis zu der Kaserne, in die wir eingeladen worden waren, um eine Vorführung der Scout Rangers anzuschauen. Das 3. Bataillon ist eine Elitetruppe, die es mit Aufständischen wie der NPA und Abu Sayyaf aufnimmt. Ich hatte in der Zeitung gelesen, dass erst vor wenigen Wochen Abu Sayyaf behauptet hatte, eine amerikanische Geisel enthauptet und zwei weitere Amerikaner noch in ihrer Gewalt zu haben.

Die Rangers stehen unter dem Befehl von Oberstleutnant Cirilito Sobejana, einem Vierzigjährigen, der 1995 von der Regierung die Verdienstmedaille erhielt – die höchste Auszeichnung des Landes. Er bekam sie, nachdem er vierzehn Ranger bei einem Angriff auf ein Lager der NPA angeführt hatte, bei dem sie zahlenmäßig stark unterlegen waren. Er wurde fünfmal getroffen. Er hatte diese Anmutung: den Killerinstinkt, könnte man wohl sagen. Ich habe das schon bei ein paar anderen Soldaten gesehen, mit denen ich zusammengearbeitet habe. Mit seinen Schussverletzungen verbrachte er zwei Jahre im Krankenhaus; seine rechte Hand war verkrüppelt.

Die Rangers sind eine erstklassige Kampftruppe. Es sind Dschungelkämpfer, ihr Lager ist halb von Palmen verdeckt. Die Unterkünfte sind aus Bambusschindeln und haben Reetdächer, sodass das Lager friedlich, fast verschlafen wirkte ... wären da nicht die gepanzerten Wagen und die in Olivgrün herumlaufenden Männer gewesen. Auf dem Schild über dem Tor stand: »Zu Ihren Diensten im ganzen Land ... jederzeit ... überall. Der schlimmste Albtraum der NPA.«

Sobejana trug einen Tarnanzug und ein schwarzes Barett mit dem roten Abzeichen des Bataillons über dem linken Auge; er strahlte Verlässlichkeit aus, so wie die sechshundert von ihm befehligten Männer. Sie arbeiten in Siebenergruppen – darunter ein Heckenschütze, ein Mann, der mit dem Messer, ein weiterer, der mit den Händen töten kann, und noch einer, der mit einem Raketenwerfer bewaffnet ist. Alle aber waren mit einer M16 ausgerüstet. Sobejana erzählte mir, dass sie sich erst vor drei Wochen ein Feuergefecht mit einer Splittergruppe der NPA geliefert hatten. Sie töteten die Rebellen und erbeuteten alle möglichen Waffen. Die waren nun in der Messe ausgestellt, inklusive des Maschinengewehrs, das der Anführer bedient hatte, als er getötet wurde. Es war von Einschusslöchern durchsiebt, ebenso seine automatische Pistole. Eine Kugel hatte den Griff durchschlagen und ihm die Hüfte zertrümmert – dieser Schuss war offenbar der tödliche gewesen. Auf dem Tisch lagen Magazine, eine Ansammlung anderer Waffen, die entschärften Landminen und persönliche Gegenstände wie die Uhren einiger Rebellen.

Wir sahen der Vorführung einer Siebenergruppe zu, die bis an die Zähne bewaffnet war und sich die Gesichter mit Tarnfarbe bemalt hatte. Sobejana sagte mir, sie hätten einen Grundsatz. Der war brutal einfach: Leben für den Ranger und Tod für seinen Feind. Wenn es nach den Rangers ginge, würden die Rebellen nie Erfolg haben. Sie sind andauernd in Aktion und haben einen vorbildlichen Kameradschaftsgeist, den ich bei einem »Futtereinsatz« beobachten konnte. Ein Futtereinsatz ist eine Mahlzeit ohne Besteck oder Teller – Reis und Krabben, Obst und Kokosnussmilch werden auf Bananenblättern auf einem langen, aufgebockten Tisch serviert. Es ist eine traditionelle Art zu essen, und unter den Soldaten ist es ein Zeichen der Einigkeit.

Ich hatte gehört, dass die NPA unter der ärmeren Bevölkerung großen Rückhalt genoss, aber die Lage ist komplex, und ich bin mit der Politik nicht vertraut genug, um mir ein klares Bild machen zu können. Doch abgesehen von der Politik konnte ich nicht anders, als mich von dem Engagement Sobejanas und seiner Männer beeindruckt zu zeigen.

Die Rangers wussten, dass wir nach Legaspi fahren wollten, und boten an, uns in einem ihrer Lkws mitzunehmen, weil dieser Streckenabschnitt für Ausländer gefährlich war. Das war mir gerade recht – nach all dem Gerede über Schusswechsel und Rebellenarmeen war ich froh, von der besten Elitetruppe in ganz Asien eskortiert zu werden.

Nach dem Essen bestiegen wir den Armeelaster und stellten fest, dass die Sektion Kabalikat-Bicol noch auf uns wartete. Ich dachte, sie wären schon längst abgedampft, aber da wir alle in die gleiche Richtung mussten, hatten sie gewartet. Wir folgten ihnen als inoffizieller Konvoi und konnten sie nach einer halben Stunde Fahrt im Einsatz sehen.

Mit OI hatte ich über die vielen Motorradunfälle hier gesprochen. Auf der Straße nach Legaspi stießen wir auf einen Mann, der mit dem Motorrad in einen Lieferwagen gekracht war. Er lag neben seiner kaputten Maschine, war von einer schreienden, schnatternden Menge umgeben und sah arg mitgenommen aus. Die freiwilligen Sanitäter traten augenblicklich in Aktion.

Der Motorradfahrer hatte sich das rechte Bein verletzt. Unter dem Knie fehlte ein dickes Stück Fleisch. Nach einem Blick auf den Lieferwagen sah ich die Delle, wo sein Motorrad aufgeprallt war – der Auspuff war um neunzig Grad verbogen.

Es war eine hässliche Wunde, die mir vor Augen führte, wie wichtig der Freiwilligendienst hier ist. In kürzester Zeit hatten sie den armen Kerl stabilisiert, ihm einen Druckverband angelegt und auf eine Trage gehoben. Gleich darauf lag er im Krankenwagen, der mit Blaulicht und Sirene davondüste.

Es passte irgendwie, dass wir den Tag mit Ed Laguerta beendeten, einem Vulkanologen. Den ersten Teil des Tages hatten wir mit Menschen verbracht, die beim letzten Ausbruch des Mayon im Einsatz gewesen waren; Eds Observatorium befand sich am Fuße des Vulkans außerhalb von Legaspi. Da war er nun, erhob sich wolkenumflort überm Tal und stieß Rauch aus. Ich roch schon den Schwefel. Ed erzählte mir, dass der Vulkan im Moment besonders aktiv sei. Er sei auf Warnstufe 1, kurz vor einem Ausbruch. Im Observatorium standen mehrere Computer, die zahlreiche Sensoren überwachten. Es wurde schon dunkel, aber Ed hatte sein Teleskop permanent auf den Gipfel eingestellt. Als ich einen Blick auf den Rauch warf, sah ich Fontänen kochender Lava daraus hervorspritzen.

In der Nacht starrte ich vom Hotelzimmer aus auf den Berg. Es war unglaublich, so nah an einem so aktiven Vulkan zu sein. Noch unglaublicher war, dass ich ihm morgen sogar noch näher kommen sollte. Mir war ein Besuch des Lavafelds versprochen worden.

Draußen in der Morgensonne war der Anblick noch spektakulärer. Der Berg erhob sich aus einem Meer aus Grün, wo Palmen hoch aufragten und Wasser in der Sonne funkelte. Nach oben wurde das Grün aber zu Grau und dann zu Schwarz, als die Lava überhandnahm. Ich versuchte, mir vorzustellen, wie es wäre, dort zu wohnen, wo die Natur am bösartigsten ist. Der Vulkan konnte jederzeit hochgehen, trotz der Überwachung rund um die Uhr, aber Ed versicherte mir, dass er im Allgemeinen nur alle fünf oder zehn Jahre ausbricht. Der letzte Ausbruch war vor drei Jahren gewesen, daher waren wir trotz der hohen Alarmstufe offenbar sicher ... so ziemlich ...

Es war ein ausnehmend heißer und feuchter Tag, sodass nach zehn Minuten meine Kleider an mir klebten. Auf der anderen Seite des Flusses wartete Mr Chan, der einen weißen Sonnenhut trug und freundlich lächelte. Ich watete hinüber und schüttelte ihm die Hand. Er hatte uns einige Quads zur Verfügung gestellt, was wunderbar war. Meins war grün, hatte 250 Kubik und praktisch keine Bremsen, aber für die Fahrt im trockenen Flussbett zum Fuß des Vulkans war es prima. Ich konnte kaum glauben, dass es wirklich zu einem Lavafeld ging; es war echt aufregend. Vor uns lag der Gipfel in Wolken. Ich sah schon das schwarze Feld, wo die Lava heruntergeflossen war, um sich ins Tal darunter zu ergießen.

Ich folgte Chan über zahlreiche Bäche, wo Arbeiter Kies schaufelten, der mit Lastwagen abgeholt und dann zu Baustellen gefahren wurde. Es war eine miserabel bezahlte Plackerei. Aber im ganzen Tal stießen wir auf solche Trupps.

Anfangs fuhren wir auf schwarzem Sand, der aber allmählich felsigen Flächen und größeren Felsbrocken wich, zwischen denen hohes Gras wuchs. Ich hätte angenommen, dass ein solcher Ort so gut wie keine menschlichen Bewohner hatte, doch ich sah Kinder sich an sprudelnden Rohren zwischen Steinwänden waschen. Bauern tränkten ihre Büffel, und die Trupps der Kiesarbeiter waren immer noch da.

Schließlich kamen wir an ein kleines Lager, wo Chan normalerweise seine Quads unterbrachte. Es bestand aus einer Reihe von Bambushütten auf einer Anhöhe unter Bäumen rechts vom trockenen Flussbett. Hier waren sogar noch mehr Leute versammelt, Chans Freunde, seine Familie – viele Kinder. In diskreter Entfernung standen drei schwer bewaffnete Soldaten. Gestern hatten wir gehört, dass es im Südteil des Landes eine Reihe von Bombenanschlägen gegeben hatte, und da zwei Missionare noch immer von Abu Sayyaf festgehalten wurden, ging die Regierung kein Risiko ein. Ob es uns gefiel oder nicht, diese Armeepatrouille war uns zugeteilt worden und uns seit dem Abschied von den Rangers gestern gefolgt. Es gefiel uns, das könnt ihr mir glauben. Es gibt so viel Unsicherheit in der Welt heutzutage, dass man nicht auch noch unnötige Risiken einzugehen braucht. Wenn die Gegend gefährlich und Entführungen wahrscheinlich waren, wollte ich schon lieber bewaffnete Wächter haben. Es waren auch besonders markige Männer. Ein Typ wirkte so abgebrüht, wie es gar nicht mehr besser ging – mit kahl geschorenem Schädel, aufgerollten Ärmeln und Adlerblick. Nichts bewegte sich im Busch, ohne dass er es erspähte.

Nun ging es mit Chan zu Fuß das restliche Tal hinauf. Ich spürte, wie sich die Atmosphäre verdichtete; es war so feucht, dass mir der Atem in der Kehle stecken blieb. Zusammen gingen wir auf eine über uns aufragende schwarze, ausbuchtende Felswand zu. Ich hatte so etwas noch nie gesehen. So weit war die Lava geflossen, bis sie sich verfestigte. Ich stand unmittelbar vor einem drei Jahre alten Eruptionsstrom und konnte noch die Hitze im Fels spüren.

Beim Hinaufklettern fühlte ich mich wie im Traum. Das hier war eine Mondlandschaft; ich sah nichts als schwarze Felsblöcke. Vor drei Jahren waren sie noch rot glühend den Berg hinabgeflossen. Es war Ehrfurcht gebietend. Als ich auf unseren Weg zurückblickte, konnte ich die Stadt ruhig vor dem Hintergrund der Bucht liegen sehen. Da versuchte ich mir vorzustellen, dass ich beim Vulkanausbruch dabei gewesen wäre.

Ich untersuchte die Lava nun genauer und konnte feststellen, wo das Erdreich hochgeschoben worden war, braune Flecken, die im Meer aus Schwarz feucht aussahen. Ich hob ein Stück Fels auf und war überrascht, wie leicht es war. Weiter oben wehten Rauchfahnen aus den Steinen; sie fühlten sich feucht an und verbreiteten einen starken Geruch nach Schwefel. Es war, als befände ich mich in einer gigantischen Freiluftsauna.

Chan hatte eine Art Drahtseilbahn aufgestellt, die vom Lavafeld in sein Lager führte. Bis jetzt hatten nur zwei Leute sie getestet, also bot ich mich als Dritter an. Es war einfacher und viel schneller, als wieder hinunterzuklettern. Als ich in die Tiefe sauste, hatte ich Visionen, dass das Seil riss und ich in die Felsen geschleudert wurde. Aber alles ging glatt, und ich langte unversehrt im Lager an.

Wir genehmigten uns eine kleine Erfrischung mit Kokosnussmilch. Chan gab mir eine Machete, mit der ich in etwa so geschickt umging wie mit dem Hackebeil in Cebu. Doch irgendwie gelang es mir, die Kokosnuss zu öffnen, und ich trank dankbar den süßen Saft. Danach waren wir wieder auf den Quads, denn Chan leitete mich um den Fuß des Berges herum, wo wir zuerst an einer Kirche anhielten, die aufgrund eines Taifuns von Schlamm überflutet worden war, und dann bei den Ruinen von Cagsawa. Das war ein Ort, der von den Spaniern gegründet worden war, aber nun war nur noch der Turm einer einst schönen Kirche übrig. Bei dem Vulkanausbruch von 1814 waren die Bewohner schutzsuchend in die Kirche geflohen, doch die hatte keine Rettung geboten: Sie wurde von der Lava eingeschlossen. Die Kirche brannte vollständig aus, und niemand überlebte.

Mein Ausflug zu den Lavafeldern war ein unglaubliches Erlebnis. Den Vulkan so aus der Nähe zu sehen war eine wirklich spektakuläre Erfahrung. Und das hier erinnerte mich noch einmal in aller Deutlichkeit an seine fürchterliche Zerstörungsgewalt. Zuversicht gab mir das Wissen, dass es heutzutage Leute wie Ed gab, die tagaus, tagein den Vulkan überwachten, und 01, der bei jedem Unglück einsatzbereit war. Während Sobejana und seine Soldaten draußen im Dschungel eine Art Krieg führten, mussten Ed und 01 gegen eine ganz andere Macht kämpfen – die Natur selbst.

13

Mit Ziegen, aber ohne Züge

Wir hatten schon eine lange Strecke hinter uns, und die Zeit verging wie im Flug. Ich weiß noch, wie nervös ich an jenem ersten Morgen im Mai gewesen war, bevor ich all diese Motorräder auf mich warten sah, und nun, eine gefühlte Lebensspanne später, war ich auf den Philippinen. Ich dachte daran, was ich mit dem VSO und mit UNICEF erlebt hatte. Vor allem erinnerte ich mich an die Flussdurchquerung, wo beinahe alles aus dem Ruder gelaufen wäre, und ich dachte an das arme enthauptete kleine Mädchen in Bogia. Ich war auf einem Lavafeld gewesen und hatte erschreckende Geschichten von Bomben und Entführungen gehört. Bis gestern hatten wir die Armee bei uns, doch sie hatte uns mit den Worten verlassen, von hier nach Manila sei die Straße ziemlich sicher.

Was für eine Erfahrung. Erst wenn du innehältst und Atem holst, lernst du sie wirklich zu schätzen. In den letzten Jahren hatte ich das Privileg, verdammt viel von der Welt zu sehen, und immer haben mich vor allem die Menschen beeindruckt. Ganz egal, wer gegen wen kämpft oder was eine bestimmte politische Gruppe oder Fraktion zu erreichen versucht, die große Mehrheit des Volkes will einfach mit ihrem Leben zurechtkommen. Sie wollen ein Heim und einen Beruf; sie wollen normale, alltägliche Dinge wie Freunde und eine Familie um sich. Natürlich gibt es Unterschiede im Lebensstil, aber Menschen bleiben überall Menschen. Auch die Motorradfahrer, denen ich auf der Reise begegnete, waren wie andere Motorradfahrer auch: Sie wollten Spaß haben und schätzten alle zusammen die Freiheit, die auf zwei Rädern zu spüren ist. Gestern zum Beispiel fuhren wir, nachdem wir den Vulkan verlassen hatten, mit einigen Jungs des X3M Scooter Club aus Naga. Wir vertrieben uns die Zeit mit Drag-Rennen, von denen ich die meisten verlor, und heute Vormittag trennten wir uns in der Marktstadt Calauag. Ich fand es toll, dass wir einen so großen Teil der Reise auf Motorrädern zurückgelegt hatten.

Das war gestern. Heute früh hatte ich vor allem Hahnenkämpfe im Sinn. In Camiguin war ich damit schon in Berührung gekommen und hatte auch Kampfszenen im Fernsehen gesehen. Ich bin kein Spieler und mag auch keine blutigen Sportarten, aber hier gehörte der Hahnenkampf zur Kultur, und ich wollte wenigstens einmal dabei gewesen sein. Wir kamen heute durch Lopez, und ich wusste, dass dort Kämpfe abgehalten wurden. Um dorthin zu gelangen, mussten wir einen Zug nehmen ... bloß gab es keine Züge, nur Gleise.

Unsere Dolmetscherin Justine war aus diesem Teil der Provinz Quezon, und sie stellte uns ihrem Mann Webster vor, der erklärte, dass niemand mehr den Zug benutze. In den letzten Jahren waren die Züge, inzwischen ziemlich rostige, rumpelnde Dinger, weitgehend überflüssig geworden. Die Regierung war dabei, die Strecken wieder aufzubauen, doch inzwischen hatten die Menschen sie übernommen.

Sie nutzten die Gleise als Straße: Sie bewegten sich auf dem, was Webster Rollwagen nannte, hin und her. Diese draisinenähnlichen Gefährte bestanden im Grunde nur aus einer Plattform mit einigen Sitzbänken und einem Stoffdach – die meisten waren gut über zwei Meter lang und konnten von den Gleisen gehoben werden. Sie wurden als Taxis und Lieferwagen benutzt und beförderten Fahrgäste oder Vieh. In manchen Gegenden fuhren aber noch Züge, und wer auf einem Rollwagen saß, wenn ein Zug entgegenkam, der musste immer ein Ohr offen halten. Zum Glück fuhren hier keine Züge mehr (andernfalls hätten wir dringesessen!). Die Strecke war aber nur eingleisig. Wenn sich also zwei Rollwagen begegneten, musste der leichtere vom Gleis runter. Die Fracht wurde ausgeladen, und der Fahrer stemmte sich das Gerät auf die Schultern und stellte es neben das Gleis. Wenn der schwerere Rollwagen vorbei war, stellte er seinen einfach wieder drauf.

Ich hatte etwas Ähnliches schon mal in Kambodscha gesehen, aber dort war es nur ein Exemplar gewesen. Hier gab es Hunderte von ihnen, und ganze Hüttensiedlungen waren an der Strecke herangewachsen. Wir sprangen auf einen Rollwagen, der von einem 5-PS-Motor angetrieben wurde, den der Eigentümer mit einem Keilriemen startete. Allerdings waren nicht alle motorisiert, einige liefen mit einem Fahrradantrieb, und manche wurden einfach per Hand geschoben. Das Ganze war einfallsreich, typisch für die Erfindungsgabe der Filipinos.

Wir verließen Calauag und fuhren in die Landschaft, wo an manchen Stellen Palmen über die Strecke hingen und an anderen die Gleise auf hohen Bahndämmen verliefen. Reisfelder erstreckten sich bis zum Horizont. Es war gewiss ungewöhnlich, so zu einem Hahnenkampf zu fahren, auch wenn es sehr langsam voranging und wir immer wieder halten mussten, um den Rollwagen vom Gleis zu heben, damit andere vorbeifahren konnten.

Bei all dem Spaß muss ich zugeben, dass ich nicht in besonders guter Stimmung war. Ich weiß nicht, was der Auslöser war – möglicherweise der Gedanke an den Hahnenkampf –, doch das war das erste Mal auf dieser Reise, dass ich von mieser Laune ergriffen wurde. Sie wurde nicht besser, als ich vom Rollwagen plumpste. Wir hatten gerade einen schlammigen Fluss überquert. Ich ließ die Beine baumeln – ich dachte noch, dass das vielleicht keine gute Idee war –, als der Rollwagen mit einem Ruck zum Stehen kam und ich hinunterkatapultiert wurde. Wir waren auf eine alte Weiche gestoßen, wo sich ein Rad verkeilt hatte. Der Fahrer gab sich unbeeindruckt – das kam wohl öfter vor –, hob den Rollwagen einfach von den Gleisen und machte sich daran, das Rad zu richten.

Wir waren in der Nähe einer der Hüttensiedlungen, und Webster sagte mir, dass immer mehr Leute ihren Lebensunterhalt entlang der Eisenbahnstrecke bestritten. Deren Tage waren allerdings gezählt. Diese alten Trassen würden für den Neubau benötigt werden, wobei das Gleisbett verbreitert und alle dicht an der Strecke stehenden Hütten abgerissen werden würden. Die meisten waren winzige Behausungen aus Wellblech, Holz und Plastikplanen, aber es gab auch solidere, lehmverputzte, und manche hatten sogar Holzbalkone.

Ich fragte Webster, ob die Leute denn wüssten, was die Regierung vorhat.

Er nickte.

»Und wohin werden sie gehen?«

Webster blickte mich mit ernster Miene an. »Die finden schon was.«

Als das Rad gerichtet war, ging es weiter nach Lopez. Von dort war es nur eine kurze Strecke in einem Jeepney zu einer großen Betonscheune mit einem Drehkreuz, an dem ein Mann Eintritt verlangte. Drinnen war die Halle von wildem Geschrei erfüllt. Männer brüllten einander an, übertönt von krähenden Hähnen.

Das war die Sportarena von Lopez, die ein Mann namens Buboy Lee betrieb. Er war in den Vierzigern mit ausdünnendem schwarzen Haar und einem Oberlippenbart. Ich erzählte ihm, dass wir Hahnenkämpfe aus dem Fernsehen kannten und uns einmal einen live ansehen wollten. Er war mehr als glücklich, uns herumzuführen, also folgten wir ihm und mischten uns unter die Wetter und Hahnenbesitzer, die mit ihren Vögeln unterm Arm herumliefen. Dreimal in der Woche fanden hier Kämpfe statt, und Buboy selber besaß Hunderte Hähne. Er brachte uns zu einem Mann, der sie wog, damit sie einem Gegner von gleicher Größe zugeteilt werden konnten. Sobald ein Kampf vereinbart war, brachten die Besitzer die Hähne in die Arena. Es war ein Amphitheater, eine Gladiatorenbühne. Der Austragungsort der tödlichen Kämpfe war ein gläserner Käfig mit einem Lehmboden, umgeben von einer Steintreppe, wo einige Dutzend Männer den Buchmachern die Wetten zuriefen.

Ich sah mit eigenen Augen, dass den Vögeln Messer an die Beine gebunden wurden. Eine scharfe, gebogene Schneide von etwa vier Zentimeter Länge steckte zwischen zwei Klemmen, die am Bein des Vogels befestigt waren, weshalb das Vogelbein wie das mit Klingen gespickte Rad eines Streitwagens aussah.

Wenn das Messer angebracht war, umkreisten die Besitzer einander mit den Hähnen in Händen und ließen die Vögel schon mal aufeinander einpicken, bevor sie in den Käfig gesteckt wurden. Ich war schockiert, wie ernsthaft sie aufeinander losgingen, springend und krallend. Es war ganz übel und sehr blutig. Die ersten beiden Vögel waren einander so ebenbürtig, dass sie sich gegenseitig in

Fetzen rissen. Nach ein paar Minuten waren beide erschöpft und so schwer verletzt, dass sie kaum noch stehen konnten. Der Schiedsrichter hob sie auf und stellte sie auf die Beine, denn nun ging es darum, wer am längsten auf den Beinen blieb. Schneller, als wir gucken konnten, war ein neues Paar im Ring. Ein großer weißer Hahn erledigte seinen Gegner, erlitt dabei aber selbst schwere Schnittwunden. Sein Besitzer gewann 5500 Pesos, doch der Hahn starb vor seinen Füßen. Ich sah, wie der Mann sich das Geld in die Tasche steckte, über den toten Vogel stieg und davonging. »Free Range« war auf sein T-Shirt gedruckt.

Es war ganz und gar nicht mein Ding, aber auf den Philippinen ist es ein nationaler Zeitvertreib, der vor Hunderten von Jahren von den Spaniern eingeführt worden war. Ich denke, nicht alle stehen darauf, aber für einige Menschen ist es ein bedeutender Teil ihres Lebens. Es war blutig und scheußlich, doch zumindest waren die toten Vögel nicht vergeudet; sie wurden eine Tür weiter ins Restaurant gebracht, gerupft, gekocht und gegessen. Ich vermute, es unterschied sich nicht so sehr von der Art, wie Vögel in den Hühnerbatterien behandelt werden, und vermutlich blieben noch einige Hähne übrig, die eines Tages wieder kämpfen würden. Ich aber hatte genug. Die Stimmung in der Arena war drückend, ich fühlte mich erhitzt, schmierig und dreckig. Die Scheune war ein Kessel voll pulsierendem Adrenalin gewesen. Ich brauchte jetzt Luft und wieder Wind um die Nase. Ich erspähte einen Futtermitteltransporter, der auf der anderen Straßenseite geparkt war, und fragte den Fahrer, wohin er unterwegs sei.

»Unisan«, sagte er nur und deutete mit dem Finger die Straße hinauf.

Das reicht, dachte ich. »Kann ich mitfahren?«

Wir übernachteten auf einer Farm, die einem philippinischen Senator namens Suarez gehört, aber eigentlich von seinem

Sohn Jet geführt wird. Seit 2001 arbeiten sie an einem Zuchtprojekt für Rinder und Ziegen. Die Güte der Nutztiere auf den Philippinen ist nicht die beste, daher haben sie vor, Zuchtpaare von hochwertigen Rindern und Ziegen an die Bauern in der Region zu verteilen.

Jet führte uns herum, doch dann genehmigten wir uns zur Entspannung einige Runden mit dem hier gängigen Schnaps: Kokoswodka. Das war ein übles Gebräu. Ich wachte mit trockenem Mund und pochendem Schädel auf. Und ich sollte heute die Straße nach Manila bewältigen.

Jet lieferte ein Ziegenpaar an einen Bauern bei Lucena aus und bot Claudio und mir an mitzufahren. Wir nahmen dankend an und kletterten hinten auf seinen Laster zu den beiden Ziegen, die tatsächlich ineinander verknallt zu sein schienen. Sie hatten für die Reise jede Menge Heu zur Verfügung, hatten aber nur Augen füreinander und ignorierten es völlig. Auf dem ganzen Weg zu ihrem neuen Heim standen sie hinter dem Führerhaus und legten sich abwechselnd den Kopf auf die Schulter.

Wir lieferten sie bei einem Bambushaus ab, das hoch über der Straße stand und über eine Steintreppe erreichbar war. Jet versicherte mir, dass die Nachkommen der Ziegen die Namen Claudio und Charley erhalten würden, egal, welchen Geschlechts sie wären. Es freute mich, dass mein Name in diesem Teil der Welt weiterleben würde, und so stieg ich wieder auf den Laster und ließ mich nach Lucena fahren.

Wir hatten vor, noch heute Nacht bis Manila zu kommen, aber unterwegs sollten wir noch bei einer Jeepney-Fabrik vorbeischauen. Dummerweise hatte ich keine Ahnung, wo genau sie war, und schon gar keine Ahnung, wie wir dorthin kommen würden. Von Robin oder Sam fehlte auch jede Spur. Ich hatte gedacht, Jets Fahrer würde uns hinbringen, doch er ließ uns mitten in Lucena an einer weitläufigen, staubigen Busstation aussteigen.

In einem kleinen Café schnappten wir uns jeder eine Cola, und ich schaute auf die Reihen von schmutzigen Bussen. »Claudio, ich muss dir sagen, selbst wenn wir wüssten, wohin wir wollten ... Ich weiß nicht, ob ich noch so einen Bus vertrage.«

»Wir könnten uns immer noch von so was mitnehmen lassen.« Claudio deutete auf eine gewaltige weiße Limousine, die gerade angekommen war. Sie sah wie ein Hummer aus, aber zu lächerlichen Proportionen gestreckt.

Sie hielt mit laufendem Motor direkt vor uns an. Die Scheiben waren getönt, sodass ich nicht hineinschauen konnte. Aber neugierig, wie ich war, wollte ich mir das Ganze doch näher ansehen. Als ich hinging, wurde das Seitenfenster heruntergefahren. Ich erwartete, dass mir ein philippinischer Gangster einen bösen Blick zuwerfen würde, doch stattdessen grinste mich Sam an.

»Möchtest du zur Fabrik mitgenommen werden, Charley? Oder nimmst du lieber den Bus?«

Der Hummer war in Wirklichkeit ein Hammer – eine Nachbildung auf der Grundlage eines Nissan Patrol. Von außen besehen, hätte jeder schwören können, es sei das amerikanische Original. Drinnen sah es anders aus – da gab es Lederbänke und Weingläser, die mit Doppelklebeband befestigt waren. Bequem war der Wagen nicht. Die Sitze waren schmal und hart, aber was soll's, das war immerhin eine Limousine! Sie war von der Familie Sarao gebaut worden, welche die Jeepney-Fabrik leitete, die wir besuchen sollten. Nachdem ich auf der Ladefläche eines Lasters stundenlang mit zwei Ziegen gereist war, fand ich es schön, mich ausstrecken und die Augen schließen zu können, bevor wir in den Ort kamen.

Sarao Motors Inc. ist ein großer Betrieb an einer geschäftigen Vorortstraße. Wir wurden gleich von dem Mitbesitzer und Werksleiter Ed Sarao begrüßt. Der große, liebenswerte Mensch führte uns durch die zahlreichen, nach außen offenen Werkstätten und erklärte, wie sich der amerikanische Militärjeep zum sinnbildlichen Jeepney entwickelt hatte.

Die Firma hatte 1955 damit begonnen, die Jeeps umzubauen. Zuerst hatte sie ein Militärfahrzeug zu einem mehr zivilen umgearbeitet. Mit der Zeit veränderte sie das Fahrgestell, streckte es ein bisschen und verlegte sich dann auf den verlängerten Bus, den sie heute herstellt. Es gab verschiedene Werkstätten, der Aufbau der Wagen war aber stets einfach und traditionell; wie Ed erklärte, ist der Jeepney ein so schlichtes Fahrzeug, damit der Eigentümer es leicht warten und reparieren kann.

Er zeigte mir das Stahlgestell mit der rohen, unlackierten Karosserie. Die Sitze bestanden aus einem Holzgerüst, das mit Kokosfasern ausgestopft und mit Kunstleder überzogen wurde. Das ganze Fahrzeug wird hier in der Fabrik zusammengebaut und jedes individuell ausstaffiert. Ed meinte, das Bestellen eines Jeepneys gleiche dem Bestellen eines Maßanzugs – man musste nur sagen, welche Farbe und welche Verzierungen man haben wollte. Der Durchschnittspreis beträgt 490 000 Pesos, also etwa 8000 Euro.

Wir mussten durch die Stadt, und Ed erklärte sich gern bereit, mir eines seiner Modelle zu überlassen. Es war silbern und rot mit drei Presslufthupen auf der Haube und weiß Gott wie vielen Lichtern. Ich mochte den Jeepney sehr – er war echt laut und klobig, und wenn ich den Motor auf Touren brachte, klang es so, als würde jemand einen Furz lassen.

Mit einem von Eds Leuten neben mir steuerte ich auf die Hochhäuser zu, ließ die Gänge krachen und die Hupe ertönen. Der Verkehr war chaotisch – ein wirrer Haufen röhrendes Metall aus Autos, Lieferwagen, Motorrädern und vor allem Hunderten von anderen Jeepneys. Die Jeepneys sind größtenteils für das Chaos verantwortlich. Sie scheren aus, wann sie wollen, sie halten an, wo und wann sie wollen, bleiben stehen, um Fahrgäste aus- und einsteigen zu lassen. Dem Fahrer war alles egal, er setzte keinen Blinker – er drückte einfach auf die Hupe und machte, was er gerade wollte.

Die Wolkenkratzer, die das Zentrum der Stadt umgeben, waren schon zu sehen. Manila ist eine der am dichtesten besiedelten Städte der Welt, und je näher wir der Innenstadt kamen, desto irrwitziger wurde es. Ich roch nur noch Diesel. Ich hörte nur noch das dumpfe Grunzen der Dieselmotoren. In Verbindung mit der höllischen Hitze war das ziemlich wild. An einer Kreuzung mühten sich Blumen ab, auf dem Betonsockel in der Mitte zu wachsen. Ich sah dort auch ein hingestrecktes Straßenkind, das etwas Schlaf zu finden versuchte, was mich daran erinnerte, dass wir am nächsten Tag wieder mit UNICEF losziehen würden.

Mit einigen UNICEF-Projekten lässt sich emotional leichter umgehen als mit anderen. Der Einbau des Filtriersystems war harte körperliche Arbeit gewesen, aber emotional sehr bereichernd. UNICEF widmet sich seit dem Jahr 2000 auch den Straßenkindern. Meine Begegnung mit den Straßenkindern in Manila wird mich noch lange verfolgen. Auf den Philippinen soll es nach einer Schätzung aus dem Jahr 2000 246 000 geben, von denen 50 000 als »höchst auffällig« gelten, was bedeutet, dass sie keine Angehörigen haben und völlig auf sich allein gestellt sind. Die Gründe, warum Kinder auf der Straße landen, sind vielfältig, aber der Auslöser ist immer die Armut. Sie führt oft zum Zerbrechen der Familie und zu zahlreichen Formen von Kindesmisshandlung.

Am Vormittag des 19. Juli wurde ich einigen Jungen vorgestellt, die zwischen den Marktbuden von Divisoria in Manila lebten. Einer von ihnen war Edwin, ein junger Kerl mit weicher Haarmatte, der die Straßen entlangging, als gehörten sie ihm. Er war offenbar ein Dieb – ein »Schnapper«, wie ihn mein Führer Butch bezeichnete.

Butch war selbst ein Straßenkind gewesen, arbeitete jetzt aber bei UNICEF als Streetworker. Seine Geschichte unterschied sich allerdings etwas von der der anderen, da er bei einer gebildeten Familie in einem anständigen Viertel aufwuchs. Doch seine Eltern starben, als er noch ein Kind war, und weil seine Verwandten fast alle in den USA lebten, wurde er von seiner Großmutter aufgezogen. Unglücklicherweise starb auch sie, als Butch noch jung war, und so fand er sich auf der Straße wieder.

Ursprünglich bestritt er seinen Lebensunterhalt als Zeitungsjunge, aber mit dem Geld kam er nicht über die Runden, daher entwickelte er sich vom Dieb über den Drogenkurier zum Zuhälter. Er wäre wohl auf dem Friedhof oder im Kittchen gelandet, aber zum Glück überredete ihn ein Sozialarbeiter, als er achtzehn war, in ein von einem Jesuitenpriester geleitetes Heim zu gehen. »Das war Pater Ben«, sagte er mir. »Ein guter Mensch, sehr bodenständig. Er nahm mich auf, ohne Fragen zu stellen, obwohl er natürlich wusste, wo ich herkam und was ich getan hatte. Er gab mir was zu essen und einen Schlafplatz, und durch ihn lernte ich den Glauben kennen.«

Wir bewegten uns über den Markt. Eine Vielzahl von bunten Sonnenschirmen beschattete Hunderte von Ständen, die von Fleisch bis Kinderspielzeug alles verkauften. Die Straßen wimmelten von Menschen – zu Fuß, in Tuk-Tuks und auf Fahrrädern. Es war heiß und stickig, und die Luft war erfüllt vom fauligen Geruch des offenen Abwasserkanals auf der anderen Seite eines verbeulten Geländers. An diesem Geländer kochten und wuschen die Obdachlosen – und gingen auf die Toilette.

»Wie lange bist du im Heim gewesen, Butch?«

»Insgesamt sechs Jahre.«

Der Aufenthalt im Heim veränderte sein Leben. Da er von der Straße weg war und jemand für ihn sorgte, ließ Butch die Prostitution und die Drogen sein und brachte sein Leben in Ordnung. Er sagte mir, er sei ein verlorenes Schaf gewesen und verbringe nun sein Leben damit, nach anderen verlorenen Schafen zu suchen.

Die Kinder vertrauten ihm, und als wir durch die verrufenen Gassen gingen, war ich erstaunt, wie viele Leute ihn zu kennen schienen. Er wirkte ruhig und zielstrebig. Sein Gesicht war gegerbt von den auf der Straße verbrachten Jahren, und das Haar trug er in Dreadlocks, die er am Hinterkopf zusammengebunden hatte.

UNICEF betreibt zusammen mit einem Netzwerk für Straßenkinder ein alternatives Lernsystem. Ein mobiles Klassenzimmer, das von Body Shop gespendet wurde, reist durch die heruntergekommenen Viertel von Manila, und der Fahrer zeigt Kindern aller Altersstufen Videos. Mithilfe der Videos und anderer Medien machen sie Lernschritte, die sie auf eine formelle Schulbildung vorbereiten. Ich erledigte einige Aufgaben mit ihnen – ganz einfache, wie das Anziehen für die Arbeit oder die Identifizierung einer Lebenssituation anhand eines Bilds. Wir machten noch eine, wo ich ihnen den Rücken zukehrte wie beim Versteckspielen und sie ein Gewirr aus Armen und Beinen bildeten, das ich dann aufzulösen hatte. Es ging um Problemlösungen, und Butch erklärte mir, dass diese kleinen Aufgaben dazu dienten, ihnen Wahlmöglichkeiten zu zeigen. Sie stellten den Kindern implizit Fragen und brachten sie dazu, Entscheidungen zu treffen, die eine formelle Schulbildung dann auf ein höheres Niveau heben würde.

Er führte mich tief hinein nach Divisoria, wo wir Edwin und Jayson trafen. Edwin war der Jüngere der beiden, der, wie gesagt, mit selbstbewusst gestrafften Schultern fingerschnippend durch die Straßen schlenderte. Jayson war stiller und nachdenklicher. Er wirkte etwas gedrückt, hatte einen traurigen Blick, der bei Edwin entweder fehlte oder gut versteckt war.

Edwin »wohnte« auf einem schmalen Pflasterstreifen zwischen einem alten Lieferwagen und der Mauer eines Geschäfts. Seine wenigen Habseligkeiten bewahrte er in einem Plastikkorb auf. Sein Vater brachte seine Zeit als Rikschafahrer zu und versuchte, sie beide damit über Wasser zu halten. Seine Mutter war schon vor Jahren davongelaufen, und obwohl sie seitdem ein hartes Leben geführt hatten, war Edwins Vater entschlossen, seinen Sohn nicht einem Leben auf der Straße zu überlassen. Er war noch ein junger Mann, sehr groß und stolz aussehend, litt aber unter Tuberkulose. Ohne medizinische Versorgung kam er kaum über die Runden. Er liebte seinen Sohn und wollte bei ihm sein, doch er wusste, dass ein Heim ihm die Aussicht auf ein besseres Leben bieten würde.

Ihre Lebensumstände erschütterten mich. Das Pflaster war kaum einen Meter breit, und auf diesem Streifen lebten mindestens dreißig Familien. Butch erklärte, es gäbe zwei Arten von Menschen auf der Straße: die Straßenfamilien wie Edwin und sein Papa und Waisen oder verlassene Kinder wie Jayson. Überall, wo wir gingen, waren wir von Mädchen und Jungen jeden Alters umgeben, die niemanden hatten, der sich um sie kümmerte. Ich sah ein kleines Mädchen, das nicht älter als fünf gewesen sein konnte, an einem Betonpfosten sitzen, während Autos und Busse an ihr vorbeirauschten. Ein noch jüngeres Kleinkind mit geschorenem Kopf versuchte, allen Entgegenkommenden die Hand zu geben.

Es war herzergreifend. Jayson erzählte mir, dass er seine Eltern verlassen habe, weil seine Mutter seinen älteren Bruder bevorzuge und für ihn kein Platz mehr sei. Sein Vater arbeitete in einem der Gebäude auf der Straße, wo Jayson schlief, aber er hatte ihn seit mehr als einem Jahr nicht mehr gesehen. Er bezweifelte, ob er ihn jemals wiedersehen würde. Er war fest entschlossen, in ein Heim zu gehen, dort die Schule zu besuchen und Kriminologie zu studieren. Butch meinte, er sei aufgeweckt, ein erstklassiger Dieb, der eigentlich einen guten Polizisten abgeben würde.

Jayson brachte mich dorthin, wo er die Nacht verbrachte, ein Fleischverkaufsstand vor einem Kosmetiksalon. Er schlief auf dem Tisch, wo der Verkäufer das Fleisch zerteilte, und sagte mir, dass der Typ eine Zeit lang auf ihn aufgepasst habe. Doch dann zog er weiter, und ein neuer Kerl nahm seinen Posten ein. Die Dame, die den Kosmetiksalon betrieb, war die Tante des vorigen Verkäufers, und sie handelte mit dem neuen Standbetreiber aus, dass Jayson wenigstens den Tisch weiter benutzen durfte. Ich glaube, dass viele Ladenbesitzer eine Art Patenschaft für Kinder übernommen haben. Dennoch hatten diese kein festes Dach über dem Kopf, mussten sich in schmutzigem Abwasser waschen und ihr Essen zwischen Müllbergen auf Campingkochern zubereiten.

Doch nicht alle Hoffnung war verloren. Butch war der lebende Beweis dafür, dass die von UNICEF umgesetzten Vorhaben funktionierten. Er war ein Bindeglied zwischen der Welt der Straßenkinder und einem normalen Leben. Ich empfand Ehrfurcht vor ihm. Jeden Tag begab er sich unter die Kinder, verbrachte Zeit mit ihnen, nahm an ihrem Leben Anteil, bis sie ihm allmählich vertrauten. Er berichtete von einem seiner Erfolge, einem Jungen namens Emilio, der kürzlich aus dem Gefängnis entlassen worden war, wo er eingesessen hatte, weil er einen anderen Jungen bei einem Kampf um Drogen ermordet hatte. Als Minderjähriger hatte er nicht die volle Strafe absitzen müssen. Er hätte wieder in ein Leben mit Verbrechen und Drogen zurückfallen können, aber Butch nahm ihn unter seine Fittiche und zeigte ihm, dass er sich anders entscheiden konnte. Butch und UNICEF gaben Emilio und anderen eine zweite Chance – heute war Emilio frei von Drogen, hatte einen Job und damit zumindest etwas Hoffnung.

14

Mad Dogs und ein paar Engländer

Nach einem Tag in den Straßen Manilas war eine Fahrt auf einem Motorrad genau das, was ich brauchte, um den Kopf wieder frei zu bekommen. Für den nächsten Tag, Samstag, planten wir einen Tag auf Harley Davidsons mit ein paar Jungs vom Mad-Dog-Motorradclub, dem ›Club der tollwütigen Hunde‹. Dessen Präsident Big John hatte uns für heute ins Clubhaus zu ein paar Bier eingeladen.

Das Clubhaus hieß Handlebar (zu Deutsch ›Lenker‹). Man erkannte es schon an den Harleys, die draußen parkten, und am Schild, an dem mehrere Apehanger-Lenker hingen. Ehrlich gesagt, war ich ein bisschen nervös – so ein Club in einer Stadt wie Manila, und dann würden sie mir noch eine ihrer wertvollen Harleys anvertrauen ... Auf keinen Fall wollte ich sie zu Schrott fahren.

Äußerlich waren die Clubmitglieder den Hells Angels nicht unähnlich. Motorradclubs, bei der Polizei MCs genannt, haben einen gewissen Ruf. Ich wusste, dass dieser Club in der Vergangenheit einige Probleme gehabt hatte (es war wohl ein früherer Präsident ermordet worden), deshalb waren wir bei der Ankunft etwas beklommen.

Big John begrüßte uns. Er war ein Hüne mit Glatze und der obligatorischen Lederweste mit dem Clubabzeichen. Sein Anblick war Respekt einflößend, aber er und die anderen nahmen uns sehr freundlich auf.

Es war Freitagabend, und viele Mitglieder tranken Bier, spielten Poolbillard und rauchten Zigaretten. Ein Typ aus Schweden ließ sich zu seinen zahlreichen Tätowierungen eine weitere machen; einige »Anwärter« liefen mit Hundehalsbändern herum. Big John erklärte, wer Mitglied werden wolle, müsse während einer sechsmonatigen Probezeit das Halsband tragen und »Hundeaufgaben« erledigen.

Die Gespräche im lauten Stimmengewirr drehten sich alle um das Thema aller Motorradfans auf der Welt: Motorräder, Motorräder und noch mehr Motorräder, in diesem Fall umgebaute Harley Davidsons. Die Mitglieder kamen von überall auf der Welt, eine echte Mischung von Zuwanderern und Filipinos. Es waren verschiedene Altersgruppen vertreten, doch die meisten schätzte ich auf über vierzig.

Das Motorrad, das ich fahren würde, war von Danny Stewart von radkustomcycles.com gebaut worden. Danny war Australier; er hatte vor zehn Jahren Urlaub auf den Philippinen gemacht und war nie mehr heimgekehrt. Er verstand auf jeden Fall etwas vom Motorradbau, und für mich hatte er einen Chopper mit gewaltig langen Radgabeln, niedrigem Sitz und einem Seitenständer in der Form eines hochgestreckten Fingers vorgesehen.

»Phantastisch«, sagte ich beim Probesitzen wegen der Größe. »Das ist super, solange ihr auf mich aufpasst und mich nicht irgendwo in eine Ecke zerrt und verprügelt, wie das Motorradbanden ja machen sollen.« Die Jungs versicherten, nichts liege ihnen ferner.

Am folgenden Morgen trafen wir uns alle wieder. Etwa dreißig Mitglieder fuhren mit – von den insgesamt sechzig hatten nicht alle Zeit. Big John fuhr an der Spitze, und ich gesellte mich eine Weile zu ihm. Er erzählte, dass er ursprünglich aus Kanada stamme, das erklärte das Ahornblatt auf seinem Abzeichen. Er war mit einem Bauunternehmen hierhergekommen. Als sein Vertrag 2002 auslief, hatte er sich schon in den Ort verliebt und blieb. Er gründete seine eigene Firma, und die lief gut. Ein anderer John in der Gruppe, John Morgan aus England, war seit elf Jahren in Manila und hatte nicht vor, die Stadt wieder zu verlassen.

Einer der Filipinos, den alle nur »Boy« nannten, er war Mitte fünfzig, fragte mich, wie ich in der Nacht zuvor geschlafen hätte.

»Ganz gut«, sagte ich. »Nur mitten in der Nacht bin ich aufgewacht und wusste nicht, wo ich war.«

»Das Gefühl kenne ich«, sagte er. »Ich habe lange Zeit für verschiedene Unternehmen gearbeitet und bin in der Welt herumgeflogen. Wenn ich im Flugzeug einschlief, wusste ich beim Aufwachen oft nicht, ob ich zur Arbeit flog oder auf dem Heimweg war.«

Es war interessant, ihm zuzuhören. Hier war er mit seinem Abzeichen und dem Halstuch, seiner klapprigen alten V-Twin, ein Mann, der seit dem Alter von zehn Jahren Motorrad fuhr. Seine erste Harley, eine 1977er Shovelhead, bekam er vor sechsundzwanzig Jahren. Jahrelang war er ein Anzugträger im Hamsterrad der Wirtschaft gewesen. Jetzt war er zum ersten Mal im Leben Mitglied in einem Club und hatte das Gefühl dazuzugehören. Darum geht es in solchen Gruppen: um Freundschaft und Kameradschaft, Gruppenzugehörigkeit; Gleichgesinnte, die aufeinander aufpassen.

Die Mad Dogs stammten aus allen gesellschaftlichen Gruppen, und es war wundervoll, im Konvoi zu fahren. Das erinnerte mich an jenen ersten Tag in Sydney, nur diesmal saß ich auf einem Chopper, der in den Kurven aufsetzte, und ich brauchte wirklich Kraft, um den Lenker zu drehen. Wir fuhren nach Angeles City, einem Touristenort, der sich bis zum Ausbruch des Pinatubo im Jahr 1991 durch die Nähe zu Clark entwickelt hat. Clark war der größte US-Luftwaffenstützpunkt außerhalb der Vereinigten Staaten, doch nach dem Vulkanausbruch zogen sich die Amerikaner zurück.

Wir fuhren Seite an Seite durch kleine Straßen zu einer Unterführung und von dort auf die Schnellstraße, wo wir uns zwischen Kleintransportern, Lastwagen und Autos verteilten. Ich habe keine Ahnung, warum jemand Auto fährt, wenn er die Freiheit eines Motorrads genießen kann.

Ich war wieder in meinem Element und glücklich. Ich fuhr mit einer ganz neuen Gruppe Menschen, die ich unter anderen Umständen nie kennengelernt hätte. Außer dem Schweden, den ich erwähnt hatte und der von Beruf Taucher gewesen war, lernte ich einen Schotten aus Dundee kennen und einen hochgewachsenen, schlaksigen Typen um die sechzig, der Bob Hunnicut hieß. Bob stammte ursprünglich aus Texas, war ein Ex-Marine, wurde dann

Verkehrspolizist und fuhr elf Jahre lang Motorrad bei der Autobahnpolizei in Texas.

»Frag mich nicht, warum ich Bulle geworden bin«, sagte er. »Wahrscheinlich, weil ich zu nervös zum Stehlen oder zu faul zum Arbeiten bin. Irgend so was.«

Wir fuhren ins Landesinnere nach Angeles City in die Big Hat Bar. Das war das Zuhause der Mad Dogs, wenn sie in diese Gegend kamen. Geführt wurde sie von Greg, einem befreundeten Australier mit Pferdeschwanz in den Fünfzigern. Er sah mich etwas seltsam an, als ich erzählte, dass wir mit dem Schiff nach Taiwan reisen wollten. Die Bar war irgendwie draußen. Eine Seite war offen, aber überdacht, und einige fuhren direkt hinein. Es hatte angefangen zu schütten, und einige Motorräder fanden zwischen den Billardtischen Platz. Als die Motoren aus waren, fragte ich Greg, ob die Dogs sich in dieser Kneipe auch ordentlich benahmen.

»Oh ja«, sagte er, »die sind ganz brav. Klar, manchmal werden sie ein bisschen laut, aber so sind Männer eben, oder? Ich kenne sie seit Jahren, und wenn sie in Angeles City sind, ist das ihr Zuhause. Bleibt ihr heute Abend in der Stadt? Nehmen dich die Jungs mit in die Fields Avenue?«

»Fields Avenue?« Ich wusste nicht, was er damit meinte. Dann fiel der Groschen. »Oh, du meinst die drei sündigen Meilen, von denen ich schon so viel gehört habe. Nein, Greg, ich bin verheiratet, und überhaupt werde ich morgen fliegen.«

»Ehrlich?«

»Ja«, sagte ich. »Ich werde in Ruhe ein paar Bier trinken, und morgen fliege ich mit einem Ultraleichtflugzeug zur Subic Bay.«

»In Ruhe ein paar Bier, ah so.« Er schielte mich ungläubig an. »Ein Ultraleichtflugzeug, das wird phantastisch.«

»Das hoffe ich. Ich fühle mich unwohl in kleinen Flugzeugen. Ich rede mir ein, das stimmt nicht, aber es ist so.«

Er klopfte mir auf die Schulter. »Wird schon schiefgehen, Kumpel. Ein Kerl wie du? Da bin ich mir sicher.«

Das hoffte ich. Sosehr ich mich auch auf den Ultraleichtflug freute, mich quälten doch die Erinnerungen an die Spitfire in Australien. Die Geschichte, die Terry mir erzählte, war da auch keine Hilfe. Mit Terry wollte ich am nächsten Tag fliegen, und wir hatten uns später am Nachmittag verabredet. Wir fuhren durch die Landschaft und suchten den Flugplatz. Er gehört dem Angeles City Flying Club und liegt am Ende der Welt. Wir fanden ihn schließlich, und Terry zeigte mir seine Maschine. Sie war klein, rot, hatte eine Plexiglas-Kabinenhaube, und man saß nebeneinander. Vor einigen Jahren hatte er den Moderator einer Reisesendung zu einem kurzen Flug mitgenommen, doch der arme Kerl bekam schreckliche Angst in der Luft. Seine Furcht war so groß, dass sie nach einer kurzen Runde wieder landeten, ihm die Kleider auszogen und sie seinem Kameramann anzogen. Sie suchten jemand anderes, der filmte, während der Moderator festen Boden unter den Füßen behielt und der Kameramann seinen Platz in der Luft einnahm. Offensichtlich funktionierte das, und keiner merkte etwas, als das Magazin gesendet wurde.

Das würde mir nicht passieren. Ich habe keine Angst vor dem Fliegen. Ich mag kleine Flugzeuge; mir wird nur schlecht. Terry meinte, die Wettervorhersage für den nächsten Tag sei nicht so besonders gut, doch er hoffte auf ein kurzes Zeitfenster, damit wir nach Subic fliegen konnten. Es waren nur fünfundvierzig Flugminuten, und er war zuversichtlich.

Glücklicherweise behielt er recht, und als wir am nächsten Morgen ankamen, standen drei Flugzeuge für uns bereit. Ich würde mit Terry fliegen, Claudio mit einem amerikanischen Piloten namens Pete und Robin mit einem wirklich komischen Deutschen, der Helmut hieß. Helmut war bei der deutschen Luftwaffe gewesen, aber nicht als Pilot. Ich fragte ihn, warum er nicht geflogen sei, und er sagte, er sei nur vier Jahre dort geblieben, weil ihm die Arbeit nicht gefallen habe. Er war Techniker und begann erst mit dem Fliegen, als er nicht mehr bei der Luftwaffe war.

Überraschenderweise freute ich mich auf den Flug, trotz all meiner bisherigen Erlebnisse. In der Spitfire war ich verkrampft und schwitzend hinten eingeklemmt gesessen. Dieses Ultraleichtgerät hatte einen kegelförmigen Windschutz und keine Türen. Der Wind würde mir ins Gesicht blasen, und es war zu hoffen, dass mir nicht schlecht würde. Ich konnte es kaum erwarten. Während die Flugzeuge betankt wurden, hüpfte ich aufgeregt wie ein Kind auf dem Flugplatz hin und her. Es war ein wunderschöner Ort. Die Landebahn bestand aus schön gemähtem, üppig grünem Gras, und es gab ein Schwimmbecken und einige Hütten, die an Flugschüler vermietet wurden.

Terry strahlte ruhige Sicherheit aus, wie alle guten Piloten. Er stammte aus Großbritannien und lebte seit vierundzwanzig Jahren auf den Philippinen. Er erzählte mir, er sei mit einer Filipina verheiratet, die eine Tochter mit in die Ehe gebracht hatte. Danach hatten sie noch eine gemeinsame Tochter bekommen. Sobald ich angeschnallt war, lehnte ich mich zurück, und er sprach mit dem Tower. Einige Minuten später waren wir in der Luft. Ich fand es toll! Ohne Türen fühlte ich die kühle Brise am ganzen Körper. Der kleine Zweitaktmotor hatte knapp siebzig PS, und wir flogen mit etwa neunzig Kilometer pro Stunde in hundertfünfzig Meter Höhe. Wir flogen mit einer RANS S-12, einem der beliebtesten Ultraleichtflugzeuge, und Terry sagte, ein gutes gebrauchtes kostet nur etwa 12 000 Euro.

Ich lehnte mich zu ihm hinüber und sagte: »Mir gefällt, dass es keine Türen gibt, Terry. So habe ich eine wirklich gute Sicht auf den Boden, ehe wir aufschlagen.«

»Wir werden nicht abstürzen«, versicherte er mir. »Wir werden einen richtig angenehmen Flug haben.«

Über den Bäumen stiegen wir höher und hielten auf die Berge zu. Ich konnte die kegelförmige Kuppe des Pinatubo sehen, dessen Ausbruch vor fast zwanzig Jahren die Amerikaner veranlasst hatte, sich aus der Region zurückzuziehen. Es war eine atemberaubend schöne Landschaft, der Pinatubo dominierte die kleineren Gipfel, das Tal war mit Reisfeldern übersät, die im morgendlichen Sonnenlicht glitzerten. Wir überflogen eine Straußenfarm und später dann ein riesiges Gebiet mit Millionen zusammengepferchter Hütten von Flüchtlingen, die nach Naturkatastrophen hier lebten, während ihre Städte und Dörfer wieder aufgebaut wurden.

»Ich danke dir so sehr«, sagte ich. »Das ist wirklich grandios.«

»Macht's dir Spaß, Charley?«

»Ja, ein bisschen schon.«

»Das freut mich.« Jetzt lächelte er. »Einmal habe ich jemanden mit dem anderen Flugzeug, der X-Air, die Pete jetzt fliegt, mitgenommen.« Er nickte über die Schulter nach hinten zur X-Air, von der aus Claudio filmte, der hinter Pete saß. »Ich fragte meinen Passagier, ob es ihm gefalle, und er grunzte nur und sagte, es sei in Ordnung. ›In Ordnung‹, dachte ich, ich zeig dir, was ›in Ordnung‹ ist, Junge.«

»Was hast du dann gemacht?«

»Ich habe den Motor gedrosselt und ins Mikrofon gerufen: ›Oh, Shit.‹ Der arme Kerl machte sich fast in die Hosen.«

»Den Motor gedrosselt?«

»Ich zeig's dir.« Und dann nahm er den Motor zurück, bis er kein Geräusch mehr machte und die Nase nach unten sank. Dann zog er am Steuerknüppel, und der Motor schaltete sich wieder ein. »Das mache ich oft«, sagte er, »aber das wusste der Typ natürlich nicht.«

Wir überflogen die Nordspitze der Halbinsel Bataan, wo 1942 ein japanischer General namens Masaharu Homma Tausende

Amerikaner und philippinische Kriegsgefangene zu einem über hundert Kilometer langen Marsch von Mariveles nach San Fernando zwang. Wer nicht mehr weiterkonnte, wurde von seinen Soldaten getötet. Als einige Gefangene versuchten, Wasserkanister zu füllen, ließ Homma Maschinengewehre aufstellen und dreißig auf einmal erschießen. Wenn jemand einen Bewacher auch nur ansah, konnte der ihn mit dem Bajonett töten. Der Marsch dauerte neun Tage, und eintausend Männer starben. Homma wurde 1946 wegen Kriegsverbrechen verurteilt und hingerichtet.

Nachdem wir über die Bucht eingeflogen waren, landeten wir in Subic. Das war der ruhigste internationale Flughafen, den ich je gesehen habe. Während des Vietnamkriegs hatten die Vereinigten Staaten hier 40 000 Männer stationiert, und B52-Bomber landeten zur Betankung. Jetzt gab es hier nur die Ultraleichtflugzeuge. Das Flugfeld und die Flughafengebäude lagen verlassen. Das war komisch, wie ein Geisterflughafen oder so ... wirklich seltsam.

Wir dankten den Jungs für den tollen Flug und suchten uns ein Taxi, das uns zum Jachtclub brachte, wo uns hoffentlich schon Derek, der Kapitän unseres Schiffs nach Taiwan, erwartete. Am Abend zuvor hatte ich mit ihm gesprochen und erfahren, dass das Schiff ein umgebauter Schleppnetzfischer war. Ich hatte noch keine Bilder gesehen, aber der Name bedeutete übersetzt »kein Problem«, und Derek versicherte mir, es sei absolut seetüchtig. Das einzige Problem war das Wetter. Wir wussten schon eine Zeit lang vom Monsun, doch nun war ein Taifun über das Gebiet gezogen, durch das wir fahren wollten. Die Tatsache, dass er an uns vorübergezogen war, klang gut, und als wir im Jachtclub ankamen, waren wir ganz zuversichtlich.

Ich wollte nicht nach Taiwan fliegen. Trotz des Boorman-Bootsfluchs war dies ja eine Expedition über Land und auf dem Wasser, und ich hatte auch schon genügend kommerzielle Flugzeuge gesehen. Wir hofften, das Wetter wäre auf unserer Seite.

Der Jachtclub war ziemlich nobel und sah aus wie ein Fünf-Sterne-Hotel. Der Jachthafen war durch Pontons markiert, an denen einige sehr teuer aussehende Motorkreuzer festgemacht waren.

»So einer wäre doch schön, Claudio«, sagte ich, als wir zum Liegeplatz des Trawlers gingen. Jetzt konnten wir ihn sehen – ein großes Schiff mit Brücke und allem; es war viel solider als das, mit dem ich von Timor nach Darwin gefahren war. Es war weiß angestrichen, hatte einen hellblauen Bug und lag hoch im Wasser. Als wir näher kamen, kam Derek uns entgegen. Er gab uns die Hand und hieß uns an Bord willkommen.

Es war ein schönes Schiff, bot viel Platz unter Deck, drei ordentliche Kabinen, von denen eine eindeutig noch besser war als die anderen – komfortabler und weiter von den Maschinen entfernt. Ich hatte gleich ein Auge darauf geworfen. Es gab noch die Kapitänskajüte im Bug, aber Derek meinte, auf See sei die ungünstig, wenn der Bug gegen die Wellen schlug. Derek war Engländer, wohl etwas über vierzig Jahre alt und seit einem Jahr Kapitän dieses Schiffes. Er stellte uns der Mannschaft vor, zwei Jungs namens Sting und Mark und ein Mädchen mit dem Namen Ping. Das war ein hervorragendes Schiff, gut ausgerüstet und organisiert. Ich hatte ein gutes Gefühl, wenn nur das Wetter halten würde.

Er nahm uns mit in sein Büro auf der Brücke und zeigte mir auf dem Laptop die Wetterkarte.

»Wir haben ein Problem«, sagte er. »Ich fürchte, wir werden mindestens einen Tag verlieren.«

Mein Mut sank. »Warum? Ich dachte, der Taifun sei durchgezogen.«

»Ist er auch. Jetzt nimmt er gerade Kurs auf Hongkong, aber er könnte nach links oder rechts abbiegen und genauso gut auch wieder zurückkommen. Ich möchte sicher sein, dass er wirklich weg ist, damit wir genügend Zeit haben, nach Taiwan zu kommen.«

Er zeigte uns unsere Position auf der Karte. »Es sind vierhundertzwanzig Meilen«, sagte er. »Zweihundert hier entlang der philippinischen Küste, der Rest auf offener See. Gerade entwickelt sich ein kleines Tiefdruckgebiet im Südosten, das ich beobachte. Der Monsun ist südwestlich, das bedeutet, wir haben den Wind und die Strömung den ganzen Weg lang backbord. Wenn er nordöstlich wäre, wären wir geschützt, bis wir die Küste verlassen.«

»Wie lange dauert die Überfahrt?«

»Zweieinhalb Tage. In 24 Stunden schaffen wir etwa zweihundert Meilen. Wenn das Wetter gut ist, sollte es nicht länger dauern.« Wieder zeigte er auf die Karte. »Was ich machen könnte: Ich könnte die ersten hundert Meilen entlang der Küste nach Bolinao Bay fahren. Dort ist es geschützt, und wir könnten jedes Wetter aussitzen, wenn das nötig wäre.«

»Das klingt gut.« Ich mochte Derek; er kannte sich eindeutig aus, und er ging auf keinen Fall ein Risiko ein mit dem Monsun. Mir gefiel auch die Idee mit Bolinao Bay; er sagte, es sei wirklich schön dort, und wir hätten eine Tauchausrüstung an Bord, damit würde uns nicht langweilig, falls wir warten müssten.

Das war geklärt. Wir würden die Daumen drücken, dass das Wetter hielt, und alles, was wir jetzt noch klären mussten, war, wer Kabine Nr. 1 bekam.

Claudio kam mit einem System zur Verlosung – eine komplizierte Methode, die er Buddha-System nannte. Er nahm ein Blatt Papier, schrieb unsere Namen darauf, meinen oben, dann Robins und schließlich seinen eigenen. Rechts schrieb er die Zahlen 1, 2 und 3 daneben, die 1 auf der Höhe meines Namens, die 2 neben Robins und die 3 neben seinen. Dann markierte er den Raum zwischen dem Namen und der Zahl mit vertikalen Linien und bat uns, dasselbe zu tun. Dann ging es darum, die Namen mit einer Kabinennummer zu verbinden, indem horizontale Linien gezogen wurden, die sich mit den vertikalen kreuzen sollten.

Ich war gleich misstrauisch, besonders als er uns erzählte, sein Vater hätte ihm dieses System beigebracht. Doch die andere Möglichkeit wären Lose gewesen. Natürlich bekam mein Name die Nummer 3, Robin blieb in 2, und Claudio landete bei der 1. Das musste ja so kommen. Claudio war einfach zu selbstzufrieden, aber wir konnten es jetzt nicht mehr ändern. Er ließ sich in der ruhigsten und komfortabelsten Kabine nieder, wie er es vorausgesehen hatte. So viel zur Demokratie.

An Deck ging ich zum Bug und starrte auf die Wasserfläche des Naturhafens. Weiter draußen auf See sah sie etwas rauer aus. Derek kam und lehnte sich gegen die Reling.

»Das ist nicht gut«, sagte er, »wenn das Meer so aussieht. Wenn es hier schon so aufgewühlt wirkt, ist es weiter draußen noch viel schlimmer. Wir brauchen eine Oberfläche wie im Mühlenteich, so weit das Auge reicht.«

Es wurde nicht besser, sondern viel, viel schlechter. Früh am Morgen war alles ruhig, doch gegen acht begann es zu regnen. Wind kam auf, das Wasser im Hafen stieg, und es regnete und regnete und regnete. Auf der Wetterkarte konnte man sehen, dass der Taifun, der in Richtung Hongkong abgezogen war, gedreht hatte und seinen Zorn nun gegen die taiwanesische Küste richtete. Inzwischen hatten wir es mit dem Monsun zu tun, und es entstand ein weiteres Tiefdruckgebiet, das die Küste entlang nach Norden wanderte. Laut Derek würde es sich genau über der Nordspitze der Insel festsetzen, und danach würde sich ein weiteres bilden. Tief im Innersten wusste ich es bereits: Wir würden mit dem Schiff nirgendwohin fahren.

Ich war einer Depression nahe. Der Bann, der Fluch oder was es war, er hatte wieder zugeschlagen … Ich konnte einfach mit keinerlei Boot zusammenkommen.

Ich weigerte mich jedoch, die Hoffnung vollständig aufzugeben, und wir beschlossen, noch eine Nacht zu warten. Um uns die Zeit zu vertreiben, überquerten wir in einem Schlauchboot den Hafen und gingen ins Ocean-Adventure-Meeresaquarium. Im Neoprenanzug stieg ich bei strömendem Regen in die Tiefen der Lagune, wo gleich ein Großer Tümmler zu mir kam und mir in die Augen sah. Ich meine, *direkt in die Augen.* In dem Moment fielen alle Aufregung und Sorge von mir ab.

Der Delfin presste seine Nase in meine Handfläche und drehte sich wie ein Kreisel, dann fasste ich seine Rückenflosse, und er zog mich. An der Oberfläche hielt ich mich an seinen Flossen fest, und mit dem Bauch nach oben zog er mich über das Wasser. Es war faszinierend. Ich war noch nie mit Delfinen geschwommen, aber jetzt spürte ich, dass sie etwas Besonderes haben, als könnten sie Probleme ansprechen, von denen du vorher gar nicht wusstest, dass du sie hast. Kein Wunder, dass Menschen mit ernsthaften Depressionen, die mit diesen Tieren schwimmen, sich danach viel besser fühlen, wie man hört. Sie sind Warmblüter wie wir, und der Kontakt mit ihnen ist wie der mit einem anderen Menschen, nur dass sie keine Menschen sind, sie sind irgendwie elementarer. Es ist schwer zu erklären. Aber es war wunderbar.

Ich traf auch einen kleinen schwarzen Wal mit knolliger Nase, der Zähne hatte wie ein Orca oder Großer Schwertwal. Diese Art wird auch Unechter Schwertwal genannt, weil sie wie junge Orcas aussehen. Er hob seinen Kopf aus dem Wasser und tanzte mit mir – ich legte meine Hände auf seine Flossen, und wir wirbelten herum wie ein Walzer tanzendes Paar.

Das hatte eine unglaubliche therapeutische Wirkung. Als wir zum Schiff zurückkamen und Derek mir mitteilte, dass zwei weitere Taifune unterwegs seien, konnte ich das einfach akzeptieren.

»Tut mir leid«, sagte er. »Aber bei so einer Überfahrt geht es um hundert Prozent Sicherheit, und ich wäre ein Narr, wenn ich versuchen würde, bei diesem Wetter mit euch hinauszufahren.«

Er schätzte, dass wir weitere fünf Tage hier festsitzen würden, und so lange konnten wir nicht warten. Wir würden fliegen müssen. Ich wollte auf keinen Fall nach Manila zurück. Deshalb rief ich einen Mann an, der Großtiertransporte organisierte. Sein Name war Joi, und er sagte, er würde uns sehr gerne nach Taiwan fliegen. Er besaß einige Flugzeuge, allerdings meinte er, dass es bei jedem Flugzeugtyp drei Tage dauern würde, bis er eine Landeerlaubnis erhielte. Das war nicht gut. Wenn wir drei Tage auf ein Flugzeug warten mussten, konnten wir auch fünf Tage warten und mit dem Schiff fahren, wie ursprünglich geplant. Es gab keinen anderen Ausweg. Ob es uns gefiel oder nicht, wir mussten zurück nach Manila.

15

Der Weg zur Erleuchtung

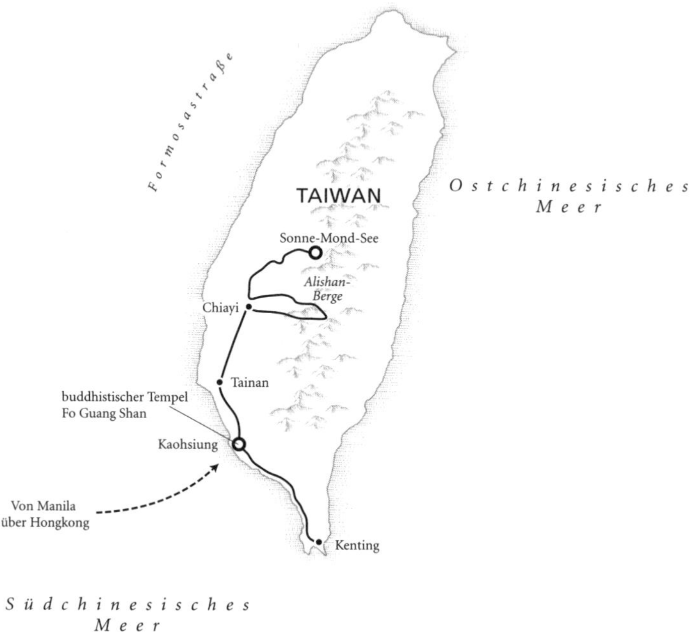

Am Abend des 14. Juli landeten wir schließlich in Kaohsiung in Taiwan. Es war noch ein Drama gewesen, in Manila die Tickets zu beschaffen, aber nun waren wir da. Am Flughafen trafen wir bulgarische Turner, die an den World Games teilnahmen, die in einigen Tagen in Taiwan beginnen sollten. Diese Spiele stellen Sportarten vor, die nicht olympische Disziplinen sind. Da ich noch nie bei einer solchen Veranstaltung gewesen war, versuchte ich, noch Karten für die Eröffnungsfeier aufzutreiben, und ich hatte Erfolg. Wir trafen uns davor mit Sunny, einer reizenden Chinesin, die für uns übersetzen sollte.

In den vergangenen Tagen war mein Energielevel etwas gesunken. Als wir zu diesem Abenteuer starteten, war ich voller Tatendrang und hatte den ganzen Tag lang Energie, doch jetzt musste ich feststellen, dass ich gegen drei Uhr nachmittags regelmäßig ziemlich erledigt war. Laufend in Bewegung zu sein, dauernd in unterschiedlichen Betten zu schlafen – einige Nächte sogar ohne Bett –, das alles fordert seinen Tribut. Ich will nicht sagen, das sei harte Arbeit – dazu macht es viel zu viel Spaß –, doch ein paar Monate unterwegs können einen am Ende schon fertigmachen.

Ich wusste nicht viel über Taiwan. Keiner von uns – nicht einmal Claudio, der immer am meisten über die verschiedenen Orte wusste. Aber ich hatte vor unserer Abreise ein wenig recherchiert und herausgefunden, dass die Insel vor Jahrhunderten von Malaien besiedelt worden war. Die ersten europäischen Siedler waren Portugiesen im Jahre 1544. Sie nannten das Eiland »ilha formosa«, das bedeutet »schöne Insel«.

Kaohsiung ist die zweitgrößte Stadt Taiwans und war für uns nach Indonesien und den Philippinen so etwas wie ein Kulturschock. Die Stadt war so modern, die Straßen waren nicht verstopft mit Jeepneys und Motorradtaxis. Alles wirkte sauber und neu. Wenn ich mich umsah, fand ich kaum ein Fahrzeug, das älter als zehn Jahre alt war.

Wir wollten zur Eröffnung der World Games zurück in Kaohsiung sein, aber unseren ersten Tag wollten wir an einem Ort namens Kenting verbringen, an der Südostküste der Insel. Dort hätten wir nach unserer Bootsreise angelegt. Der Taifun hatte das verhindert, aber alles Negative hat auch etwas Positives. Der Sturm hatte viele hohe Wellen für die Surfer hinterlassen, das war gut für die Surfbranche, die sich in Taiwan gerade erst entwickelte.

Wir trafen uns mit einem Surfer namens Afei, der mir das Surfen beibringen wollte. Ursprünglich wollte ich das mit Dare Jennings in Australien machen, aber das Wetter hatte auch das verhindert. Höchste Zeit, dass uns das Wetter mal etwas gönnte, und vielleicht klappte es ja jetzt.

Ich war aufgeregt. Ich fand, wir hatten nach unseren ganzen Reisen ein, zwei Tage Spaß und Entspannung verdient. Wir nahmen den Bus nach Kenting. Er sollte um zehn vor zehn abfahren, startete aber fünf Minuten früher nur mit uns und ein paar weiteren Passagieren. Das wäre auf den Philippinen nie passiert, denn dort fahren die Busse erst ab, wenn sie voll sind. Die Straßen waren wieder erstaunlich leer, obwohl die Stadt einfach nicht enden wollte. Der Fahrer war sehr gesprächig und erzählte, er und seine Frau reisten gerne. Sie waren in Japan gewesen, was ihm sehr gefiel, und sie wollten bald auf die Philippinen reisen.

Als wir schließlich die Stadt hinter uns ließen, war die Landschaft ähnlich wie auf den Philippinen: grüne Palmenhaine und Reisfelder. Der einzige Unterschied war, dass die Bauern den Reis mit großen kastenförmigen Maschinen ernteten anstatt von Hand.

Afei holte uns von der Bushaltestelle ab. Er war der typische Surfer, groß und schlank, mit langen Haaren, weiten Hosen und den obligatorischen Flipflops. Er begrüßte uns mit einem breiten Grinsen und einem herzlichen Händedruck und fuhr uns mit seinem VW-Bus zu seiner Surfhütte.

»Wie lange ist das Surfen in Taiwan schon Mode, Afei?«

»Erst seit zwei oder drei Jahren. Vor zehn Jahren surften nur wenige, obwohl es immer Wellen dafür gab, besonders in der Taifunzeit. Vor einigen Jahren ging es aber los.«

Seine Hütte war eigentlich ein echt schicker v-förmiger Bungalow aus Holz, lila angestrichen. Sie stand auf einem Grundstück zwischen zwei Betonhäusern, direkt gegenüber der Straße zum

Strand. Drinnen hielten sich viele Leute und ein schwarzer Labrador auf, der überall herumschnüffelte – es war Hochbetrieb. Die Surfbretter waren vertikal aufgereiht, und es gab eine Stange mit Neoprenanzügen, T-Shirts und den kleinen Ringen, mit denen man das Brett am Fußgelenk befestigen konnte. Draußen auf der Veranda wachsten Leute ihre Bretter für das Wasser.

»Charley, bist du schon einmal gesurft?«, fragte mich Afei.

»Einmal in Cornwall, vor Jahren. Ich musste einen dicken Neoprenanzug tragen, weil es so kalt war.«

»Den brauchst du hier nicht«, sagte er. »Wir verkaufen sie zwar, aber hier braucht man keinen Neoprenanzug.«

Ein blondes Mädchen namens Erica drückte sich herum. Afei hatte ihr ein Bild von Bob Marley auf ihr Brett gemalt, und sie berichtete stolz, in einem Jahr wäre sie professionelle Surferin.

»Wirklich? Hat Afei dich unterrichtet?«

Sie nickte. »Er unterrichtet mich jetzt.«

»Wie viele Stunden hattest du schon?«

»Drei«, sagte sie stolz.

Afei fand die Wellen hier zu hoch und schlug vor, zu einer anderen Stelle zwanzig Minuten von hier entfernt zu fahren. Mit dem VW-Bus fuhren wir zu einer kleinen Bucht, wo die Wellen nicht ganz so hoch waren. Dort waren schon ein paar Leute mit ihren Brettern.

Wir legten unsere Bretter in den Sand, und Afei brachte mir bei, wie ich mit einer fließenden Bewegung aus dem Liegen auf die Füße kam. Er zeigte mir die richtige Stelle zum Stehen und die richtige Armstellung. Nach einigen Übungen war ich bereit für die Wellen.

Ich paddelte hinaus und wartete auf eine Welle. Afei stand bis zur Brust im Wasser, und als die richtige kam, gab er meinem Brett einen Stoß und rief, ich solle aufstehen.

Ich stand auf. Und fiel sofort wieder seitlich runter.

Beim nächsten Mal hielt ich die Balance und blieb aufrecht, bis die Welle brach. Dann fiel ich runter. Sehr schnell erkannte ich, dass man desto mehr lernte, je länger man auf den Füßen blieb. Es klingt vielleicht selbstverständlich, aber wenn man steht, bekommt man schnell ein Gefühl für das Brett.

Ich versuchte es immer wieder, und schließlich gelang es mir, auf ein paar Brechern bis zum Strand zu reiten.

Ich verstand nun auch, warum man Surfer so häufig auf ihrem Brett liegen sieht. Surfen ist sehr anstrengend, und wenn man eine gute Welle erwischt, muss man hinterher Luft holen, sonst ist man gleich schlapp.

Afei war ein guter Lehrer. Er war sehr entspannt, aber wirklich bei der Sache, und er liebte seine Arbeit. Er sagte, die Begeisterung seiner Schüler übertrage sich auf ihn, und er könne sich keine andere Arbeit vorstellen, bei der die Menschen so viel lächelten und lachten.

Nach meiner Surfstunde probierten Claudio und ich noch Bob Bikes aus – das sind quasi Dreiräder auf Skiern, wie kleine Tragflächenboote, auf denen man steht, sich festhält und in den Knien federt, um sie anzutreiben. Komische Dinger ... meines sank andauernd. Danach war ich mit Afei im Inneren einer riesigen Plastikkugel festgebunden und kullerte einen Hügel hinunter. Fragt mich nicht, warum ich das gemacht habe! Ich hasse so etwas – mir wird schlecht davon, und dieser blöde Ball hat mich für den Rest des Tages erledigt. Aber es war sowieso ein Faulenzertag!

An dem Abend waren wir bei Afei zum Grillen, und morgens fuhren wir gleich zurück nach Kaohsiung. Die World Games wurden erst am Abend eröffnet, aber ich hoffte, ich könnte tagsüber einigen Drachenbootmannschaften beim Training zusehen.

Die Spiele gibt es seit 1981, und dort sind Sportarten vertreten, die vielleicht einmal olympische Disziplinen werden oder es einmal waren. Veranstaltungsort für die Wassersportarten war der Lotussee, dessen Ufer von sehr eleganten chinesischen Pagoden gesäumt wird – ein wundervoller Ort. Hier wurden Drachenbootrennen, Wasserski und Kanupolo ausgetragen, das aus nächster Nähe ziemlich brutal aussah. Das spanische Team trainierte in einem kleinen, durch Pontons abgetrennten Bereich des Sees. Ein Funktionär des deutschen Teams, ein fülliger Typ mit blauen Augen und Glatze, stand mit verschränkten Armen da und sah zu.

»Was glauben Sie, wer gewinnt?«, fragte ich und stellte mich neben ihn.

»Vielleicht die Holländer,« sagte er, »die sind seit einigen Jahren die Stärksten.« Er gestikulierte. »Die Chinesen sind immer stark, aber wir wissen nicht, ob sie antreten.«

»Sieht aus, als wären die Regeln ähnlich wie beim Wasserpolo.«

»Das stimmt«, sagte er, »es wird nur schneller gespielt, und die Tore sind größer.«

Die Kanus waren klein und sehr wendig. Die Spieler benutzten die Paddel nicht nur, um das Boot zu manövrieren, sondern auch, um den Ball zu spielen. Sogar das Training sah sehr hektisch aus: Zwei Spieler kämpften um den Ball, ihre Boote krachten aneinander. Acht Spieler spielten in jeder Mannschaft, erzählte der Deutsche, aber es waren immer nur fünf gleichzeitig im Wasser. Das Spiel dauerte nur zwanzig Minuten, und man konnte Spieler auswechseln, sooft man wollte.

»Was ist mit Deutschland, haben die eine Chance?«, fragte ich.

»Deutschland hat in diesem Jahr nur eine Frauenmannschaft entsandt«, sagte er ein wenig traurig. »Die Männer haben die Qualifikation nicht geschafft.«

Auf dem See sah ich Drachenbootmannschaften trainieren, und die wollte ich mir näher ansehen. Die Boote sind wie große offene Kanus. Darin sitzen paarweise zwanzig Paddler. Eine Person sitzt hinten am Steuer, und eine gibt vorne mit einer Trommel den Schlag an. Die Sportart geht bis auf das vierte Jahrhundert vor Christus zurück, als ein berühmter chinesischer Dichter mit dem Namen Qu Yuan in Konflikt mit dem Kaiser geriet. Er war dermaßen in Ungnade gefallen, dass er schließlich keinen anderen Ausweg mehr sah, als sich das Leben zu nehmen. Er wollte sich im Fluss Mi Luo ertränken. Die Fischer hörten jedoch davon und wollten den einen Mann, der sich gegen den Herrscher stellte, nicht verlieren. Sie fuhren ihm nach, so schnell sie konnten, und schlugen ihre Trommeln, um die Fische zu vertreiben.

Ich hörte das Trommeln, als das amerikanische Team über das Wasser flog. Kurz zuvor hatte ich die Teamchefin, eine nette Dame namens Kim, kennengelernt, die mir versprochen hatte, ich dürfe das Paddeln einmal probieren. Kim war um die fünfzig und selbst fünfzehn Jahre gepaddelt, bis sie verletzungsbedingt zur Rolle der Zuschauerin gezwungen war. Jetzt war sie die »Mutter« der Mannschaft. Da sie von Beruf Eventmanagerin ist, wusste sie, worauf es ankam. Mit einem Zwei-Rumpf-Jetboot, das Passagiere mitnahm, fuhren wir über den See zur amerikanischen Mannschaft.

Sie bestand aus einem Dutzend Männern und acht Frauen, und ihr Boot wurde wie alle anderen von der International World Games Association gestellt. Kim erklärte mir, dass es vier verschiedene Rennen gibt: zweihundert Meter, fünfhundert Meter, eintausend Meter und »die Mutter aller Rennen« – die zweitausend Meter.

»Das ist wie die antiken Wagenrennen«, sagte sie, »das wollen wir alle gewinnen. Es sind vier Längen über den See, fünfhundert Meter jede Länge, und es gibt drei Wenden. Die Mannschaften starten im Abstand von zehn Sekunden, und wenn man aufholt, kann das schon chaotisch werden. Man soll kein anderes Boot berühren, aber wenn man Seite an Seite zum Wendepunkt kommt ...«, sie pfiff, »... das kann hässlich werden, glaub mir.«

Das klang phantastisch, ich wollte es unbedingt probieren und setzte mich hinter einen wirklich muskulösen Typen namens Gerry. Wir saßen backbord, und er zeigte mir, wie man paddelt. Meine rechte Hand musste oben bleiben, die linke griff das Paddel fast am Blatt.

»Wir üben den schnellen Start«, sagte er. »Reich ganz nach vorn, und tauche das Blatt ein, und wenn ich ›los‹ rufe, starten wir – drei kurze Schläge und dann zehn lange. Hast du das verstanden, Charley?«

»Ich denke schon«, sagte ich.

»ACH-TUNG«, rief er, »LOS!«

Und los ging es, drei kurze Schläge und dann die zehn langen: Es ist wichtig, dass man im Rhythmus bleibt, denn wenn einer falsch paddelt, bricht das Chaos aus. Natürlich machte ich als Neuling einen Fehler. Einmal tauchte ich das Paddel ein, als Gerrys gerade auftauchte, und ich traf mit meinem Paddelblatt seine muskulöse Schulter. Das schien ihn nicht zu stören, aber ich war jetzt aus dem Rhythmus geraten und brauchte einen Moment, um wieder hineinzukommen. Eigentlich gelang es mir ganz gut – es waren nur ein paar Hundert Meter über den See, aber nicht schlecht für einen Anfänger.

Später im Dock sprach ich mit einigen Jungs, die Muskeln an Stellen hatten, wo ich keine erwartet hätte. Sie waren fünfundfünfzig und fünfundvierzig Jahre alt und nahmen seit 1985 an Drachenbootrennen teil. Einer hatte sechs Kinder unter vierzehn, alle im Boot gezeugt, sagte er. Der andere sah aus wie Arnold Schwarzenegger in seinen besten Zeiten. Die beiden waren wirklich durchtrainiert.

Mir gefielen das Boot und das Zusammensein mit der Mannschaft; ich fühlte die Begeisterung, die Kameradschaft und den Willen zum Sieg. Sie hatten auch viel Spaß, und ich hatte den Eindruck, die Sportler bei diesen Spielen standen nicht unter demselben Druck wie die Olympioniken. Es herrschte starker Wettbewerb, aber es ging nicht nur um den Sieg. Kim erzählte, sie hätten jahrelang versucht, den Sport in das Programm der Olympischen Spiele zu bringen, und hatten auf Peking gehofft. Aber mit so großen Mannschaften gab es logistische Probleme, und die einzige Möglichkeit wären wohl kleinere Boote mit nur zehn Paddlern. Am erstaunlichsten fand ich, nachdem ich aus erster Hand erfahren hatte, wie gut sie waren, dass die Mitglieder des amerikanischen Teams aus mindestens zehn verschiedenen Bundesstaaten kamen und dass sie kaum Zeit zum gemeinsamen Training hatten.

Zu Mittag aßen wir in einer geschäftigen Straße, wo statt Schildern vertikale Fahnen mit chinesischen Schriftzeichen vor den Geschäften hingen. Ich hielt Ausschau nach etwas Traditionellem, doch dann sah ich eine Toilettenschüssel an einer Wand befestigt und daneben ein Schild: »Moderne Toilette« ... Ob ihr es glaubt oder nicht, es war ein Restaurant.

Die Tische waren aus Toilettenspülkästen, die Sitze waren Toilettenschüsseln, und das Essen wurde auf Tellern serviert, die die Form von Pissoirs hatten. Das war weit entfernt von traditionell, aber so verrückt, dass wir uns das ansehen mussten. Wo man hinsah, überall gab es Bezüge zu Exkrementen oder Urin, ein riesiger von der Decke hängender Zierhaufen, künstliche Häufchen auf den Fensterbänken. Sehr appetitlich. Ich setzte mich auf eine Toilette, und mir wurde von einem Pissoir und aus einer Krankenhausbettpfanne serviert. Es war bizarr, und ich fragte eine Bedienung, was das alles sollte. Sie erzählte mir, der Besitzer habe als Kind immer die Schultoiletten reinigen müssen, wenn er ungezogen war. Das war so häufig der Fall gewesen, dass die Toiletten sein zweites Zuhause wurden, und als er erwachsen war, wollte er die Toilette einmal in positiverem Licht zeigen. Deshalb machte er dieses Restaurant auf. Okay.

Die Eröffnungsfeier für die World Games fand in einem höchst spektakulären Stadion statt. Es sah aus wie aus Eisen gewoben und bezog seine Energie aus Solarzellen. Es gab eine Tanzaufführung und eine Lightshow, bevor die Mannschaften vorgestellt wurden. Der Präsident von Taiwan erhielt großen Applaus, und ich erinnerte mich daran, dass sich dieses Land wegen des Alleinvertretungsanspruchs der Volksrepublik China in einer prekären politischen Lage befand. Draußen hatte ich Fahnen gesehen, auf denen in nicht ganz geradem Englisch stand: »Taiwan ist Unabhängigkeit«, doch alle Wettkämpfer sprachen nur vom chinesischen Taipeh.

Taiwan liegt zwischen dem Südchinesischen und dem Ostchinesischen Meer, und Kaohsiung ist der größte Hafen des Landes. Laut Felix, dem jungen Übersetzer, der uns zum buddhistischen Tempel in Fo Guang Shan begleiten würde, gibt es Hinweise auf erste menschliche Besiedlung vor 30 000 Jahren. Ab 1544 war das Land portugiesisch, ab 1624 holländisch, bis es 1662 von den Chinesen erobert wurde. Danach wurde die Insel zwischen verschiedenen Dynastien hin und her geschoben, nach 1870 herrschte die Qing-Dynastie. Japan hatte seit 1592 ein Auge darauf geworfen, und als 1874 Eingeborene, die Paiwan, Japaner köpften, die an der Küste Taiwans Schiffbruch erlitten hatten, marschierte Japan schließlich ein. 1895 wurde die Insel offiziell japanische Kolonie.

Wir trafen uns am nächsten Morgen mit Felix, und ich fragte ihn, wie es seiner Ansicht nach wohl für sein Land gewesen sein müsse, japanisch zu werden, nachdem es so lange unter chinesischer Herrschaft gestanden hatte. Er war noch jung, kannte aber die Geschichte seines Landes, und als wir auf gemieteten Rollern Richtung Norden fuhren, erzählte er mir mehr.

»Ursprünglich waren wir Feinde«, sagte er. »Die Taiwanesen wollten nicht Kolonie werden. Doch in mancher Hinsicht waren die Japaner gut für das Land. Vor ihrer Ankunft war der Hafen in Kaohsiung sehr klein, und sie machten ihn viel größer und bedeutender. Sie bauten auch das Straßensystem und die Infrastruktur aus; die Hauptstadt sieht aus wie ein Schachbrett.«

Wir fuhren auf den Rollerspuren, die Bikes hatten wir in einem Geschäft in der Stadtmitte ausgeliehen. Das japanische Schachbrettsystem war überall in der Stadt zu sehen: Die Straßen waren breit und gut angelegt. Es gab englische und chinesische Straßenschilder, sodass man sich überall gut zurechtfand. Die Stadt war sehr zweiradfreundlich – die Zweiradspuren waren sicher, und die Autos hielten sich fern. Ich fuhr neben Felix und konnte mich gut mit ihm unterhalten. Der Verkehr war dicht, aber wir schienen davon abgeschirmt.

»Also haben die Japaner auch Gutes gebracht?«

»Einiges auf jeden Fall, ja. Aber im Zweiten Weltkrieg befürchteten sie, die Taiwanesen würden auf der Seite der Chinesen kämpfen, deshalb zwangen sie die Einwohner, den japanischen Schrein zu verehren. Und sie mussten Japanisch lernen und japanische Namen annehmen.«

»Und nach dem Krieg?«

»Taiwan wurde an China zurückgegeben. Während des Bürgerkriegs 1949 zogen sich Leute wie die Mönche von Guang Shan vom Mutterland China hierher zurück.«

»Was ist denn die Hauptreligion hier?«

»Eine Mischung aus Buddhismus, Taoismus und auch etwas Konfuzianismus.«

Das Kloster lag eine Stunde nördlich an der Autobahn 1 – der ersten richtigen Straße, die im Land gebaut worden war. Eigentlich wirkte es gar nicht so, als würden wir die Stadt verlassen. Guang Shan war eher ein Vorort. Wir fuhren am Fluss Laonong entlang, dem mit 137 Kilometern zweitlängsten Fluss des Landes, und kamen ab und zu durch freie Landschaft. Die Vorstädte waren nicht so gepflegt und gut betucht wie das Gebiet in der Innenstadt, und die Gebäude sahen eher traditionell chinesisch aus.

Bei Guang Shan überspannte eine riesige Brücke den Fluss. Lange ehe wir in die Nähe des Klosters kamen, sahen wir am Horizont die riesige goldene Buddhastatue, neben der alles andere klein wirkte. Ich hielt einen Moment an und schaute erst mal nur. Felix führte mich nicht gleich zum Kloster, sondern zuerst zum Fluss hinunter. Wir fuhren unter die Brücke und über die riesigen Wasserabflüsse, die für den Fall eines Hochwassers hier installiert waren, zur Landzunge, wo das Kloster mit den weißen Pagodentürmen den ganzen Berg zu bedecken schien. Dies war die Rückseite der Anlage, eine Ansammlung perfekt aussehender Gebäude, die sich über die Landzunge verteilten. Wir würden die Nacht hier verbringen, und ich konnte es kaum erwarten. Jetzt waren wir gespannt und fuhren zum Haupteingang zurück. Die Größe der Buddhastatue war sehr passend, denn hier war das Hauptquartier der International Buddhist Progress Society. Diese vertritt eine humanistische Form des Buddhismus, der besonders für die moderne Welt bedeutsam sein will. Deswegen sind auch Besucher aus der ganzen Welt gern gesehen.

Das Haupttor öffnete sich auf einen großen Hof, der von Bäumen umsäumt war. Ein riesiger weißer Bogen überspannte die Treppe, die zu einem zweiten Tor führte.

Ein Mönch, Hue Shou, erwartete uns und hieß uns willkommen. Er stammte ursprünglich aus Österreich, war seit elf Jahren Mönch und seit neun Jahren in Taiwan. Er war sehr nett und geistreich, wusste viel und war Gastgeber speziell für europäische Gäste. Bevor er sein Leben dem Orden widmete, war er in Österreich Laienbuddhist gewesen, wie er es nannte. Er hatte ein normales Leben mit Freundin und Sohn geführt. Sein Sohn war mit ihm nach Taiwan gekommen, lebte aber nicht im Kloster. Die Mutter des Jungen war gestorben, ehe Hue Österreich verließ, also nahm er seinen Sohn natürlich mit. Die buddhistische Organisation ist eine der größten Wohltätigkeitsorganisationen in Taiwan, und Hues Sohn lebt im angeschlossenen Waisenhaus, war offensichtlich sehr gut in der Schule und so etwas wie ein Basketballstar. Er war sogar schon im Fernsehen und hatte einen prestigeträchtigen Nike-Preis als wertvollster Spieler gewonnen.

Als wir die Stufen zum Tor hochstiegen, erzählte Hue, das Kloster sei wie eine kleine Stadt. Sie bedeckte ein riesiges Gebiet, mit Hunderten wundervoll gestalteter Gebäude, alle in hervorragendem Zustand. Die Gebäude hatten unterschiedliche Farben, weiß, creme und beige, die sich zu einer Atmosphäre völliger Ruhe ergänzten. Die Wege waren gepflastert und die Rasenflächen von Sträuchern und Bäumen gesäumt, die an Bonsais erinnerten. Nach dem zweiten Tor lagen neben dem Weg grasbewachsene Terrassen, auf denen fünfhundert weiße Statuen eng zusammenstanden.

»Sie wurden zu Ehren der ersten fünfhundert erleuchteten und befreiten Schüler Buddhas aufgestellt«, berichtete Hue. »Das waren die Mönche, die den ersten buddhistischen Rat bildeten.«

Das war ein Ehrfurcht gebietender Ort, groß, still und sehr friedvoll. Wir gingen durch ein drittes Tor, und Hue nahm mich mit in die Meditationshalle. Das Schild über der Tür war in chinesischen Schriftzeichen geschrieben und hieß übersetzt »Tor zur vernünftigen Welt«.

»Es gibt zwei Arten der Meditation«, sagte er, »die konzentrierte Meditation und die innere Meditation. Bei der konzentrierten Meditation konzentriert man seinen Geist auf eine Sache, zum Beispiel beobachtet man seinen Atem. Man atmet ein und aus, jeder Atemzug wird gezählt, und auf die Art kann man seinen Geist schärfen. Dein Geist ist ein Werkzeug, das ständig geschärft werden muss, und dabei beruhigt er dich. Wenn du die Zahl der Atemzüge vergisst, hast du die Konzentration verloren, und du musst von vorn beginnen.«

Das klang faszinierend. »Und die andere Art der Meditation, die innere?«, fragte ich.

Jetzt lächelte er. »Bei dieser erforschst du dich selbst, Charley. Wenn du dich konzentrierst, kannst du einen Zustand ungeheuren Glücks erlangen, aber das ist nur ein Nebeneffekt des Schärfungsvorgangs. Wenn du dich erforschst, blickst du in dich. Du untersuchst, was tief in dir als Person vorgeht. Du kannst zum Beispiel Gier und Eifersucht oder Hass betrachten: Gefühle, die nur zum Unglücklichsein führen können. Um glücklich zu sein, musst du wissen, was dich zum Unglücklichsein führt, und es loslassen.«

Ich war wirklich fasziniert. Ich habe mich noch nie für eine strukturierte Art der Meditation interessiert, aber ich verstand, was er meinte. Beim Motorradfahren fiel mir in all den Jahren immer wieder auf, dass, wenn ich den ganzen Tag Motorrad fahre, wie bei *Long Way Down,* meine Gedanken in alle möglichen Richtungen abdriften. Hue verstand genau, was ich meinte.

»Natürlich«, sagte er. »Du bist bei dir. Du bist allein mit der Straße vor dir; das ist die perfekte Meditation. Das ist toll; es gibt viele verschiedene Arten der Meditation, viele verschiedene Arten, Gefühle ohne Gier zu schaffen, einen Geisteszustand zu erlangen, in dem du dich freust für die Menschen, die mehr besitzen als du, und sie nicht beneidest. Es gibt Möglichkeiten, Gefühle des Mitleids für Menschen entstehen zu lassen, die du unter anderen Umständen gar nicht mögen würdest.«

Ich war gern in seiner Gesellschaft. Gemeinsam gingen wir über die Anlage und blieben vor einer Mauer stehen, auf der so viele chinesische Schriftzeichen in vertikalen Linien standen, dass es aus der Ferne aussah wie Regen.

»Ich hatte einen Gast aus Amerika, der sagte, es erinnere ihn an *Matrix*«, sagte Hue.

»Ja, das kann ich verstehen. Das ist komisch«, sagte ich, »als ich aus dem Kino kam, nachdem ich diesen Film gesehen hatte, fragte ich mich für einen Moment … nur für einen Moment … ob die Straße draußen wirklich war.«

»Ehrlich?« Hue hob eine Augenbraue. »Was hattest du denn geraucht?«

Im Kloster wurde Sutra-Kalligrafie gelehrt. Ich setzte mich in die Halle und versuchte es selbst. Die Methode war einfach. Zumindest am Anfang sind die Buchstaben vorgezeichnet, und man malt sie aus. Damit bekommt man erst einmal ein Gefühl für die Kunst sowie Vertrauen in die eigenen Schönschreibfähigkeiten, und darauf wird dann aufgebaut.

Ich weiß nicht, was ich erwartet hatte, in diesem Kloster zu finden – Erleuchtung, tiefe Spiritualität vielleicht? Aber so war es nicht. Ich kann es nicht genau benennen, aber trotz aller Gesänge und Symbole kam es mir doch ein bisschen kommerziell vor. Es gab Andenkenläden, und unsere Pilgerunterkünfte waren eigentlich wie Hotels.

Die Morgenmeditation am nächsten Tag fand um zehn vor sechs im großen Schrein statt, dem größten Gebäude der Anlage, die einem chinesischen Kaiserpalast nachempfunden war. Hue übersetzte die Inschrift über der Tür: »Kostbarer Palast eines großen

Taiwan ist immer für eine Überraschung gut. Hier esse ich Eiscreme aus einem Miniaturpissoir …

… und hier werde ich Zeuge eines professionellen Grillenkampfs.

Bei der Teeernte auf einer Plantage in den wunderschönen Alishan-Bergen.

Der Dirt-Bike-Club. Von links nach rechts: Clint, Robin, Sam, ich, Joseph, Li Jane, Liu und noch ein Sam.

Auf einem altmodischen
Dieselzug im Bahnhof Fenchihu.

Im Paradies der Rollerfahrer. Zu Besuch in der Rollerfabrik von Sanyang in Hsinchu.

Sportmotorradfahrer treffen sich im Bezirk Lungtan Taoyuan.

Rennen auf dem Speedway von Lungtan.

Okinawa – unsere erste Station in Japan. Yoshitaka Agarie lebte bereits auf der Insel, als die amerikanische Armee 1945 dort eintraf.

Die Genbaku-Kuppel in Hiroshima.

Papierkraniche sind in Hiroshima ein Symbol der Hoffnung.

Mag noch wer Sashimi?

Sieht mein Hintern darin unvorteilhaft aus? Paragliding am Berg Fuji.

Mit den Leuten von Jene Choppers. Norio Nida – der Herr in der Mitte – ist ein begnadeter Designer.

Drei Herzen, eine Seele: mit den »Cosplay«-Mädels in Yokohama.

Mit meinen Samurai-Brüdern Claudio, Sam und Robin.

Ankunft in Tokio auf einem klassischen Bratstyle-Motorrad. So sieht Glück aus!

Helden«. Das bezog sich auf Buddha, der alles Leiden transzendiert hatte.

Es war ein wunderschöner Morgen – wenn auch heiß und feucht. Es war immer heiß und feucht in diesem Teil der Welt. Aber die Sonne war aufgegangen, und als wir zum Schrein gingen, waren Menschenschlangen vor uns. Es waren nicht nur Mönche, sondern auch Laien, die ähnliche Gewänder trugen wie die Mönche, Menschen, die sich in irgendeiner Weise dem Orden verpflichtet hatten. Zum Einzug in den Schrein läutete eine einzelne Glocke, und als die Versammlung vollzählig war, begannen das Singen und der Sprechgesang. Trommeln wurden geschlagen, und viele verschiedene Glocken erklangen. Es müssen sechshundert Menschen in der Halle gewesen sein, die Zeremonie dauerte eine halbe Stunde. Ich muss sagen, es kam mir nicht besonders spirituell vor. Es war eine schöne Zeremonie, aber als ich den Fluss entlang auf die Pagoden zufuhr, war ich meiner Spiritualität näher.

Danach gingen alle in den Speisesaal zum mönchischen Frühstück: Es gab Brot, Erdnussbutter und Gemüse. Die Mahlzeit wurde schweigend eingenommen. Personen mit Mundschutz bedienten uns, und das wirkte förmlich und steril. Ich denke, der Mundschutz wurde wegen der allgegenwärtigen Furcht vor der Schweinegrippe getragen, aber ich war enttäuscht. Wie gesagt, ich weiß nicht, was ich erwartet hatte, aber sicher nicht, dass es sich so anfühlte. Hue wusste sehr viel und war sehr komisch, und ich habe viel von ihm erfahren. Aber die Erfahrung selbst war nicht so introspektiv und spirituell, wie ich gehofft hatte.

Macht nichts. Ich hatte sowieso nicht vorgehabt, Mönch zu werden. Es war Zeit, sich wieder auf den Weg zu machen. Unten am Haupttor wartete ein Lieferwagen auf mich. Der Fahrer hieß Lo Bo-Ya und sprach gut Englisch. Er lieferte einige Male in der Woche Waren an das Kloster, aber jetzt fuhr er nach Norden und wollte mich gerne nach Tainan mitnehmen. Ich sagte ihm, dass wir eine Grillenfarm irgendwo in einem Außenbezirk suchten, und zeigte ihm die Adresse. Er sagte, er kenne die Gegend und würde mich direkt dorthin bringen.

Das war super, ein perfekter Anfang für die nächste Etappe der Reise. Grillen sind diese großen geflügelten Insekten, die das zirpende Geräusch machen. Sie waren hier mal eine Delikatesse, aber anscheinend isst sie heute niemand mehr. Die, die wir sehen wollten, waren Kampfgrillen, und ich hoffte, es würde nicht so blutig zugehen wie bei den Kampfhähnen in Lopez. Ich konnte mir nicht vorstellen, dass es Messer gab, die so klein waren, dass man sie am Bein einer Grille befestigen konnte.

Lo Bo-Ya war sehr gesprächig, und während wir auf sehr guten Straßen Richtung Norden fuhren, erzählte er mir, dass er gerne zeltet. Wir sprachen über Zelte und Schlafsäcke und über das Schlafen im Freien. Ich erzählte ihm vom Campen mit Ewan in Russland und Äthiopien, und er sagte, das würde er auch gern einmal machen. Seine Freundin hasste Camping, und wenn er frei hatte, stritten sie immer, was sie tun sollten.

Die Grillenfarm lag in einem Außenbezirk von Tainan, in einem modernen Wohnblock in der Nähe eines Restaurants. Es war eine gute Gegend, sehr sauber und ruhig. Ango, der Grillenfarmer, kam aus seiner Garage, als der Lieferwagen vorfuhr.

Ich wusste nichts über den Sport, außer dass er älter war als der Hahnenkampf. In diesem Teil der Welt ließ er sich zurückverfolgen bis in die Tang-Dynastie. Er ist legal, das Wetten darauf aber nicht. Leise erzählte uns Ango, dass ab und zu ein paar Männer in abgedunkelten Kellerräumen zusammenkommen und auf den Ausgang der Kämpfe wetten. Ich nehme an, die Tatsache, dass die Polizei eine Razzia veranstalten könnte, verleiht der Sache zusätzlichen Reiz.

Ango war ein ziemlicher Schlawiner – so ein Mensch, der ein echtes Glänzen in den Augen hat. Er zeigte uns, wie er Grillen in seiner Garage züchtete. Er hat etwa 200 000. Die Larven züchtete er selber aus den Eiern. Dann häuten sie sich einige Male bis zu dem Moment, wo ihre Flügel voll ausgebildet sind. Ich hatte nicht gewusst, dass es neunhundert verschiedene Arten von Grillen gibt. Zirpen können nur die Männchen. Dazu reiben sie das linke Hinterbein gegen das rechte, auf dem eine Art Kratzer sitzt. Laut Ango macht jede Art ein anderes Geräusch.

Die, die er züchtete, waren schwarz und ganz schön groß. Wenn die Larven geschlüpft waren, kamen sie in große Plastikbehälter mit Zeitungspapier und Sägemehl. Nach einer Woche kamen sie in einen anderen Behälter, und in den ersten kam wieder eine Ladung Larven. Er ging mit militärischer Präzision vor: Von Woche eins bis acht wusste er stets genau, wie viele Tiere in welchem Stadium er hatte.

»Aber woher weißt du, welche Grille beim Kampf gut sein wird?«, fragte ich ihn.

»Erfahrung«, sagte er, »Erfahrung und Zuchtauswahl.«

»Du meinst Grillengenetik sozusagen?«

Er nickte. »Die Guten erkennt man daran, dass sie einen großen Kopf und einen kleinen Hinterleib haben. Und wenn man mal ein Paar hat, das gut kämpft, kann man sie paaren, damit sie weitere Kämpfer hervorbringen.«

Das war faszinierend. Ein Taiwanese, der in seiner Garage Super-Grillen züchtete. Er sagte, nicht einmal eine großköpfige Grille mit kleinem Hinterleib würde einfach so kämpfen; sie mussten schon dazu getrieben und gezwungen werden ... bis sie wirklich sauer waren. Dazu kitzelte er sie mit einem Büschel aus Katzenhaaren.

Wir gingen ins Restaurant nebenan, wo mehrere Familien versammelt waren. Ango stellte die Kampfarena auf, um mir zu zeigen, was dabei passierte. Die Grillen wurden in einen engen Plexiglaskäfig mit einer blickdichten Trennwand gesetzt. Dann kitzelten wir unsere Gladiatoren mit den Katzenhaaren. Als sie aufgestachelt waren, wurde die Trennwand entfernt, und sofort stürzten sie sich aufeinander. Ango sagte, man ließe immer gleich starke Tiere kämpfen. Dazu musste man sie wiegen, wie die Hähne, damit keiner im Vorteil war. Es war ein Ringkampf, sie warfen sich um, stießen die Köpfe zusammen, bis schließlich eine Grille aufgab. Glücklicherweise war es kein Kampf auf Leben und Tod. Wenn eine Grille genug hatte, kroch sie davon, und der Sieger feierte und zirpte.

Das war weniger brutal als der Hahnenkampf, eher sehr zahm. Aber als ich Ango beobachtete, konnte ich sehen, wie sehr ihm das gefiel. Sobald die kleinen Kerlchen aufeinander losgingen, leuchteten seine Augen, und ich konnte mir vorstellen, wie es sein musste, wenn es um Geld ging.

Er lud uns zum Mittagessen ein, und vorher nahm ich mir einen Moment Zeit, um meine Gedanken zu ordnen. Ich wusste nicht, was ich von diesem Land halten sollte: Es war durch und durch modern, so gar nicht wie die drei anderen Länder, durch die wir gereist waren. Auf der Landkarte sah ich, warum die Westseite der Insel so stark besiedelt war – der Osten war sehr zerklüftet und bergig. Und sicher lag das auch daran, dass die Japaner in Kaohsiung so viel aus dem Hafen gemacht hatten. Mit all den Waren, die dort ankamen, war es wohl kein Wunder, dass die meisten Siedlungen im Westen gewachsen waren.

Ango aß seine Grillen gerne mit Knoblauch gefüllt im Teigmantel und mit Chilis und grünen Zwiebeln gebraten. Sie wurden auf einem quadratischen Teller mit Orangenscheiben garniert serviert. Wenn man sie zerbiss, blieben die Flügel an der Zunge kleben. Ich nahm einen Teller mit ins Restaurant und wollte wissen, ob von den Einheimischen jemand welche essen wollte. Es ist schon lange her, dass sie dort als Delikatesse galten, wie jetzt noch für Ango. Komischerweise waren es die Kinder, die zugriffen. Sie hatten kein Problem damit, und einige kamen mit Essstäbchen und futterten drauflos.

Unsere nächste Station war ein Hochgeschwindigkeitszug, der uns zu einer Teeplantage in den Alishan-Bergen bringen sollte, eine durch und durch moderne Transportmethode, der ich eine traditionelle gegenüberstellen wollte. Die Einheimischen transportieren Obst mit umgebauten Motorrädern zum Markt. Sie hatten eine Ladefläche hinten aufmontiert – wieder eine Dreiradsache. Ich hatte jemanden überreden können, mich damit durch Tainan zum Bahnhof fahren zu lassen. Das Gefährt hatte einen umgebauten Kawasaki-Motor, und die Gänge wechselte man von Hand mit einem Hebel hinter dem rechten Bein des Fahrers. Ich glaube, die Höchstgeschwindigkeit betrug etwas über dreißig Kilometer pro Stunde, und das ganze Ding war ein echtes Sammelsurium aus Teilen diverser Fahrzeuge – die Ladefläche, der Motor und die zusammengeflickte Gangschaltung. Das passte gar nicht zum modernen Taiwan. Aber es war traditionell, und da ich jetzt mit dem Hochgeschwindigkeitszug fahren würde, fand ich es cool, an einem modernen Bahnhof mit diesem Transportmittel Marke Eigenbau anzukommen.

Aber nun war ich ganz schön müde und vielleicht auch ein bisschen gereizt. Wir waren früh losgefahren, und ich war ein bisschen enttäuscht von der Erfahrung im Kloster. Außerdem vermisste ich meine Frau und die Kinder. Sie waren ein paar Wochen im Urlaub in Spanien, wo wir immer gemeinsam mit Ollys Eltern hinfuhren. Wir waren jetzt schon einige Jahre nicht mehr zusammen im Urlaub gewesen, und jetzt war ich weit weg in Taiwan und hatte das Gefühl, etwas zu verpassen.

Ich riss mich zusammen. Ich hatte das Glück, hier durch die Welt zu reisen, das ist eine großartige Erfahrung und natürlich kein Achtstundenjob. Komischerweise besserte sich meine Laune im Zug. Ich ließ das Dreirad im hitzegetränkten Nachmittag zurück, betrat einen Bahnhof mit Klimaanlage und stieg von dort in einen schnittigen Raumzeitalterzug. Das war überraschend erfrischend.

Der Zug fuhr so ruhig, dass ich nicht einmal bemerkte, wie er den Bahnhof verließ. In der einen Minute saßen wir noch da, und in der nächsten überquerten wir auf einem Viadukt mit rasender Geschwindigkeit eine Autobahn. Die Strecke führte über dreihundert Kilometer von Kaohsiung bis nach Taipeh, aber wir fuhren nur bis Chiayi. Von dort nahmen wir den Bus in die Alishan-Berge, die im Nationalpark des Landkreises Chiayi liegen. Die Gegend ist berühmt für ihre traditionellen Dörfer, die Tempel und den Tee. Es gibt fünfundzwanzig Berge über 2000 Meter, der höchste ist der Da Ta Shan mit über 2600 Meter. Ich hoffte, die Luft wäre dort oben kühler.

So war es. Nachdem wir per Anhalter mit einem Postbus von Chiayi aus gefahren waren, verbrachten wir die Nacht auf der Teeplantage. Ich wachte früh auf und stellte fest, dass heute, am 19. Juli, der 36. Tag unserer Reise war und dass wir nur noch drei Wochen hatten. Einen Moment lang konnte ich das kaum glauben.

Unten sprach ich mit Lo Hsiu-Mei, der Eigentümerin der Plantage. Sie war in den Fünfzigern, gehörte zu den zehn besten landwirtschaftlichen Unternehmerinnen des Landes und ging völlig auf in ihrer Arbeit. Die Teeproduktion in diesem Gebiet ist noch relativ jung. Erst ungefähr seit 1920 gibt es hier Plantagen. Die meisten Teeplantagen in Taiwan stammen hingegen aus dem frühen 19. Jahrhundert. Lo Hsiu-Mei erzählte, dass in Alishan ursprünglich nur schwarzer Tee für den Export produziert wurde, doch heute werden hier viele verschiedene Sorten erzeugt. Die Höhenlage in der Nähe des nördlichen Wendekreises ist perfekt für den Teeanbau: Das Klima ist kühler als weiter unten, und die Luft ist feucht. Das heißt, es ist viel Stickstoff vorhanden, der für ein mildes Aroma sorgt.

Ich fand es erstaunlich, dass wir um neun Uhr morgens Tee pflückten und eineinhalb Stunden später im Laden saßen und tranken, was wir gepflückt hatten. Die Blätter waren gereinigt und getrocknet und für den Verkauf weiterverarbeitet worden. Es war größtenteils ein Familienunternehmen; ich war beeindruckt, wie alle an einem Strang zogen. Die drei Söhne von Lo Hsiu-Mei betrieben die Plantage gemeinsam mit ihr, und auch die nächste Generation, ihr Enkel, half schon mit. Es war ein wundervoller Ort hoch in den Bergen mit üppig grünen Terrassen mit Teesträuchern. Dunst lag über der Landschaft, es war schön kühl, und nur ungern kehrte ich wieder ins Tal zurück.

Aber wir mussten. Lo Hsiu-Meis Sohn Chan-Kjao nahm uns freundlicherweise mit zur Eisenbahnstation in Fenchihu. Von dort fuhren wir mit dem Zug zurück nach Chiayi und hofften, wir würden dort von einem einheimischen Klempner abgeholt. Es war ausgemacht, dass er uns zum Sonne-Mond-See fahren sollte, und ich freute mich auf das Treffen. Nicht weil ich etwas reparieren lassen wollte, sondern weil er zu den Ureinwohnern Taiwans gehörte.

Ich dachte immer noch an das Kloster und das schale Gefühl, das es bei mir hinterlassen hatte. Je mehr ich darüber nachdachte, desto enttäuschter wurde ich; ich überlegte, ob das nun etwas über meine Stimmung aussagte oder ob meine Stimmung etwas über das Kloster aussagte. Nun, wir würden weitere buddhistische Tempel in Japan sehen, und ich freute mich auf einen Vergleich.

Auf dem Bahnhof war viel los, und wir mussten auf den Zug warten. Die Fahrt nach Chiayi würde mindestens eine Stunde dauern, da würden wir sicher Hunger bekommen. Wir kauften in einem kleinen Imbissgeschäft, das es etwa seit 1930 gab, kleine traditionelle Essenspäckchen mit gekochtem Hühner- oder Schweinefleisch mit gewürztem Reis. Der Eigentümer erzählte, vor ihm hätten schon sein Vater und sein Großvater den Imbiss betrieben. Außerdem verkauften sie noch Reispfannkuchen, die mit einer Mischung aus Eiskrem, Nüssen und einer Spur Koriander gefüllt waren, absolut köstlich.

Schließlich fuhr der Zug ein – mit einer alten Diesellok. Der Fahrer sah die Kamera und lud Claudio und mich in die Führerkabine ein. Er erzählte von seinem englischen Freund Andy, den er unbedingt grüßen wollte. Also, Andy, wenn du das hier liest – dein Freund in Taiwan lässt dich grüßen. Ich verstand seinen Namen nicht, weil er so schnell sprach. Er erzählte, er fahre diesen Zug seit dreißig Jahren und habe kaum einmal einen Tag frei, das habe ihn seine Ehe gekostet.

Die Japaner hatten diese Strecke gebaut, um aus diesem Gebiet Holz abzutransportieren. Die Schienen wanden sich um den Berg, der Zug stieg eine Kehre nach der anderen durch den dichten Wald hinab. Die Bäume hingen so weit über die Strecke, dass die Blätter das Gesicht streiften, wenn man den Kopf aus dem Fenster streckte. Auf halbem Weg mussten wir aussteigen und zu Fuß weitergehen, weil einige Jahre zuvor ein Taifun zu einem Erdrutsch geführt hatte, der die Schienen mitriss. Wir mussten fünfhundert Meter auf einem gewundenen Pfad durch Bambus zu einem anderen Bahnhof gehen und in einen anderen Zug steigen. Das war eigentlich ganz cool: eine Zugfahrt, ein bisschen wandern bergab und dann in einen anderen Zug steigen.

Schließlich erreichten wir die belebte und moderne Stadt Chiayi, wo der Klempner Yang uns erwartete. Mit seinem Lieferwagen würden wir zum Sonne-Mond-See kommen, wo wir über Nacht zelten wollten. Obwohl es in den letzten vierzehn Tagen jede Nacht geregnet hatte, wollte ich gerne zelten – ein bisschen frische Luft und eine Nacht unter Sternen. Ich dachte an Lagerfeuer und Wildnis, mal eine Abwechslung von all der Modernität. Ich war zwar erst wenige Tage hier, aber nach den Philippinen und Indonesien war Taiwan doch ein größerer Kulturschock, als ich erwartet hatte.

Yang war Anfang fünfzig und hatte schiefergraue Haare. Er war sehr stolz auf seine indigene Abkunft. Sie seien keine aussterbende Rasse, sagte er, seine Kultur sei sehr lebendig. Die Regierung wolle alle indigenen Völker voll integrieren, ohne dass sie dabei ihre Kultur aufgeben müssten, die historisch Ähnlichkeit mit der der malaiischen Inseln hat. Yangs Volk lebt seit 4000 Jahren auf Taiwan, und die Sprache seiner Großeltern hatte Ähnlichkeit mit der, die heute in Malaysia gesprochen wird.

Die Ureinwohner waren ein raues, widerstandsfähiges Volk. Die frühen Stämme waren Bauern und Küstenfischer. Die Chinesen versuchten einige Male, hier zu siedeln, wurden jedoch von den kämpferischen Stämmen immer wieder vertrieben. Im 13. Jahrhundert ließen sich die Chinesen auf den nahe gelegenen Penghu-Inseln nieder, doch hierher kamen nur Fischer.

Auf halbem Weg zum See begann es in Strömen zu regnen, und ich versuchte mir vorzustellen, wie man bei dieser Sintflut Zelte aufstellen sollte. Ich hatte gehofft, wir würden in offene Landschaft kommen, aber wir fuhren auf einer dreispurigen Autobahn, und je näher wir zum See kamen, desto geschäftiger schien es zu werden. Als der See in Sicht kam, hatte der Regen aufgehört, aber die Straße führte am Wasser entlang, und es herrschte sehr reger Verkehr. Von wegen offene Landschaft! Überall waren Gebäude – Restaurants, Hotels, sogar ein neuer weißer Terminal für die Kabelbahn.

Der Campingplatz wurde von Ling und seiner Frau Chen geführt, einem jungen indigenen Ehepaar, das mit Yang befreundet war. Sie hießen uns sehr freundlich willkommen, und da es wieder angefangen hatte zu regnen, luden sie uns ein, uns unter einer riesigen Segeltuchplane unterzustellen, wo ihre Kinder spielten. Es sah aus wie ein Teil ihrer Wohnung: Vor einem riesigen Fernseher standen einige vom Wetter schon etwas mitgenommene Sofas. Bücher, Kinderspielzeug und allerlei Krimskrams lagen herum. Doch es war trocken, und angesichts des Regens boten sie uns an, auf den Sofas zu schlafen, wenn das mit den Zelten nicht klappen sollte.

Das war sehr freundlich, aber ich wollte immer noch zelten. Der Regen, der Verkehr und die Tatsache, dass wir kein bisschen in der freien Natur waren, war mir egal. Wir stellten die Zelte auf, ohne dass unsere Sachen völlig durchnässt wurden, aßen dann mit Ling und Chen gewürzten Reis, der in Bambus gegart war. Als wir fertig waren, hatte der Regen aufgehört, und nach langen und hektischen Tagen war ich überglücklich, dass ich in mein Zelt kriechen und mein müdes Haupt niederlegen konnte.

16

Betelnüsse und Schönheiten

Zum Glück war das der letzte Regen, den wir sahen, und ich schlief sehr gut in dieser Nacht. Das Hauptproblem waren die Massen von Moskitos, die auf mein Blut scharf waren. Wie jemand, der versucht, einen Vampir mit Knoblauch fernzuhalten, rieb ich mich mit reichlich Insektenmittel ein und konnte sie so einen Großteil der Nacht fernhalten. Da wir nun einmal in saftig grünem Gras und feuchter Luft an einem See zelteten, hatte ich wirklich mit ein paar Moskitos rechnen müssen.

Wenn man die großen Gebäude rund um den See ignorierte, war es ganz schön. Das Wasser war sehr ruhig, nur ein paar Fische, die nahe dem Ufer sprangen, ließen ein paar Wellen kräuseln. Hier und da sah ich am Ufer Fischerhütten mit Liegeplätzen für die Boote. Es war ein liebenswürdiger Ort und sehr geeignet zum Übernachten. Sosehr ich ein bequemes Bett schätze, so belebend ist es, an der frischen Luft zu sein.

Ich wollte weiter: Heute wollten wir eine Farm in Meifeng, hoch in dem Gebirge erreichen, das sozusagen die Wirbelsäule Taiwans bildet. Wir würden zur gebirgigen Ostküste fahren und dann mit dem Zug nach Norden Richtung Taipeh. Ich war gespannt auf den Unterschied. Ich erwartete, dass er groß wäre – neunzig Prozent der Bevölkerung leben westlich von dem Gebirge.

Wir packten unsere Zelte ein, und ich überquerte den See in Yangs Fischerboot – einem schmalen Boot aus Plastik, aber im traditionellen Stil seiner Vorfahren gebaut. Zu deren Zeit war der See noch voller Fische gewesen, aber heute musste man kleine Fische aus Zuchtanlagen in den See einbringen. Unterwegs sah ich kleine bepflanzte Inseln auf dem Wasser schwimmen. Yang erklärte mir, das seien Bruthilfen für die Fische, damit in Zukunft wieder mehr Fische auf natürlichem Weg in den See kommen.

Er ließ mich an der Anlegestelle in Shueishe aussteigen, wo ein Mountainbike auf mich wartete. Ich war auf dieser Reise noch nicht Fahrrad gefahren, und ich brauchte etwas Bewegung. Ich hatte mich für den Royal-Parks-Halbmarathon im Herbst angemeldet und hatte bislang noch nicht viel trainiert.

Ein taiwanesischer Hersteller namens Giant hatte mir das Rad aus Kohlefaser ausgeliehen, das nur acht Kilogramm wog. Die Bremsen waren auf dem neuesten Stand der Technik, und ich hatte sogar einen Kilometerzähler. Ich wollte etwa zwanzig Kilometer fahren – bis zum Busbahnhof in Puli –, aber ich war nicht so fit, wie ich gern sein wollte, und rechnete mit einem ordentlichen Muskelkater am nächsten Tag.

Ich fuhr nicht allein. Unsere Übersetzerin Sunny hatte einen Begleiter für mich gefunden, einen Zweiundsechzigjährigen namens Tim, der leidenschaftlich Rad fuhr, seit er im Ruhestand war.

»Zweiundsechzig?«, fragte ich. »Der wird nie mit mir mithalten können.«

»Vielleicht doch, Charley«, sagte sie. »Er ist gerade in zehn Tagen um ganz Taiwan gefahren.«

Verdammt, das könnte peinlich werden, dachte ich. Der zweiundvierzigjährige Charley Boorman, altgedienter *Long-Way-Round*-Reisender und Rallye-Dakar-Fahrer, wird überholt von einem alten Knacker aus Taiwan ... das wird an mir hängen bleiben.

Tim wartete auf uns etwas weiter vorn auf der Straße. Er war sehr nett, und das Radfahren hatte sich eindeutig ausgezahlt – er sah durchtrainiert aus und wirkte in seinem orangefarbenen Lycra-T-Shirt und seinen Radlerhosen keineswegs wie zweiundsechzig. Ich trug meine ausgebeulte Lieblingshose, mein *By-Any-Means*-T-Shirt und Flipflops und hatte mir für alle Fälle einen Fahrradhelm besorgt.

Wir fuhren nebeneinander, und einen großen Teil der Strecke ging es bergab. Das war perfekt, denn da fuhr ich weit vor Tim. Bergauf war das jedoch eine völlig andere Sache: Er war brillant, seine Beine pumpten wie bei einem altgedienten Tour-de-France-Fahrer. Er erzählte mir, er habe sein neues Fahrrad erst seit einigen Monaten, sei aber schon über neunhundert Kilometer damit gefahren.

»Ich fahre jeden Tag zwei Stunden, Charley«, sagte er. »Manchmal klettere ich bis in 3000 Meter Höhe.«

Oh Gott, dachte ich, das ist mehr als die doppelte Höhe des Ben Nevis: Kein Wunder, dass ich kaum mithalten konnte.

Es tat gut, an der frischen Luft auf guten Straßen zu radeln. Keine Frage, man sieht mehr von der Welt auf einem Motorrad als in einem Auto und auf einem Fahrrad wiederum noch mehr. Es geht immer um die Geschwindigkeit: Je langsamer man reist, desto mehr sieht man. Auf meinem Fahrrad bekam ich viel zu sehen ... besonders als ich denselben Hügel zweimal hinauffuhr. Tim rief mir noch zu, ich solle in Richtung der Pfauengärten fahren, aber ich bog falsch ab. Ich hörte ihn, und ich sah die Gärten, dachte aber, das sei nur eine Touristenattraktion, die ich nicht sehen wollte. Aber natürlich war das der einzige Weg, den wir fahren konnten, also musste ich wieder zurückfahren und einen der steilsten Berge der ganzen Strecke noch einmal erklimmen, schnaufend und keuchend. Ich redete mir ein, er sei es wert, zweimal gesehen zu werden ... der steile Berghang, wo die Bäume nur kurz den Blick auf einen alten Bergrutsch und eine chinesische Pagode freigaben. Ja, das musste man unbedingt zweimal sehen.

Als wir nach Puli kamen, fuhr Tim neben mich. »Diese Stadt ist berühmt für ihre drei Ws.«

»Wirklich?«, sagte ich. »Was sind das für Ws?«

»Das erste steht für Wasser. Das Wasser in Puli ist sehr gut. Dann ist auch der Wein hier sehr gut.«

»Was für ein Wein ist das?«

»Shaoxing-Wein, eine Art Reiswein. Die Japaner trinken den sehr häufig, vor allem bei Hochzeiten und anderen Festlichkeiten.«

»Wie schmeckt er, wie Sake?«

»Nein, ich glaube, er schmeckt mehr wie Whisky.«

»Und das dritte W?«

»Das steht für Weib«, sagte er mit einem schalkhaften Funkeln in den Augen. »Die Frauen in Puli sind die schönsten in ganz Taiwan.«

Ich erklärte, dass ich glücklich verheiratet sei und mich die Frauen von Puli deshalb nicht interessierten. Beim Wein jedoch war das etwas anderes. Etwas später probierte ich ihn in einem belebten Restaurant im Stadtzentrum und fand, dass er wie eine Mischung aus Sojasoße und Sake schmeckte – ein bisschen herb, aber gleichzeitig auch süß.

Der Besitzer des Restaurants spielte spanische Gitarre. Während er klimperte, erzählte er, dass er ursprünglich Bauer gewesen war, seinen Hof aber vor neun Jahren bei einem schlimmen Erdbeben verlor. Er zog in die Stadt und eröffnete dieses Restaurant, dem er einen andalusischen Touch verlieh. Dazu gehörten neben der Gitarre eine Menge spanischer Poster, mit denen die Wände zugepflastert waren. Gemeinsam mit Sunny bekam ich auch heraus, dass seine Liebe für alles Spanische aus seiner Jugendzeit stammte, als er von Flamencotänzerinnen träumte. So viel zur Schönheit der Frauen in Puli. Dann fragte ich, ob er je in Spanien gewesen sei. »Nein«, sagte er traurig. »Aber ich würde gern mal hinfahren.«

»Es wird dir gefallen«, sagte ich. »Der Wein ist gut, und die Frauen sind sehr schön.«

Nach dem Essen trennte ich mich vom superfitten Tim und seinem Fahrrad. Er zeigte uns den Weg zum Busbahnhof, und wir stiegen in einen ziemlich schäbigen Bus, der uns in die Berge bringen sollte. Ich war ganz froh – diese alte Klapperkiste erinnerte mich an die Busse auf Sulawesi. Das zählte schon fast zu den traditionellen Fortbewegungsmitteln in einem technisch so fortschrittlichen Land.

Der Busfahrer ließ uns bei der Meifeng-Farm aussteigen, wo wir die Nacht verbringen wollten. Wir waren nun viel höher, die Luft war viel kühler und verlieh dem Ort etwas Alpines. Das Gästehaus war weiß und hatte ein Dach wie eine Almhütte. Es sah gar nicht chinesisch aus. Hätte man es in die Schweiz versetzt und angefangen zu jodeln, hätte niemand etwas gemerkt. Ich sah Apfelbäume und Teesträucher auf den Terrassen, viel Gemüse und ein Gewächshaus, in dem eine Frau namens Li Mei-Ling trockene Blüten und Blätter von den Blumen zupfte. Sie sprach ein bisschen Englisch, und ich fragte sie über Orchideen und Tee aus und über die verschiedenen Gemüsearten, die sie anbaute.

Sie sagte, sie arbeite seit zwanzig Jahren auf der Farm, und sosehr sie auch Obst und Gemüse möge, gehe sie mit Blumen doch am liebsten um.

»Was ist Ihre Lieblingsblume?«, fragte ich und erwartete, sie würde »Orchideen« oder so etwas Exotisches antworten.

»Die Kohlblume«, sagte sie.

»Ah ja, kann man die essen?«

Sie schüttelte den Kopf und lachte. »Nein, die kann man nicht essen. Die ist nur Nahrung für die Augen.«

Am Morgen des 21. Juli war ich früh wach und lauschte auf das unverkennbare Geräusch von Dirt Bikes, die die Einfahrt heraufkamen. Nachdem ich mit Booten, Fahrrädern, Bussen und Zügen gefahren war, würde ich den Rest der Strecke auf der Autobahn überwinden, zusammen mit ein paar Motorradfahrern. Ich konnte es kaum erwarten, und als die Motorräder angekommen waren, war ich aufgeregt wie ein kleiner Junge zu Weihnachten. Sie waren zu viert und wurden von Clint angeführt, einem vierundvierzigjährigen Arzt, der in der örtlichen Notfallstation arbeitete und die letzten vierundzwanzig Stunden Dienst gehabt hatte. Dann waren da noch Sam, ein älterer Typ, der kein Englisch sprach, und Joseph, offenbar einer der berühmtesten Motocrossfahrer Taiwans. Er sah aus wie fünfundzwanzig, war aber vierzig, und ich war erstaunt, als ich erfuhr, dass er erst seit fünf Jahren fuhr. Das vierte Mitglied der Mannschaft, June, war eine der wenigen Frauen im Land, die Rennen fuhren. Wenn sie nicht gerade gegen Männer antrat, betrieb sie ihr eigenes Internetcafé. Das

Wichtigste war, dass sie ein Motorrad für mich hatten: eine Yamaha 250.

Ich war in meinem Element und machte Stand-up-Wheelies, als wir losfuhren. Die Straßen waren traumhaft, und vom Motorrad aus erkannte ich die Schönheit dieses Landes: Teeplantagen und Bergwälder, fruchtbares Ackerland in den Bergen, das mich an die Gegend in Irland erinnerte, wo mein Vater lebte. Hier oben gab es häufig Erdrutsche und Schlammlawinen, und die Straßen waren eng und kurvenreich. An manchen Stellen erschauerte ich angesichts der steil abfallenden Abgründe. Aber das erhöhte nur den Reiz – solche Straßen sind mit die besten, auf denen ich je gefahren bin, und es war ein super Gefühl, das Adrenalin in den Adern zu spüren.

Zwar fuhren wir die meiste Zeit auf Asphalt, aber an einer Stelle kamen wir auch ins Gelände. Clint hatte die Führung übernommen, und nach ein paar Kilometern stießen wir auf einen schmalen Asphaltstreifen, der den Dschungel durchschnitt. Dieser wiederum ging in einen terrassierten Berghang über, der von unbefestigten Straßen durchzogen war, auf denen Lastwagen die landwirtschaftlichen Erzeugnisse abtransportierten. Wir hatten viel Spaß dort, bevor wir uns schließlich losrissen und Richtung Osten hoch in die Wolken fuhren. Zum ersten Mal, seit ich England verlassen hatte, fror ich. Wir waren sehr hoch oben, es wurde sehr frisch, und an manchen Stellen waberten Wolken auf der Straße. Einige Kilometer lang hatten wir schlechte Sicht und mussten langsam fahren. Dann auf einmal öffnete sich der Himmel, und ich konnte die sich hin und her windende Asphaltstraße bis ins Tal hinunter sehen. Ich gab Gas und fuhr eine Viertelstunde lang ganz vertieft und so schnell wie möglich, ohne einen anderen Gedanken im Kopf als die Fahrt in die nächste Kurve.

Als wir zum Mittagessen anhielten, gab es einen Wolkenbruch, und in kürzester Zeit war der ganze Boden durchweicht. Es war wie ein Monsunregen. So etwas hatte ich noch nie erlebt, auch nicht im vergangenen Jahr in Kambodscha. Innerhalb von Minuten war die Straße überflutet, und der Berghang bestand nur noch aus herabstürzenden Bächen. Ich konnte erkennen, wie schnell hier alles zu Matsch wurde, wie leicht es zu einem Erdrutsch kommen und welche Zerstörung das anrichten konnte. Weiter unten am Berg war es vor Kurzem zu einer Rutschung gekommen, und nur jeweils in den ersten fünfzehn Minuten jeder vollen Stunde wurde Verkehr durchgelassen.

Schließlich kam die Sonne heraus, und nach ein paar Kilometern war der Asphalt knochentrocken. Es war hypnotisierend: Wir fuhren haarsträubende Haarnadelkurven, überquerten Brücken über reißende Flüsse, die durch Furcht einflößende Schluchten gurgelten. Wir rasten unter wilden Steilhängen hindurch und durch Dschungel, wo die Bäume so dicht standen, dass es mir wie eine Nachtfahrt vorkam.

Als wir in Taroko ankamen, mussten Clint und die anderen mir die Schlüssel für die Yamaha aus der Hand reißen. Für mich war das einfach ein perfekter Tag.

Taipeh liegt an der Nordspitze Taiwans, und um dorthin zu gelangen, mussten wir durch den Hsuehshan-Tunnel. Nach einer Nacht in Taroko nahmen wir den Zug in Richtung Norden nach Su-ao, wo ich in einer der wenigen natürlichen kalten Mineralquellen der Welt baden wollte. So etwas gibt es nur in Taiwan und in Italien. Ich habe schon viele heiße Mineralquellen gesehen, aber noch keine kalte. 22 Grad Celsius, das klang eigentlich nicht *so* kalt.

Um drei viertel acht waren wir unterwegs, und ich schwitzte schon. Die Sonne war glühend heiß, und wir befanden uns jetzt wieder auf Meereshöhe mit fast hundert Prozent Luftfeuchtigkeit. Auf dem Weg zum Bahnhof war der Gedanke, im kalten Wasser zu schwimmen, plötzlich sehr verlockend. Wir hatten eine sehr ruhige Nacht in Taroko verbracht, einem ruhigen Ort mit wenig Verkehr. Auf dem Bahnhof sah ich noch mal auf der Karte nach, wo wir gestern gewesen waren, und dachte noch einmal an diese überwältigende Strecke: Ich konnte mich an kein gerades Stück erinnern, wir waren eine Kurve nach der anderen gefahren – auf einem Supermotard-Bike wäre es sicher noch beeindruckender gewesen.

Im Zug nach Norden passierten wir eine Reihe kleiner Städte, ähnlich der, die wir gerade verlassen hatten, und ich konnte mir selbst ein Bild davon machen, wie die Menschen auf dieser Seite der Insel lebten. Die Japaner hatten ihren Hafen in Kaohsiung eingerichtet und von dort aus das Land erschlossen, Straßen und Städte gebaut, bis nach Taipeh hinauf. Und weil die Landschaft so bergig war, dauerte die Fahrt von Westen nach Osten ewig. Hier war es ruhig und friedlich; als wir eine Stunde später in Su-ao ankamen, war das ein so verschlafenes Städtchen wie Taroko. Der Bahnhof war jedoch beeindruckend. Wer auch immer ihn leitete, musste ein Kunstliebhaber sein, denn als wir über die Brücke zum Haupteingang fuhren, sahen wir an der Wand zahlreiche Gemälde: die *Mona Lisa,* Van Goghs *Sonnenblumen,* Rembrandt und Monet überall. Natürlich nicht die Originale

Draußen stiegen wir in ein Taxi und fuhren zu den kalten Mineralquellen. Ich wusste nicht, was mich erwartete. So etwas ist manchmal nur ein Loch im Boden, während anderswo ganze Heilbäder darum entstanden sind. Das hier war irgendwo dazwischen. Das Wasser stürzte aus verschiedenen Rohren in ein nierenförmiges Becken aus Naturstein. Auf einer Seite gab es eine Ziegelsteinmauer, und auf dem Abhang darüber war Dschungel. Es gab Umkleidekabinen und Duschen, aber alles im Freien und in einer Art viktorianischem Ambiente. Ich zog mir Badehosen an und stieg über die Steinstufen hinein. Gott, war das kalt! Zweiundzwanzig Grad? Gefühlte sieben!

Nach wenigen Minuten hatte sich mein überhitzter Körper an die Temperatur gewöhnt, und ich war froh über die Kälte. Es war angenehm, hier eine Weile zu schwelgen. Für heute war eine Sonnenfinsternis angesagt, und als ich mich im Wasser zurücklegte, wanderte der Mond langsam über die Sonne. Es wurde nicht richtig dunkel, aber alles sank in ein komisches Halbdunkel, als hätte jemand einen Filter über die Sonne gelegt. Ich hatte zuvor erst eine Sonnenfinsternis in Cornwall erlebt. Das war Jahre her, und ich erinnere mich, dass da alles viel dunkler gewesen war. Damals hatten sich Kühe und Schafe zum Schlafen hingelegt, als das Licht schwand. Hier war das jetzt anders, aber mit dem Wasserschwall, der alten Ziegelwand und dem Dschungel war es doch ein besonderer Moment. Der Zauber wurde jedoch etwas gestört durch den Geruch, der aus dem Wasser stieg. Angeblich war es geruchlos, aber ich stellte eine eindeutige Schwefelnote fest.

Erfrischt kamen wir wieder zum Bahnhof, diesmal zu Fuß. Es war nicht weit, weniger als einen Kilometer, und es war angenehm, durch die ruhigen Straßen zu gehen und die Menschen lächeln zu sehen. Mir war aufgefallen, dass in Taiwan alle wirklich erfreut schienen, wenn sie uns sahen. Sie winkten, sagten Hallo und fragten uns, woher wir kamen. Sunny sagte, hier im Osten sei es schwieriger, sein Auskommen zu finden, und in den letzten zehn Jahren hatten Attraktionen wie die kalten Quellen den Orten zu etwas Bekanntheit verholfen.

Der nächste Zug brachte uns nach Norden, nach Jhuangwei, wo wir schnell etwas aßen, ehe wir uns mit einem Mann von der Autobahnbehörde trafen. Die Behörde wartete den Hsuehshan-Tunnel – den längsten im Land und den zweitlängsten Asiens. Ich war der Meinung, jemand hätte mir erzählt, er sei 120 Kilometer lang, aber dieser Mann sagte, es seien nur 12,9 Kilometer. Ich musste lachen. Ich weiß nicht mehr, wie ich zu meiner Zahl kam, aber wenn man überlegt, das wäre schon ein verdammt riesiger Berg! Etwas weniger als 13 Kilometer waren dann doch wahrscheinlicher. Durchschnittlich 2200 Autos fahren stündlich durch den Hsuehshan-Tunnel, rund 19 Millionen im Jahr. Er gehört zur Autobahn 5, einer 55 Kilometer langen Strecke.

Als wir von Jhuangwei losfuhren, erzählte der Angestellte der Autobahnbehörde, der Tunnel sei wegen des Ost-West-Ausgleichs gebaut worden. Ursprünglich dauerte die Fahrt auf der Straße von Taipeh in den Landkreis Yilan mindestens zwei Stunden, heute braucht man nur noch eine halbe. Sunny, die in Taipeh lebt, sagte, das sei eine entscheidende Verbesserung. Der Osten werde allmählich erschlossen, und Menschen, die in der Hauptstadt wohnen, können am Wochenende zum Beispiel nach Su-ao fahren.

Der Bau dauerte vierzehn Jahre; man hatte zwei Tunnel für den Verkehr in jeder Richtung sowie eine Pilotröhre dazwischen anlegen müssen. Ich habe mich immer gefragt, wie solche Anlagen funktionieren, wie sie instand gehalten werden und wer reagiert, wenn etwas schiefgeht. Bei der Durchfahrt durch einen Tunnel sieht man immer diese kleinen Metalltüren. Wohin führen sie? Das würde ich nun endlich erfahren.

Wenn in diesem Tunnel etwas passierte, wurden die Autobahn-Notfallteams verständigt. Wenn ein Auto Feuer fing, kamen acht Feuerwehrleute mit modernster Ausrüstung von einem Posten einige Kilometer südlich. Wir wurden zu einer Besichtigung eingeladen, und der Leiter zeigte mir die Ausrüstung, darunter auch ein Suzuki-Motorrad mit Wassertanks, Pressluft und einem aufgerollten Feuerwehrschlauch hinten aufmontiert. Ich fuhr damit über den Parkplatz und stellte mir vor, wie ich mit all dem Gewicht der Ausrüstung in ein brennendes Auto rase.

Die Feuerwehrleute luden mich ein, an einer kurzen Übung teilzunehmen. Wenn ein Notruf einging, sollte ich die Schutzkleidung anziehen und in das Feuerwehrauto steigen. Ich schaffte das in einer Minute und zehn Sekunden, das war nicht schlecht. Allerdings musste ich nur Jacke und Helm anziehen – Stiefel und Hosen, die an einem Stück sind, waren mir zu klein, also behielt ich meine eigenen Sachen an.

Wir fuhren mit einem Wartungsfahrzeug in den Tunnel. Der Fahrer erzählte, beim Bau habe es einige Probleme gegeben, vor allem als einer der Versorgungstunnel einstürzte. Sie hatten es mit sechs größeren Verwerfungszonen, achtundneunzig Bruchzonen und sechsunddreißig unterirdischen Wasserläufen mit hohem Druck zu tun. Beim Bau stießen sie auf mindestens einen dieser Wasserläufe, der mit etwa 750 Liter in der Sekunde floss. Fünfundzwanzig Menschen kamen in den vierzehn Jahren Bauzeit ums Leben.

Im Kontrollzentrum konnten wir auf den Monitoren sehen, dass ein Auto eine Panne hatte. Innerhalb von Minuten war ein Polizeifahrzeug dort und eine Minute später ein Abschleppwagen. Die Fahrbahn wurde gesperrt, das Auto aufgeladen, und nach weniger als zehn Minuten war die Fahrbahn wieder freigegeben. Hätte es länger gedauert, hätte sich ein Stau gebildet, das kam für die Aufsicht nicht infrage. Das war echt professionelle Arbeit. Im Tunnel waren nur Pkw zugelassen, das machte es etwas leichter. (Lastwagen wurden nach dem Feuer im Montblanc-Tunnel 1999 verboten.)

Die Autobahn 5 wird von über hundert Verkehrspolizisten überwacht. Am Ende unseres Besuchs lernten wir einen von ihnen kennen – einen jungen Beamten namens Warrent. Er bot uns an, uns in seinem BMW in die Hauptstadt mitzunehmen.

Perfekt, endlich nach Taipeh. Es ist immer aufregend, in einer Hauptstadt anzukommen, und diesmal wirklich mit Stil, in einem sehr schnellen Polizeifahrzeug. Es war weiß mit roten Balken auf der Motorhaube und auf dem Kofferraum, hatte Blau- und Rotlicht auf dem Dach und eine Eisenstange am Boden des Innenraums, wo die Bösewichte mit Handschellen festgemacht wurden. Warrent machte diese Arbeit nun seit drei Jahren, und es war offensichtlich, dass sie ihm gefiel. Ich fragte ihn, ob er lieber Polizist in der Stadt oder Kriminalbeamter werden wollte, aber er wollte bei der Autobahnpolizei bleiben. Er fuhr uns in die Hauptstadt und ließ uns am Taipei 101 aussteigen, dem damals noch höchsten Gebäude der Welt.

Ich würde von Taipeh nach Japan auf einem Schiff fahren, aber vorher hatte ich einige Tage frei und freute mich wirklich darauf, die Stadt richtig zu erkunden. Taipeh liegt im Tal des Danshui, ist umgeben von Bergen und gehört zu den am dichtesten besiedelten Städten der Welt. Ich hatte das Gefühl, es würden sehr interessante Tage werden. Aber als ich mich von Warrent verabschiedete, hatte ich keine Ahnung, wie ereignisreich meine Zeit dort werden sollte.

Der erste Morgen war heiß und stickig, und Wolken hüllten die Hochhäuser ein. Ich konnte die Spitze von Taipei 101 kaum sehen. Wir nahmen die Metro und dann einen Nahverkehrszug zur National Central University in Jhongli, wo ich eingeladen war, mir ein Motorrad mit Pressluftantrieb anzusehen. Es war von einem verrückten Professor namens Allen entwickelt worden. Na gut, er war nicht wirklich verrückt, aber mit seinem langen Haar und der Brille sah er aus wie ein Erfinder. Sein Motorrad – ein normales Moped – hatte einen winzigen Motor, der von zwei Presslufttanks angetrieben wurde, die an beiden Seiten befestigt waren. Sehr einfach, aber trotzdem recht erstaunlich. Ich fragte nach dem Fassungsvermögen des Tanks.

»Im Moment passen zehn Liter auf jede Seite. Das sind die kleinsten Tanks, die wir kriegen konnten. Alles andere wäre zu groß für das Motorrad.«

»Und wie weit kommt das Motorrad damit?«

»Etwa zwei Kilometer.«

Das war nicht viel, aber schließlich handelte es sich um einen Prototypen. »Im Moment beträgt der Druck in jedem Tank nur 110 bar«, erklärte Allen. »Wir können ihn vielleicht auf 250 erhöhen. Wenn ich fertig bin, sollte es das Moped fünfzehn oder zwanzig Kilometer weit schaffen.«

Das war immer noch nicht sehr weit, aber das Motorrad war leicht zu fahren, und bei einer Probefahrt dachte ich mir, in London würde es vielleicht für die Fahrt zur Arbeit ausreichen. Und es war billig – man musste es nur an einer Tankstelle an die Druckluft anschließen. Mir gefiel es, es war so innovativ. Allen hatte es wegen der starken Luftverschmutzung in Taipeh erfunden. Beim Fahren hörte man den Motor zischen wie etwas aus *Tschitti Tschitti Bäng Bäng* – es war unglaublich, dass dieses kleine Ding mit etwas so Einfachem wie Druckluft fuhr.

Allen war nicht der einzige Motorradbauer in Taipeh. Von der Universität fuhren wir in den Bezirk Hsinchu zur Hightech-Rollerfabrik Sanyang (SYM).

Der Marketingleiter für Übersee Yang führte uns herum. Er bot uns an, wir könnten für die Fahrt zurück nach Taipeh ein paar Roller ausleihen. Er lächelte viel und war selbst begeistert von der Anlage. Täglich gehen hier eintausend fertige Roller vom Fließband, einer alle 58 Sekunden. Ich weiß das, weil ich mitgestoppt habe.

Die Fabrikhalle war riesig, große Reihen von CNC-Maschinen stellten die Teile für die Roller her. Es waren nicht viele Menschen zu sehen, und ich kam mir etwas komisch vor zwischen all den

Maschinen, die ganz selbstständig Motorgehäuse, Kolben und Karosserieteile herstellten. Vor nicht allzu langer Zeit musste das noch alles von Hand gefertigt werden.

Einige Menschen arbeiteten in der Fabrik, sogar viele, nur eben weiter hinten im Fertigungsprozess. Wenn alle Teile versammelt waren, wurden sie von Arbeitern in grauen Uniformen und Baseballkappen am Fließband zusammengebaut. Auf verschiedenen Fließbändern lagen die Einzelteile, vom Rahmen und dem Motor bis hin zu den Bremshebeln und den Blinkern. Wenn die Motorroller fertig waren, wurde kontrolliert, ob alles funktionierte, dann wurden sie draußen auf Paletten geladen.

Das Lager hatte Regale vom Boden bis zur Decke und konnte zehntausend Roller aufnehmen. Ich beobachtete fasziniert, wie hydraulische Hebevorrichtungen die Paletten in Regale weit über meinem Kopf hoben. In Australien hatte ich die Geburt eines Spitfire-Motors erlebt, und hier in Taiwan erlebte ich nun die Geburt eines Motorrollers.

Der Roller, den Yang mir lieh, war ein SYM mit 300 Kubikzentimeter Hubraum. Ich war begeistert, wieder auf zwei Rädern zu stehen, und fuhr durch die Vorstädte, flitzte zwischen den Autos hindurch und spürte den Wind im Gesicht. Es war eine gute Maschine, größer als die meisten Roller, mit einem guten Windschutz und Reifen in vernünftiger Größe, sodass sich das Ganze stabil anfühlte. Ideal für die Stadt.

Taipeh lag vor uns, die Hochhäuser immer noch in Wolken. Es war heiß und eng, und ich fuhr in Shorts und Flipflops.

Claudio filmte von einem anderen Roller aus und meinte zu mir, Sunny hätte etwas von Mädchen gesagt, die an der Straße von Hsinchu Betelnüsse an Autofahrer verkauften. Das Kauen von Betelnüssen war hier weit verbreitet, wie in Papua. Ich sah viele Menschen mit roten Lippen, wie man sie vom Betelsaft bekommt.

»Was für Mädchen? Was meinst du damit, Clouds?«

»Hübsche Mädchen. Mädchen, die nicht viel Kleidung tragen.«

»Schauen wir sie uns an.«

Wir fuhren durch diesen Stadtteil und kamen plötzlich an Reihen mit hell erleuchteten kleinen Läden vorbei, wo Mädchen in Unterwäsche und nicht viel mehr mit Tabletts voller Betelnüsse und Getränke zu Autos und Lastwagen gingen. Sunny sagte, die Mädchen, die sogenannten Betelnuss-Schönheiten, seien typisch für Taiwan, eine feste Einrichtung seit der Eröffnung des ersten Betelnussladens in den 1960er-Jahren.

Wir stiegen ab und begannen ein Mädchen zu filmen, aber sie wurde sehr schnell sehr wütend. Innerhalb von Sekunden stand ein junger Mann mit kalten Augen und rot gefärbten Zähnen direkt vor mir. Er war high vom Koffeinkick, den man bekommt, wenn man zu viele von diesen Nüssen kaut. Er deckte die Linse mit einer Hand ab und rief etwas auf Chinesisch.

»Er will nicht, dass du filmst, Charley«, sagte Sunny.

»Eindeutig«, sagte ich. »Aber warum ist er so sauer, wenn die Mädchen doch nur Betelnüsse verkaufen?«

Der Typ funkelte mich an und ballte eine Hand zur Faust. Er sah aus, als würde er Claudio gleich die Kamera entreißen und sie zerschmettern.

»Vielleicht verkaufen sie nicht nur Betelnüsse«, murmelte Claudio. »Komm, Charley, gehen wir.«

Als wir ins Hotel zurückkamen, war ich ziemlich müde und wäre auch mit einem ruhigen Abend ganz zufrieden gewesen. Aber Sam wollte unbedingt zu einem der bekannten Nachtmärkte in der Stadt.

»Wir werden etwas zu Abend essen«, sagte er, »Hirschpenis oder ein bisschen Schlangenhaut vielleicht.«

»Was?« Ich starrte ihn an und dachte, ich hätte mich verhört.

»Wusstest du das nicht? Die Männer hier essen gerne Hirschpenis, weil sie glauben, das stärkt ihre Männlichkeit.«

Oh Gott, das war das Letzte, was ich brauchte. Aber offensichtlich hatte ich keine Wahl. Sam schleppte mich in eine hell erleuchtete Seitenstraße zu einem Restaurant, wo eine junge Frau mit Headset und Mikrofon versuchte, die Leute zum Eintreten zu überreden. Vor ihr auf dem Ladentisch lag eine sehr große, sehr lebendige goldfarbene Python.

Drinnen gab es alle möglichen Schlangenarten und lebende Mäuse, mit denen sie gefüttert wurden. Widerstrebend setzte ich mich an einen Tisch und entdeckte Regale mit Gläsern, deren Inhalt ich für Hirschpenisse in Alkohol hielt. Ehe ich wusste, wie mir geschah, hängte mir der Ober die goldene Python um den Hals.

Von nun an wurde es immer schlimmer. Offensichtlich meinte Sam, ich hätte immer noch dafür zu bezahlen, dass ich bei diesem Dreiradrennen in Cebu Zweiter geworden war. Zuerst brachte man mir getrockneten Schlangenpenis – lauter Buckel und Stacheln an einem Stiel, ausgerechnet, wie ein Lutscher. Also gut, ich steckte das in den Mund. Dann kam ein Glas Schlangenblut, dann Kobrasuppe. Dann brachte mir der Ober (für den das ganz normal war) ein Glas Schlangengalle und Honig. Mir wurde allmählich schlecht.

Der Ober versicherte, dass die Galle und der Honig mich jung halten würden. Ich sagte ihm, dass ich das für totalen Quatsch hielte. Dann brachte er mir einen Teller mit Schlangenhaut und Soße. Ich saß da, und ein schleimiges Stück Diamant-Klapperschlange hing von meinen Essstäbchen – es schmeckte nach Gummi, wie sehr zäher Tintenfisch, und ich sagte dem Ober, das würde gebraten mit Knoblauch und Chilis besser schmecken.

»So esse ich gern Grillen«, sagte ich, »gebraten mit Knoblauch und Chilis.«

Offensichtlich durfte man die Schlangen nicht mehr vor den Gästen am Tisch töten, obwohl es lebende Schlangen in dem Restaurant gab. Das war immerhin schon etwas, finde ich. Mir macht Schlange nichts aus, ich habe das schon gegessen, und es schmeckt ein bisschen nach Huhn. Na ja, alles Mögliche schmeckt nach Huhn, auch Eichhörnchen.

Als Reaktion auf meine Beschwerde über die Schlangenhaut brachte mir der Ober ein Glas mit Schildkrötenhoden in Alkohol und eine Schale Schildkrötensuppe, in der ein Bein schwamm.

»Jeden Moment muss ich mich übergeben«, murmelte ich.

»Fein«, sagte Sam. »Das macht sich gut im Fernsehen. Inzwischen hast du hier ein bisschen Schildkrötenblut und ein Glas Schildkrötentinte. Das ist sehr selten, Charley, also trink es ganz aus.«

17
Chaos, Verrücktes und M13

Wir wollten Taiwan in wenigen Tagen verlassen und hatten uns schließlich eine Schiffspassage nach Japan gesichert. Einige geplante Bootstouren auf dieser Reise hatten wir nicht antreten können, von illegalen Fischerbooten bis zu umgebauten Schleppnetzschiffen. Diesmal würde es sicher klappen, denn wir hatten uns für ein Kreuzfahrtschiff entschieden.

Ich weiß, ich weiß, das ist nicht gerade zünftig, aber diesmal mussten wir es sicher schaffen. Ich konnte es kaum glauben, dass von der ganzen Reise nur noch wenige Wochen übrig waren. An diesem Punkt bin ich auf jeder Reise innerlich zerrissen. Ich will das Ziel erreichen und sehne mich nach Olly, Doone und Kinvara. Gleichzeitig bin ich traurig, weil das Abenteuer zu Ende geht ... zumindest bis zum nächsten.

Heute wollte ich das Taipei 101 besichtigen, das seit Anfang 2010 nur noch das zweithöchste Gebäude der Welt ist. Sein Rivale, der Burj Dubai, hatte ihn schon 2008 im Rohbau überholt, wurde aber erst am 4. Januar 2010 eingeweiht und somit zum offiziellen Rekordhalter (und heißt seitdem Burj Khalifa) – ich habe also noch das höchste Gebäude der Welt gesehen!

Es liegt in Xinyi, dem modernen Regierungs-, Banken- und Vergnügungsviertel. Unterwegs hielt ich an und frühstückte aus einem Kofferraum. Zwei Freunde, Jason und Chien, haben dieses mobile Catering vor Jahren gegründet und boten warme Mahlzeiten im Geschäftsviertel an. Sie offerierten mir schwarze Eier, aber die hatte ich schon probiert und lehnte ab. Ich mag sie wirklich nicht. Sie werden in Ammoniak fermentiert, davon werden sie schwarz, schmecken nach Gummi und fühlen sich auch so an. Das ist schon schlimm genug, aber was mich wirklich stört, ist, dass das Ammoniak aus Pferdeurin gewonnen wird.

Nach einer guten, sicheren Schale Reisporridge fuhr ich zum 101. Ein Gebäude mit 101 Stockwerken kann man kaum verfehlen. 508 Meter, das ist etwa die Höhe, bei der ein Flugzeug die letzte Landephase beginnt. Irre.

Schon vom Hochschauen wurde mir schwindlig. Der Wolkenkratzer ist gestaltet wie eine Pagode und hat noch fünf unterirdische Stockwerke. Das 101 war nicht nur das höchste Gebäude, sondern hatte auch das größte Tilgerpendel der Welt. Man sieht es, wenn man in die obersten Stockwerke kommt – eine riesige goldene Kugel mit verschiedenen Lagen von Gewichten, die die Schwingungen des Gebäudes bei starkem Wind dämpfen sollen.

Das Gebäude hielt auch den Rekord für den schnellsten Aufzug der Welt. Er saust in nur 37 Sekunden ganz nach oben – unglaublich! Der Lift steht unter Druck wie ein Flugzeug, und die äußere Ummantelung besteht aus hitzebeständiger Keramik wie bei den Raumfähren.

Leider waren am Tag unseres Besuchs die oberen Stockwerke des Gebäudes gesperrt, und ich kam nur bis in die 89. Etage. Hoch genug für mich. Ich trat in ein riesiges Foyer mit Glaswänden, das den ungeheuerlichsten und dramatischsten Blick auf die Stadt bot. Komischerweise machte einem weniger der Ausblick die Höhe bewusst als vielmehr die Fensterputzer. Ich hatte mich schon gefragt, wie in aller Welt das Glas hier oben gereinigt wurde, und hatte schon gedacht, das würde automatisch gemacht. Dann sah ich so eine Reinigungsgondel mit zwei Männern, die 500 Meter über der Stadt mit Sprühpistolen und Gummiabziehern die Fenster schrubbten.

Jedes Jahr werden im 101 Rennen abgehalten, wer am schnellsten die 91 Etagen bis zum Freiluft-Aussichtspunkt zurücklegt. Allein der Gedanke verursachte mir Schmerzen in den Beinmuskeln. Aber als kühner Abenteurer wollte ich es versuchen. Nicht die ganzen 91, vielleicht zehn ... nur so als Kostprobe.

Ich brauchte einen Gegner und dachte an Claudio – er musste ja außerdem seine Kamera mitnehmen ...

Robin war bereit, gegen mich anzutreten, aber er ist jünger als ich und viel fitter. Er sieht sogar aus, als könnte er die 91 Stockwerke täglich hochlaufen. Am Ende schlug Sunny einen Einheimischen vor, der in dem Gebäude arbeitete und der jedes Jahr das Rennen mitlief.

»Das ist cool«, sagte ich (inzwischen etwas besorgt). »Wenn er regelmäßig teilnimmt, ist das eher ein richtiges Rennen.«

Er hieß Hon-Nein Peng und machte gerade in voller Laufsportkleidung seine Aufwärmübungen, als ich ihn fand. Er war unglaubliche zweiundneunzig Jahre alt, hatte seine Haare zu einem Bürstenschnitt geschoren und trug am Kinn einen konfuzianischen Ziegenbart. Er grüßte uns mit einem Lächeln.

Ich konnte es nicht glauben: Der Mann sah so durchtrainiert und fit aus, dass mein Fahrradkumpel von vor ein paar Tagen dagegen wie ein Schuljunge wirkte.

»Mein Gott, Hon«, sagte ich. »Du siehst so jung aus. Was ist dein Geheimnis? Zigaretten, Whisky und wilde Frauen?«

»Meine Freunde finden, ich sehe aus wie siebzig«, sagte er, »vielleicht wie fünfundsechzig. Es gibt kein Geheimnis. Wahrscheinlich nur Fleisch und Fallschirmspringen.«

»Fleisch und Fallschirmspringen?«

»Genau. Ich esse kein Gemüse, habe ich auch nie gegessen. Ich esse nur viel Fleisch, laufe und schwimme und springe ab und zu aus einem Flugzeug.«

»Ach so ... Sag mal, wie oft bist du die 91 Stockwerke hier schon hochgelaufen?«

Er hielt sechs Finger hoch. »Einmal zur Übung und fünfmal im Renntempo.«

»Wie lange dauert das?«

»Siebenundzwanzig Minuten.«

Wie alte Kumpel machten wir uns warm – Bizepsübungen, Dehnen, Rumpfbeugen, unterbrochen von Macho-Grunzen.

Dann schlug er mich.

Natürlich. Ich wollte doch keinen zweiundneunzigjährigen Fallschirmspringer in Verlegenheit bringen, oder?

Als wir wieder festen Boden unter den Füßen hatten, erhielt ich eine Nachricht von einem Motorradfahrer und Internet-Blogger namens M13, der erfahren hatte, dass wir nach Taipeh kamen. Ich wollte ihn gern kennenlernen – aber das wollte die Polizei vor Ort offensichtlich auch. Sie glaubte, er organisiere illegale Straßenrennen; er war ihnen deshalb ein Dorn im Auge. Er schickte uns einen Videoclip, auf dem er sich intensiv mit so einem mechanischen Flaggenwinker unterhält, wie sie manchmal bei Bauarbeiten an der Fahrbahn aufgestellt werden. Aus Angst, erkannt zu werden, nimmt er nie seinen Sturzhelm ab. Am Ende des Videos kommt ein Bauarbeiter mit Helm und zieht ihn weg.

Es klang, als könnte das spaßig werden, aber ich war mir nicht sicher wegen der Straßenrennen. Auf einer richtigen Rennstrecke schien mir das eine feine Sache, besonders als er sagte, ich könnte ein Motorrad mit 1000 Kubik ausleihen. Ich wollte ihn am Sonntagmorgen treffen, und alles war sehr geheim. M13 schickte uns GPS-Koordinaten und eine Zeit für das Treffen. Er versprach uns einen Tag Chaos und Verrücktheit, also sagten wir zu.

Das war es auch, was uns erwartete. Ich war um halb fünf wach und fühlte mich nicht sehr zuversichtlich. Ich hatte ein ungutes Gefühl, und das ist nicht gut, wenn man Motorrad fahren will. Ich hatte dieses Gefühl schon einige Male im Leben – man wacht zu früh auf, mit dem nagenden Gefühl, dass etwas falsch läuft. Leider bestätigte sich das oft.

Ich erinnere mich an einen Sonntagmorgen, als ich mich mit Freunden zu einer kleinen Spritztour treffen wollte. Auf einer Landstraße südlich von London war ich in einer Kurve zu schnell und verlor die Kontrolle über die Maschine. Ich flog über die Straße und kollidierte mit einem Holzpfosten. Ich wurde bewusstlos und wachte auf mit Bänderrissen in Schulter und Arm. Ein anderes Mal nahm ein guter Freund von mir eine ähnliche Kurve zu schnell, raste ins Gebüsch und verfing sich mit dem Hals in einem Draht. Er war sofort tot.

Also gab ich mit einer gewissen Beklommenheit die GPS-Koordinaten ein, die mir M13 gegeben hatte. Ich wusste eigentlich nichts über ihn. Er klang lustig, aber es ist immer ein gewagtes Spiel, sich mit jemandem zusammenzutun, den man nicht gut kennt.

Die Koordinaten bezeichneten einen Ort namens Lungtan im Landkreis Taoyuan, den die Einheimischen nur den Tempel am See nennen. Am Treffpunkt hatte sich eine Gruppe von ziemlich ernst dreinblickenden Fahrern mit Sportmaschinen versammelt. Es war noch nicht einmal halb sechs, und in einiger Entfernung waren schon einige Menschen bei einer Aerobic-Stunde.

Nicht lange nach unserer Ankunft tauchte M13 auf, mit einem Integralhelm und darunter einer selbst gemachten Skimaske. Ich hatte befürchtet, er würde ein illegales Rennen vorschlagen, aber glücklicherweise plante er eine Stunde Fahrt auf einer Bergstraße und dann einige Zeit auf einer Rennstrecke. Für mich hatte er eine Kawasaki-Streetfighter organisiert – ein schönes Motorrad, leicht zu fahren und sehr reaktionsfreudig. Sie hatten auch für mich einen Integralhelm, also sah ich aus wie sie und war startbereit. Die anderen Fahrer waren junge Typen in Lederanzügen, die meisten mit recht abgenutzten Knieschleifern.

»Wie ist die Straße?«, fragte ich M13. Er wollte nicht sagen, woher er kam, sprach aber mit kanadischem Akzent, und wir konnten uns fließend auf Englisch unterhalten.

»Traumhaft. Eng und gewunden, nicht sehr schnell. Wir fahren rauf in die Berge, halten an einem Café, kommen dann hierher zurück und fahren auf der Rennstrecke.«

Das klang super, doch ein bisschen nervös war ich schon noch. Diese Jungs sahen aus, als gäbe es für sie nichts Höheres, als mit dem Knie über den Asphalt zu schleifen. Meine letzte Tour dieser Art hatte mit dem Tod meines Freundes geendet. Ich rief mich innerlich zur Ruhe. Man kann nicht etwas nicht machen, nur weil etwas passieren könnte. Das ist lächerlich. Wenn man sein Leben so lebt, macht man keinen Schritt mehr vor die Tür. Das Leben ist dazu da, dass man es am Schopf packt.

Das Problem beim Fahren in der Gruppe ist, dass die Sache außer Kontrolle geraten kann. Ob wir das nun gerne zugeben oder nicht, die Rivalität unter den Sportmaschinenfahrern ist heftig, da kann die Straße schnell mal zur Rennstrecke werden. Das ist so ein Macho-Ding, bei dem es nur darum geht, wie abgefahren der äußerste Rand des Reifens ist, wie zerkratzt deine Knieschleifer sind und ob du mithalten kannst. Manchmal fahren Leute schneller, als es ihren Fähigkeiten entspricht, und dann passieren Unfälle. Wenn ich heute den Geschwindigkeitsrausch brauche, gehe ich auf die Rennstrecke, wo ich so schnell fahren kann, wie ich will, und wo es keinen Gegenverkehr gibt.

Ich wurde dieses unbehagliche Gefühl einfach nicht los, und wie um meine Befürchtungen zu bestätigen, hörte ich plötzlich eine Sirene in der Ferne. Kurz darauf hielten zwei schwarz-weiße Polizeiautos, und aus dem ersten stieg dieser wirklich unwirsch aussehende Polizist. Er trug eine Splitterschutzweste, Springerstiefel und eine Baseballkappe. Er sah eher aus wie ein Mitglied einer paramilitärischen Einheit als wie ein Polizist. Und er war unzufrieden.

Offensichtlich hasste er Motorradfahrer. Sein Gesicht hatte die Farbe von Roter Bete, und als er Claudio und Robin mit den Kameras sah, legte er los. Zum Glück hatten wir Sunny zum Übersetzen dabei.

»Hört auf, hier dürft ihr nicht filmen«, sagte er.

Das war Schwachsinn. Wir taten nichts Verbotenes. Wir hatten eine Genehmigung zum Filmen, und dies war ein freies Land. Wir unterlagen keinerlei Einschränkungen. Robin zog sich diskret zurück, filmte aber weiter.

Dieser Polizist war typisch für manche Männer, die dachten, sobald sie eine Uniform trugen, konnten sie andere schikanieren.

Er gab nicht auf. Ich versicherte ihm ein zweites Mal, dass wir nichts Verbotenes taten, aber er machte immer weiter. Er wollte Claudios Pass haben, aber das kam gar nicht infrage. Wieder sagten wir ihm, wir hätten eine Genehmigung zum Filmen. Aber er wollte immer nur den Pass, fuchtelte mit den Armen und sagte, wir sollten die Kameras abstellen. Claudio ließ die Kamera an und den Pass in seiner Tasche und zog sich langsam auf die andere Straßenseite zurück.

Wir machten ihm klar, dass wir sein Gesicht nicht gefilmt hatten, dass wir aber nicht aufhören würden. Wenn er sich lächerlich machen wollte, sei das seine Sache.

Als ihm klar wurde, dass wir nicht nachgaben, änderte er die Tonlage. Er wollte keine Pässe mehr, sondern eine Bestätigung, dass wir sein Gesicht nicht zeigen würden.

Der Streit ging immer weiter, und die Motorradfahrer standen inzwischen gelangweilt herum. Am Ende unterschrieben wir ein Blatt Papier, und er schien befriedigt. Mit einem verächtlichen Blick in Claudios Richtung stieg er in das Polizeiauto und fuhr davon.

»Gott, ist das immer so?«, fragte ich M13.

»Nein, nicht immer, aber die meisten Bullen mögen keine Motorradfahrer. Sie hassen besonders die schweren Motorräder. Die sind in Taiwan auch erst seit ein paar Jahren erlaubt.«

»Das habe ich gehört. Was habt ihr vorher gemacht?«

»Bevor sie zugelassen waren? Man importierte sie illegal. Es gab etwa 20 000 schwere Motorräder auf den Straßen, und keines hatte ein Nummernschild. Wenn man in einer großen Gruppe fuhr, ließ einen die Polizei in Ruhe, denn es war ein zu großer Aufwand, alle rechts ranfahren zu lassen. Wenn man allein war, raste man über rote Ampeln, denn wenn man stehen blieb, konnte es sein, dass ein Bulle aus dem Auto sprang und dir den Zündschlüssel abnahm. Das Schlimmste, was passieren konnte, war, dass sie dir dein Motorrad abnahmen.«

Zum Glück waren schwere Maschinen jetzt erlaubt, und wir waren endlich auf dem Weg. Ich versuchte, etwas mehr über M13 herauszufinden, aber er hielt sich sehr bedeckt, wenn es um seine eigene Person ging und nicht um seinen »Moto-Blog«, wie er ihn nannte. Er sagte, er sei der Erste gewesen, der eine Kamera an seinen Sturzhelm montierte und seine Fahrten für das Internet aufzeichnete. Außerdem hielt er sich für den beliebtesten Menschen auf YouTube, was Motorradvideos anging. Er war mit einer Taiwanesin verheiratet und sprach fließend Chinesisch, aber mehr wollte er nicht sagen.

Zumindest anfangs achtete ich darauf, dass wir vernünftig fuhren. Claudio saß hinten auf dem Bike eines anderen, damit er filmen konnte, und das Erlebnis mit dem Gestapo-Typen hatte nicht dazu beigetragen, den Knoten in meinem Magen zu lösen.

M13 sagte, er fahre mit vielen verschiedenen Gruppen. Oft fuhr er allein los und schloss sich dann einer vorbeifahrenden Bikergruppe an. Dann hielten sie an, tranken einen Kaffee und tauschten

Telefonnummern aus. Das war die Kameradschaft – der Geist der Zusammengehörigkeit, der in Taiwan der Gleiche ist wie überall auf der Welt.

Allmählich entspannte ich mich. Mir gefiel mein Motorrad, und bald machte ich die üblichen Faxen, einen Fuß auf dem Sitz, im Damensitz und Wheelies auf dem Hinterrad im zweiten Gang.

Nach einer halben Stunde Fahrt sah ich bergab in einer Kurve einen der Fahrer ausgestreckt mitten auf der Straße liegen. Mein Herz klopfte bis zum Hals. Ein paar Fahrer hatten schon angehalten, und zwei liefen ziemlich aufgeschreckt in der Gegend herum. Wir fuhren rechts ran.

Mein Gefühl hatte nicht getrogen, und der Anblick des ausgestreckt daliegenden Fahrers war ein bisschen makaber. Irgendwie war er wohl zu schnell in die Kurve gefahren, und ich betete zu Gott, dass es ihm gut ging. Zuerst sah es recht schlimm aus – er lag bewegungslos auf der Straße. Aber als wir näher kamen, bewegte er seine Glieder, und ich wusste instinktiv, dass er nicht ernsthaft verletzt war. Das weiß man einfach – ich bin selbst einige Male gestürzt, und man weiß, wann man ernsthaft verletzt ist. Dieser Fahrer stand unter Schock und hatte Schmerzen. Er war etwas zerschrammt und angeschlagen, aber es war nicht schlimm.

Jemand hatte einen Krankenwagen gerufen, und während wir warteten, erfuhren wir, was geschehen war. Der Fahrer hatte die Kurve nicht falsch eingeschätzt. Er war von einem anderen Motorradfahrer gestreift worden, der die Kurve schneller genommen und ihn im Vorbeifahren geschnitten hatte. Dadurch hatte er die Kontrolle über seine Maschine verloren und war gestürzt.

Zwei Sanitäter kamen, stabilisierten seinen Nacken und das linke Bein und legten ihn auf eine Trage. Er würde wieder in Ordnung kommen, aber sein Bike war beschädigt, und das war das Einzige, was ihn interessierte. Das geht jedem Motorradfahrer so. Bei einem

Sturz sieht man nur seine geliebte Maschine über die Straße schrammen, und man denkt nur, was wird das kosten. Sein Bike war nicht so stark beschädigt – die Verkleidung war zerschrammt, die hinteren Fußrasten waren verbogen, und ein Spiegel hing lose herunter; der konnte etwas teurer werden. Er hatte seine Fahrt gefilmt und sagte, wir könnten die Unfallaufnahmen verwenden, wenn wir wollten ... aber das würde etwas kosten. Das war ein gutes Zeichen – während die Sanitäter ihn verbanden, konnte er im Kopf schon wieder Geschäfte machen und dachte darüber nach, wie er an Geld für die Reparatur kommen könnte. Er hatte allerdings Pech, denn wir waren nicht bereit, für Aufnahmen zu zahlen.

Der Unfall hatte der ganzen Fahrt einen Dämpfer aufgesetzt, und einige kehrten nach Taipeh um. Wir besprachen uns mit M13 und beschlossen, die Bergstraße aufzugeben und direkt zurück zur Rennstrecke zu fahren.

Die Lungtan-Motorradrennbahn war nicht weit von unserem ersten Treffpunkt entfernt. Ehrlich gesagt, war der Kurs eher übel, sehr klein und eng, und die Auslaufzonen waren unzureichend. Die Sicherheitsbarrieren waren nur angemalte Reifenstapel, und mir wurde bewusst, dass ich keine Lederhose anhatte. Wir erfuhren bald, dass dies die einzige Standard-Motorradrennbahn in Taiwan war. Hier werden Anfängerrennen veranstaltet, um die illegalen Straßenrennen einzudämmen, von denen wir gehört hatten.

Wie gesagt, hatte ich keine Lederbekleidung, und ohne die mag ich nicht auf einer Rennstrecke fahren. Ich trug Jeans, aber die würden mir bei einem Sturz nicht viel Schutz bieten. Ich bekam ein Paar Knieschleifer zum Umbinden, aber das gab mir nicht genügend Sicherheit. Ich fuhr ein paar Proberunden, fand die Ideallinie und kam in den Rhythmus. Aber ich konnte das Motorrad nicht so weit in Schräglage bringen, wie ich wollte, und kratzte immer mit den Fußrasten. Mit der Zeit wurde ich etwas besser; Claudio filmte und erzählte mir später, M13 habe gesagt, er hätte kaum mithalten können.

Ich alberte noch eine halbe Stunde mit den anderen herum, bevor ich mir eine Pause gönnte. Es war ein sehr heißer Tag – die Sonne war ein Feuerball, und der Zement war kochend heiß. Nachdem ich etwas getrunken hatte, fuhr ich gegen ein Mädchen namens Jessica auf einem Roller. Sie schlug mich haushoch. Sie hatte eine tolle Rennmaschine mit griffigen Reifen, riesigem Vergaser und Rennauspuff. Ich hatte einen normalen Roller, und sogar mit einem Vorsprung machte sie mich komplett fertig.

Robin schüttelte traurig den Kopf. »Ich habe dich im Dakar-Rennen gefilmt, und da hast du eine gute Figur gemacht. Jetzt, nur drei Jahre später, wirst du von einem Mädchen auf einem Roller geschlagen.«

Ja, vielen Dank, Robin ... Ich ignorierte ihn und richtete meine Aufmerksamkeit auf einen Alfa Romeo. Ich nahm an einem kurzen Autorennen mit zwei anderen teil, und dann nahm mich Sam Kue, der Bahnrekordhalter, in seinem Mitsubishi-Drifter mit. Ich hatte schon Drifter im Fernsehen gesehen – die Jungs, die mit ihren Autos über die Rennbahnen schlittern –, doch wenn man mit im Auto saß, war das etwas anderes.

Sam war in seinem Element. »Nummer eins, Baby!«, sagte er immer, »Nummer eins!«

Er drehte am Lenkrad, die Reifen rauchten den ganzen Weg von der Boxengasse zur ersten Kurve und auch auf dem Rest der Strecke. Mir gefiel das, es war eine tolle Erfahrung. Ich wurde jedes Mal hin und her geworfen und kreischte wie ein Mädchen.

Das war ein beeindruckender Abschied von einem einzigartigen Land. Mir gefiel es hier, besonders an diesem letzten Tag und nach ein paar Runden in diesem Mitsubishi. Sehr verschwitzt, aber sehr glücklich sprang ich in den Bus, der mich zurück nach Taipeh fuhr.

18

Im Land der aufgehenden Sonne

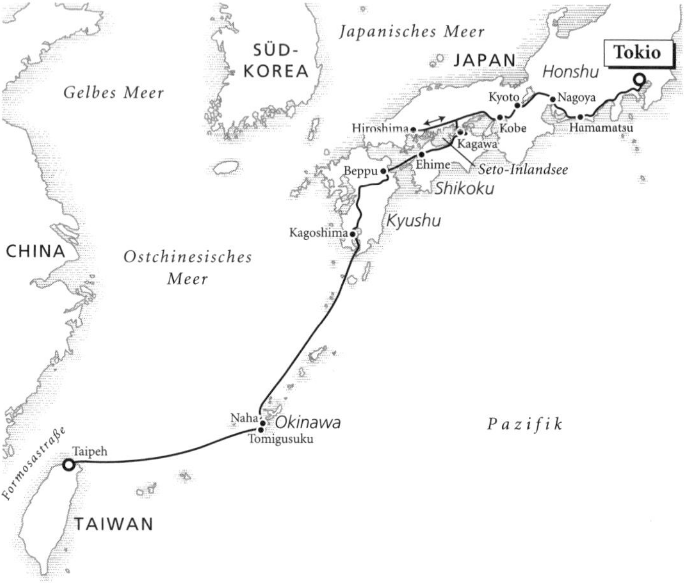

Japan wird oft das Land der aufgehenden Sonne genannt. Das stammt von dem Namen, den die Japaner ihrem Land gegeben haben: Nippon-koku, das bedeutet »Sonnen-Ursprung«. Ob Sonne oder Regen, ich freute mich wirklich auf diese letzte Etappe der Reise. Ich war schon einmal in Japan, aber das war nur eine Stippvisite in Tokio vor zwanzig Jahren. Es ist das Motorradmekka der Welt, und ich konnte es nicht erwarten, die hervorragenden Bikes auszuprobieren, die es dort gibt. Erstaunlicherweise wurden in Japan vor dem Zweiten Weltkrieg nur importierte Motorräder gefahren – es gab vor 1945 keine japanischen Hersteller. Wenn man bedenkt, dass sie heute den Weltmarkt beherrschen, ist das eine unglaubliche Leistung.

Wie geplant, setzten wir mit einem Kreuzfahrtschiff von Taiwan aus über, und entgegen allen Vorbehalten entpuppte sich die Fahrt als hervorragende Gelegenheit zu entspannen nach den Strapazen der Überlandreise. Wir verbrachten den Abend in Gesellschaft einer Gruppe Transvestiten. Sie zogen mir etwas in Pink an und bestanden darauf, dass ich an ihrer Wahl zur Miss Universe teilnahm. Das war wie in einem Weihnachtsstück für Kinder, nur dass diese Jungs das extrem ernst nahmen. Ich hatte immer schon eine Schwäche für Dessous, also machte ich mit bei dem Spaß. Robin und Claudio filmten natürlich jedes Detail, und sicher werden sie es einmal gegen mich verwenden. Wahrscheinlich warten sie, bis ich einmal zum Bulldog Bash bei den Hells Angels eingeladen werde, und dann zeigen sie es dort als Diashow. Mit meinem Abenteurergeist überstand ich also auch diese Miss-Wahlen und blieb danach zu viele Stunden im Casino. Claudios Alkoholkonsum hielt sich wie immer im Rahmen, doch das galt nicht für Sam und Robin. Der Hinweis möge genügen, dass bei Sonnenaufgang drei aus der Gruppe einen ziemlichen Kater hatten.

Das Kreuzfahrtschiff legte mitten im Ostchinesischen Meer an der Insel Okinawa an. Japan besteht aus über 6000 Inseln, doch 97 Prozent der Bevölkerung, gegenwärtig sind das 128 Millionen, leben auf den vier größten Inseln Honshu, Hokkaido, Kyushu und Shikoku. Allein im Großraum von Tokio leben 30 Millionen Menschen.

Okinawa. Der Name weckt Assoziationen – für viele ist das der Ort, wo der Zweite Weltkrieg wirklich endete. Seitdem ist Japan aus der Asche gestiegen, und trotz seiner wirtschaftlichen Probleme in letzter Zeit ist es noch immer die zweitgrößte Volkswirtschaft der Erde.

Auf unserer Reise hatten wir häufig Spuren japanischen Einflusses gesehen, und meistens hatten sie einen Bezug zum Krieg. Von Alex, dem Museumskurator in Tacloban, erfuhren wir alles über die Invasion der Philippinen, besuchten zwei Denkmale für General MacArthur und hatten davor noch etwas über den Angriff auf Horn Island erfahren. Und jetzt ging ich durch die Tunnel unter dem japanischen Marinehauptquartier in Tomigusuku.

Unser japanischer Übersetzer Masato stieß nun zu uns, aber mein Führer durch das Tunnelsystem, der Lokalhistoriker Kei Kodawa, sprach ebenfalls ausgezeichnet Englisch. Er sagte, die Erinnerung an die Schlacht von Okinawa sei sehr lebendig im Gedächtnis der Japaner. Das gewaltige Bombardement der Amerikaner wurde als »Stahltaifun« bezeichnet. Es begann am 1. April 1945, und 82 Tage später kapitulierten die Japaner.

Okinawa liegt nur 550 Kilometer vom Mutterland Japan entfernt, und seine Einnahme war ein wichtiges Ziel der Alliierten. Von hier planten sie ihren letzten Angriff. Es sollte ein Sprungbrett für den Angriff auf Tokio sein, der dann nicht mehr nötig war, wie sich herausstellte. Am 6. und 9. August fielen die Atombomben auf Hiroshima und Nagasaki, und die Sowjetunion erklärte Japan am 8. August 1945 formell den Krieg.

Auf der letzten Reise war ich in Vietnam in ähnlichen Tunneln, doch diese hier waren eindeutig besser ausgebaut. Okinawa ist 102 Kilometer lang und etwa 30 Kilometer breit. Als die japanische 9. Division auf die Philippinen geschickt wurde, mussten die auf Okinawa verbleibenden Truppen ihre Strategie zur Verteidigung der Insel ändern. Diese Aufgabe fiel Oberst Hiromichi Yahara zu. Er kannte die Feuerkraft der Alliierten – er wusste, wie viele Schiffe sie hatten und wie viele Männer –, und so arbeitete er einen Plan aus, die Kräfte im südlichen Teil der Insel zu konzentrieren. Dieser war strategisch wichtig, und Yahara glaubte, er sei leichter zu verteidigen.

Die Region war übersät mit Höhlen und natürlichen Tunneln, und das brachte Yahara auf die Idee, ein unterirdisches Tunnelnetz anzulegen, in das die gesamte 32. Armee passte. Es war ein gewaltiges Unterfangen, für das nur wenig Zeit zur Verfügung stand. Es gab keine Maschinen für den Tunnelbau, und so mussten Arbeitskräfte aus der Zivilbevölkerung die Aufgabe allein mit Pickeln und Schaufeln bewältigen. Die Kommandantur für die 32. Armee lag fünfzig Meter unter Shuri, und das Marinekommando war hier in Naha. Die Festung Shuri aus dem 14. Jahrhundert wurde bei den Gefechten zerstört. Heute steht sie wieder, in ihrem Zentrum ein großes, rotes Gebäude, das ab 1958 wiederaufgebaut wurde.

Am 1. April 1945 landeten die Alliierten auf Okinawa; die Invasionsflotte umfasste 1300 Kriegsschiffe. Inzwischen waren die Japaner »im Untergrund«. Deshalb trafen die amerikanischen Marinesoldaten anfänglich auf wenig Widerstand. Aber das änderte sich schnell, und es folgten heftige Gefechte. Zwei Monate lang wurde gekämpft, und schließlich nahmen die Marinesoldaten das Gebiet um Shuri am 31. Mai ein.

Während die Bodentruppen, die in Okinawa landeten, amerikanische Marinesoldaten waren, stammte ein Viertel der Flugzeuge beim Luftangriff von der britischen Pazifikflotte, in der britische, kanadische, australische und neuseeländische Kräfte versammelt waren. Ihre Hauptaufgabe war die Deckung aus der Luft gegen japanische Kamikaze-Angriffe.

Am 4. Juni 1945 griffen die Alliierten die Marinebasis an, die von Konteradmiral Minoru Ōta geführt wurde. Ōta richtete seine 200-mm-Antischiffraketen mit vernichtendem Erfolg auf die Linien der amerikanischen Marines. Die Schlacht war blutig und brutal, aber am 11. Juni nahmen die Amerikaner den Stützpunkt vollständig ein. Daraufhin beging Ōta zusammen mit 175 seiner Männer Massenselbstmord, indem sie sich in den Tunneln selbst in die Luft sprengten. Kei zeigte mir die Abschiedsbotschaft, die der Admiral an die Wand geschrieben hatte. Ich konnte die Schrift deutlich sehen, und die tiefen Spuren von detonierenden Handgranaten machten alles noch ergreifender.

Kei stellte mir einen Überlebenden vor, Yoshitaka Agarie, der in der japanischen Marine gedient hatte. Er war nicht bei Ōta, aber er war in den Tunneln, als es zur Kapitulation kam. Zu trinken hatten sie nur das Kondenswasser, das sie von der Decke leckten. In den Gängen herrschten 32 Grad Celsius, und die Luftfeuchtigkeit betrug hundert Prozent. Er erzählte mir, dass die japanische Armee sehr brutal sein konnte, nicht nur gegenüber dem Feind, sondern auch den eigenen Leuten gegenüber. Seine persönlichen Erfahrungen bei der Marine beschrieb er aber anders und sagte, sie seien wie eine Familie gewesen.

In lebhaften Details schilderte Agarie, dass nach der Kapitulation nicht nur viele Offiziere der japanischen Armee Selbstmord begingen, sondern viele auch versuchten, die Zivilbevölkerung zu überzeugen, dasselbe zu tun. Sie erzählten den Leuten, die Männer würden kastriert und die Frauen vergewaltigt, wenn sie sich gefangen nehmen und in Gefangenenlager bringen lassen würden. Agarie versteckte sich in den Bergen in der Nähe des Stützpunkts, sah, wie einige Leute gefangen genommen wurden, und folgte ihnen ins Gefangenenlager. Er hatte nicht vor, sich das Leben zu nehmen. Er wollte leben. Er beobachtete das Lager einige Tage lang und konnte keine Anzeichen von Grausamkeit erkennen. Er fand sogar, dass die Amerikaner ihre Gefangenen mit einigem Respekt behandelten.

Nachdem er die Lager selbst gesehen hatte, ging Agarie in die Berge rund um Naha und versuchte die Menschen davon abzuhalten, sich das Leben zu nehmen. Er riet ihnen, sich den Amerikanern zu ergeben. Er war überzeugt, sie würden gut behandelt werden. Die meisten Menschen folgten seinem Rat, und als der Krieg vorüber war, konnte der Wiederaufbau beginnen.

Vierundsechzig Jahre später hier zu sein war sehr bewegend. Es war auch ein Kulturschock nach den letzten Tagen in Taiwan und der Spielerei mit den Motorrädern.

Als wir wieder über der Erde waren, dankte ich Kei für die Tour und nahm dann ein Taxi zurück nach Naha. Der Fahrer hieß Daisu, nannte sich aber Dice, und er improvisierte eine Tour für mich. Okinawa ist die größte der Ryukyu-Inseln, die seit Jahrhunderten besiedelt waren. Im 19. Jahrhundert hießen die Einwohner Luchu, was eher ein chinesischer Name ist.

Dice zeigte mir die Innenstadt von Naha und den *shotengai* oder öffentlichen Markt in Makishi, der bekannt ist für Fleisch und Fisch. Wir besuchten einheimische Geschäfte, und er schlug vor, ich sollte ein Glas Schlangenblutwein probieren. Ich tat ihm den Gefallen, konnte aber nur einen Schluck nehmen. Davon hatte ich in Taiwan schon genug bekommen. Wir verließen den Markt, und er nahm mich mit in ein Geschäft für traditionelle Hochzeitsbekleidung. Da ich schon verheiratet bin, wusste ich nicht, was ich dort sollte. Dann sah ich Sam und fragte mich, ob das mal wieder ein Versuch war, mich in Frauenkleider zu stecken, aber ich konnte unbesorgt sein. Man zog mir die traditionelle Hochzeitsbekleidung eines Japaners an. Zuerst kam weiße Unterbekleidung, so ähnlich wie eine Karatejacke, dann umwickelte man meine Taille mit einer rosa Schärpe, dann kamen ein Kimono und ein Hut. Ich schaute mich im Spiegel an. Ich sah aus wie Tom Cruise in *Der letzte Samurai.* Na ja, fast.

Vor dem Geschäft drängten uns Typen mit seltsamen Masken ein paar Handzettel auf. Sie hatten die Kamera gesehen, sprachen mit Dice und gestikulierten. Ich verstand nicht, was sie wollten, aber

Dice sagte, sie seien Ringer, die später einen Auftritt hätten, und sie fragten, ob ich ein bisschen mit ihnen trainieren wollte. Ich war dabei. Ich wollte auch gerne ringen, aber sie gaben mir zu verstehen, dass es bei ihrem Auftritt eher um Klamauk gehe. Sie warfen sich gegenseitig herum, und ich könnte ernsthaft verletzt werden. Sie sagten uns, wo die Sporthalle war, und sobald wir dort waren, steuerte ich ein paar Vorwärtsrollen und Rückwärtssalti bei. Später sahen wir uns die Vorführung an, und es war wirklich Klamauk. Zwei Männer in Kostümen – eines grün, das andere gelb: Die Bewegungen waren eindeutig einstudiert, aber den Kindern gefiel es, und ich muss zugeben, dass es sehr unterhaltsam war.

Japan war voller Überraschungen – bunte Masken und skurrile Einfälle. Die Geschichte von Okinawa hat einen tiefen Eindruck bei mir hinterlassen. Ich konnte diese unterirdischen Gänge nicht vergessen und stellte mir vor, wie Admiral Ōta seine Abschiedsbotschaft an die Wand schrieb, worauf er und seine Männer die Sicherungsstifte ihrer Handgranaten zogen.

Am folgenden Morgen fuhren wir mit einer Fähre zur südlichsten der vier großen Inseln, Kyushu, auf der 13 Millionen Menschen leben. Kyushu ist grün, gebirgig und sehr schön. Dort liegt allerdings auch ein Zentrum tektonischer Aktivität. Denkt man an japanische Vulkane, fällt einem der Fujijama am Ufer des Kawaguchi-Sees ein. Doch der letzte Ausbruch des Fuji fand 1708 statt. Der aktivste Vulkan in Japan ist der Aso auf Kyushu.

Wir wollten am 6. August zur Friedensfeier in Hiroshima sein, deshalb nahmen wir gleich den nächsten Zug nach Norden, von Kagoshima nach Beppu; von dort wollten wir mit einem Fischerboot weiterreisen.

Seit wir Sydney verlassen hatten, war mir schon einige Male die Ähnlichkeit der Landschaft in den Ländern aufgefallen, die wir besuchten. Das liegt vermutlich daran, dass es Tropeninseln sind: üppig grün, feucht und gebirgig, von der Hitze ganz zu schweigen. Kyushu war in vielem ähnlich, wirkte aber durch die Fenster im Zug viel spektakulärer als andere Orte, die wir gesehen hatten. Der Aso zum Beispiel liegt am Ende eines atemberaubend schönen Tals, und der Dampf, der vom Krater aufsteigt, steht als weiße Wolke vor dem blauen Himmel.

Beppu ist bekannt für die *onsen* oder heißen Quellen. Abgesehen vom Yellowstone Park in den USA gibt es hier die größten natürlichen Heißwasservorkommen der Welt. Es gibt Tausende von Quellen und viele öffentliche Bäder in der ganzen Stadt. Beppu liegt zwischen Bergen und Meer, und die Architektur ist dort ganz anders als in Taiwan. Hier schienen die Gebäude irgendwie zu schmeicheln – sie waren hoch, aber keine Wolkenkratzer. Und sie waren gestuft, fast als hätte jemand jedes Stockwerk einzeln auf eine Kelle gelegt und es dann so auf das untere gelegt, dass es überhängt. Das verlieh der Stadt etwas Traditionelles und Authentisches. Es wimmelte auch von Menschen in den engen Straßen. Geschäfte drängten sich aneinander. Man sagt, es sei ein spiritueller Ort, aber mit den vielen Menschen, die zum Baden hierherkamen, war es auch ziemlich touristisch.

Natürlich wollte ich die Quellen auch ausprobieren, genauso das warme Schlammbad. Ich hatte die Wahl – es gab den »Blutteich«, ein großes Becken, wo der Dampf so dicht ist, dass man die Wasseroberfläche nicht sieht, oder die »Meereshölle«, eine Erdspalte in einem Palmenhain, die von oben eher aussah wie der Krater des Aso. Das war eine schwierige Entscheidung, aber ich wählte Ersteres.

Die Kulisse für die Stadt liefert das Takeshi-Tsurumi-Gebirge, wo die Japan-Makaken leben. Warum die Japaner gerne nach Beppu reisten, war offensichtlich – die entspannenden heißen Quellen, die Wildtiere in den Bergen ... ganz zu schweigen von dem Museum, das zu Ehren der Sexindustrie in der Stadt errichtet wurde.

Wir schafften es nicht dorthin, und das ist schade, denn ich habe gehört, es gebe dort eine schöne Ausstellung von Samurai-Kriegern in verschiedenen Umklammerungen mit Geishas. Meine Kleider legte ich aber ab ... im Schlammbad. Es gibt nichts Entspannenderes für die Muskeln nach drei Monaten unterwegs.

Wie war das, drei Monate? Kein Wunder, dass ich es kaum erwarten konnte, nach Tokio zu kommen.

Ich fühlte mich belebt durch den Schlamm, packte meine Sachen und machte mich auf den Weg zum Hafen, wo hoffentlich das Fischerboot nach Shikoku bereitlag. Angesichts der Schwierigkeiten, die wir bislang mit Bootsreisen hatten, war meine Sorge vielleicht verständlich. Doch glücklicherweise war das Boot da – es gehörte einem Fischer, und der war auch das einzige Besatzungsmitglied. Er hatte versprochen, dass wir während der Überfahrt nicht nur Fische fangen, sondern auch essen würden, was immer wir fingen. Das klang gut. Als unser Gepäck eingeladen war, verließen wir Kyushu und fuhren über die Meerenge auf die Küste von Shikoku zu.

Westlich lag nun die Seto-Inlandsee. Sie sieht aus wie eine Miniausgabe des Mittelmeers und wird fast vollständig von der Landmasse der Inseln Kyushu, Shikoku und Honshu eingeschlossen.

So eine Überfahrt gefiel mir. Das Wasser war ruhig, kein Monsun, kein Taifun, und die Luft roch nach Salz. Mit einer gewissen Vorfreude machte ich mich an den Versuch, das Mittagessen zu fangen. Ich bin kein Angler, aber ich hatte das Gefühl, dass ich Erfolg haben würde. Ich war mir sicher, der Boorman-Bootsfluch war endlich gebannt und nichts könnte diese Fahrt stören.

Ich zog einen Fisch an Land, aber er war so hässlich, so dick und schieläugig, dass ich mir nicht vorstellen konnte, ihn zu essen. Meinem Gastgeber ging das genauso, er fing aber glücklicherweise einen, der viel besser aussah. Ich fragte ihn, wie man ihn am besten zubereite. Ich dachte an Knoblauch und Kräuter und vielleicht eine Zitronenscheibe, dazu Brot und Balsamico.

»Nein«, sagte er, »wir machen Sashimi.«

Sashimi ist in Scheiben geschnittener roher Fisch. Das Wort bedeutet »durchstochener Körper«. Früher wurden in den Restaurants Schwanz und Flossen auf die Scheiben gepinnt, damit der Kunde wusste, welche Art Fisch er aß.

Die Mühe machten wir uns nicht. Wir schnitten den Fisch in Scheiben und servierten ihn mit Sojasoße und etwas Wasabi-Paste. Dann aßen wir ihn in der sengenden Sonne, während die Inlandsee an den Dollbord schwappte. Wer weiß, vielleicht wird doch noch ein Seemann aus mir ...

Nach diesem angenehmen Intermezzo landeten wir im Hafen von Ehime auf Shikoku und gingen direkt zum Bahnhof. Nach dieser phantastischen Bootsfahrt war es schon ein Rückschritt, einen etwas schäbigen Nahverkehrszug zu nehmen. Auf dem Weg nach Kagawa mussten wir zweimal umsteigen.

Shikoku ist die kleinste der vier großen Inseln. Die südliche Hälfte ist sehr gebirgig und hat fast keine ebene Stelle. Es wird sogar eine eigene wolfsähnliche Hunderasse mit dem Namen Shikoku gezüchtet, speziell für die Jagd in den Bergen. Hier würde ich gern einmal ein paar Tage zelten, aber leider mussten wir schon bald weiter. Vom Bahnhof in Kagawa fuhren wir per Anhalter mit einem Lastwagen weiter, der uns über die Autobahn Kobe-Awaji-Naruto nach Honshu brachte. Über die Strecke kann ich nichts sagen, nicht über die Straße, die Brücke oder die See darunter, denn wir kamen um vier Uhr morgens in Kobe an.

Nach einigen Stunden Schlaf sah ich mich am Vormittag bei Core Machine um, einem Triumph Custom Shop in Kobe. Der Besitzer erzählte mir, er habe erst angefangen, sich wirklich für Motorräder zu interessieren, als er nach dem Erdbeben in Kobe 1995 Nahrungsmittel zu den Obdachlosen transportierte. Er erreichte Orte, die für Autos nicht zugänglich waren. Aus dem Interesse wurde Begeisterung, und schließlich eröffnete er seinen eigenen Laden. Das Erdbeben war das schlimmste seit 1923 – viereinhalbtausend Einwohner Kobes wurden getötet.

Ich fand diese Geschichte sehr interessant. Ich konnte ihn mir lebhaft vorstellen, wie er sich mit einem alten Motorrad mit Doppelpacktaschen und Motorradkoffer den Weg durch den Schutt suchte, um Überlebende mit dem Nötigsten zu versorgen.

Er wusste, dass ich an diesem Abend nach Kyoto wollte, und bot an, mir ein Bike zu leihen. Das bestätigte mein Gefühl, dass es richtig war, die Reise in Japan enden zu lassen. Tief im Herzen bin ich Biker, und mir gefällt es, wenn eine Reise mit dem Motorrad beginnt und endet. Wie ich gehofft hatte, gab es auch im Verlauf der Reise jede Menge davon für mich, und vor dem Ende würde es noch mindestens eines mehr werden. Ich würde auf einem Motorrad nach Tokio fahren, diesmal allein, und vielleicht sollte es so sein.

Die Motorradkultur in Japan ist völlig anders als irgendwo sonst auf der Welt. Sie ist zwar noch relativ jung, aber sie ist tief in der Gesellschaft verwurzelt. Der Wettbewerb zwischen den vier großen Herstellern – Honda, Yamaha, Suzuki und Kawasaki – ist enorm. Honda hat von 1994 bis 1999 sechs Weltmeistertitel in Folge gewonnen (erstaunliche fünf hintereinander durch Mick Doohan in der 500-Kubikzentimeter-Klasse). Sie gewannen weitere drei Mal (2001–2003) mit Valentino Rossi, bevor er zu Yamaha wechselte (für die er drei weitere Titel gewonnen hat). Die Rivalität ist allgegenwärtig und reicht bis zum Markt für normale Motorräder, wo die großen Modelle alle paar Jahre wechseln. Lange Zeit war die Honda Fireblade das Maß aller Dinge, dann die Yamaha R1 und danach die Suzuki GSXR 1000. Jetzt gerade scheint es wieder die R1 zu sein mit der neuen Generation von Crossplane-Kurbelwellen. Ich wusste alles über die Fabriken – die vier großen Marken und wie sie zur Dominanz auf den Weltmärkten gekommen waren –, aber ich wusste weniger über die kleineren Läden, die Chopper bauten, aber das ließ sich hoffentlich noch vor unserer Abreise ändern.

Am Sonntag würde ich mit dem Zug nach Nagoya fahren und mich mit Taka treffen, einem jungen Japaner, der für Dare Jennings bei Deus Ex Machina in Sydney arbeitet. Ich hatte mit ihm in Dares Laden gesprochen, und da er zur selben Zeit in Japan war wie wir, hatte er mir angeboten, einige Tage lang mein Reiseführer zu sein. Er kannte die Motorradszene in Japan sehr gut, und das war noch ein echter Bonus für die letzten Tage dieser Reise.

Wir trafen uns am Bahnhof in Nagoya und nahmen dann den Hochgeschwindigkeitszug nach Hamamatsu unten an der Küste. In Japan heißen diese Züge Shinkansen, das bedeutet »neue Stammstrecke«. Das bezog sich eigentlich auf die Linie, inzwischen steht der Begriff aber für die Züge. Vier verschiedene Bahnunternehmen bedienen vier verschiedene Gebiete, und da dies Japan ist, sind sie alle gleich effizient. Meistens fahren sechs Züge pro Stunde. Seit 2003 gibt es »Maglev«-Züge, die Magnetschwebebahnen, die zuerst in Schanghai eingesetzt wurden. Bei den letzten Tests fuhren sie über 575 Kilometer pro Stunde.

Die Stadt Hamamatsu erstreckt sich auf dem Mikatahara-Plateau, etwa 75 Kilometer östlich von Nagoya. Der Shinkawa fließt durch die Innenstadt, sieht aber mehr wie ein Kanal aus. Taka und ich verbrachten den Tag auf der Motorradmesse – eine Veranstaltung von Kawasaki mit vielen Ständen und ein paar Stunt-Vorführungen; außerdem wurde alles Mögliche verkauft, von Lederkombis über Ersatzteile bis hin zu Motorrad-Devotionalien. Die meisten Bikes in der Ausstellung waren gebrauchte Sportmaschinen. Das

Rennen liegt den Leuten hier im Blut, und bei der All Japan Superbike Championship herrscht große Konkurrenz. Es war enorm wichtig, jemanden wie Taka dabeizuhaben. Nicht nur weil er übersetzen konnte, sondern auch, weil er meine Begeisterung für Motorräder teilte.

Japan erfüllte alle meine Erwartungen. Es ging um Motorräder und um noch mehr Motorräder, und besser konnte ich mich nicht auf Tokio zubewegen. Die ganze Reise war ein Riesenspaß. In London hatten Sam, Lucy und Liz sich große Mühe gegeben, das alles zu organisieren, und sowohl Robin als auch Claudio hatten wirklich alle Hebel in Bewegung gesetzt, damit auch an alles gedacht war. Die drei waren brillant – tolle Kumpel, und immer, auf jedem Abschnitt der Reise, brachten sie interessante Vorschläge und neue Ideen.

Am folgenden Tag – einem Montag – schlug Taka vor, wir sollten die Vielfalt der Motorradkultur erforschen. Ich war dabei. Zuerst führte er mich in ein Geschäft für gebrauchte Motorradkleidung, dann zu Stuntgear, einem kleinen Laden, in dem es von Crash Cages über Lenker bis zu Stunt-Stützen alles gibt. Der Besitzer war ein cooler Typ namens Keisuke, der mich begeistert durch sein Geschäft führte. Wer sein Motorrad zum Stunt-Motorrad umbauen will, ist hier richtig. Hier wird der Unterrahmen umgebaut, damit er auch gewagtere Stunts aushält, und es gibt alle mögliche Schutzbekleidung, die man sich nur denken kann. Das ist der Himmel für den angehenden Stunt-Fahrer.

Wir erwähnten, dass wir auf der Motorradmesse in Hamamatsu waren, und Keisuke sagte, er wollte am nächsten Tag selbst dorthin fahren. Er wollte bei einem Freund übernachten, und ich könnte gerne mitkommen, falls ich Lust hätte. Ich hatte für morgen nichts geplant, deshalb sagte ich gerne zu.

Es war einfach perfekt: mit einem Motorradfreak wie Keisuke auf diesen tollen Straßen eine V-Max zu fahren. Der Hamana-See, westlich von der Stadt, hatte kristallklares Wasser, und von einigen Aussichtspunkten konnte man die Hänge des Fuji sehen. Jetzt war ich total in meinem Element.

Abends grillten wir bei Keisukes Freund Suzuki, und am Morgen kam ein anderer Freund in einem Infiniti QX56, den er aus den USA importiert hatte. So etwas hatte ich noch nie gesehen oder gehört: die Lackierung, die Stereoanlage – beeindruckend. Der Spitzname des Freundes war Jack Hammer, und sein Infiniti war einmal ein ganz normaler SUV gewesen. Doch heute war außer der Grundform buchstäblich nichts mehr zu erkennen. Er hatte eine spezielle, Kermit-der-Frosch-grüne Lackierung, riesige Reifen und verchromte Felgen. Die Stereoanlage nahm den gesamten Kofferraumbereich ein: Es müssen acht Lautsprecher gewesen sein, weitere in den Vordertüren. Die Lautsprecher hatte Jack so umgebaut, dass sie nach oben zeigten. Er hatte hydraulische Stoßdämpfer eingebaut und konnte auf Knopfdruck den Vorder- oder Hinterwagen anheben. Unter der Haube saß ein 5,7-Liter-V8-Motor. Ich fragte, wie viel er dafür ausgegeben habe, und er antwortete, etwa 140 000 Euro. Oh Gott, dachte ich, dafür kann man ja ein Haus kaufen.

Ehe wir nach Nagoya zurückkehrten, musste ich mich von Taka verabschieden. Er war der ideale Reiseführer, und ich würde ihn wirklich vermissen. Ich hatte ihn in Sydney kennengelernt, wo alles begonnen hatte, und ihn in Japan wiedergetroffen, wo alles zu Ende ging; es war deshalb ein sehr persönlicher Abschluss für mich. Ich umarmte ihn und bat ihn, Dare auszurichten, ich würde wiederkommen. Dann stieg ich in das grüne Monster, damit Jack mich zu Zero Engineering fahren konnte.

Der Besitzer von Zero ist Japaner, lebt aber in San Francisco. Seine Motorräder haben einen besonderen Stil, und dahinter steckt eine besondere künstlerische Philosophie. In einem ruhigen Vorort von Nagoya fanden wir die unscheinbare Werkstatt, die von einem langhaarigen Motorradfan namens Kosaki geführt wurde. Es gab keinen Ausstellungsraum mit Rauchglas und kein riesiges Schild. Man erkannte den Laden an ein paar alten Harleys, die vor der Tür geparkt waren. Ich bin ja völlig begeistert von diesen Bikes, und als ich aus dem grünen Untier ausstieg, war ich schon ganz kribbelig vor Aufregung.

Zum ersten Mal hörte ich von Zero, als ich mit Peter Fonda auf dem Pacific Coast Highway fuhr, kurz bevor Ewan und ich zu *Long Way Down* starteten. Wir hielten an und sahen uns eine Heroes-and-Legends-Bike-Messe an, wo einige Kreationen von Zero ausgestellt waren. Wir sprechen von Samurai-Choppern, deren Spezialität der lang gestreckte, niedrige und schnittige Look ist. Im Laufe der Jahre wurde der Gooseneck-Rahmen so perfektioniert, dass das ganze Bike schmal erscheint und sowohl klassisch als auch futuristisch wirkt. Zwar sagt man bei Zero, Motor und Kraftübertragung seien das Herz eines Motorrads, aber um seine Seele zu erkennen, muss man sich den Rahmen anschauen.

Wie gesagt, das sind nicht einfach Motorräder, das sind Kunstwerke. Kosaki arbeitet eng mit den Kunden zusammen. Erst will er genau wissen, was sie sich vorstellen, und dann kommt seine Kreativität ins Spiel. Bevor er anfängt, hat er ein Bild vom fertigen Bike im Kopf – technische Zeichnungen gibt es nicht.

Es ist schwierig zu beschreiben, wie gut Kosaki ist, wenn man die Bikes nicht vor sich stehen hat. Jedes wird liebevoll zum Leben erweckt, und die Inkubationszeit beträgt mindestens drei Monate. Wenn er sich ranhält, schafft er drei Bikes in einem Jahr. Das überrascht kaum, wenn jedes Einzelteil von Hand gefertigt wird.

Ich entdeckte unter den vielen Motorrädern eines, das ich mir gerne draußen ansehen wollte. Das war klassisches Zero-Design, sehr lang und sehr niedrig mit einem Lenker im Café-Racer-Stil und einer »Selbstmord«-Gangschaltung – das heißt, Fußkupplung und Handgangschaltung. Das Tödliche dabei ist, dass man zum Schalten die Hand vom Lenker nehmen muss. Das Bike war waffengrau lackiert mit handgefertigtem Tank, der in den Rahmen integriert war. Der Motor stammte von einer komplett überholten 1938er Harley Davidson. Als Kosaki sie startete, pochte sie, wie nur eine echte V-Twin das kann. Ich wagte nicht zu fragen, ob ich damit fahren durfte – das war das Bike eines Kunden, und überhaupt hatte es diese Selbstmordschaltung und so. Auch wenn er mich gelassen hätte, wäre ich das Risiko nicht eingegangen, dass sie mir umfallen könnte.

Ich war fasziniert von Kosakis Arbeitsweise und fragte, woher er seine Designideen beziehe. Er sagte, nach siebzehn Jahren flössen da viele Erfahrungen ein. Er nahm etwas von diesem Bike und etwas von einem anderen und noch etwas von einem weiteren. So war in jedem Bike, das er baute, ein Element aller Bikes, die er je gebaut hat. Mir gefiel das Konzept, es verlieh dem Entwicklungsprozess etwas wundervoll Kontinuierliches. Kosaki verkörperte die japanische Motorradkultur, die den Leuten im Blut liegt. Solche Menschen leben durch ihre Motorräder – das sind keine Mechaniker, das sind schlicht und einfach Künstler.

Jack brachte mich mit dem Infiniti zu dem Hochgeschwindigkeitszug, mit dem wir nach Hiroshima fahren wollten. Auf diesen Moment hatte ich gewartet, seit wir den Fuß auf Okinawa gesetzt hatten. Morgen war der 6. August, der 64. Jahrestag des Bombenabwurfs auf Hiroshima. Im Friedensgedenkpark war eine Friedenszeremonie geplant, und der japanische Premierminister würde anwesend sein. Wir würden natürlich daran teilnehmen, aber vor der offiziellen Zeremonie wollte ich ein Gefühl für den Ort bekommen. Also wandten wir uns an eine Fremdenführerin vor Ort, eine nette Frau namens Tomoko Nishizaki.

Die Gedenkstätte heißt Genbaku-Kuppel oder Atombombenkuppel und besteht aus den Überresten eines Gebäudes, das durch die Bombe beschädigt wurde. Es wurde von dem tschechischen Architekten Jan Letzel als Museum für die japanische Industrie- und Handelskammer entworfen und 1915 fertiggestellt.

Seit 1996 gehört die Kuppel zum UNESCO-Welterbe – die Entscheidung löste damals Kontroversen aus. Die Chinesen waren dagegen, und die Amerikaner erklärten, nicht Japan, sondern die von Japan angegriffenen Länder hätten die meisten Todesopfer im Krieg zu beklagen gehabt. Aber in Hiroshima wurden erstmals Atomwaffen gegen die Menschheit eingesetzt, und deswegen wird man immer daran erinnern.

Kontrovers war das Ganze nicht zuletzt wegen des Schicksals der *USS Indianapolis,* des Schiffes, das wichtige Teile der Bombe transportiert hatte. Nach Erfüllung dieses Auftrags wurde die *Indianapolis* vor den Philippinen von einem japanischen Torpedo getroffen und sank innerhalb von zwölf Minuten. 300 Mann Besatzung gingen mit ihr unter, und von den 900 Übrigen, die sich vom Schiff retten konnten, überlebten nur 321. Die Mission der *Indianapolis* war so geheim, dass man sie am Ankunftsort nicht gleich vermisste und erst nach vier Tagen Suchtrupps losschickte. Bis dahin waren fast 600 Männer an Dehydratation und an Hitzschlag gestorben, viele wurden von Haien gefressen. Bis heute ist das der größte einzelne Verlust in der Geschichte der US-Marine.

Es ist schwer zu beschreiben, wie ich mich in Hiroshima fühlte, besonders am Vorabend des Gedenktags. Es herrscht eine Aura an diesem Ort, die sich mit nichts vergleichen lässt. Der Fluss fließt unter der T-förmigen Aioi-Brücke hindurch, die das eigentliche Ziel der Amerikaner war. Die Genbaku-Kuppel thront auf der Landzunge: ohne Dach, graue Steinmauern, teilweise eingestürzt, leere Fenster, nackte Stahlträger – das ist alles, was von der Kuppel übrig blieb. Ein dauerhaftes und sehr anschauliches Mahnmal für den Tag, an dem die erste Atombombe fiel.

Wir gingen mit Tomoko dort entlang, und es war unmöglich, der schrecklichen Geschichte, die in jeden Stein eingemeißelt schien, zu entgehen. Wir blieben einen Augenblick still stehen, als sie auf die Brücke zeigte. »Das war das Ziel«, sagte sie. »Aber die Bombe detonierte stattdessen über der Kuppel. Es war Viertel nach acht am Morgen.«

Während ich ihr zuhörte, dachte ich an das Museum in Tacloban und die Geschichten über die japanische Besatzung. Ich dachte an MacArthurs Versprechen zurückzukehren, das Bild, wie er aus dem Meer stieg. Ich dachte an Okinawa und den Massenselbstmord in den unterirdischen Gängen. Wieder schaute ich die Kuppel an – leer und düster, irritierend am blauen Himmel. Ich versuchte mir vorzustellen, wie das an diesem Tag wohl war. Der Atompilz, die Asche und der Rauch, die unglaubliche Hitze. Ich stellte mir vor, wie die Gebäude einstürzten und dass die Menschen glaubten, dies sei das Ende der Welt.

Tomoko führte mich zu der Statue, die zum Gedenken an Sadako Sasaki errichtet wurde – ein kleines Mädchen, das einen gefalteten Papierkranich hält. Sadako war zwei Jahre alt, als die Bombe fiel, und war mit ihrer Mutter zu Hause, kaum zwei Kilometer von der Kuppel entfernt. Anfänglich schien sie unverletzt. Sie hatte keine Brandwunden, war nicht von Trümmern getroffen worden, sie gehörte zu den Glücklichen. Oder doch nicht. Neun Jahre später bekam sie einen Ausschlag im Nacken, den die Ärzte zunächst für Windpocken hielten. Das war im November. Zum Jahresende hatte sie rote Flecken an den Beinen. Bei Sadako wurde Leukämie festgestellt, ihre Mutter nannte die Krankheit nur »Atombombenkrankheit«. Im Februar 1955 wurde sie ins Krankenhaus gebracht, und man gab ihr weniger als ein Jahr zu leben.

Ihre beste Freundin Chizuko Hamamoto besuchte sie im Krankenhaus und hatte ein Stück Goldpapier dabei, aus dem sie einen Origami-Kranich faltete. In Japan schreibt man dem Kranich mystische Kräfte zu, und es heißt, wenn jemand eintausend Kraniche faltet, hat er einen Wunsch frei.

Tomoko erklärte, die ganze Geschichte sei in einem Buch mit dem Titel *Sadako und die tausend Papierkraniche* nachzulesen. Dort heißt es, dass Sadako nach dem Besuch ihrer Freundin versuchte, so viele Kraniche zu falten, dass ihr ein Wunsch erfüllt würde. Sie kam auf sechshundertvierundvierzig, ehe sie starb. Zum Gedenken an sie falteten ihre Freunde weitere dreihundertsechsundfünfzig Kraniche, und alle eintausend wurden mit ihr begraben.

Am 6. August nahmen wir wie geplant an der Friedensfeier teil, hörten Reden und gedachten der Toten. Ein Überlebender berichtete, und obwohl er Japanisch sprach, waren wir alle von seinen Gefühlen berührt. Aber am eindrücklichsten bleibt mir doch die Erinnerung an das kleine Mädchen, das die Papierkraniche faltete.

Nach diesen bewegenden Erlebnissen brauchte ich eine Auszeit. Sam schlug vor, am nächsten Tag zum Gleitschirmfliegen an den Fuji zu fahren. Nach ein paar Telefonaten hatte ich einen Tandemsprung vom Berg arrangiert. Das klang nach viel Spaß – ich war schon am Lavafluss am Fuß eines Vulkans gewesen, warum sollte ich nicht auch hoch in den Lüften über einen Vulkan fliegen? Ich hatte schon Visionen von meinem Tandemflug über den Krater, aber als wir dort ankamen, war der Himmel zugezogen. Wir konnten den Gipfel nicht mehr sehen, und so war das Fliegen zu gefährlich. Der Sprunglehrer wartete auf uns an der Südseite des Berges. Zwar kam der Tandemflug nicht infrage, aber er schlug vor, ich könnte allein vom Übungshügel springen.

Er fragte mich, ob ich schon einmal mit dem Gleitschirm geflogen sei, und ich antwortete, Ja – vor fünfundzwanzig Jahren. Aber ich hatte nichts vergessen, und als ich im Gurtzeug mit dem Schirm dastand, fiel mir auf, dass man hinten eine Art Airbag-Tasche hängen hatte, um die Wirbelsäule zu schützen, wenn man hart landete. Das hatte es beim letzten Mal noch nicht gegeben. Die anderen fanden, dass es saukomisch aussah, und Claudio machte ein paar Nahaufnahmen.

»Sehr schön, Charley«, sagte er. »Wirklich fesch.«

»Wirklich? Findest du nicht, dass mein Hintern damit zu dick aussieht?«

Der Sprunglehrer war ein cooler Typ. Er erzählte, er fahre mit einer Yamaha XJR 1300 zur Arbeit, auf der man ziemlich aufrecht sitzt. Wir sprachen eine Weile über Motorräder, aber jetzt war ich bereit zum Fliegen, und er zeigte mir ausführlich, wie man den Schirm mit den beiden Griffen lenkte. Es funktioniert wie ein Lenkdrachen: Wenn man an dem einen Griff zieht, fliegt man nach links, zieht man am anderen, geht es nach rechts. Gar nicht schwierig. Er sah mir eine Weile beim Üben zu, und als er überzeugt war, dass ich mich nicht gleich zu Tode stürzen würde, war es Zeit zu fliegen.

Jetzt pochte das Adrenalin in meinen Adern. Der Sprunglehrer lief mit mir – der Schirm blähte sich dabei hinter mir auf – bis zum Rand und stieß mich hinunter. Ich weiß noch, dass ich mit den Füßen in der Luft trat, und das Hochgefühl des Abhebens nahm mir den Atem. Ich schwebte, ich flog. Ich war ein Adler, ein Falke, ein *hayabusa* – ein japanischer Falke. Es war irre. Viermal steuerte ich zum Boden und stieg dann wieder auf. Ich liebe das Fliegen. Ich meine, das Fliegen liebt mich zwar nicht, das wissen wir, aber mir gefällt der Gedanke. Seit den Philippinen hatte ich darüber nachgedacht, mir ein Ultraleichtflugzeug zu kaufen, aber das – das war die Freiheit der Luft selbst.

Ich war bei Stuntgear gewesen, hatte die tollen Maschinen gesehen, die bei Zero Engineering hergestellt werden, und konnte mir für die Fahrt nach Tokio ein Ratbike von Bratstyle organisieren. Doch ehe ich meine Motorradtour in Japan abschloss, musste ich noch eine weitere Firma besichtigen.

Jene Choppers ist eine der ältesten und berühmtesten unabhängigen Motorradfirmen des Landes. Wir suchten die Werkstatt in der Kleinstadt Fujikawaguchiko-machi, kaum mehr als eine Tankstelle und ein paar Läden in der Nähe des Fuji. Wir bogen von der Hauptstraße ab und rollten einen Kiesweg entlang zu einem großen Lagerhaus und einer ganzen Menge Motorräder. Ich liebe die Maschinen von Zero, aber ich hatte die Jene-Bikes im Internet gesehen. Mit ihrem Gebraucht-Look und dem Touch des Unfertigen heben sie sich von allen anderen ab. Hinter Jene Choppers steht Norio Nida, der seit etwa sechs Jahren das Unternehmen gemeinsam mit seiner Frau Hyoko führt.

Die Bikes sind einzigartig – echte Chopper mit langen Vorderradgabeln und Apehanger-Lenkern. Wenn ich sage, sie wirken gebraucht, meine ich, sie sehen aus, als würden sie täglich gefahren, bei Regen oder Sonnenschein. Manche Chopper sind so blitzblank poliert, dass man ihnen ansieht, dass sie nur ab und zu an einem sonnigen Sonntag gefahren werden.

Norio erklärte, die Chopperkultur im Land habe sich durch den amerikanischen Einfluss entwickelt. Heutzutage war es so leicht, Rahmen und alte Motoren aus Kalifornien zu importieren, dass immer mehr Leute auf den individuellen Retrolook kamen. Aber das beschreibt noch nicht annähernd, was Norios Modelle ausmacht.

Er ist auch ein Künstler, eigentlich ein Genie. Ihm gelingt es, Alltagsgegenstände in die Details seiner Motorräder zu integrieren. Er zeigte mir eine prächtige Kreation, bei der das Rücklicht in so einer arabischen Wasserflasche aus Leder saß. Diese war aber aus Edelstahl und hatte kleine Perforationen. Die Verbindungsstücke für die Schläuche waren aus Messing, es waren Totenköpfe in Tanks eingebaut, und ein Bike hatte eine »Selbstmord-Gangschaltung« in der Form eines Streitkolbens. Das Jene-Logo war auf dem Lenker. Eines hatte sogar eine Kettenverbindung für die Kupplung.

Je genauer ich hinsah, desto mehr Details entdeckte ich. Das haute mich um – in all den Jahren, die ich mich mit Motorrädern beschäftigte, habe ich nie auch nur Ähnliches gesehen. Ein Ölverschlussdeckel war sogar mit einem winzigen, von Hand gefertigten Schlagring aus Messing dekoriert.

Die Werkstatt roch nach Motorrädern – was dieser erstaunliche Mann tat, durchdrang die Atmosphäre. Ich war in einem Künstlerstudio mit Werkzeug, Werkbänken und Motorteilen. Die Kurbelwellengehäuse, die Kolben, die individuell gestalteten Rahmen waren wie eine Leinwand, die auf die Farben wartet. Norio demonstrierte, wie er mit einem Lufthammer, der Ähnlichkeit mit einer Drehbank hatte, das Metall für die Treibstofftanks formt. Das war eine mühevolle Arbeit, die winzige Dellen hinterließ, die später noch geglättet wurden. Nur um zu sehen, wie mühsam das ist, probierte ich es einmal aus. In kürzester Zeit bekam die makellose Oberfläche eine Riesenbeule, und ich konnte mich bei Norio nur für meine Unfähigkeit entschuldigen. Das war allerfeinste Feinwerktechnik.

Mir gefiel auch, dass es sich um ein Familienunternehmen handelte. Hyoko war genauso begeistert wie ihr Mann und sagte, sie könne zur Hälfte mitbestimmen. Laut Norio besitzt sie die Gabe, die Lösung eines Problems zu sehen, ehe er überhaupt weiß, dass es ein Problem gibt. Sie stellten mir ihre dreizehnjährige Tochter Inai vor, und ich fragte sie, was ihre Schulfreunde davon hielten, dass ihr Vater Chopper baute. Mit einem Lächeln sagte sie, sie fänden ihn cool.

Das war er auch. Norio war die Coolness in Person, ruhig und konzentriert. Mir gefiel sehr, sehr gut, was er machte. Das war anders als alles, was ich auf meinen Reisen gesehen habe.

Er braucht sechs Monate, um ein Bike zu bauen, und das kostet dann rund 40 000 Euro. Ich fragte Robin und Claudio, wer einem für diesen Betrag ein Auto von Hand bauen würde. Niemand, und die Bikes von Jene sind alles Unikate. Wenn man heute Geld dafür ausgibt, kann man es zehn Jahre lang fahren, und es ist immer noch genauso viel wert, wie man dafür bezahlt hat. Norio kann drei Monate nur mit der Überholung eines Motors zubringen. Er nimmt ihn komplett auseinander und baut ihn wieder zusammen. Wie Zero arbeitet er eng mit seinen Kunden zusammen.

Er erzählte mir, sein Lieblingsbike sei eine tief liegende Hardtail mit der Bezeichnung FTW. Sie ist schwarz mit kurzem Radstand, Slash-Auspuff und Radgabeln, die nach Harley Springer aussehen. Es ist das einzige Bike, das Norio gebaut hat, bei dem er und der Kunde genau dasselbe wollten. Es gab keinerlei Meinungsverschiedenheit, und das Ergebnis war genau das, was beide wollten.

Ich wollte unbedingt mit einer dieser Schönheiten fahren, fasste mir ein Herz und fragte. Norio sah mich an, als wäre mir ein zweiter Kopf gewachsen. Dann grinste er: »Natürlich.«

Danke, lieber Gott, danke.

Er lieh mir einen altmodischen Integralhelm und rollte eine schwarze Schönheit nach draußen. Dann holte er sein eigenes Gold-Bike, das mit dem Schlagring. Wir drehten eine Runde um den Kawaguchi-See. Auf der einen Seite der See, auf der anderen die Hänge des Fuji, neben mir dieser Künstler auf einer seiner unglaublichen Kreationen ... Ich war absolut in meinem Element. Im Bikerhimmel.

Ich glaube, so gut wie in jener Nacht habe ich nie wieder geschlafen. Ich träumte von einem schwarzen Bike mit Totenkopfsymbol und fuhr und fuhr auf einer freien Autobahn mit makellosem Belag.

Erfrischt und glücklich wachte ich auf und machte mich auf den Weg nach Yokohama, etwas südlich von Tokio. Es ist der wichtigste Hafen Japans und hat einen hohen ausländischen Bevölkerungsanteil. Es gibt rund 75 000 Chinesen und Koreaner, einige Filipinos und auch Brasilianer. Das Gebiet ist zum zentralen Umschlagplatz für den Außenhandel geworden, nachdem 1853 Commodore Matthew Perry mit einer amerikanischen Flotte dort auftauchte. Seine Aufgabe war es, die Japaner zu überzeugen, ihre Häfen für den Handel zu öffnen. Er unterzeichnete mit einem Shogun namens Tokugawa den Vertrag von Kanagawa. Allmählich wuchs Yokohama zu einem großen internationalen Hafen heran.

Wir aßen in einem dieser Maid Cafés zu Mittag, die in diesem Teil des Landes allgegenwärtig sind. Diese Themenrestaurants zur Welt der Mangas und Animes gibt es etwa seit 2000; sie sind Ausdruck der Otaku-Kultur des Teils der Gesellschaft, der sich intensiv mit Videospielen und Trickfilmen beschäftigt. In Elfenkostümen und kniehohen Stiefeln sahen die ›Cosplay‹-Mädchen, die uns bedienten, wirklich aus, als wären sie gerade einem Videospiel entsprungen. (Cosplayer verkleiden sich als Figuren aus Manga- und Anime-Geschichten.) Ich habe damit nicht so viel am Hut, aber wie bei dieser Maskerade mit den Transvestiten habe ich das gerne mal mitgemacht. Unsere Übersetzerin Masato sagte den Mädchen, ich sei ein weltweit bekannter Motorradfahrer (wenigstens habe ich ihr gesagt, sie solle das sagen ...

Am Abend sahen wir uns eine Samurai-Vorführung an und lernten so eine eher traditionelle Seite der japanischen Kultur kennen. Die Akteure erinnerten mich an die Bekleidung eines mongolischen Kriegers, die wir im Büro in London ausgestellt hatten. Ewan und ich hatten sie etwa ein Jahr nach Abschluss von *Long Way Round* bei einer Auktion erworben. Seitdem hatte ich an der Rallye Dakar teilgenommen und mit Ewan Afrika durchquert. Zweimal war ich nun mit allen möglichen Fahrzeugen durch die Weltgeschichte gereist. Doch dies war der letzte Abend, und morgen würde ich nach Tokio fahren. Ich war in Okinawa, ich habe die Kuppel in Hiroshima gesehen, und ich habe einige der besten Motorräder gefahren, die man sich für Geld kaufen kann. Es war einfach überwältigend, und als die Aufführung zu Ende war, war ich etwas aufgewühlt, muss ich zugeben.

Ich war immer noch bewegt, als ich am nächsten Morgen aufwachte und runter auf die Straße ging, wo mein Motorrad auf mich wartete – ein klassisches, grau-schwarzes japanisches Ratbike, ausgeliehen vom Custombike-Shop Bratstyle. Es war Sonntag, der 9. August, der letzte Tag der Reise.

Stille lag in der Luft, als ich mich in den Sitz schwang. Das Bike hatte den Motor einer Harley Davidson aus den 1940er-Jahren, und als ich Gas gab, erklang das unverkennbare Laufgeräusch eines V2-Motors. Ich befestigte den Kinnriemen an meinem Helm, sah in die Spiegel, zog von der Bordsteinkante weg und fuhr in Richtung Rainbow Bridge.

Tokio lag unter einem Dunstschleier, und über den Wolkenkratzern schien die Sonne. Auf dem tief liegenden Hardtail-Sitz hörte ich nur das Blubbern des Motors unter mir.

Die letzten Kilometer einer weiteren Reise. Die letzten Monate liefen wie ein Film in meinem Kopf ab – Sydney und der Konvoi, davor die Beerdigung meiner Tante in Cornwall, wo ich mit meinem Vater über meine Hoffnungen und Befürchtungen gesprochen hatte. Ich fragte mich, wie es ihm wohl ging. Ich fragte mich, wie es meiner Mutter ging. Bald wäre ich wieder mit Olly, Doone und Kinvara zusammen. Ich konnte es nicht erwarten.

Ich spürte ein paar Tränen aufsteigen. Ich schaltete runter, wechselte die Spur, um ein Auto zu überholen, und scherte dann wieder ein. Ich fühlte mich seltsam unbehaglich, fast beengt, mit der wimmelnden Großstadt vor mir. Das war die Hightechhauptstadt eines Landes, das vor sechzig Jahren so umfassend zerstört worden war.

Vor meinem geistigen Auge sah ich die Ruinen von Hiroshima, die Statue von Sadako. Ich hörte die Stimme eines Überlebenden, der seine Geschichte erzählte. Ich war in Okinawa, als Ōta seine Abschiedsbotschaft schrieb. Und im selben Augenblick war ich in Leyte, als MacArthur am Roten Strand entlangging.

Und doch war ich hier auf einem Ratbike und fuhr nach Tokio hinein. Vor nicht allzu langer Zeit saß ich am Ufer eines stark angeschwollenen Flusses in Papua-Neuguinea fest und wartete, bis der Wasserstand sank. Diesen Tag werde ich nie vergessen. So einfach konnte es im Leben sein: ein reißender Fluss und keine andere Möglichkeit, ihn zu überqueren, als zu warten. Ich weiß noch, wie ich damals dachte, dass mir der Lebensstil dort völlig fremd war, auch nach allem, was ich auf meinen Reisen bereits gesehen hatte – die strohgedeckten Häuser, Frauen, die Schweine säugten, und isoliert lebende Stämme in abgelegenen Berggebieten mit ihren eigenen Übergangsriten zum Mannsein.

Von dort – einem einfachen, aber befriedigenden Leben – bis zu dieser Anhäufung von Beton und Neon war es ein schwindelerregender Schritt. Auf einmal begriff ich die Ungeheuerlichkeit aller Dinge, die ich gesehen hatte, und die Tatsache, dass die Reise vorüber war. Die Welt schien näher an mich heranzurücken – die Bucht da unten, die Gebäude, die Lichter der Rainbow Bridge.

Wie geht es wohl Brendan, der uns in seinem klapprigen Mitsubishi mit nach Brisbane nahm? Wo hatte ihn seine Reise hingeführt? Was geschah in Gapun, dem kleinen Dorf auf Papua, wo Don sich bemühte, eine alte Sprache zu erhalten? Waswürde mit Emilio und den anderen Straßenkindern in Manila geschehen? Ich hatte so viele tolle Menschen auf dieser Reise kennengelernt.

Ich fuhr über die Brücke nach Tokio hinein und sah die Bergdörfer versteckt in einer Wolke. Ich sah Frauen, die Schweine an der Leine führten, wie es anderswo mit Hunden üblich war. Ich sah Männer mit vom Betelnusssaft roten Zähnen, die mit ihren Macheten die Straße sperren.

Ich fuhr rechts ran, ließ die Maschine im Leerlauf blubbern und starrte auf die Stadt vor mir. Es gab noch so viel zu tun, so viele andere Orte zu sehen. Ich rückte meinen Helm zurecht, legte den ersten Gang ein und fuhr wieder auf die Brücke.

Jetzt gab ich Gas, überquerte die Brücke und war in der Stadt. Ich war inmitten von Wolkenkratzern und Glas, Beton und Neonreklame, die nicht leuchtete. Ich war immer noch in einem Dschungel, nur waren es verglaste Gebäude und makelloser Asphalt anstatt Palmen und schlammigen Flüssen. Ich war genau da, wo ich laut Plan vom Anfang der Reise vor 81 Tagen sein wollte. Boorman düst auf einem Bike in die Stadt!

Ich fuhr immer weiter, zwei Kilometer, drei, vier, ehe ich endlich zur Shibuya-Kreuzung kam, tief im Herzen der Stadt. Hier war das Zentrum von allem – Einkaufen, Unterhaltung, Nachtleben. Sogar jetzt kamen noch Nachtschwärmer aus verschiedenen Clubs.

Fünf Straßen trafen hier aufeinander, und als ich vor einem Zebrastreifen bremste, hustete und fauchte die alte Harley. Ein paar junge Leute, noch angetrunken, schauten sie an und stützten sich gegenseitig in ihrem kollektiven Bemühen, aufrecht zu bleiben.

Plötzlich lachte ich. Das erinnerte mich an die Betrunkenen, die wir an der Flussmündung getroffen hatten. Ich fuhr rechts ran, machte den Motor aus und stieg ab. In dem Moment fühlte ich plötzlich die Erleichterung, die Euphorie, alles zu einem Ende zu bringen. Die Kids starrten mich jetzt an, als ich auf halbem Weg mitten auf der Kreuzung stehen blieb und die fünf Straßen betrachtete, die in fünf verschiedene Richtungen führten.

Ruhig legte ich mich hin, mitten auf den Zebrastreifen. Mit ausgestreckten Armen lag ich auf dem Rücken und blickte in den Himmel. Eine Kreuzung, die mir fünf verschiedene Optionen bot. Das schien mir ein guter Ort zum Aufhören. Ehe ich weiter darüber nachdenken konnte, schwankte einer von den Jungen zu mir herüber und sah auf mich herunter. Dann kam noch einer und noch einer, alle immer noch torkelnd, und sie bliesen mir ihre Alkoholfahnen ins Gesicht.

»Alles in Ordnung, Kumpel?«, lallte einer von ihnen.

»Ja, mir geht es gut«, sagte ich. »Danke der Nachfrage.«

Eine Botschaft von Charley

In *Off the Road* geht es um Begegnungen mit Menschen und Orten in entlegenen, oft exotischen Ländern, wo ich auf andere Kulturen, Traditionen, Glaubensvorstellungen und Sprachen als die meinigen traf. Die Unterschiede sind markant, doch viel bemerkenswerter sind die großen Gemeinsamkeiten; Gemeinsamkeiten, die sich besonders bei den Kindern der Welt finden, von denen ich glücklicherweise viele kennenlernte.

Auf meiner Reise von Sydney nach Tokio war ich in meiner Rolle als UNICEF-Botschafter bei UNICEF-Projekten auf Sulawesi und in Manila zu Besuch. Mir wurde wieder bewusst, dass alle Kinder über ein ausgeprägtes Glücks- und Liebesempfinden verfügen, dass sie erstaunlich zäh, widerstandsfähig und erfinderisch, wunderbar verspielt und aufreizend frech sein können. Doch nicht jedes Kind hat die gleichen Aussichten, denn mit dem Lotteriespiel, wo und wann ein Kind geboren wird, entscheidet sich, ob es sauberes Wasser, genügend Nahrung, eine Schule in der Nähe oder einen verfügbaren Arzt und sogar fürsorgliche Eltern und Freunde haben wird.

Es ist offenkundig (und zwar nicht erst, seit Regierungen dies in der UN-Konvention zu den Kinderrechten 1989 verabschiedeten), dass allen Kinder in jedem Winkel der Welt die gleichen Rechte zustehen – auf Erziehung, Gesundheitsversorgung, Mitsprache und faire Behandlung, ja, auf ihr Kindsein überhaupt. Das größte Versprechen, das wir Kindern machen können, ist das, den Schutz ihrer Rechte zu gewährleisten.

Dennoch werden diese Rechte noch einer Unzahl von Kindern vorenthalten. Die Zahl der Kinder, die an leicht abwendbaren Krankheiten sterben, übersteigt unser Vorstellungsvermögen. Millionen sind Diskriminierung, Gewalt, Missbrauch und Ausbeutung ausgesetzt, und viel zu viele weitere leiden unter Armut.

Wir dürfen hinter der Statistik nie das einzelne Kind vergessen oder uns vom Umfang der vor uns liegenden Aufgaben einschüchtern lassen. Wenn wir unser Versprechen auf ein besseres Leben für jedes Kind halten wollen, müssen wir lauter, stärker, mutiger, wütender und engagierter als je zuvor werden.

Immer wenn ich ein UNICEF-Projekt besuchen darf, ist mir bewusst, dass ein solches Vorhaben nur durch die erstaunliche Großzügigkeit der Unterstützer von UNICEF ermöglicht wird. Der Schüler, der einen Monat lang sein Taschengeld spendet; die Mutter, die zum ersten Mal Laufschuhe anzieht und einen Marathon läuft, um Geld einzutreiben; die Firma, die sich verpflichtet, UNICEF dabei zu helfen, ein Gesundheitszentrum aufzubauen und einzurichten. UNICEF ist ausschließlich auf solch freiwillige Spenden angewiesen.

Durch Ihre Unterstützung von UNICEF entstehen erst Steine und Mörtel, die lebensrettende Impfung, die Ausbildung, das Wissen und die Sachkunde, die Notunterkunft, das saubere Wasser, die behütende Hand und der Beschützer aller Kinder und ihrer Rechte. Sie erst machen es möglich, dass Kinder nicht nur überleben, sondern auch gedeihen.

Mehr Informationen unter www.unicef.org.

Leseprobe aus
Ewan McGregor/Charley Boorman
LONG WAY ROUND
Der wilde Ritt um die Welt

CHARLEY: Den meisten Bikern reicht es nicht, durch die Stadt zu zuckeln. Der Drang, schneller und weiter zu fahren, gewinnt die Oberhand, und die freie Straße lockt. Jahrelang bin ich am Sonntagmorgen früh aufgestanden, um mich kurz nach halb sieben mit Hunderten anderer Motorradfahrer an einer Tankstelle bei Box Hill im Süden von London zu treffen. Bis Mittag waren wir zur Südküste hinuntergerauscht, hatten ein Grillfrühstück verputzt und waren zum Sonntagsbraten mit der Familie wieder nach London zurückgerast. Immer wenn ich ein paar Stunden freihatte, zog es mich zu den Kreisverkehren südlich der Themse bei der Wandsworth Bridge oder unterhalb der A40 bei White City, um meinen Kurvenstil zu üben. Ich fuhr ewig im Kreis, um auszuprobieren, wie tief ich mit dem Knie gehen konnte. Bei jeder dieser Touren brachte ich es auf 50 Kilometer und mehr, kreiste stundenlang, bis ich eine perfekte Runde gedreht hatte. Wenn du die Maschine schräg legst und es wirklich heiß ist, setzt sich Gummiabrieb an den Reifenrändern fest. Für einen Biker ist die Kurvenlage das Höchste. Ich trieb das so weit und so lange, dass sich die aufrechte Lage regelrecht falsch anfühlte: Kaum fuhr ich nach meinem Kreiseltraining normal geradeaus, fühlte sich die ganze Maschine schräg an, weil ich mich so daran gewöhnt hatte, auf die eine Seite gekippt zu fahren.

Meine Passion für Motorräder und Geschwindigkeit wurde allerdings auch von bösen Ausrutschern mit Verletzungen und einer Reihe beinahe tödlicher Unfälle überschattet. Einige Tage nach Abschluss der Dreharbeiten zu *Der Schlangenkuss* in Irland brach ich mit fünfzehn anderen Bikern, einer davon ein Gerüstbauer Anfang zwanzig, ein anderer ein pensionierter Firmenvorstand mit Anfang sechzig, zum 24-Stunden-Superbike-Rennen auf dem Circuit Paul Ricard in Südfrankreich auf. Nach einem langen und ermüdenden ersten Tag, an dem wir in Nordfrankreich Kilometer gefressen hatten, verbrachten wir die Nacht in einem billigen Hotel. Am nächsten Morgen brachen wir früh auf in der Hoffnung, die Rennstrecke im kleinen Nest Le Castellet in der Provence mittags zu erreichen. Den Nachmittag davor war ich gut in der Spur gewesen, doch kurz nach dem Aufbruch geriet ich auf eine feuchte Stelle und wäre beinahe abgeschmiert. Das machte mich nervös. Ich hatte noch einen Kater vom Vorabend und bemühte mich, wieder ein Gefühl für die Straße zu bekommen. Die war schmal und gewunden, eine echt französische Berg-und-Tal-Bahn, und sie hatte auch eine Haarnadelkurve, die fast einen Dreiviertelkreis bildete. Ich war so auf den Abschnitt direkt vor mir konzentriert, dass ich erst im letzten Moment merkte, dass ich auf die falsche Fahrbahn geraten war und ein Auto direkt auf mich zukam. Blaue Wolken und der Gestank nach verbranntem Gummi erfüllten die Luft, als wir beide eine Vollbremsung machten. Ich biss die Zähne zusammen, zog die Bremse noch fester an und machte mich auf das Schlimmste gefasst. Sekunden vor dem Aufprall kamen wir beide zum Stehen. Mein Vorderrad befand sich nur Zentimeter von der Stoßstange des Autos entfernt. Ich blickte durch die Windschutzscheibe und sah einen Familienvater mittleren Alters mit Frau und drei Kindern, der mich anstarrte. Sein Blick war eine Mischung aus offensichtlicher Erleichterung, blinder Angst und ausgesprochener Empörung. Ich wusste genau, was er dachte: »Was zum Teufel machst du da?«

In den vierzehn Tagen voller Freude und Aufregung über die großartigen Motorräder an der Paul-Ricard-Rennstrecke vergaß ich diesen Vorfall bald. Doch mein nächster Crash etwa ein Jahr später war viel ernster. Ich fuhr zusammen mit einem Freund auf einer gewundenen Landstraße und rauschte viel zu schnell in eine Kurve. Wir waren mit beinahe 150 Sachen unterwegs, und ich wusste, ich würde nicht heil aus dieser engen Kurve herauskommen. Auf der Suche nach einem Ausweg entdeckte ich einen sauberen Stichweg direkt voraus. So weit die gute Nachricht. Vielleicht würde ich diesen unvermeidlichen Unfall überleben. Dann bemerkte ich eine kleine Kante am Rande des Asphalts. Mit gedrosseltem Tempo wäre ich locker darüber hinweggerollt, aber mit mehr als 100 Klamotten stand mir Schlimmes bevor. Augenblicke später stieß mein Vorderrad an die Kante und verursachte einen Knick in der Felge. Dann ging das Hinterrad darüber, und der hintere Stoßdämpfer brach. Die Maschine stürzte und flog komplett auseinander. Ich landete im langen Gras auf den Einzelteilen meines Bikes.

»Charley! Charley, wo bist du?« Das war David Healey, einer der vielen Fahrer, mit denen ich auch die erwähnten Sonntagstouren an die Küste unternahm. Benommen, verwirrt, aber noch am Leben, kam ich wie eine erschreckte Meerkatze im Gras hoch. Die Motorradteile lagen in weitem Umkreis um mich herum verstreut. Mein Rücken und eine Schulter taten höllisch weh. Ich hatte einige Bänder angerissen und einen sechs Zentimeter dicken Zaunpfosten umgenietet, aber nicht ich, sondern das Motorrad war hinüber. Das wurmte mich ungemein.

»Charley«, sagte David wieder, »du brauchst einen Tag auf der Rennstrecke. Da kannst du richtig aufdrehen, aber in einer Umgebung, wo du weniger Chancen hast draufzugehen.«

EWAN: Meinen ersten Rennstreckentag erlebte ich bei einer Veranstaltung von Ducati auf dem Kurs von Brands Hatch. Carl Fogarty, der legendäre viermalige Superbike-Weltmeister, wurde erwartet;

und die Leute von Ducati, die wussten, dass ich eine 748 fuhr, baten mich, dabei zu sein. Als ich auf meiner Maschine in Brands Hatch eintraf, bemerkte ich, dass der Reißverschluss am Hosenschlitz meiner grellen zweiteiligen Ledermontur, die mir das Magazin *Bike* verpasst hatte, kaputt war. Da kreuzte ich also zu meinem allerersten Renntag auf, würde einem Rudel Motorradjournalisten begegnen – meistens absolute Spinner auf Motorrädern, die dafür bezahlt werden, das Allerletzte aus jeder Mühle herauszuholen –, und mein Hosentor stand sperrangelweit offen. Jemand gab mir ein silbernes Gewebeklebeband, mit dem ich die Sache notdürftig reparierte. Besonders toll sah das nicht aus.

Die Journalisten bestürmten mich mit Fragen, wie ich mich fühlte. Mir war fast schlecht vor Angst und Aufregung. Ich hatte nur den einen Wunsch, sie sollten mich vor meinem Ritt über die Piste in Ruhe lassen und mir ihre Fragen danach stellen. Ducati teilte mich dem ältesten Teilnehmer zu. Auf dem Weg zur Strecke fragte er mich, wie schnell ich sei. »Oh, ziemlich schnell«, erwiderte ich. Der alte Herr schien besorgt über das Tempo. »Wir werden es zuerst ganz ruhig angehen lassen«, schlug er vor. Als wir auf die Strecke hinausfuhren, klemmte ich mich hinter ihn, doch auf einmal drehte er voll auf und zeigte mir, was er mit »ruhig angehen« meinte. Ich schlackerte mit den Ohren: Gegen diesen Routinier hatte ich null Chancen – vor allem während der ersten acht oder zehn Runden. Ich war als Motorradfahrer einfach noch viel zu grün, um wirklich zu wissen, welcher Gang einzulegen, wie die Ideallinie einzuhalten und wie ein Bike wirklich zu bewegen sei. Aber die Lernkurve an einem Renntag ist sehr steil, und es dauerte nicht lange, bis ich den Bogen raushatte.

Beim Motorradfahren geht es nicht allein um schnelles Herumbrettern. Wir sollten uns auch Zeit lassen: bewusst jeden Kilometer unter die Räder nehmen, über die Straßen gleiten und den Weg zum Ziel machen, also einfach das Reisen genießen. Wann immer sich die Gelegenheit bietet, steige ich auf mein Motorrad und fahre für ein paar Tage weg.

Diese kurzen Auszeiten vom familiären und filmerischen Alltag machten mich nur noch hungriger. Ich bin nie wirklich allein gereist, denn ab sechzehn war ich nur darauf fixiert, ein professioneller Schauspieler zu werden. Die Ferien verbrachte ich damit, in einem Kartoffelschuppen Säcke zusammenzunähen, in Werkstätten Autos zu waschen und – ausgestattet mit hohen Gummistiefeln und einer Tonne – vergammelte, totenstarre Fische aus fauligen Forellenteichen zu schöpfen. Alles nur, um den nächsten Unterricht und die Lebenshaltungskosten an der Schauspielschule bezahlen zu können. Das Zelten habe ich immer geliebt, bin mit meinen Eltern in die Bretagne und nach Camusdarach gereist, wo mein Onkel und Mentor Denis Lawson in den frühen Achtzigern *Local Hero* mit Burt Lancaster drehte. Ich liebte den Strand und den kleinen Zeltplatz in der Nähe; Zelten liegt mir seitdem im Blut, denn es gibt mir das befreiende Gefühl, auf mich allein gestellt zu sein.

Nach und nach nahm in meinem Kopf eine Reise Gestalt an. Ich hatte Charley gegenüber die Idee erwähnt, mit unseren Frauen nach Spanien zu fahren, doch das war etwas, was wir tun würden, wenn die Kinder älter wären. So lange konnte ich nicht warten. Es musste früher etwas passieren, viel früher. Daher suchte ich mit meiner ältesten Tochter Clara an einem Samstagnachmittag eine Spezialbuchhandlung in Primrose Hill auf. Ich kaufte mir eine einfache Weltkarte, breitete sie daheim auf dem Billardtisch im Keller aus und begann zu träumen. Meine Frau war in China aufgewachsen, also dachte ich daran, dorthin zu reisen. Dann sah ich eine verlockende Alternative: Wenn ich von der Mongolei aus nordwärts nach Sibirien anstatt südwärts nach China führe, hätte ich es ostwärts bis zum Rand von Asien nur unwesentlich weiter. Von dort aus war es ein relativ kurzer Sprung über die Beringstraße nach Alaska, und von Alaska gab es durchweg befestigte Straßen quer durch Nordamerika. Von London nach New York – ab durch die Mitte. Das klang reizvoll und aufregend. Während ich mir das noch ausmalte, rief Charley an. »Wollt ihr zum Abendessen rüberkommen?«, fragte ich.

Bis Charley und Olly eintrafen, hatte ich mich entschieden. Charley musste nicht groß überredet werden. Meine Frau wusste, dass mich eine Sache nicht mehr loslässt, wenn ich sie mir einmal in den Kopf gesetzt habe. Also dachte sie, mich hätte bloß wieder mein ganz normaler Irrsinn gepackt. Sie sagte, weil alles noch so weit entfernt schien: »Natürlich solltest du das machen.« Olly fand den Plan aufregend, war aber besorgt. Sie wusste, wie entschlossen ich manche Dinge durchziehe, und sie erkannte wahrscheinlich am deutlichsten von uns allen, auf was wir uns da einließen. Ich hatte noch drei weitere Filme zu drehen – *Big Fish*, die Episode 3 von *Star Wars* und *Stay* –, dann wäre ich frei. Ich würde mir drei oder vier Monate freinehmen, rechnete ich mir aus, und wir würden die Reise im Frühjahr 2004 machen.

CHARLEY: Im April 2003 erreichte mich in London Ewans Anruf. »Ich nehme mir von Januar bis August nächsten Jahres frei«, posaunte er begeistert in die Leitung. »Ziehen wir's also genau dann durch. Ich habe mit meinen Agenten in London und LA gesprochen und acht Monate aus dem Kalender gestrichen. Was hast du bei Produzenten erreicht?«

Ich fühlte mich ertappt, daher bluffte ich: »Ach ... ähm ... eine ganze Menge. Ich muss noch ein paar Leute treffen, habe einige Termine anstehen«, sagte ich. Dann legte ich den Hörer auf, starrte aus dem Fenster und dachte bloß: »Scheiße.«

Zum Glück hatte ich die Visitenkarte eines sehr energischen und ehrgeizigen Produzenten, den ich vor zwei Wochen auf einer Party kennengelernt hatte. Russ Malkin war ein Draufgänger mit großer Klappe – wie es sich für einen guten Produzenten gehört – und leitete eine Firma namens Image Wizard. Mit großer Vorliebe nahm er Fernsehaufträge an, die niemand sonst für realisierbar hielt.

Er hielt einen Platz im Guinnessbuch der Rekorde, weil er das schnellste je gedrehte Feature fabriziert hatte: dreizehn Tage von Anfang bis Ende inklusive Drehbucherstellung, Aufnahme, Schnitt und Vorführung bei einer Wohltätigkeitsveranstaltung in London. Offensichtlich wusste er, wie man Dinge auch unter höchstem Termindruck realisiert. Er hatte Sendungen über Bootsrennen und andere Adrenalinsportarten gemacht und war ein Biker, hatte also Verständnis für den Rausch der Geschwindigkeit und den Sog der offenen Straße. Russ schien genau der Mann zu sein, den wir brauchten.

[...]

EWAN: Sonnenschein drang in mein Zimmer und weckte mich. Ich zog die Vorhänge auf. Es war ein kühler, frischer Morgen, aber es würde eindeutig ein schöner Tag werden. Ich fühlte mich augenblicklich viel besser als in der vorigen Nacht. Wir hatten über 600 Kilometer vor uns, und ich konnte es nicht erwarten, wieder auf mein Motorrad zu kommen. Das Wetter wirkte sich stark auf meine Stimmung aus. Die Kälte machte mir ernsthaft zu schaffen, aber wenn es warm und trocken war, konnte ich Bäume ausreißen.

Natürlich begleitete uns die obligatorische Polizeieskorte aus Kysylorda hinaus, doch da wir uns schon öfter bei der Fahrt aus einer Stadt heraus verfranzt hatten, war es eigentlich ein Segen. Wir waren wieder auf Asphalt, heizten mit 120 km/h dahin und fühlten uns phantastisch. Ich war in der besten Laune seit einer Woche, sang unter meinem Helm und brabbelte mit mir selbst nur so aus

Jux. Die Landschaft änderte sich. Sie war immer noch ziemlich flach, aber die Wüste wich fruchtbareren Ebenen, mit Zypressenreihen durchsetzt. Wir stießen auf eine kleine Jurte, die erste, die wir zu Gesicht bekamen, und so stürzten wir hinein. Sie war wunderschön mit bunten Webereien ausgeschmückt, roch aber etwas streng. »Ich glaube, sie lassen die Kamele hier drinnen schlafen«, sagte Charley. Wir tranken etwas Tee mit unseren offenherzigen Gastgebern und stiegen bald wieder auf unsere Motorräder, denn es juckte uns weiterzukommen.

Bei solchen Bedingungen war es eine Freude, am Leben zu sein. Gute Straßen, gutes Wetter, gutes Motorrad – guter Tag. Die Schwellung von meinem Moskitostich war zurückgegangen, und ich hatte das Gefühl, ich könnte es mit allem aufnehmen, was mir in den Weg kam. Wir fuhren an einem Schild vorbei: 1000 Kilometer nach Almaty. Das erschien uns nach dem schon Überstandenen wie ein Katzensprung. Zwei Tage lockere Fahrt. Ich rief Beatles-Songs in meinem iPod ab und fuhr mit ihrer Musik weiter. Als *The Long and Winding Road* ertönte, konnte ich nicht anders, als an meine Frau und meine Kinder zu denken und mitzusingen. Unterm Helm brüllte ich den Text heraus und schwelgte in purem Glück.

Wir machten in der Stadt Turkestan am Rande der Wüste Kysylkum Rast, um Kasachstans wichtigstes Gebäude zu besichtigen, ein mit einer türkisfarbenen Kuppel versehenes Mausoleum für Koscha Achmed Yasaui, den ersten bedeutenden muslimischen heiligen Mann des Turkvolks. Es war innen und außen ein überaus schönes, in sich ruhendes Gebäude. Die Hauptkuppel, angeblich die größte in Zentralasien, hatte 52 Rippen, um die Wochen des Jahres zu symbolisieren, und einen Fries mit den Originalfliesen aus dem 14. Jahrhundert. Als ich mit dem Mädchen plauderte, das uns herumführte, erkannte ich, dass ich die Fahrt nicht mehr als Reise zwischen London und New York betrachtete. Ich sah sie nicht einmal mehr als eine Fahrt durch Kasachstan. Ich lebte für den Tag, fuhr dahin, sah die Welt an mir vorbeiziehen und lernte unterwegs unterschiedlichste Menschen kennen. Das gesamte Reiseprojekt vergessen zu haben und im Hier und Jetzt zu leben war eine ungeheure Befreiung.

Nach dem Besuch des Mausoleums war uns ein rasches Mittagessen mit dem örtlichen Tourismuschef versprochen worden. »Denk dran, was uns dieser Graham, dem wir im Hotel in Atyrau begegnet sind, gesagt hat«, flüsterte ich Charley zu, als wir uns vor eine Platte hinsetzten, auf der sich etwas befand, das wie ein in dicke Scheiben geschnittenes röhrenförmiges Stück Fleisch aussah. »Er hat gesagt, passt auf, was ihr esst, denn es kann auch ein Pferdepenis sein.«

»Was? ...«

»Schau dir das an; es ist außen herum fett und in Ringe geschnitten. Es könnte der aufgeschnittene Pferdeschwengel sein, vor dem uns Graham gewarnt hat.«

Wir bekamen nie heraus, was dieses sonderbare Fleisch gewesen war, doch die Mahlzeit war, wie versprochen, rasch und köstlich. Danach bekamen wir eine Polizeieskorte, die alle bisherigen übertraf. Wir hatten uns angewöhnt, am Stadtrand die Eskorte zu überholen, wenn sie nicht anhielt, aber bei diesem Polizei-Lada war das unmöglich. Mit Tempo 100 nötigte er den Gegenverkehr von der Straße. Kein Teil der Straße war vor ihm sicher. Er schwenkte von einer Seite zur anderen und rempelte Autos quasi aus unserem Weg. Lastwagen, Motorrad, Lada oder Mercedes-Benz, ganz egal, der Polizist drängte sie von der Strecke. Etwa alle fünf Minuten entging er nur knapp einem Frontalzusammenstoß. Wir bekamen später heraus, dass der Polizist so aggressiv gefahren war, weil er Sorge hatte, dass wir in Schymkent erst nach Einbruch der Dunkelheit ankommen könnten.

Schymkent war Schauplatz eines großen Ziegenpoloturniers. Dieser Nationalsport wurde in eigens dafür gebauten Arenen gespielt und zog Mannschaften aus so entlegenen Ländern wie der Schweiz und Schweden an. Zwei Mannschaften aus je vier Spielern zu Pferde gehörten dazu. Die Spieler trugen große Hüte und Lederstiefel und stritten um den Kadaver einer kopflosen Ziege. Während Volksmusik aus dem öffentlichen Lautsprechersystem dröhnte, griffen sich die Spieler den 35 Kilo schweren Kadaver, zogen ihn auf ihr Pferd, galoppierten über das Feld und versuchten, ihn durch das gegnerische Tor zu schleudern. Alles schien erlaubt; die Spieler versuchten den größten Teil des Spiels über, die Gegner von ihren Pferden zu ziehen. Es war ein phänomenales Schauspiel, hauptsächlich wegen der unglaublichen Reitkunst der Kasachen. Nach dem Match bekamen wir ein weiteres Spiel vorgeführt, eine kasachische Version der Kussjagd, bei der ein männlicher Reiter eine Reiterin jagte und jedes Mal den Hut hob, wenn er es schaffte, sie zu küssen. Dann drehten sie um und galoppierten auf einer langen Bahn zum Stadion wieder zu uns zurück, wobei die junge Frau jedes Mal ihren Hut hob, wenn sie es schaffte, den männlichen Reiter mit der Peitsche zu schlagen. Schließlich fragten sie mich, ob ich einmal reiten wolle. Wir waren nicht versichert, doch ein paar hundert Meter auf einem Pferd zu reiten war nur ein Klacks, verglichen mit der Weltumrundung auf einer 1150er über die elendigsten Straßen des Planeten. Ich dachte: »Scheiß drauf« und brauchte keine Ermunterung. Blitzschnell war ich auf dem Pferd, Charley folgte augenblicklich nach. Wir galoppierten über die Bahn, eine lange gerade Grasstrecke in einer Allee, und gewöhnten uns an den hohen Sattel. Am Ende der Geraden hielt ich an und wendete. »Wer zuerst wieder am Start ist!«, schrie ich, zog die Zügel an und stieß die Hacken in die Flanken.